Lettres, discours et articles,
pour Cahiers du t. IV
du 18 juin 1882
au
13 décembre

LE DIVORCE

EN ALSACE-LORRAINE

S'il est un pays où les effets du divorce soient intéressants à étudier, c'est certainement l'Alsace-Lorraine.

Ces provinces étaient soumises depuis 1816 au régime de l'indissolubilité du mariage. Elles ne protestaient pas plus contre ce régime, qu'on ne protestait dans le reste du pays avant le mouvement d'opinion que ma proposition a fait naître; elles avaient même, contre l'ancienne législation révolutionnaire ou impériale, les préjugés que quelques personnes conservent encore dans notre pays, en dépit de tous les raisonnements, et qu'elles conserveront jusqu'à ce que la loi soit modifiée et qu'elles aient vu à l'œuvre le système nouveau.

Mais voilà que, par suite de nos désastres, l'Alsace-Lorraine devient allemande.

L'Allemagne est très hostile au principe de l'indissolubilité du mariage. Aussi, le 27 novembre 1873, une loi intervient qui abroge, en Alsace-Lorraine, la loi française du 8 mai 1816, et qui remet en vigueur les articles 229 à 305 de notre Code civil.

L'article 306, qui laisse subsister la séparation de corps à côté du divorce, demeure, au contraire, abrogé. Il ne pouvait pas en être autrement; l'article 77 de la loi générale du 6 février 1875 a aboli la séparation de corps dans toute l'étendue de l'Empire, et le législateur de 1873 ne pouvait pas appliquer aux pays annexés un système qu'il s'apprêtait à faire disparaître de l'Allemagne entière.

La loi qui régit les Alsaciens-Lorrains est donc exactement celle qui régissait la France il y a soixante-quatre ans, et qui la régira bientôt de nouveau,

avec cette seule différence qu'elle ne permet pas aux époux désunis d'opter entre la séparation de corps et le divorce : les causes qui autorisent la rupture du mariage sont les mêmes qui, chez nous, aujourd'hui motivent la séparation de corps.

Le 1er octobre 1879, il a bien été apporté quelques changements à la loi, mais ce ne sont que des modifications de procédure d'une importance tout à fait secondaire.

A tous les points de vue, les résultats que donne le divorce en Alsace-Lorraine sont donc comparables à ceux que fournit en France le régime opposé. Les statistiques des deux pays, tout comme celles sur lesquelles je me suis antérieurement appuyé, et qui se rapportent à la Belgique, offrent un intérêt de premier ordre.

Que disent-elles?

De 1873 à 1874, il y a eu en Alsace-Lorr., 21 div.
De 1874 à 1875, il y en a eu................ 33 —
De 1875 à 1876, — .... 51 —
De 1876 à 1877, — .... 66 —
De 1877 à 1878, — .... 87 —
De 1878 à 1879 enfin, le nombre des divorces tombe à..................... 58 —

Total..... 316 div.

Cette statistique ne contient pas les anciennes séparations de corps transformées en divorce.

Le nombre des mariages a été de 13,123 pour 1873, 12,520 pour 1874, 11,530 pour 1875, 11,082 pour 1876, 10,187 pour 1877 et 9,989 pour 1878.

En calculant la proportion des divorces aux mariages, on arrive aux rapports suivants :

En 1873, il y a eu en Alsace-Lorraine 1 divorce sur 625 mariages, soit 160 sur 100,000 mariages;

En 1874, il y en a eu 1 sur 379, soit 266 sur 100,000;

En 1875, il y en a eu 1 sur 226, soit 442 sur 100,000;

En 1876, le nombre s'est élevé à 1 sur 169, soit 508 sur 100,000;

En 1877, il a atteint 1 sur 117, soit 873 sur 100,000;

En 1878, il s'est abaissé à 1 sur 172,

soit 581 seulement sur 100,000.

La moyenne des six années a été de 1 divorce sur 281 mariages, soit 356 sur 100,000 mariages.

Qu'a donné en France, pendant les six mêmes années, le mouvement des séparations de corps?

Il y en a eu en :

1873	1 sur 148 mariages,	soit 679 sur 100,000
1874	1 — 135	— 741 — 100,000
1875	1 — 131	— 763 — 100,000
1876	1 — 115	— 860 — 100,000
1877	1 — 112	— 893 — 100,000
1878	1 — 109	— 917 — 100,000

La moyenne des six années a été de 1 séparation sur 125 mariages ou 800 sur 100,000.

Il suffit de mettre ces chiffres en regard pour s'apercevoir que constamment, malgré la progression qui s'est produite en Alsace-Lorraine de 1873 à 1877, le nombre des divorces a été inférieur dans ces pays à celui des séparations de corps chez nous.

Ainsi, en 1873, tandis que, sur 100,000 mariages, on ne compte en Alsace-Lorraine que 160 divorces, on compte en France 679 séparations de corps.

En 1874, l'Alsace-Lorraine donne toujours, sur 100,000 mariages, 266 divorces, et la France fournit 741 séparations de corps.

En 1875 nous trouvons, en Alsace-Lorraine, 442 divorces sur 100,000 mariages, et en France 763 séparations.

En 1876, le nombre des divorces s'élève, en Alsace-Lorraine, à 598; mais il est chez nous de 860.

En 1877, la proportion des divorces s'élève, chez nos anciens compatriotes, à 873 sur 100,000; mais ce chiffre n'atteint pas encore celui de la France qui est, cette année-là, de 893 séparations pour un même nombre de mariages.

Enfin, en 1878, le chiffre des divorces rétrograde en Alsace-Lorraine et n'est plus que de 581 seulement, tandis que, chez nous, le chiffre des séparations de corps, continuant à s'accroître, s'élève à 917 sur 100,000 mariages.

Quant à la moyenne des six ans elle est, en Alsace-Lorraine, de 356 divorces,

et en France de 800 séparations sur 100,000 mariages.

On arrive à des résultats identiques lorsque, au lieu de comparer les divorces et les séparations de corps aux mariages, on les compare à la population.

Le recensement de 1875 a donné pour la population de l'Alsace-Lorraine un million 531,804 habitants.

Le recensement de 1877 donne, pour la France, une population de 36,905,788 habitants.

En prenant pour base ces chiffres, on trouve :

	ALSACE-LORRAINE.	FRANCE.
1873,	1 div. par 60.581 h.	1 sép. par 17.058 h.
1874,	1 — 46.418 —	1 — 16.461 —
1875,	1 — 30.035 —	1 — 16.102 —
1876,	1 — 23.209 —	1 — 14.561 —
1877,	1 — 17.007 —	1 — 14.792 —
1878,	1 — 26.410 —	1 — 14.430 —

Ainsi, soit qu'on les considère dans leur rapport avec le nombre des mariages, soit qu'on les considère dans leur rapport avec le chiffre de la population, il y a moins de ménages désunis en Alsace-Lorraine qu'en France.

Ces données statistiques sont éloquentes, et il est difficile de soutenir encore, en présence des enseignements qu'elles portent, que le rétablissement du divorce menace de corrompre les mœurs. Les Alsaciens-Lorrains sont maintenant persuadés du contraire et la France entière partagera bientôt cette persuasion.

A. NAQUET.

Le Voltaire du 20 juin 1880

L'AMNISTIE

Mon collègue Alceste a dit hier ce qu'il pense de l'amnistie. La question est assez grave pour que le *Voltaire* y revienne, et pour que, à mon tour, je dise sur ce point ma pensée tout entière.

Récemment, au cours de la période électorale qui a abouti à l'élection de l'honorable M. Ballue, j'exhortais les électeurs radicaux de Lyon à voter pour le candidat de la loi, ajoutant que ce serait donner leurs suffrages à l'amnistie.

J'exhortais en même temps le gouvernement à prendre l'initiative d'une mesure qui, après le triomphe de la légalité à Lyon, s'imposerait à tout esprit vraiment républicain.

Les électeurs radicaux de Lyon ont entendu, et les dernières nouvelles semblent démontrer que le gouvernement comprend à son tour.

Quels mobiles peuvent donc encore, à cette heure, éloigner certains hommes politiques d'une mesure d'apaisement qui resserrera les liens de toutes les fractions de notre parti ?

La crainte, disent-ils, d'aliéner certains départements à la République.

Cette crainte est chimérique. Le refus de l'amnistie entraînerait fatalement, en effet, de la part des grandes villes, des protestations électorales ; et ces protestations effrayeraient bien plus les régions timides qu'une mesure qui sera oubliée huit jours après avoir été décrétée.

Mais il est une autre cause, cause réelle, celle-là, de la résistance, que quelques membres du centre gauche opposent à l'amnistie, c'est que l'amnistie est réclamée par les grandes villes radicales et par les contrées du Midi dont les sentiments sont les mêmes que ceux des grandes villes. Ces politiques timorés redoutent, s'ils cèdent sur ce point, de se laisser plus tard entraîner à céder sur un autre ; ils veulent résister à un courant qui leur paraît devoir aboutir au gouvernement de la France par Paris, Lyon, Marseille, Bordeaux et les départements radicaux en général.

Eh bien! cette tentative de résistance est insensée : elle ne pourrait avoir d'autre résultat que d'aggraver la scission qui existe entre les divers points de la France ; elle creuserait un fossé là où il n'y a qu'une barrière à peine perceptible ; elle créerait deux pays dans notre pays, le plus uni du monde malgré les divisions superficielles qu'on y observe, et elle nous ferait rentrer dans les périodes agitées, dans les périodes d'opposition irréconciliable que tous nous désirons voir définitivement fermées.

« Mais, disent nos contradicteurs du centre gauche, nous ne voulons pas d'une union qui consisterait pour nous à être opprimés, annihilés et à obéir servilement aux grands centres qui commanderaient. »

Non! il ne faut pas que les grands centres commandent et que le reste de la France se courbe dans une obéissance servile ; mais il faut distribuer à chacun son rôle et faire concourir ces divers rôles au bien commun.

Il est incontestable que l'initiative des réformes et des progrès appartiendra toujours aux centres populeux qui sont en même temps des foyers intellectuels. Qu'on le veuille ou non, qu'on le déplore ou qu'on s'en réjouisse, c'est là une des lois les plus universelles que l'on ait observées en sociologie, et nul ne peut se bercer de l'illusion de modifier les lois véritables, celles qui ne dérivent pas du vote d'une Assemblée, mais qui dérivent de la nature des choses dont elles représentent les rapports nécessaires.

S'ensuit-il que dans ce grand mouvement qui emporte l'espèce humaine toujours plus avant, les campagnes, les régions timides et conservatrices, qui représentent la tradition en lutte avec l'esprit novateur, n'aient aucun rôle utile à jouer ? Nullement.

Lorsque nos constituants de 1875, votèrent l'institution d'un Sénat, ils voulurent créer un pouvoir pondérateur, qui empêcherait la Chambre des députés, la Chambre des initiatives hardies, d'opérer des réformes hâtives, de voter des lois qui n'auraient pas été suffisamment mûries.

Mais jamais on n'est allé jusqu'à nier, que le gouvernement ne dût recevoir sa principale impulsion de la Chambre, élue par le suffrage universel direct. On a voulu imposer à cette Assemblée un frein pour en modérer l'essor. Voilà tout.

Ce dédoublement du pouvoir législatif était, à mon sens, inutile.

Mais ce que je crois inutile dans l'organisme constitutionnel ne l'est certainement pas dans l'ensemble du pays. Il est bon qu'il y ait des régions avancées qu'aucune idée n'effraye, qui poursuivent un idéal et qui sont les initiatrices de tout progrès. Il est utile également qu'il y ait des régions plus portées à demeurer dans la voie traditionnelle. C'est de l'accord de ces deux volontés différentes que résulte une moyenne salutaire de mouvement. En un mot il faut que les campagnes soient aux villes ce que nos constituants ont voulu que fût le Sénat vis-à-vis de la Chambre des députés.

Mais de même que le Sénat, en étant un frein, ne pourrait pas sans péril devenir un obstacle, de même les campagnes doivent se borner à modérer le mouvement sans chercher à l'arrêter; elles doivent cesser de s'opposer aux mesures progressives dès que ces mesures sont devenues politiques et opportunes.

Jusqu'à la République de 1870, les partis en France n'ont pas compris ce rôle des villes et des campagnes, cette nécessité d'un équilibre mobile, et il s'en est suivi, dans le passé, des oppressions successives des villes par les campagnes ou des campagnes par les villes, et jamais la liberté.

Nous voulons fonder aujourd'hui un régime de paix sociale et de liberté féconde. Voilà pourquoi il faut rompre avec les errements du passé; voilà pourquoi les radicaux doivent s'abstenir des manifestations protestatives, comme ils s'en sont abstenus à Lyon; mais voilà pourquoi aussi les modérés doivent s'abstenir de toute résistance opiniâtre.

Quand un acte politique est réclamé par l'opinion dans les régions avancées, toute la question, pour les régions modérées, consiste donc à savoir si le moment est ou non venu de l'accomplir.

Relativement à l'amnistie, cette question n'est plus douteuse. Non-seulement l'amnistie peut être faite, mais elle doit l'être. Ne pas la faire, ce serait commettre une faute politique dont il n'est pas possible de prévoir toutes les conséquences. Le gouvernement l'a compris, paraît-il; il en est de même de la Chambre, et j'ai confiance dans le bon sens du Sénat.

L'amnistie est nécessaire, l'amnistie se fera.

A. NAQUET.

Le petit Lyonnais
du 21 juin 1880

LE DIVORCE

L'objection catholique

II

Le divorce, restreint au mariage civil, ne peut en rien blesser, je l'ai dit, la conscience des catholiques, pour lesquels le mariage civil n'a aucune valeur. S'ils résistent, c'est que, au fond, ils sont les adversaires des principes de 1789, de la sécularisation de la société, et du mariage civil qui en découle. Leur but est de remonter l'histoire, de revenir d'un siècle en arrière, de proclamer à nouveau le catholicisme religion de l'Etat, de restituer enfin la matière des mariages à la seule autorité ecclésiastique.

Or, c'est un mauvais moyen, lorsqu'on veut battre en brèche les principes qui triomphent, que de les laisser dérouler leurs résultats naturels et féconds. Il faut les stériliser afin de les ruiner dans l'opinion publique d'abord et de les faire disparaître de la législation ensuite.

Le divorce est la conséquence naturelle, logique, nécessaire du mariage civil, dont, seul, il fait une institution complète. Son adoption consoliderait le mariage civil, c'est-à-dire l'ennemi. Il ne faut donc pas permettre le rétablissement du divorce.

Le divorce n'existant pas, on peut dire aux simples, aux ignorants : « Voyez comme la religion est plus sage, plus large, plus humaine que le code; dans bien des cas, elle peut libérer les époux sinon par le divorce que l'Evangile condamne, du moins en déclarant le mariage nul. Le code, au contraire, est d'une rigidité terrible ; si vous voulez vous soustraire à cette rigidité tyrannique, revenez à votre mère l'Eglise à laquelle la matière des mariages n'aurait jamais dû être soustraite, à laquelle il importe de la rendre... »

Le divorce rétabli, ce raisonnement n'aurait plus de portée ; voilà pourquoi il faut à tout prix s'opposer au rétablissement du divorce, comme à toutes les conquêtes de la société laïque.

Tel est le but, mais, à part quelques écrivains d'une absolue franchise, comme l'auteur de la brochure anonyme dont je citais des extraits dans mon dernier article, on ne l'avoue pas et l'on combat le divorce par des moyens détournés.

Ne pouvant méconnaître que le législateur n'ait le droit de faire les lois qui lui paraissent conformes à l'intérêt social, alors même qu'elles sont en opposition avec les prescriptions de tel ou tel culte; puisque l'Etat n'a plus de religion, puisqu'il se borne à faire respecter la liberté de toutes sans en protéger aucune, puisqu'il plane au-dessus d'elles, en reconnaissant que les questions philosophiques et religieuses ne sont pas de son domaine ; ne pouvant imposer à la société l'obligation de prendre le droit canonique pour guide et de calquer sur lui la législation civile, les catholiques nous disent :

Prenez garde ! nous sommes la majorité du pays. A cette heure, nous le reconnaissons, la loi qui proclame l'indissolubilité est en opposition avec les principes des protestants, des juifs, des libres-penseurs, des musulmans naturalisés. Ces dissidents auraient le droit de se plaindre, quoique à la rigueur ils n'aient qu'à se louer d'une loi qui concourt à leur faire faire leur salut malgré eux. Mais en admettant même, d'après les principes faux qui prévalent, qu'ils puissent se dire opprimés, ce n'est point une raison pour porter atteinte à l'indissolubilité du mariage. Porter atteinte à l'indissolubilité du mariage, ce serait opprimer les catholiques beaucoup plus nombreux que les dissidents. Or, lorsqu'on se trouve placé dans cette alternative d'opprimer le petit nombre ou le grand nombre, il vaut infiniment mieux n'opprimer que le petit nombre.

Cette argumentation me séduirait peut-être si nous nous trouvions effectivement placés dans l'alternative qu'elle suppose ; mais cette alternative n'existe pas. Il ne s'agit pas de savoir si nous opprimerons le petit nombre ou le grand nombre ; il s'agit de savoir si nous opprimerons quelqu'un ou si nous n'opprimerons personne.

En l'état, il est évident que tous les non-catholiques, auxquels leurs opinions philosophiques ou religieuses permettent l'usage du divorce, sont empêchés, de par la loi civile, de divorcer. Et, à moins — ce que nous examinerons plus tard — qu'il n'y ait de raisons sérieuses d'ordre social pour le leur interdire, si on ne prononce cette interdiction que pour se plier aux exigences d'un dogme qui n'est pas le leur, ils ont le droit de se dire les victimes d'une oppression religieuse ; ils ont le droit d'affirmer que le principe supérieur de la liberté de conscience est violé en leurs personnes.

Mais si l'indissolubilité du mariage opprime les protestants, les musulmans, les libres-penseurs, le divorce rétabli n'opprimera pas les catholiques.

C'est qu'en effet l'indissolubilité du mariage est une loi coercitive à laquelle il n'es pas possible de se soustraire, tandis que le divorce est une loi facultative dont chacun sera toujours libre de ne pas user.

La loi de 1803 maintenait — bien que, au fond, ce fût inutile, et nous maintenons aussi, — la séparation de corps et de biens à côté du divorce. Les époux catholiques auxquels il répugnera de divorcer, et qui seront malheureux en ménage, pourront se borner à se séparer de corps et de biens comme aujourd'hui. Nul ne les contraindra à adopter une solution plutôt que l'autre. En quoi seront-ils violentés ?

Mais, me répond-on, la faculté du choix n'existe que pour l'époux demandeur. Si celui-ci a cessé d'être catholique, il pourra faire prononcer le divorce et l'imposer ainsi à l'époux défendeur, qui peut avoir failli tout en conser-

vant ses sentiments religieux. En outre, l'article 310 du Code civil permet à l'époux défendeur, contre lequel la séparation a été prononcée, de faire, au bout de trois ans, convertir sa séparation en divorce, à moins que son conjoint ne consente à réintégrer le domicile conjugal. L'époux innocent lui-même peut donc être placé dans une situation telle qu'il soit obligé ou de subir une cohabitation devenue intolérable, ou d'accepter le divorce malgré ses convictions et ses répugnances.

Cela est exact ; mais cela prouve seulement que le maintien de la séparation de corps était inutile.

Qu'importe, en effet, que le mariage civil soit rompu par le divorce ou simplement relâché par la séparation ? Les catholiques qui, même après la rupture du contrat civil, se croient liés par le sacrement, n'ont qu'à ne pas se remarier pour que le divorce vaille pour eux ce qu'aurait valu une simple séparation, et nul ne songe à leur rendre le mariage obligatoire.

Et qu'on ne dise pas que si l'un des époux divorcés, qui aura cessé d'être catholique, se remarie, l'autre époux, demeuré catholique, sera violenté dans sa conscience ! Ce serait être plus catholique que le pape lui-même.

En Autriche, la matière des mariages est encore abandonnée à l'autorité ecclésiastique. Il en résulte que les fidèles de chaque culte sont régis par le droit canon qui leur est propre. Le divorce est admis pour les protestants et les israélites ; il ne l'est pas pour les catholiques.

Mais un Concordat intervenu entre la cour de Vienne et le saint-siège, sous le pontificat de Pie IX, a autorisé les mariages entre catholiques et protestants. Lorsqu'une union de cet ordre a lieu et qu'un procès en séparation ou en divorce survient, l'époux protestant est considéré comme divorcé et peut se remarier, tandis que son conjoint catholique, considéré comme simplement séparé de corps, ne le peut pas.

Pie IX a donc accepté cette doctrine qu'un catholique marié demeure en paix avec sa conscience pourvu qu'il ne contracte pas lui-même un second mariage du vivant de son conjoint, encore bien que celui-ci, divorcé, se remarie.

Comme je le répète, lorsque le titre VI du Code civil sera rétabli, nul ne forcera les époux divorcés à se remarier ; comme les catholiques pourront toujours demeurer fidèles aux canons de l'Eglise en conservant l'état de viduité ; comme le sacrement, qui rend seul à leurs yeux le mariage indissoluble, demeurera intact, ils n'auront aucune raison de se dire opprimés.

Et puisque, alors que le divorce n'opprime pas les catholiques, l'indissolubilité du mariage opprime les dissidents, c'est, contrairement à ce qu'affirmait le P. Didon à Saint-Philippe-du-Roule, en faveur du divorce que nous devons conclure quand nous nous plaçons au point de vue de la liberté religieuse.

A. NAQUET
Député de Vaucluse.

Le pays du 24 juin 1880

Je reçois de M. Naquet la lettre suivante :

Paris, le 22 juin 1880.

Monsieur et cher collègue,

Hier, pendant que vous étiez à la tribune,
il m'est échappé une interruption à laquelle
vous avez répondu par ces mots :

« M. Naquet a dit que l'Empire avait assassiné la France.

« Remarquez, messieurs, que, si je vous
reconnais le droit d'affirmer cela, vous me
reconnaîtrez alors le droit d'affirmer que,
au 4 Septembre, la République l'a volée. »

Les marques d'estime que vous m'avez toujours données me démontrent suffisamment
que cette réponse avait un caractère général
et ne visait en rien ma personnalité ; et c'est
ce qui fait que je me suis tu en présence de
votre réponse.

Si, comme j'en ai l'entière conviction, je ne
me suis point trompé, je vous serai obligé de
le dire dans le *Pays*,

Veuillez agréer, monsieur et cher collègue,
l'assurance de ma considération très distinguée, ainsi que mes excuses pour la demande
que je vous adresse.

A. NAQUET.

Non, vous ne vous êtes pas trompé,
mon cher collègue ; et quand je vous ai
répondu que la République avait volé la
France, je ne faisais pas plus allusion à
vous que vous n'avez fait allusion à moi
quand vous avez dit que l'Empire avait
assassiné la France.

Si vous me permettez une comparaison
familière, je vous dirai que nous avons fait
comme les deux cochers qui se disputent
et fouettent chacun le voyageur de l'autre,
mais sans se fouetter eux-mêmes.

Vous tapiez sur l'Empire, j'ai tapé sur
la République !

Mais vous savez que, malgré tout ce qui
nous sépare, nous n'avons jamais cessé de
nous donner des marques mutuelles d'estime et de courtoisie, ce que je considère
comme l'éloge de nous deux.

Votre susceptibilité est-elle satisfaite ?
J'espère et je crois que oui.

P. DE C.

LE DIVORCE
L'objection catholique

III

Un auteur ennemi du divorce (1), mais qui
se place au point de vue purement social pour
le combattre, m'accuse de l'avoir défendu du
point de vue de la liberté religieuse.

« Le parlement, dit-il, dans un pays où est
appliquée la liberté des cultes, ne doit point se
placer ici sur un terrain religieux. Le « sacrement » est article de foi ; ce n'est point article
du code. »

Et plus loin :

« Si l'on demande, en principe, le divorce légal au nom de la liberté des cultes et de la liberté de conscience, il faut être logique et aller
jusqu'au bout. Il n'y a pas de raison pour ne
pas réclamer, au même titre, la polygamie et le
reste. »

M. Albert Millet aurait raison si j'avais jamais demandé au législateur de rétablir le divorce parce que telle ou telle religion l'admet,
mais je ne suis point tombé dans cette erreur.

Je me suis borné à répondre aux catholiques
qui, commettant l'erreur opposée, invoquent la
liberté des cultes contre le divorce. Je leur ai
montré que la loi n'avait pas à tenir compte de
leurs dogmes ; et j'ai ajouté que, si même nous
acceptions le terrain de discussion choisi par
eux, nous aurions peine à les battre,
puisque le divorce ne les opprime pas, tandis
que l'indissolubilité du mariage opprime les dissidents.

Je veux aller plus loin aujourd'hui ; je veux
établir que les catholiques ont, eux aussi, un
intérêt de premier ordre au divorce, et que cette
institution doit, en bonne logique, être réclamée
par tous ceux d'entre eux qui ont sincèrement
pris leur parti du mariage civil.

L'institution civile du mariage, telle que la
Révolution nous l'avait donnée, était une institution complète et très supérieure à celle que
nous offrent les canons de l'église, mais, muti-
lée par la loi de 1816 (2), cette même institution est imparfaite, boiteuse, et très inférieure
à l'institution canonique qui, elle au moins,
forme un tout complet.

Toujours portée à être indulgente dans la
pratique, en étant en apparence inexorable sur
les principes, l'Eglise a proclamé que quand un
mariage existe, rien ne peut le rompre.

Mais encore faut-il que le mariage ait existé
pour être indissoluble, et il peut se rencontrer
telles circonstances où les époux ne s'étant pas
trouvés dans les conditions voulues pour recevoir le sacrement, celui-ci ne les a pas atteints.
Le mariage est alors considéré comme inexistant ; il n'est point cassé : il est *annulé*.

(1) Albert Millet. — Gotillon, éditeur.
(2) La loi du 8 mai 1816 est celle qui a aboli le divorce.

Le droit civil admet aussi certaines causes de nullité du mariage ; par exemple, lorsqu'il y a erreur sur la personne physique ou que le consentement de l'un des époux n'a pas été libre. Mais, même dans ce cas, le délai pour demander cette nullité est toujours très limité.

Le droit canonique est très éloigné de cette sobriété. Il admet tous les cas de nullité reconnus par le code. Mais, outre qu'il ne limite aucun délai au delà duquel les intéressés seront forclos, il y ajoute une multitude d'autres causes souvent assez mal définies, et qui laissent au juge la plus large carrière.

Ainsi, *l'erreur sur les qualités « essentielles » de la personne ; la condition ; les vœux déclarés solennels par l'Eglise ; la parenté naturelle jusqu'au 6° degré ; la parenté spirituelle* naissant du baptême ; le *crime* qui aurait été commis de complicité entre les conjoints avant le mariage; la *disparité des cultes ; l'ordre...* c'est-à-dire le fait que l'époux est prêtre ; *l'honnêteté*, c'est-à-dire de simples fiançailles antérieures de l'un des conjoints avec le père, le fils ou le frère de l'autre ; *l'affinité* ou *l'alliance* pouvant résulter non seulement du mariage, mais encore de tout commerce illégitime ; la *clandestinité;* le *rapt,* qu'il ait eu lieu par violence ou par simple séduction; *l'impuissance naturelle* ou la *non consommation volontaire du mariage,* constituent, en droit canonique, des empêchements dirimants au mariage, et qui permettent, lorsque celui-ci a été célébré, de le déclarer nul.

Il suffit de jeter les yeux sur cette liste pour voir combien sont vagues les cas de nullité qu'elle renferme.

L'erreur sur les qualités *essentielles* de la personne ouvre la porte à l'arbitraire le plus absolu.

Il en est de même, toutes les fois qu'il n'y a pas d'enfants, de la non consommation volontaire du mariage, fait dont la preuve n'est fournie que par l'affirmation des intéressés.

Ajoutez à cela la violence et la parenté physique ou spirituelle, légitime ou illégitime, et je pose en principe qu'il n'est pas un mariage que l'Eglise ne puisse déclarer nul quand elle le juge utile.

Si l'Eglise repousse le mot *divorce,* elle accepte donc en fait la chose d'une manière détournée.

Cela étant, et si même nous admettons, par condescendance pour nos adversaires, que ces cas de nullité sont bien des cas de nullité et non des cas de divorce, il n'en reste pas moins évident, que pour pouvoir bénéficier de tous les empêchements dirimants que reconnaissent leurs canons et que ne reconnaît pas le Code, les catholiques ont le plus grand intérêt à ce que le divorce, établi dans la loi civile, leur permette dans certains cas de rompre le contrat civil, pour profiter de la nullité que leur accorde le droit canonique, et que, sans le divorce, le Code ne leur accorderait pas.

Ainsi, un homme enlève une femme. Plus tard, ils font mauvais ménage, le mari outrage grossièrement son épouse. Si le divorce existait, la femme le ferait prononcer pour cause d'injure grave; le tribunal ecclésiastique déclarerait ensuite son mariage nul pour cause de rapt, et devenue libre civilement et religieusement, elle pourrait se remarier devant l'officier de l'état civil et devant le ministre du culte.

Aujourd'hui, elle peut bien obtenir la nullité du sacrement, mais cette nullité ne lui sert de rien, puis qu'elle ne peut pas en même temps obtenir le divorce, puisque la loi civile ne lui accorde que la séparation de corps, et ne lui laisse par conséquent pas la latitude d'user de la liberté que l'Eglise lui concède.

Ou bien encore, immédiatement après le mariage, — il y en a de trop nombreux exemples, — un époux quitte l'autre ; le mariage n'est pas consommé.

Ce refus de consommation du mariage, une fois le titre VI du Code rétabli, serait considéré comme une injure grave motivant le divorce. Aujourd'hui, c'est une cause de séparation de corps seulement.

Pour l'Eglise, cependant, c'est un cas de nullité. Mais ici encore, le catholique que sa religion déclare libre est retenu garrotté par le Code.

Je me résume. A moins qu'ils ne puissent obtenir de la loi civile qu'elle s'efface complètement devant le droit canonique, la législation de l'Eglise en ce qui concerne les nullités du mariage est beaucoup plus large que ne l'est la législation civile. Un catholique est souvent empêché par la loi civile d'user de la liberté que lui laisserait sa religion, et dès lors il a intérêt au divorce.

Le divorce existant, il n'en fera pas usage lorsque l'Eglise ne considérera point son mariage comme nul ; mais quand il sera dans un cas de nullité canonique, il usera du divorce civil afin de reconquérir toute sa liberté.

Non seulement, il n'est donc pas vrai que les catholiques aient à se plaindre de la violation de la liberté des cultes dans leur personne si l'on rétablit le divorce, mais ce qui est vrai c'est, au contraire, que, tout comme les dissidents, quoique à un moindre degré, ils ont intérêt au divorce, qui, seul, leur permettra de se mouvoir librement dans les limites où les lois de l'Eglise leur permettent de le faire.

A. NAQUET
Député de Vaucluse.

Le Voltaire du 3 juillet 1880

M. THIERS ET L'AMNISTIE

On assure que quelques-uns des membres du centre gauche du Sénat s'autorisent du souvenir de M. Thiers pour combattre l'amnistie. Eh bien ! nous croyons que, si l'ancien président vivait encore, il serait parmi les plus ardents à conseiller cette grande œuvre d'apaisement et d'oubli. Ce n'est point une induction qui nous amène à cette affirmation, mais bien le souvenir d'une conversation de M. Thiers avec un de nos amis de l'extrême-gauche. Nous sommes en mesure de garantir la parfaite authenticité de cette conversation, qui eut lieu dans les conditions suivantes.

M. X..., député, avait fait un voyage à l'étranger au mois de juillet 1877; il avait vu plusieurs proscrits et notamment un ancien membre de la Commune.

Quelques jours après, M. X..., rendait visite à M. Thiers pour une affaire absolument personnelle; les deux interlocuteurs vinrent à parler du Seize-Mai. M. X..., raconta à M. Thiers que, voyant quelques jours auparavant un ancien membre de la Commune, celui-ci lui avait dit : « Qu'est-ce qui aurait pu se douter, en 1871, que nous en arriverions, à un moment donné, nous, les vaincus de la Commune, à souhaiter le retour au pouvoir de M. Thiers? Et nous le souhaitons cependant, car nous sommes certains que lui, le vainqueur de la Commune, sera mieux placé que tout autre pour faire l'amnistie. » Le vieil homme d'Etat fut vivement frappé de ces paroles; il interrogea M. X... sur les proscrits, il lui demanda s'il avait vu d'autres membres de la Commune. M. X... se mit alors à plaider la cause de l'amnistie.

Voici la réponse à peu près textuelle de M. Thiers : « Vous avez raison, il est temps d'en finir. Je ne suis pas partisan des longues représailles. Dans les affaires de ce genre, il faut faire justice d'un coup ; mais ensuite il convient de passer l'éponge. Ce serait de la barbarie que de tenir plus longtemps ces gens en prison ou en exil. Je ne veux pas vous faire de promesses, d'autant plus que l'on pourrait m'accuser de manœuvres électorales. Mais, si les événements me ramènent au pouvoir, je vous assure que j'en finirai avec cette question. Je ne sais pas comment je m'y prendrai pour effacer les traces de la guerre civile ; j'ignore si je procéderai en bloc ou par mesures individuelles ; mais, je vous le promets, *nous ferons rentrer vos amis, nous les ferons rentrer tous.* »

Voilà quel langage tenait M. Thiers peu de jours avant sa mort. Ceux-là qui ont le culte de sa mémoire ont le strict devoir de suivre un pareil conseil et d'exécuter au Sénat les dernières volontés du premier président de la troisième République.

Z.

Nous avions reçu, il y a quelques jours, l'article que l'on vient de lire, en même temps qu'une lettre nous disant que le député mis en cause était notre collaborateur, M. Naquet. Nous le lui avons référé.

Voici sa réponse :

Mon cher directeur,

Je n'étais pas à Paris, c'est ce qui vous explique mon retard à vous répondre. Ceci est parfaitement exact. Le membre de la Commune est Jourde, et je vous permets de dire que le membre de l'extrême gauche est moi.

Je vous serre la main,

A. NAQUET.

LE VOTE DU SÉNAT

Si le Sénat voulait fournir des arguments à ceux qui sont les adversaires de l'institution des deux Chambres, il n'agirait pas autrement qu'il ne l'a fait dans la séance d'hier.

Au risque de nuire à la grande manifestation nationale qui se prépare pour le 14 juillet; au risque de créer toutes sortes de complications et de difficultés au gouvernement de la République, il a repoussé l'amnistie proposée par le ministère et votée par la Chambre des députés et il a voté l'amendement Bozérian, deuxième édition de l'amendement Marcel Barthe que la Chambre avait rejeté.

Cet amendement exclut ceux que les conseils de guerre ont condamnés pour assassinat ou pour incendie: c'est-à-dire que, s'ils n'avaient pas profité de l'amnistie partielle dont le gouvernement les avait jugés dignes, il exclurait Ranc, il exclurait Humbert, il exclurait Lucipia, et tant d'autres, libres à cette heure, dont nous ne connaissons pas même les noms. En d'autres termes, le texte voté par le Sénat, semble accorder l'amnistie d'une main et la retirer de l'autre.

Donner et retenir ne vaut. La Chambre des députés devant laquelle la question va se poser à nouveau, invalidera certainement l'œuvre de la Chambre haute.

Ce que le pays veut, c'est que la question brûlante qui menace de diviser notre parti soit résolue ; c'est que l'oubli se fasse sur les évènements de 1871 ; c'est que les élections de 1881 puissent avoir pour terrain le programme des réformes démocratiques ; c'est que la grande phalange républicaine ne soit plus entravée par des revendications d'autant plus irritantes qu'elles sont justes.

C'est pourquoi la Chambre repoussera le texte adopté par le Sénat.

Mais comme nous sommes de ceux qui désirent aboutir et qui ne se contentent pas de manifestations platoniques ; comme nous serions exposés à un échec presque certain si nous renvoyions au Sénat le projet de loi tel que nous l'avions primitivement adopté ; comme il est nécessaire de trouver un terrain de transaction honorable, qui nous permette, tout en maintenant l'amnistie pour tous, de rallier les six ou sept voix sénatoriales qui nous ont fait défaut : notre opinion, — et d'après le courant d'idées qui dominait hier parmi les nombreux députés présents au Luxembourg au moment du vote, nous ne doutons pas que ce ne soit celle qui prévaudra — notre opinion est qu'il faut adopter l'amendement Labiche. Cet amendement donne au gouvernement le droit d'amnistier par voie de grâce, et le président du conseil n'a point laissé ignorer que si ce droit lui était concédé il amnistierait tout le monde.

Voté par la Chambre des députés, l'amendement Labiche reviendra au Sénat, et il y a tout lieu de penser qu'il y réunira cette fois la majorité.

Il faut donc espérer que la partie n'est pas perdue et que, le 14 juillet, nous pourrons encore fêter la réconciliation générale.

S'il en est ainsi, si le résultat est acquis, quoique d'une manière détournée, nous ne nous plaindrons qu'à demi de ce qui vient de se passer, car la séance d'hier aura eu au moins ce résultat de montrer définitivement certains hommes sous leur vrai jour.

A propos de l'article 7, M. Jules Simon s'était placé, disait-il, sur le terrain de la liberté ; il prétendait défendre les convictions de sa vie entière et il pouvait faire encore illusion à quelques républicains peu clairvoyants.

Hier, en combattant l'amnistie, M. J. Simon a déchiré tous les voiles. Il ne s'agissait plus ici d'une question de principes ; l'ancien ministre, tombé au Seize-Mai, a montré que toute sa politique est une politique de haine et de dépit. Il en veut aux autres de la situation qu'il s'est faite ; il s'en veut peut-être à lui-même, et le malaise qu'il éprouve l'entraîne dans une série de fautes politiques, dont il ne se relèvera pas. Ce n'est pas nous qui en gémirons.

Du reste, M. Simon a déjà reçu sa récompense. Au moment où il descendait de la tribune, la première main qui s'est tendue vers lui a été celle de M. le duc de Broglie, du président du Conseil qui le remplaça quand le maréchal l'eut congédié dans les conditions que l'on sait. De pareilles alliances en disent assez ; et quand un homme politique en arrive à les accepter, l'opinion publique est fixée sur son compte. M. Jules Simon en est là. Tant pis pour lui et tant mieux peut-être pour la République. Nous aurons l'amnistie et nous serons à jamais débarrassés d'une personnalité encombrante qui aurait pu nous faire beaucoup de mal. Ce sera double profit pour nous.

A. NAQUET.

LE DIVORCE

Toujours l'objection catholique

QUELQUES CAS PROBANTS

J'ai démontré, dans mes précédents articles que, si même le législateur avait à se préoccuper des prescriptions des divers cultes lorsqu'il élabore les lois, l'objection que les catholiques élèvent contre le divorce n'aurait aucune portée.

J'ai établi que le divorce n'opprimait en aucun cas ceux qui ne croient pas avoir le droit d'en user, et qui ont toujours la faculté de n'y pas recourir, pourrait être réclamé au nom de la liberté religieuse par ceux dont la religion le permet. J'ai enfin prouvé par l'analyse comparative de notre droit civil et du droit canonique que, celui-ci étant moins restrictif que celui-là, les catholiques ont un intérêt de premier ordre à ce que l'indissolubilité du mariage civil soit abolie.

Je veux aujourd'hui citer quelques faits de nature à lever tous les doutes qui pourraient se produire relativement à l'exactitude de nos affirmations.

Un homme fort honorable, qui avait été pendant quelque temps receveur général à Avignon, qui appartenait à la noblesse, et dont on trouvera le nom dans les journaux judiciaires, M. de G... se mariait, vers 1860, avec une demoiselle fort riche appartenant à la bourgeoisie, Mlle C....

Le mariage, une fois célébré, Mlle C..., devenue Mme de G..., déclara à son mari qu'elle n'entendait avoir avec lui aucune relation conjugale.

Pourquoi alors l'avait-elle épousé, se demandera-t-on?

Il ne m'appartient pas de répondre par des hypothèses. Je me borne à constater le fait.

M. de G..., pendant deux années consécutives, s'épuisa en efforts stériles pour amener sa femme à de meilleurs sentiments. Désespérant enfin d'arriver jamais au rapprochement qu'il poursuivait, il plaida en nullité de mariage devant le tribunal de première instance de la Seine et chargea M. Jules Favre de sa défense. La plaidoirie de M. Jules Favre fut admirable. Jamais le grand orateur ne s'était élevé aussi haut ; mais quelque éloquent qu'il fût, il devait perdre son procès et il le perdit. L'acte de Mme de G..., considéré comme une injure grave vis-à-vis du mari, entraînait la séparation de corps et de biens qui fut prononcée ; mais elle n'entachait pas de nullité le mariage qui fut déclaré valide.

Mme de G... était jeune, n'avait aucune vocation pour la vie monastique et n'entendait dire adieu ni aux joies de la famille, ni aux joies de l'amour.

Cependant il était marié sans l'être, marié juste assez pour l'empêcher de contracter une union nouvelle ; et en homme moral, en même temps qu'en catholique rigoureux, il répugnait à l'idée du concubinage.

Que faire?

Il se dit que le mariage civil n'ayant aucune valeur à ses yeux, ou n'ayant tout au moins qu'une valeur secondaire, il ne se considérerait pas comme illégalement marié, encore bien que l'officier de l'état civil ne fût pas intervenu dans son mariage, pourvu que celui-ci eût été consacré par l'Église.

Mû par cette idée, après son échec devant le tribunal de Paris, il se rendit à Rome, et là, il demanda au tribunal ecclésiastique la nullité du sacrement. Le sacrement fut annulé pour *non consommation volontaire du mariage*, et M. de G... put épouser religieusement une Italienne, avec laquelle il habite Florence et dont il a plusieurs enfants.

Au point de vue catholique, femme et enfants sont légitimes.

Au point de vue du droit civil français, la femme est une concubine, une complice d'adultère, les enfants sont adultérins, et le mari est peut-être bigame.

Si le divorce avait existé, le tribunal civil de la Seine l'aurait certainement prononcé, et, remarié devant l'officier de l'état civil, comme devant le prêtre catholique, M. de G... ne se serait pas trouvé dans une situation anormale dont il n'a pu sortir, et encore n'en est-il imparfaitement sorti qu'en se faisant naturaliser Italien.

N'est-il pas vrai que l'indissolubilité du mariage civil a été funeste à M. de G...; qu'elle l'a empêché de se refaire une existence honorable par de secondes noces que sa religion autorisait? N'est-il pas vrai que le divorce lui en aurait donné la faculté? Et cela ne répond-il pas péremptoirement à toutes les affirmations métaphysiques de nos adversaires?

Veut-on un autre exemple plus rapproché de nous?

Vers la fin de l'empire, le prince de Monaco avait épousé lady Hamilton. Lady Hamilton avait, paraît-il, une répugnance très vive à cette union et n'aurait cédé qu'aux sollicitations de sa famille, pressée elle-même par l'empereur Napoléon III. Quelle que fût cette répugnance, elle ne fut cependant pas poussée au point de rendre tout rapprochement entre époux impossible : lady Hamilton donna un enfant à son mari.

Récemment cependant, elle s'avisa de demander à la cour de Rome la nullité de son mariage en s'appuyant sur ce que son consentement n'avait point été libre.

Le défaut de libre consentement est un cas de nullité au point de vue du code français, comme au point de vue du droit canonique. Mais en droit civil français, la partie intéressée est tenue d'invoquer cette cause dans les six mois. Ce délai expiré, elle est censée avoir ratifié son consentement, et ce n'est pas après 12 ans, et lorsqu'un enfant en est issu, qu'un tribunal français déclarerait un mariage nul.

Il en est tout autrement des tribunaux ecclésiastiques. Sur la demande de la princesse de Monaco, la congrégation du concile a délégué cinq cardinaux pour juger cette délicate affaire, et ces cinq cardinaux ont déclaré le mariage nul pour cause de violence.

Le prince a interjeté appel. La cause a été portée devant cinq autres cardinaux, et ceux-ci ont confirmé le premier jugement.

Le prince et la princesse de Monaco sont libres et peuvent, l'un et l'autre, à cette heure, s'engager dans de nouveaux liens.

Ils ne sont pas Français ; le mariage civil n'existe pas dans la principauté de Monaco ;

rien ne les entrave.

Mais, s'ils étaient Français, le code civil serait là avec son indissolubilité inexorable, et les secondes noces que l'Église leur permet, il les leur interdirait.

Ici encore n'est-il pas vrai que, en les supposant Français, les époux catholiques dont je parle auraient tout intérêt au divorce?

Voilà la question que depuis quatre ans je ne cesse de poser aux auteurs catholiques. Voilà la question que je leur pose encore, et à laquelle ils ne répondront pas plus qu'ils n'y ont répondu jusqu'ici.

Ils n'y répondront pas parce qu'ils ne peuvent pas y répondre, parce qu'ils seraient obligés ou de se joindre à moi pour réclamer le rétablissement du divorce, ou d'avouer qu'ils visent à la suppression du mariage civil. Ils n'y répondront pas parce qu'ils ne veulent ni faire à la société moderne une concession qui irait contre le but qu'ils poursuivent, ni avouer ouvertement quel est ce but.

Mais, s'ils ne répondent pas, la conscience universelle répondra pour eux, et j'aurai avec moi non seulement les libres-penseurs, mais encore tous les catholiques sincères pour lesquels la religion est une affaire de foi, de conscience, et qui ne cherchent point à s'en faire un marchepied, un moyen de domination politique.

Cela me suffit.

A. NAQUET,
Député de Vaucluse.

L'AMNISTIE AU SÉNAT

Toute la journée d'hier s'est passée en pourparlers, dans les couloirs de la Chambre, sur ce qu'il convient de faire en présence de l'attitude du Sénat. Les bureaux des gauches se sont réunis ; les ministres ont été entendus dans la commission où ils doivent se rendre de nouveau aujourd'hui, et la séance publique, que ne présidait pas M. Gambetta, occupée à l'éternelle question du canal de la Bourne, s'est écoulée dans l'inattention générale. Tous les esprits étaient ailleurs : l'amnistie seule les préoccupait.

Rien cependant n'a été encore complètement résolu. Les uns voulaient profiter de l'occasion qui nous est offerte, pour entrer en lutte ouverte avec la Chambre haute ; les autres, sans avoir la moindre tendresse pour l'assemblée qui siège au Luxembourg, pensaient que le terrain de la lutte serait mal choisi ; en se montrant rebelle à toute transaction, la Chambre des députés ferait momentanément échouer l'amnistie, et peut-être la fête du 14 juillet avec elle.

Faire avorter la fête du 14 juillet serait une faute ; faire échouer l'amnistie serait impardonnable. Nous sommes comptables devant la France du grand exemple que va donner Paris en glorifiant la prise de la Bastille ; et nous ne pouvons pas nous désintéresser de ceux qui souffrent à la Nouvelle-Calédonie ou en exil et qui attendent avec impatience l'heure où ils reverront la patrie.

Avec l'amendement Bozérian, 621 condamnés sur 750 bénéficient de l'amnistie. C'est pour eux à cette heure un droit acquis qu'il ne nous est plus permis de compromettre. Une transaction est donc nécessaire, et l'immense majorité des députés républicains est ralliée à cette idée.

Mais quelle transaction ?

Celle que nous avons annoncée dans notre numéro de dimanche : l'amendement Labiche.

Seulement il est bon, en conservant le fond de cet amendement, d'en modifier un peu la forme. C'est sur ce point qu'ont roulé les principales discussions.

L'un demande qu'on en reprenne le texte, sauf à en faire disparaître le délai de trois mois qu'il comporte ; l'autre préfère voter l'amendement Bozérian qu'il ferait suivre d'un article additionnel permettant au gouvernement d'user de la grâce amnistiante à l'égard des exclus. D'autres enfin voudraient revenir au projet primitif du ministère en y introduisant une clause d'exclusion contre tous ceux qui avaient été frappés par des condamnations de droit commun avant les évènements de la Commune. Ils faisaient ressortir que l'amnistie ne visant pas les crimes antérieurs à 1871, ces derniers, bien qu'amnistiés, ne récupèreront pas leurs droits civiques et que, dès lors, l'exception proposée, pourvu que le gouvernement les gracie, ne modifierait en rien leur situation.

La première de ces trois solutions a l'inconvénient de n'être pas assez transactionnelle, ce qui peut la faire repousser par le Sénat ;

La seconde donne une loi en deux articles dont il est à craindre que le Sénat n'adopte le premier et ne rejette le second, ce qui remettrait les choses en l'état où elles sont ;

La troisième a le tort grave à nos yeux de comporter une exception que rien ne compense, en apparence du moins.

Toutes trois ôtent à l'amnistie l'ampleur qu'elle devait avoir.

Mais puisqu'il faut forcément choisir l'une des trois ou une solution analogue, nous préférons l'une des deux premières, car avec elles le gouvernement peut rendre l'amnistie complète, et ses déclarations devant la commission sénatoriale nous sont un sûr garant qu'il usera de cette faculté.

Laquelle prévaudra ? Nous l'ignorons encore. Il faut bien avouer, du reste, que le texte adopté a peu d'importance, pourvu que le principe de l'universalité de l'amnistie soit sauvegardé.

Afin d'atteindre ce but, il est nécessaire de profiter du temps qui nous reste pour convaincre, pour ramener à nous les sénateurs dissidents. C'est à quoi travaillent les hommes les plus autorisés de notre parti, et nous avons la ferme espérance qu'ils réussiront.

L'amnistie partielle présenterait tous les dangers de l'amnistie générale—à supposer que l'amnistie générale présente des dangers — et n'aurait aucun de ses avantages. Elle laisserait la question pendante ; l'irritation ne serait pas calmée, et le parti révolutionnaire verrait grossir son armée sans qu'on lui eût enlevé l'arme redoutable qui peut lui donner la victoire aux élections de 1881 dans bien des grands centres et même dans bien des circonscriptions rurales.

Il est impossible que les membres de la Chambre haute, qui se sont laissé entraîner par l'éloquence délétère de M. Jules Simon, ne se laissent pas convaincre par une argumentation plus saine et plus puissante.

Ceux-là seuls qui visent à renverser le ministère et à préparer un nouveau 16 mai, dont M. Simon serait cette fois le complice au lieu d'en être la victime, ceux-là seuls peuvent persister dans leur vote de samedi. Comme nous croirions calomnier le Sénat en les supposant en majorité, nous ne doutons pas du résultat. L'amnistie s'impose, et pourvu que la Chambre sache faire les concessions de forme que les circonstances commandent, elle sera votée.

A. NAQUET.

BIOGRAPHIE

BROCA

M. Broca vient de mourir. C'est une perte considérable pour la science, et aussi pour la République qui compte un bon citoyen de moins.

Le *Voltaire* a déjà donné sa biographie abrégée et fait connaître ses principaux titres scientifiques. Je n'y reviendrai pas. Je veux seulement insister sur la part que M. Broca a prise au développement de l'anthropologie, et sur la découverte qu'il a faite du siège de la faculté de la parole.

L'anthropologie est peut-être, comme le lui reprochait récemment M. Wyrouboff au nom de l'école positiviste, imparfaitement définie et mal classée. Mais, bien ou mal définie, parfaitement ou imparfaitement classée, elle n'en a pas moins pris parmi nous une importance considérable. Sous son nom, une multitude d'importants travaux ont été publiés, et grâce à ces travaux, l'histoire naturelle de l'espèce humaine, qui méritait bien une place spéciale, commence à être connue.

Caractériser les races ; en suivre les migrations à travers les âges ; suivre parallèlement la naissance, le développement, les transformations des langues; reconstituer à l'aide de ces documents l'histoire de notre espèce au delà de toute période historique, tel est le but que l'anthropologie se proposait d'atteindre et qu'elle a atteint en partie.

M. Broca a pris une part très large à ce résultat par ses innombrables mémoires, par ses magnifiques recherches, dont l'importance ne le cède qu'à celles qui lui ont permis de fixer le siège de la faculté du langage.

L'idée de la localisation des fonctions cérébrales avait été à peu près abandonnée depuis Gall. La théorie toute spéculative de ce dernier semblait l'avoir totalement ruinée.

Mais de ce qu'on a tiré d'une idée juste des déductions erronées, ce n'est point une raison pour qu'il faille abandonner l'idée. Il faut la reprendre ; seulement il importe alors de ne l'aborder que guidé par l'observation ou l'expérimentation directe, seules bases de la vérité.

C'est ce qu'a fait M. Broca.

Guidé par certains faits pathologiques qui s'étaient présentés à lui, il a étudié, le scalpel à la main, la cause de *l'aphasie*.

Tout le monde connaît à cette heure, au moins de nom, cette curieuse et triste maladie dont était atteint, à la fin de ses jours, un de nos poètes modernes.

Elle consiste, on le sait, dans l'impossibilité où se trouve le malade, qui souvent a conservé sa raison tout entière, d'exprimer sa pensée par des signes abstraits, soit vocaux soit écrits.

Incontestablement, l'aphasie résulte d'une lésion cérébrale. Mais cette lésion est-elle généralisée ou est-elle localisée sur un point de l'encéphale ? Telle était la question.

Il existe à la surface du cerveau humain une série de sinuosités que l'on appelle des *circonvolutions*. Ces circonvolutions se retrouvent aussi chez les animaux supérieurs, mais moins abondantes, moins développées que chez nous ; elles disparaissent complètement chez les animaux inférieurs. On n'en trouve plus trace chez l'oiseau, chez le reptile et même chez la plupart des rongeurs. Ici le cerveau est lisse.

Cette comparaison seule permettait de supposer que l'intelligence réside dans la couche corticale, superficielle, du cerveau, d'autant plus abondante que les circonvolutions sont plus multipliées.

Le langage étant la faculté primordiale, la faculté dominante dans l'ordre des fonctions intellectuelles, il était rationnel de penser qu'il avait son siège dans les circonvolutions. C'est cette hypothèse que M. Broca a cherché à vérifier et qu'il a effectivement vérifiée par l'observation.

Non-seulement il a constaté que la fonction du langage réside dans les circonvolutions, mais encore il a précisé davantage et il a montré, par des preuves irréfragables, qu'elle réside dans la troisième circonvolution frontale du lobe gauche du cerveau.

Il est même allé un peu plus loin et a reconnu que ce siège est limité à une portion très peu étendue et non à la totalité de cette circonvolution.

Je me rappelle qu'il y a deux ans, à la veille, comme aujourd'hui, d'une grande fête nationale, j'étais allé, au milieu de la nuit, prier M. Broca de m'accompagner auprès d'un malade. Il était accouru, car, sous des dehors un peu rugueux, avec une apparence un peu brusque provenant de l'extrême franchise de son esprit, il était aussi bon, aussi dévoué qu'il était savant.

Nous traversions la place du Carrousel en voiture, et là, car son esprit ne demeurait jamais inactif, il me parlait de sa belle découverte. Il me citait le fait d'un Italien qui avait reçu un coup de stylet à la tête. La pointe de l'arme avait traversé le crâne et était allée piquer d'une manière presque imperceptible un point très limité de la troisième circonvolution frontale gauche. Cela avait suffi pour que le blessé perdît à l'instant même l'usage de la parole, et, comme la blessure entraîna la mort, la nature de la lésion put être constatée.

Savoir quelle partie du cerveau est le siège de la faculté du langage, cela n'est pas seulement intéressant au point de vue de la théorie, cela peut avoir des conséquences pratiques. Ainsi la *République française* cite le cas d'un homme qui, un jour, devint soudainement aphasique à la suite d'une rixe et fut porté dans le service du docteur Lucas-Championnière. Le chirurgien lui appliqua une couronne de trépan sur la tempe gauche, mit à nu un fragment d'os qui perforait le cerveau, le retira et rendit instantanément la parole au malade.

Mais c'est surtout par son côté philosophique que cette découverte a une immense portée. C'est le premier pas qui ait été fait, je l'ai dit plus haut, dans la voie de la localisation des fonctions cérébrales, et rien ne peut atteindre plus sûrement le spiritualisme que l'étude scientifique des diverses parties de l'encéphale et des fonctions dont ces diverses parties sont les organes.

L'anthropologie, la science favorite de M. Broca, a aussi porté un grand coup sinon au spiritualisme, du moins aux traditions bibliques et aux diverses religions positives qui procèdent de ces traditions. Elle a démontré que l'âge de cinq ou six mille ans que nous accorde le récit mosaïque est une fable, l'humanité remontant au moins à trois cents mille ans, et peut-être, s'il faut en croire certaines supputations astronomiques sur le temps qu'ont mis à se former nos diverses couches géologiques, à plus d'un million d'années.

M. Broca semble donc par la nature de ses travaux, avoir été un ardent adversaire de l'église et du spiritualisme.

Il était en effet l'adversaire des hypothèses que l'on accepte comme des dogmes et qui arrêtent le développement de l'humanité. Il n'appartenait point à cette classe d'hommes qui divisent les choses de la science et celles de la foi et qui, suivant qu'ils se placent sur l'un ou l'autre de ces terrains, enseignent des préceptes contradictoires.

Mais il n'était l'adversaire des religions révélées et de la métaphysique qu'au point de vue de l'esprit. La passion ne s'en mêlait point. Il cherchait le vrai pour le vrai et je l'entends encore me dire « lorsque je découvre une vérité je ne m'occupe pas de savoir si elle sera nuisible ou utile à l'Eglise ou à tout autre philosophie. Je ne m'occupe que de ceci : Est-ce bien une vérité que je tiens? Et quand je suis convaincu que c'en est une, je la livre au public. Si l'Eglise peut s'en accommoder, tant mieux pour elle; tant pis pour elle si elle ne le peut pas; ce n'est point là mon affaire, c'est la sienne. »

En un mot, à l'inverse de certains hommes de science — je ne les appelle pas des savants — qui travaillent avec un parti pris, qui veulent servir ou attaquer un système philosophique déterminé, M. Broca faisait de la science pour la science. Jamais il ne mêlait une préoccupation étrangère à ses travaux.

Et ceci est d'autant plus méritoire qu'il était l'ennemi né de toutes les superstitions, même des plus justifiables.

Je lui proposais un jour de faire admettre à l'Exposition universelle de 1878 le modèle d'un appareil destiné à la crémation des cadavres. La conversation s'engagea naturellement entre nous sur le principe même de la crémation.

« Mauvaise besogne ! Besogne rétrograde ! me dit-il, que vous faites en poussant à l'incinération des cadavres. Aujourd'hui on ne va guère qu'une fois par an au cimetière et pendant le reste de l'année on n'y songe plus. Si le système de l'incinération prévaut, on gardera chez soi les cendres de ses proches, le culte des morts prendra une intensité beaucoup plus grande. L'église ne tardera point à adopter une méthode à laquelle aucun de ses dogmes ne l'empêche de se rallier; la superstition se développera et vous aurez servi ceux que votre but était de combattre... »

Je cite ces quelques conversations, parce que, plus encore que les ouvrages imprimés, elles font connaître la nature intime de l'homme.

Je me résume : savant autant que modeste, froid et roide en apparence, dé-

voué et excellent au fond ; matérialiste
convaincu, mais ne faisant jamais entrer ses convictions matérialistes en
ligne de compte lorsqu'il s'agissait d'une
vérité scientifique à démontrer ; enfin,
républicain solide et de vieille date, tel
est l'homme qui vient de mourir à l'âge
de 56 ans et que la France ne rempla-
cera pas de sitôt.

A. NAQUET.

Le petit Lyonnais
Du 12 juillet 188.

LES DÉGRÈVEMENTS

La Chambre vient de voter, il y a quelques
jours, sur la proposition du gouvernement et de
la commission du budget, un dégrèvement de
70,000,000 de francs sur les sucres et de 71
millions sur les vins, c'est-à-dire, au total, de
150,000,000.

Je ne suis pas fanatique des droits sur les sucres, non plus que des droits sur les vins, qui
pèsent sur l'agriculture et qui, ainsi que la plupart des impôts de consommation, frappent le
pauvre tout autant que le riche. Je sais qu'un
impôt doit être proportionnel pour être juste et
qu'il faudra bien un jour ou l'autre modifier
notre système financier. Partisan résolu de
toutes les réformes, je désire que ce soit aujourd'hui plutôt que demain, et j'aurais voté
avec plaisir non seulement la diminution, mais
encore la disparition des droits qui pèsent sur
les boissons hygiéniques et sur les sucres, si l'on
avait proposé en même temps un remaniement
de l'assiette générale de l'impôt.

Mais on a voté le dégrèvement sans compensation ; on a décidé qu'on prendrait, pour faire
face au déficit des premières années, des disponibles provenant d'excédants extérieurs s'élevant en tout à 118,000,000 ; et l'on s'est reposé
sur les plus-values que donneront les vins et
les sucres dégrevés, pour équilibrer le budget,
lorsque ces disponibles seront épuisés, c'est-à-
dire à partir de 1883.

Un de mes collègues de la commission du
budget, me disait à ce propos: « On accuse souvent à droite la Chambre d'être impie ; on a
tort ; la Chambre vient d'émettre un vote qui
est un acte de foi. Elle se repose sur la Provi-
dence de l'équilibre de nos budgets futurs. »

Ce collègue avait raison.

Les droits sur les vins s'élèvent en moyenne
à 12 0/0 du prix de la marchandise. On en supprime seulement un tiers ; l'abaissement de
prix provenant de cette suppression ne sera pas
de nature à donner à la consommation une
poussée bien considérable.

Il en sera autrement des sucres, tout le monde en convient ; mais ici encore les évaluations
gouvernementales nous paraissent exagérées.

En Angleterre, après un abaissement semblable de droits, et au bout de sept années, le tré-
sor n'avait point encore rattrapé ce que cet
abaissement lui avait fait perdre.

J'ai dit cela dans le sein de la commission du
budget ; je l'ai dit avec plusieurs de nos collègues, notamment avec MM. Edouard Lockroy,
Langlois et Bousquet ; mais, pas plus les uns
que les autres, nous n'avons réussi à entraîner
la commission ou à détourner le gouvernement
de son projet.

En présence de la faveur que ce projet ren-
contrait dans la majorité républicaine, et ne
voulant pas d'ailleurs créer en ce moment des
embarras au gouvernement, nous nous sommes
résolus à voter ce qu'il nous proposait en nous
bornant à présenter publiquement nos réserves
et en désirant que les espérances qui ont déterminé le vote de la Chambre se réalisent.

J'avoue même que je verrais presque sans
déplaisir ce qui vient d'être fait si j'avais la
conviction que le gouvernement fût décidé à
entrer dans une voie financière nouvelle, au
cas où ses espérances ne se réaliseraient pas.
Je me dirais alors que si les plus-values sont
telles qu'on le croit, le dégrèvement sera pour
le pays un avantage ; que, si elles ne sont pas
suffisantes pour compenser le découvert, on
sera conduit à établir un impôt proportionnel,
direct, équitable, à la place des impôts iniques
de consommation abolis ; qu'enfin et surtout, on
se résoudra à faire la conversion du cinq en
quatre pour cent, opération qui, d'après les rè-
gles de la plus élémentaire justice, devrait être
faite depuis longtemps et sur laquelle je reviendrai.

Mais ce que je redoute c'est que, ne voulant
pas s'engager dans cette voie novatrice, on ne
fasse servir à équilibrer le budget tous les excédents qui se produisent régulièrement chaque
année. Ce que je crains, c'est que l'on repousse,
par suite, presque toutes les nouvelles charges,
et que l'on n'éloigne ainsi une importante série
de réformes qui toutes doivent s'accompagner
d'un surcroît de dépenses.

Le parlement est saisi, à cette heure, de projets qui, s'ils sont adoptés, auront pour conséquence de surélever notre budget de soixante-
cinq à soixante-dix millions.

Tels sont : le projet actuellement en discussion sur la gratuité de l'instruction primaire,
la réforme de la loi des patentes, la loi sur les
droits successoraux, la loi sur l'unification des
retraites, la loi sur les capitaines montés, la loi
sur les inscrits maritimes, la loi sur la marine
marchande, la loi sur la réorganisation de la
magistrature, la loi sur la suppression du volontariat, la loi sur le rachat des ponts à
péage, etc., etc.

Ou bien ces lois seront décidément votées.
Les excédents budgétaires de 1880, de 1881 et
des années suivantes trouveront alors leur emploi et ne pourront servir à compenser la diminution de recettes provenant du dégrèvement
opéré sur les vins et sur les sucres.

Ou bien, pour conserver les excédents budgétaires, on ne les votera point, et, dans ce cas, on aura sacrifié au dégrèvement des réformes qui sont urgentes pour la France républicaine.

Et, malheureusement, c'est cette dernière solution que je vois déjà poindre à propos de la loi sur la gratuité de l'instruction primaire.

La logique aurait voulu, puisque l'Etat décrète cette gratuité qu'il en inscrivît les charges à son budget général. On aime mieux les inscrire partiellement au budget des communes, pour lesquelles ces dépenses deviennent obligatoires, ce qui est illogique.

Et pourquoi adopte-t-on cette solution? parce que l'on ne trouverait pas au budget de l'Etat les trente millions qu'exigerait la solution naturelle; parce qu'on ne veut pas exhausser les impôts d'un côté tandis qu'on les abaisse de l'autre; parce qu'on préfère — puisqu'on est bien obligé de les exhausser — un système qui masque l'exhaussement par un artifice de comptabilité, en chargeant les communes pour décharger la nation.

Les populations demandent à la fois des dégrèvements et des réformes, on cherche à répondre à ces deux désirs à la fois et, lorsqu'on ne peut pas le faire complètement, on s'efforce du moins de leur donner une satisfaction apparente.

C'est un tort.

Dégrèvements et réformes sont des termes qui s'excluent, sinon absolument, du moins en partie, il faut savoir le dire au peuple.

En matière fiscale, pas plus qu'en aucun autre, la méthode d'un gouvernement républicain ne doit ressembler à celle d'un gouvernement monarchique.

Avec la monarchie, ce qui domine, c'est la nécessité de se rendre les électeurs momentanément favorables, encore bien que ce soit par le système du trompe-l'œil. On sait qu'on n'a pas pour soi la durée, et l'on se rabat sur les expédients qui sont de nature à prolonger le moment présent.

La République, au contraire, a la durée devant elle; elle ne doit jamais compromettre demain pour aujourd'hui; elle doit viser à faire aux électeurs des mœurs viriles; elle doit habituer le peuple à voir clair dans les finances publiques; elle doit renoncer aux artifices budgétaires, avoir une comptabilité aussi limpide que celle d'une maison de commerce; elle doit ne jamais sacrifier à une économie mesquine les réformes salutaires et reproductives. C'est le meilleur moyen d'éviter les utopies dangereuses qui s'appuient sur des illusions décevantes, ainsi que les accusations injustes qui proviennent des illusions déçues.

Voilà pourquoi, comme quelques-uns de nos collègues, j'ai regretté la décision prise à propos des dégrèvements; mais puisque cette décision est un fait accompli, faisons au moins un effort pour qu'elle ne devienne pas un obstacle aux réformes, et cherchons au contraire à en tirer comme conséquence, la réforme financière ajoutée aux autres, le remaniement de nos impôts et la conversion.

A. NAQUET, *député de Vaucluse.*

LE DIVORCE

Au nom de M. Léon Renault, de la commission dont il est le rapporteur, et en mon nom personnel, j'ai demandé, jeudi dernier, à la Chambre des députés d'inscrire en tête de son ordre du jour, pour la séance du premier vendredi qui suivra sa rentrée, la première délibération de la loi sur le divorce. Après une épreuve douteuse, la Chambre me l'a refusé.

Je suis obligé de répéter, à ce propos, ce que j'ai déjà dit après un échec semblable éprouvé par moi le 31 mai dernier: ce n'est point là un vote hostile au divorce. La plupart des députés sont favorables à cette réforme ; mais ils ne veulent pas retarder le vote des lois sur l'instruction primaire et sur la magistrature, et c'est là la seule raison qui les pousse à se prononcer contre toute interversion de l'ordre du jour précédemment fixé. J'estime qu'ils ont tort.

Les projets de loi qui émanent du gouvernement peuvent sans danger être retardés de quelques jours parce que la dissolution de la Chambre n'entraîne pas leur caducité. Il en est autrement des propositions d'initiative parlementaire. Celles-ci tombent entièrement si le Sénat ne les a pas définitivement adoptées au moment où expire le mandat de la Chambre. Tout le travail est alors à recommencer, et c'est un temps considérable de perdu. Il importe dès lors de déblayer d'abord le terrain de ces propositions, afin que le Sénat ait le temps de se prononcer sur elles avant les élections générales. Tel n'a pas été l'avis de la Chambre qui, tout en acceptant franchement le principe du divorce, le considère peut-être comme une de ces questions secondaires que l'on peut sans inconvénient reléguer au second plan, et dont on doit remettre la discussion à un moment où l'on n'aura rien de mieux à faire.

Je crois que la Chambre se trompe, rien n'est plus urgent à mes yeux que de rétablir une institution abrogée par le cléricalisme dans une heure de combat, et que tant d'intérêts attendent avec impatience.

De ce que le divorce est aboli depuis 1816; de ce qu'il y a soixante-quatre ans qu'une masse de personnes honorables souffrent de la rigueur de notre Code, ce n'est point une raison suffisante pour prolonger leurs souffrances indéfiniment.

En attendant que la Chambre revienne sur un vote pris à une faible majorité, et alors que le plus grand nombre de ses membres étaient partis, je signalerai à l'attention de tous quelques faits choisis dans le tas et propres à démontrer à quel point il importe de sortir au plus vite de la législation surannée qui nous régit.

En voici un que je tiens d'un éminent avocat d'une de nos villes du centre et qui est probant entre tous.

Une femme, jeune encore, se séparait à l'amiable, il y a quelques années, d'avec son mari, et vivait ensuite pendant quelque temps dans un austère célibat avec les deux filles que son mari lui avait laissées.

Mais la nature a ses droits qu'elle ne laisse jamais prescrire. Un jour, la jeune femme, chez qui les amertumes de l'union première, avaient eu le temps de se calmer, rencontra un Anglais dans le monde. Elle l'aima; et comme, si la loi française ne permet pas le divorce, la loi suisse le permet avec une facilité extrême, elle passa la frontière, devint citoyenne de la Confédération helvétique, et, ayant obtenu le consentement au divorce de son mari, divorça, et alla enfin se remarier en Ecosse avec l'homme qu'elle aimait.

Dans bien des cas, les divorces ainsi obtenus par dénaturalisation sont valables. Mais ici, l'un des époux étant demeuré Français, le divorce ayant eu lieu par consentement mutuel, les secondes noces s'étant célébrées en Ecosse, le changement de nationalité ayant eu pour cause évidente le désir d'enfreindre la loi française, il n'est pas douteux que le second mariage ne soit absolument nul chez nous.

Depuis ce second mariage, les deux filles de notre remariée sont avec leur grand'mère, qui ne leur laisse plus voir ni leur mère ni leur père, engagé lui aussi dans une union illégitime.

La mère, d'ailleurs, a deux autres enfants du second lit, qui sont, sans conteste, des enfants adultérins.

La grand'mère, qui ne voudrait pas laisser sa fortune à ces enfants adultérins, — à tort, selon moi, car ces enfants, auxquels s'impose une situation qu'ils ne se sont pas faite eux-mêmes, sont aussi dignes d'intérêt que les autres, — la grand'mère, dis-je, veut déshériter sa fille au profit de ses premières petites-filles, et cherche à tourner la loi qui fait de sa fille une héritière réservataire.

Ajoutons à ce tableau que le premier mari, le seul mari légal, pourrait, le jour où il le voudrait, faire arrêter sa femme comme adultère, la faire jeter en prison, briser ainsi la position commerciale honorable qu'elle s'est créée par son travail avec son nouveau mari, et par cela même atteindre profondément ce second mari et ses enfants.

Il ne le fait pas, parce qu'il a conscience de ce qu'aurait d'indigne un tel acte. Mais, puisque la loi française lui donne la faculté de le faire, elle est comptable devant l'opinion publique d'une si exorbitante disposition.

Ainsi, voilà une femme remariée, une femme qui fait fort bon ménage avec son second mari, une femme qui, par son travail, s'est créé une jolie position de fortune, qui a deux enfants d'un premier lit et deux enfants d'un second lit, et qui risquerait, si son premier mari était foncièrement malhonnête, d'être brutalement arrachée à l'homme qu'elle aime, à ses enfants, à son commerce.

Si le divorce eût été permis en France, c'est chez nous qu'il aurait été prononcé. Il aurait été valable, et les situations irrégulières que je viens de faire connaître ne se seraient pas produites.

Croit-on que la société ait quelque chose à gagner à ce qu'elles aient pris naissance au lieu des situations normales que le divorce aurait engendrées ?

On invoque contre le divorce l'intérêt des mœurs. Les mœurs ne seraient-elles pas mieux sauvegardées par un second mariage sérieux que par le mariage illégal auquel la femme séparée a dû recourir ?

On invoque l'intérêt de la femme contre le divorce. L'intérêt de cette femme n'aurait-il pas été mieux garanti par une loi qui lui aurait permis de se remarier en France, que par une loi qui l'a obligée à perdre sa nationalité pour s'engager dans un mariage qui n'est pas valable et qui l'expose à toutes sortes de dangers ?

On prétend que l'indissolubilité du mariage est favorable aux enfants ? Trouve-t-on que, dans l'espèce, les enfants du premier lit ne seraient pas plus heureux s'ils pouvaient voir leurs parents, qu'en étant sevrés comme ils le sont de leurs caresses ? Trouve-t-on enfin que les enfants du second lit frustrés de la part qui leur revient de l'héritage maternel, ne seraient pas mieux protégés par une législation qui aurait permis la rupture du premier mariage que par celle qui nous régit ?

Il en est de même toutes les fois que l'on descend des généralités métaphysiques dans les faits, et que l'on consent à voir les choses comme elles sont et non à la manière des théologiens, comme on voudrait qu'elles fussent. Espérons que la Chambre méditera ces exemples et que, à son retour, elle voudra bien donner à ma proposition une adhésion non plus platonique mais effective et immédiate.

A. NAQUET.

L'AMORTISSEMENT

L'amortissement de la dette nationale peut être considéré au point de vue purement économique ou au point de vue politique. Sous le rapport économique, il est inférieur aux dégrèvements ; sous le rapport politique, dans la situation particulière où se trouve la France, il leur était au contraire très supérieur.

Je dis qu'en envisageant le système du haut de la science économique, l'amortissement doit être condamné. Quel en est en effet le résultat ?

C'est, en diminuant la dette en capital, de diminuer proportionnellement la somme des intérêts que l'État doit chaque année payer aux rentiers.

Mais comme l'État n'est point un propriétaire tirant de son propre fond les ressources dont il dispose ; comme il est obligé de prendre aux contribuables les sommes qu'il emploie à désintéresser ses créanciers ; comme les capitaux employés dans le commerce et l'industrie rapportent plus que l'État ne rapporte d'intérêts ; il est évident que ce qui vaut le mieux en principe, c'est de dégrever lorsqu'il y a des disponibles au budget, et de laisser ainsi dans la circulation les sommes qu'on aurait dû continuer de demander au pays si l'on avait voulu entrer dans la voie de l'amortissement.

Il est vrai sans doute que les sommes prises au pays par l'impôt retournent au pays lorsqu'on rachète des rentes, et qu'il n'y a là qu'un déplacement n'entraînant aucune perte réelle. Mais pour que ce raisonnement fût tout à fait exact, il faudrait que tous les créanciers de l'État fussent Français.

Or, il n'en est rien : une grande partie de nos rentes sont à l'étranger, et c'est ce qui fait qu'il vaut mieux, en thèse générale, demander moins aux contribuables que de leur demander plus en vue de diminuer la dette nationale.

Une autre raison qui milite contre l'amortissement, c'est l'avilissement constant de la valeur de l'or.

Dire que la France doit, en capital, vingt-quatre milliards de francs, c'est dire qu'elle doit à ses créanciers huit millions de kilogrammes d'or, l'or valant 3,000 francs le kilogramme.

Mais l'or est une marchandise que l'on se procure avec des produits. Ces produits sont la vraie valeur, la vraie richesse. L'or, au contraire, vaut un peu moins chaque jour, c'est-à-dire — puisque, par suite de son rôle monétaire, sa valeur nominale demeure invariable — que le prix de toutes les autres marchandises tend sans cesse à augmenter.

A l'heure qu'il est, avec une même quantité de blé, de soie, de laine, de coton, etc., on peut se procurer deux et peut-être trois fois plus d'or qu'en 1789.

Dans cent ans, ce mouvement s'étant continué, on pourra s'en procurer deux ou trois fois plus qu'aujourd'hui. Il en résulte que, sans que l'État ait rien à débourser, sa dette subit un

[...amortissement naturel...] il se prive en amortissant directement.

On ne m'accusera pas, je l'espère, de ne pas mettre en évidence les raisons scientifiques qui militent contre l'amortissement.

Mais à côté des raisons économiques, il y a les raisons politiques dont il faut tenir compte.

Si nous étions un peuple de philosophes rompus aux notions financières, si l'on pouvait impunément chez nous abaisser les impôts quand il y a des excédents budgétaires, les exhausser lorsqu'il y a des déficits ou lorsque des réformes réalisées nécessitent des dépenses nouvelles, je n'hésiterais pas à me prononcer en faveur des dégrèvements et à demander qu'on n'amortît pas.

Si même nous avions un système d'impôts directs qui se prêtât aux diminutions et aux surélévations comme l'*income-tax* des Anglais, un système avec lequel chaque contribuable pût toujours voir nettement ce qu'on lui prend et ce qu'on lui laisse, je me prononcerais dans le même sens.

Mais nos impôts directs sont assis sur une base telle qu'il est très difficile d'y toucher, et c'est aux impôts de consommation qu'on est obligé de s'adresser toutes les fois qu'on veut soit diminuer, soit augmenter les recettes.

A l'exception de ce qui se passe pour le tabac peut-être, la quotité de l'impôt s'unit alors si intimement au prix de la marchandise, que personne ne sait, en achetant une livre de sucre ou un litre de vin, ce qu'il donne au gouvernement.

A supposer que lorsque l'on diminue les droits sur les produits, les industriels abaissent immédiatement le prix de leurs denrées dans la même proportion, il ne peut, suivant les fluctuations que subit ce prix sous l'influence de l'offre et de la demande, que le pays ne s'aperçoive pas que ses charges sont devenues moindres.

Et si alors l'État a besoin de ressources nouvelles, s'il frappe des impôts nouveaux, le pays, qui s'est à peine aperçu de la diminution des impôts anciens, se rend parfaitement compte des sacrifices qu'on lui impose, et l'effet produit devient désastreux.

L'amortissement, au contraire, est un système parfaitement élastique. Y a-t-il des plus-values au budget, on diminue le chiffre de la dette flottante, on rachète des rentes perpétuelles, et le contribuable continue de fournir les sommes qu'il est habitué à fournir.

Y a-t-il, au contraire, des moins-values ou de nouveaux besoins, on y fait face en diminuant le chiffre des sommes affectées à l'amortissement ; le pays n'est point surchargé et bénéficie de tous les progrès réalisés sans même s'apercevoir que chacun de ces progrès entraîne des dépenses équivalentes.

Voilà pourquoi je pense qu'il valait mieux ne pas toucher à nos impôts jusqu'au jour où l'on se décidera enfin à en modifier l'assiette ; voilà pourquoi j'estime que, au lieu d'abaisser les droits sur les sucres et les vins, il était préférable de porter à notre budget des sommes plus fortes pour l'extinction graduelle de notre [...]

[...] dette flottante, et de constituer ainsi des réserves qui auraient permis de réaliser toutes les réformes utiles sans que nous fussions jamais arrêtés par des difficultés budgétaires.

C'est de la politique que l'on a voulu faire en dégrevant, et l'on a fait de la mauvaise politique.

La vraie, la saine politique consistait à conserver toutes les ressources dont nous disposions à doter largement l'instruction publique, à demander beaucoup moins au trois pour cent amortissable, à l'emprunt, et beaucoup plus au budget ordinaire, et, s'il restait des disponibilités, à les déverser sur l'amortissement où on les aurait toujours retrouvées le jour où le vote des lois réformatrices les aurait rendus nécessaires.

Mais on a préféré faire de la politique électorale comme en aurait fait un monarque, et l'on a fait de la détestable politique, ce qui est presque toujours le cas.

A. NAQUET, député de Vaucluse.

LE DIVORCE

L'objection morale

I

Parmi nos adversaires, les uns, cléricaux, ne veulent pas avouer que leur hostilité contre le divorce découle exclusivement de leur haine contre l'institution du mariage civil ; d'autres, libéraux, républicains, libres-penseurs, refusant de s'avouer à eux-mêmes qu'en combattant le divorce, ils obéissent à des sentiments puisés à leur insu dans une religion contre laquelle leur raison proteste ; ils s'ingénient à trouver dans la seule observation des faits sociaux et moraux des arguments en faveur de leur thèse.

Ne voyez-vous pas, disent-ils, que si les liens du mariage cessaient d'être indissolubles, la corruption s'introduirait rapidement dans la société ? Actuellement, lorsqu'une querelle survient dans un ménage, les époux se calment parce qu'ils sont unis l'un à l'autre pour toute leur vie ; mais, s'ils savaient qu'ils peuvent se quitter, se remarier, se reconstituer une existence légale ailleurs, le moindre désaccord deviendrait une cause de rupture ; le mariage ne serait plus qu'une association éphémère, et les mœurs iraient en s'altérant de jour en jour, au grand préjudice des sociétés auxquelles la corruption est mortelle.

Parler de la sorte, c'est se faire une étrange idée de la nature humaine, et c'est en même temps se faire une singulière illusion sur la puissance de coercition du mariage.

Le mariage n'est point une loi coercitive. Le code proclame bien, il est vrai, que le mari doit protection à sa femme, que la femme doit obéissance à son mari, qu'elle est tenue de le [...]

suivi partout où il lui plaira de se conduire.

Mais où est la sanction qui impose aux époux leurs devoirs réciproques? et le mari ne veut pas protéger la femme, si la femme ne veut pas obéir à son mari, si même un des époux abandonne la maison commune, qui les contraindra à rentrer dans le devoir? Un mari peut, il est vrai, obliger sa femme à réintégrer le domicile conjugal en employant contre elle la force publique; mais si elle le quitte de nouveau dès que les agents de l'autorité se seront éloignés! Une femme peut, *manu militari*, imposer à elle aussi à son mari de la recevoir; mais si le mari, une fois le gendarme parti, la chasse de nouveau de son domicile? Requerra-t-on une seconde, une troisième, une quatrième fois l'autorité? C'est évidemment impossible. Dans les cas de ce genre, un procès intervient et les choses se terminent par une séparation.

Lorsqu'un époux veut abandonner son conjoint, que ce dernier, d'ailleurs, y consente ou non, il n'y a donc pas de puissance sociale qui l'en puisse empêcher. Et nous sommes, par conséquent, autorisés à dire que, si l'immense majorité des époux demeurent unis, c'est par tout autres motifs que ceux qui résultent des textes de loi.

Ils demeurent unis parce que l'habitude, la famille —à défaut de passion — qu'ils éprouvent l'un pour l'autre, leur en fait une nécessité; ils demeurent unis parce qu'ils ont pour leurs enfants une affection des plus vives, et que cette affection est pour eux un lien beaucoup plus solide que tous ceux que l'on peut trouver dans telle ou telle disposition de la loi; ils demeurent unis parce qu'ils ont, l'un vis-à-vis de l'autre, des obligations pécuniaires qui rendent les séparations très coûteuses. Mais ce ne sont jamais les difficultés légales qui les embarrassent.

Le jour où le mariage ne subsiste plus qu'à cause des articles du Code qui s'opposent à sa rupture, en fait on peut dire qu'il est bien près d'être rompu. Il y a lieu de se demander dès lors si la liberté introduite dans la famille ne serait pas là un gage d'ordre au lieu d'être un élément de dissolution.

Lorsqu'un époux qui aime son conjoint se rend compte que, s'il devient indigne de lui, ce dernier pourra le quitter et s'engager dans de nouveaux nœuds légitimes, il veille avec plus de soin sur sa propre conduite.

Il fait après le mariage, pour conserver l'amour de celui ou de celle à qui il est uni, ce qu'il faisait avant d'être marié en vue de conquérir cet amour. L'autre subissant la même influence, il en résulte une foule de prévenances, de concessions réciproques qui déterminent la persistance de l'harmonie. Lorsque, au contraire, les époux peuvent se reposer sur les droits que la société leur confère, les concessions deviennent plus rares, les prévenances disparaissent et, là où la liberté et une crainte salutaire du divorce auraient amené la con-

corde, une législation non compressive engendre la discorde, prélude d'une séparation future.

La liberté même la plus illimitée, n'est pas un obstacle à la fidélité, à la constance au bonheur domestique et, souvent même, elle est un des principaux éléments. On en trouve la preuve expérimentale dans une foule d'unions libres qui, malgré la sévérité du monde à leur égard, donnent souvent aux mariages réguliers des exemples que ceux-ci pourraient suivre sans déroger.

Il n'en est pas, il est vrai, toujours ainsi. Mais lorsqu'on songe aux obstacles de tout genre que la société sème sur la voie de ces ménages libres; lorsqu'on réfléchit à ce fait que, dans la majorité des cas, par suite même de ces difficultés, les unions libres s'établissent entre individus appartenant à des classes différentes et conséquemment éloignés les uns des autres par leur éducation, ce qui, de toutes les causes de rupture, est peut-être la plus forte, on ne peut s'étonner que d'une chose, du nombre considérable de ces unions qui subsistent en dépit de toutes les conditions de destruction dont elles sont entourées.

Le divorce, en le supposant établi sur des bases aussi larges que possibles, n'entraînerait donc pas la corruption des mœurs; il ne multiplierait pas le nombre des ménages qui se désunissent, et je suis même porté à croire, par les motifs que je viens de développer et par d'autres encore que je développerai ultérieurement, que, toutes choses égales d'ailleurs, il le diminuerait.

Voilà ce que je répondrais si, comme en 1876, je proposais au Parlement de revenir à la législation de 1792 ou à une législation voisine de celle de 1792.

Mais à cette heure, le projet dont le Parlement est saisi est le retour au titre VI du Code civil; et les lecteurs du *Petit Lyonnais* savent déjà que, si ce projet est voté, les causes pouvant motiver le divorce seront exactement les mêmes que celles qui motivent à cette heure la séparation de corps et de biens.

Comment alors pourrait-on redouter la multiplication des ruptures de mariage? Les mêmes causes — c'est là une loi universelle qui régit aussi bien le monde moral que le monde physique — produisant toujours les mêmes effets, il n'est pas possible qu'il y ait demain, sous l'empire de la loi nouvelle, plus de divorces qu'il n'y a de séparations aujourd'hui.

Du reste, le titre VI du Code civil, qu'une commission parlementaire demande à rétablir, a régi notre pays de 1803 à 1816, et il n'a pas produit les effets désastreux que l'on se plaît à nous prédire pour le jour où il sera remis en vigueur.

Voici, en effet, comment s'exprime sur ce point un légiste éminent, M. le professeur Glasson, dans un ouvrage qui, cependant, est plutôt écrit dans des vues hostiles que dans des vues favorables au divorce:

« Il faut reconnaître que la législation du Code civil sur le divorce n'avait donné lieu à

[illegible]
ce reproche dans la longue et solennelle discussion de la loi de 1816 à la Chambre des députés
et à la Chambre des pairs. »

Il n'y a aucune raison pour que cette législation, inoffensive de 1803 à 1816, devienne per-
nicieuse en 1880, et c'est ailleurs que nos contradicteurs devront chercher leurs arguments
s'ils veulent convaincre les populations de la
nocuité du divorce.

A. NAQUET, *député de Vaucluse.*

Le Voltaire du 30 juillet 1880

LA
RÉPUBLIQUE A L'ÉTRANGER

Si j'avais eu besoin d'une démonstration de la mauvaise foi des journaux
réactionnaires, affirmant que la République isole la France en Europe, les
habitants de Mons se seraient chargés
de me la fournir.

J'avais été appelé à faire dans cette
ville une conférence sur les jésuites, le
25 courant. A l'issue de cette conférence, dont les auditeurs n'avaient cessé
de me donner des marques non équivo-
ques de sympathie, un banquet de cent
vingt couverts m'a été offert. M. Defuisseaux, représentant ; M. Lescar, représentant et bourgmestre de Mons ; M.
Masquellier, président du conseil pro-
vincial, y assistaient, comme ils avaient
assisté à la conférence. M. Defuisseaux
présidait la seconde comme la première
de ces réunions.

Quand je suis entré dans la salle du
banquet, j'ai été accueilli par des salves
d'applaudissements et la fanfare mon-
toise a joué la *Marseillaise*.

Dès que l'heure des toasts est venue,
M. Defuisseaux s'est levé et a prononcé
une allocution chaleureuse, pleine de
feu, d'éloquence, qui a excité un véritable enthousiasme.

Je ne dirai rien de la partie de cette
belle harangue qui avait trait à mon
humble personnalité. M. Defuisseaux a
été jadis mon élève ; il a conservé pour
son ancien maître des souvenirs d'affection qui se sont naturellement tra-
duits dans son discours. Ces sentiments
n'ont d'importance et de valeur que
pour celui qui est heureux et fier de les
avoir inspirés. Mais où M. Defuisseaux
s'est élevé à une grande hauteur, où il a
profondément ému son auditoire, c'est
lorsqu'il a parlé de la France républicaine qu'il a appelée « notre grande et
généreuse voisine » ; c'est lorsqu'il a
rappelé le concours donné par elle à la
délivrance de la Belgique, en 1831, concours en échange duquel elle n'a demandé aucune parcelle de territoire,
mais seulement la reconnaissance et l'a-
mitié du peuple qui lui devait en partie
son indépendance et sa liberté.

J'ai cru devoir répondre à ce toast
chaleureux. J'ai remercié les hommes
politiques qui me recevaient d'une ovation d'autant plus chère à mon cœur,
qu'elle s'adressait bien moins à moi qu'à
mon pays : à la France libérale, à la République.

J'ai pris acte de cette imposante manifestation, pour protester contre les ca-
lomnies des cléricaux et des réactionnaires qui, désespérant après leurs défaites successives de revenir au pouvoir,
s'efforcent de susciter contre leur pays
la haine de l'Europe ; qui ne perdent
jamais l'occasion de dénoncer la République aux monarchies européennes
comme une cause de désordre et qui,
prenant, ou feignant de prendre leurs
désirs pour des réalités, affirment sans
cesse que nous ne rencontrons autour
de nous aucune sympathie, ni parmi les
gouvernements ni parmi les peuples.

La réception qui était faite à un député français, à un membre de l'extrême
gauche par des hommes politiques qui
font partie de la majorité gouvernementale belge était une réponse péremptoire à ces affirmations.

Non-seulement la République ne nous
isole pas ; mais, gouvernement de progrès, de paix, de liberté, elle nous a
rendu les sympathies que l'empire nous
avait fait perdre.

L'empire, qui faisait l'expédition de
Rome, l'empire dont les chassepots faisaient merveille à Mentana, l'empire
qui préparait, à Biarritz, l'annexion vio-

lente de la Belgique avec M. de Bismarck et se faisait battre alors sur le
terrain diplomatique comme il devait se
faire battre plus tard sur les champs de
bataille; l'empire, qui joignait ainsi la
honte qui s'attache à toute intention
criminelle à celle que mérite un gouvernement capable de mener son pays au
démembrement et à la ruine, alorsqu'il
croit niaisement préparer la ruine et le
démembrement des pays voisins; l'empire qui, au moment même où il allait
livrer la France sans défense à l'Allemagne, se présentait comme une menace constante pour les libertés du
monde; l'empire était exécré à l'étranger, et l'exécration dont il était l'objet
rejaillissait sur la France elle-même.

Depuis 1870, les choses ont changé de
face. Elles ont changé de face surtout
depuis que la faction cléricale a été définitivement précipitée du pouvoir.

La France, en développant pacifique-
ment ses libertés, en donnant des assises chaque jour plus profondes au gouvernement du pays par lui-même, en
démontrant par le grand acte du 14 octobre 1877 quelle est la puissance féconde du suffrage universel, a rallié à
elle les peuples.

Quant aux gouvernements, à ceux-là
même qui répugnent à s'engager dans
les voies libérales, ils préfèrent encore
pour notre pays la forme républicaine à
la forme monarchique. Ils savent que la
monarchie ne pourrait se soutenir chez
nous que par la guerre et que la guerre
non-seulement engendre des désastres
matériels, mais encore des bouleverse-
ments de tout ordre.

Ils savent aussi que, quelles que soient
nos préférences pour la forme républicaine et pour la liberté, nous avons renoncé à toute ingérence dans les affaires
des autres nations, que nous pratiquons
aujourd'hui véritablement cette poli'i-
que de non-intervention que l'Empire
affirmait sans cesse en ne l'appliquant
nulle part. C'est pourquoi une agression
contre nous soulèverait à cette heure
l'indignation des populations et de ceux
qui les gouvernent à l'inverse de ce qui
s'est passé en 1870.

Voilà ce que j'ai fait ressortir dans
mon discours au banquet de Mons; voilà
ce qui a excité un véritable enthousiasme en faveur de la France, dont
l'hymne national ne cessait de retentir
pendant que de nombreux orateurs lui
portaient des toasts.

Mais les journaux cléricaux qui pré-
voyaient le caractère heureux de cette
fête internationale avaient selon leur
habitude cherché à intimider les Montois: ils avaient menacé de la publication de leurs noms ceux qui oseraient
assister au banquet.

Aussi, M. Masquelier, lorsque les discours ont été finis, a-t-il proposé d'aller
prendre le café sur la porte, dans la rue,
afin que les cléricaux fussent en état de
noter les personnes présentes et n'eussent aucune difficulté à publier leurs
noms. Cette proposition a été acceptée
et applaudie, et la fête s'est terminée
dans une véritable effusion de fraternité
cordiale.

Je remercie les Montois de l'excellente
journée que je leur dois, et qui m'a fourni le moyen de m'assurer par moi-même
des sentiments que mon pays et la forme
de gouvernement qu'il s'est donnée inspirent à nos voisins. Le jour où un homme politique du parti libéral belge voudra nous faire l'honneur de venir nous
voir à son tour, nous lui prouverons que
ces sentiments sont partagés et que la
France a tout autant de sympathie pour
la libre Belgique que peut en avoir la
Belgique pour la France actuelle.

A. NAQUET.

LE DIVORCE

L'objection morale

II

On oppose au rétablissement du divorce la
corruption que, nécessairement, dit-on, il doit
entraîner, et l'on passe sans s'en apercevoir, à

côté des effets corrupteurs de l'indissolubilité du mariage. On s'efforce de légitimer la législation actuelle au nom de la pureté des mœurs, et c'est au nom même des mœurs, qui vont s'altérant chaque jour sous son influence délétère, que la législation doit être modifiée.

Certes! je ne voudrais pas dire que jamais, dans aucun cas, la rigueur de notre loi n'ait retenu au ménage qui se serait séparé si la loi avait été plus tolérante. Mais sans même rechercher si cela est un bien, s'il est bon pour eux, pour la société, pour les enfants, que des époux qui se haïssent demeurent unis en apparence et malgré eux; en admettant que toute désunion évitée constitue un fait heureux, j'affirme que cela est la grande exception, et que l'indissolubilité du lien conjugal fait naître beaucoup plus de séparations qu'elle n'en empêche.

Et si je démontre cela, cela me suffit.

Je n'ai jamais prétendu que le divorce en soi fût un bien. J'ai seulement affirmé qu'il était un mal moindre que la séparation de corps. Lorsque le divorce sera rétabli, tous les hommes, malheureusement, ne seront pas bons, toutes les femmes ne seront pas vertueuses, la paix ne régnera pas dans tous les ménages, la terre ne deviendra point un Eden; il y aura encore des misères et des souffrances; mais il y en aura moins qu'aujourd'hui, et, aucune loi humaine ne pouvant viser à la perfection, une réforme est suffisamment justifiée lorsqu'elle diminue la somme du mal et augmente la somme du bien.

Le divorce sera dans ce cas. Il diminuera, atténuera, guérira bien des misères individuelles et, contrairement aux craintes de ceux qui s'opposent à son rétablissement par peur de voir les mœurs s'altérer et se corrompre, il aura pour effet de fortifier les mœurs et d'enrayer la corruption.

Je l'ai déjà dit : la liberté est généralement un gage d'harmonie, au lieu d'être un élément de discorde; elle aura pour conséquence entre époux, à cause de la terreur salutaire qu'elle excitera dans le cœur de chacun d'eux, un système de prévenances et de bons procédés qui conservera l'amour, l'affection, dans bien des ménages où ces sentiments se seraient perdus sous l'empire de la législation qui nous régit.

Ce n'est du reste pas seulement par ce petit côté tout intime, que l'indissolubilité du mariage corrompt la société et nous donne ainsi le droit d'invoquer le divorce au nom de la moralisation générale.

Lorsque deux époux, jeunes encore, se séparent, soit à l'amiable, soit devant les tribunaux, — et c'est pendant la jeunesse des époux que se produit de beaucoup le plus grand nombre des séparations, — pour demeurer strictement obéissants à la loi, ils doivent se garder l'un à l'autre une fidélité aussi complète, aussi absolue que s'ils étaient demeurés unis; ils doivent observer une continence rigoureuse, ils doivent dire adieu à toutes ces joies de la famille et de l'amour en dehors desquelles il n'y a pour l'homme et pour la femme non seulement aucun bonheur, mais encore aucune existence tolérable.

Au nom de la famille, la société interdit à tout une classe d'hommes et de femmes de se constituer une famille; et cependant, la moitié au moins de ces hommes et de ces femmes, [illegible] coupables d'une simple erreur, souvent plus de la moitié, car que de fois ne voit-on pas, là où le divorce existe, des époux d'humeur incompatible, en arriver entre eux à la haine et aux plus déplorables excès, tandis que, remariés plus tard chacun de leur côté avec une personne plus harmonique à leur caractère, ils forment l'un et l'autre un ménage heureux et uni.

Au nom d'un prétendu intérêt général, et en réalité contrairement à l'intérêt général, l'État intervient dans l'existence d'un certain nombre d'entre nous pour comprimer en eux les sentiments à la fois les plus purs et les plus impérieux de notre nature. Il les réduit à la misère, car c'est être misérable que d'être arrêté par une force extérieure dans l'accomplissement régulier des fonctions naturelles, des besoins matériels et moraux auxquels aucun homme, ou presque aucun, ne peut se soustraire sans souffrir.

Une loi qui entre ainsi en conflit avec la nature humaine est oppressive, attentatoire à notre liberté et à notre dignité. Elle ne mérite pas même le nom de loi, car une loi n'est que l'expression des rapports nécessaires qui découlent de la nature même des êtres et des choses; c'est un règlement factice et tyrannique contre lequel proteste nécessairement la conscience tous ceux qui en sont les victimes.

Or, toutes les fois que la loi naturelle est en désaccord avec la législation écrite, avec cet ensemble de prescriptions, souvent arbitraires, que l'on appelle le droit positif, c'est le droit positif qui a tort et c'est la loi naturelle qui a raison.

Vous frappez une classe de citoyens. Vous prohibez pour eux amour et famille. Soyez certains qu'ils ne se plieront pas à la règle despotique que vous avez la prétention de leur imposer.

Vous leur défendez d'aimer légalement, de se reconstituer une famille légitime; eh bien! ils aimeront illégalement et se constitueront une famille adultérine.

En rendant ainsi obligatoires pour tous des prescriptions qui dérivent d'une simple conception métaphysique, vous [illegible] urez obtenu d'autre résultat que de mett[illegible] la loi des hommes et des femmes qui [illegible] raient demeurer les observateurs de la loi, [illegible] remplacer par des unions clandestines et concubinaires nombre de ménages réguliers dont la société aurait pu s'enrichir.

Ce n'est pas tout.

L'homme divorcé, la femme divorcée qui peuvent aspirer aux honneurs du mariage se préservent avec soin des écarts qui pourraient les en rendre indignes.

L'homme et la femme séparés qui ne peuvent plus espérer qu'une liaison illicite ont bien moins de retenue, et, comme, pour établir une liaison illicite tout comme pour établir une union légitime, il faut deux conjoints, chacun d'eux va chercher le complément qu'il désire là où il a quelque chance de le trouver : dans les ménages unis qui l'entourent et dans lesquels il va porter le désordre. Les époux séparés deviennent ainsi ce que ne deviendraient pas, ou ce que deviendraient à un degré bien moindre les époux divorcés, des éléments de dissolution sociale.

La société, d'autre part, qui devient d'autant plus tolérante que la loi est plus rigoureuse, excuse de la part de ceux auxquels le mariage n'est pas permis — pourvu qu'il ne se produise aucun scandale public — ce qu'elle ne tolérerait certainement pas de qui aurait la faculté de se marier. C'est une règle qu'en général les mœurs se relâchent quand la loi devient trop sévère, tandis que les mœurs se fortifient quand la loi se détend. Cette règle, plus que partout ailleurs, a ici son application.

Rétablissons le divorce et nous ôterons tout prétexte, toute raison d'être même, à une foule de situations irrégulières que la société tolère aujourd'hui et cesserait de tolérer demain et que d'ailleurs leurs auteurs eux-mêmes subissent beaucoup plus qu'ils ne les choisissent.

Et le divorce apparaîtra alors tel qu'il est, malgré les attaques de tous ceux qui ont un intérêt systématique à le dénigrer, une institution fortifiante et moralisatrice au premier chef.

A. NAQUET, *député de Vaucluse.*

LA SITUATION DES ÉTRANGERS

L'unité, la Fédération de l'Europe est malheureusement encore loin de nous. Nous espérons que le vingtième siècle réalisera ce beau rêve, mais, en attendant, ne pourrait-on, dès aujourd'hui, établir dans les lois des divers pays des dispositions communes là où une législation uniforme apparaît d'une nécessité urgente. On a des conventions postales, des conventions télégraphiques. Pourquoi une conférence internationale ne réglerait-elle pas aussi la compétence des tribunaux, en ce qui concerne les étrangers, évitant ainsi les complications, les dénis de justice qui sont la conséquence de l'état de choses actuel. Le problème n'est peut-être pas d'une solution aisée, mais je ne doute pas qu'avec de la bonne volonté on ne parvînt à le résoudre, et le bien qui en résulterait serait immense. L'impossibilité où se trouvent placés les étrangers d'obtenir justice devant les tribunaux du pays qu'ils habitent pouvait être tolérable il y a quelque cinquante ans. Avec les chemins de fer et les déplacements qui en sont la conséquence, elle ne l'est plus à cette heure.

Je ne veux, pour preuve des situations étranges, absurdes, que crée la législation sur les étrangers, que citer un cas des plus intéressants qui se déroulait récemment devant le tribunal de première instance de la Seine.

Une jeune Française de dix-sept ans épousait à Marseille, il y a quelques années, un Arménien de nationalité ottomane, M. Simandiris.

Les deux époux vinrent habiter Paris; et bientôt des troubles éclatèrent dans le ménage. Quelle en fut la cause? Cela n'importe en rien à la thèse que je veux soutenir ici.

Mme Simandiris, résolue à se séparer de son mari, et trop pauvre pour subvenir aux frais du procès, demanda l'assistance judiciaire.

« Impossible! lui répondit-on, — la femme suit la nationalité de son mari. Vous êtes turque. Allez plaider à Constantinople. »

Ne sachant comment obtenir justice, Mme Simandiris vint me demander un conseil. Je lui donnai d'abord celui d'aller prendre l'avis de l'ambassade ottomane.

Ici ce fut autre chose. Le mariage de M. et de Mme Simandiris avait été purement civil. La loi turque ne reconnaît pas de telles unions. L'ambassade ottomane déclara à Mme Simandiris qu'elle ne la connaissait pas, qu'elle n'était pas turque, que son mariage était non-seulement nul, mais inexistant et qu'elle ne saurait à aucun titre relever des tribunaux ottomans.

Que faire?

Il me semblait inadmissible que Mme Simandiris fût mariée lorsque son mari ne l'était pas. Une décision d'un tribunal ottoman annulant son mariage aurait été valable chez nous. L'inexistence d'un mariage est un fait encore plus absolu que sa nullité. Mme Simandiris dévalt, à nos yeux, être présumée Française par le seul fait de la déclaration de l'ambassade turque, et les tribunaux français, devenant par suite compétents, devaient annuler son union. Telle ut l'opinion de plusieurs jurisconsultes que je consultai. Mais ils ne furent pas unanimes. Toutefois la question parut assez délicate pour que l'assistance judiciaire fût enfin accordée à Mme Simandiris en vue d'une action en nullité du mariage. Mᵉ Lachaud fut désigné comme son avocat.

L'affaire est venue devant le tribunal civil de la Seine, et le tribunal s'est déclaré incompétent.

Voilà donc une femme dont le mari peut aller se marier à Constantinople et qui, elle, demeure mariée et ne peut pas même obtenir une séparation de corps, pas même une séparation de biens.

Et, qu'on le remarque, ce ne sont point nos lois sur le mariage qui sont ici fautives. Ce n'est point parce que nous n'avons pas le divorce que la situation de Mme Simandiris est inextricable. Elle serait tout aussi inextricable si le divorce était admis.

Ce qu'il faudrait pour la résoudre, c'est une chose qui n'existe nulle part : un tribunal international qui serait chargé de juger les matières de cette nature.

Je dis que ce tribunal n'existe nulle part. Je me trompe. Il existe en Egypte des tribunaux internationaux pour juger les contestations qui surviennent soit entre les étrangers et les Egyptiens, soit entre deux parties l'une et l'autre étrangères.

Pourquoi ne généraliserait-on pas le système adopté en Egypte, en le modifiant, en l'adaptant aux nécessités européennes ?

Il ne me paraît pas y avoir là de difficultés insurmontables.

Je ne suis pas assez versé dans les matières juridiques pour fournir la solution moi-même; mais je suis persuadé qu'elle est possible et qu'il suffira de la chercher avec l'intention bien arrêtée de la trouver pour que le but soit atteint.

Depuis longtemps, du reste, les juristes sont frappés par cet intéressant problème. Mais une question fait rarement de réels progrès tant qu'elle n'est pas posée devant l'opinion publique, et l'heure de poser celle-ci me paraît arrivée.

A. NAQUET.

LA SIGNIFICATION

DES DERNIÈRES ÉLECTIONS

Les élections de dimanche dernier ont une signification plus précise que toutes celles qui les avaient précédées.

Les élections antérieures n'avaient indiqué jusqu'à ce jour qu'une seule chose : la volonté bien arrêtée du peuple français d'en finir avec les revenants de l'ancien régime et de fonder la République.

Il va de soi que les électeurs ne se sont pas déjugés le 1ᵉʳ août; bien au contraire. Les républicains ont gagné plus de 230 sièges, et un grand nombre de monarchistes n'ont même pas osé se représenter tant la partie leur semblait perdue d'avance.

Mais le suffrage universel ne s'est pas borné là.

Nous n'en sommes plus au temps où M. de Mac-Mahon occupait la présidence de la République, où l'ancien théâtre de Louis XIV abritait un Sénat prêt à voter toutes les dissolutions qu'on lui demanderait et à favoriser ainsi toutes les tentatives de coup d'Etat. Les de Broglie, les Fourtou, les Buffet ne sont plus pour nous des menaces. La République est fondée, définitivement fondée, et plus solide qu'aucun gouvernement ne l'a jamais été en France.

Aussi longtemps que ce résultat n'était pas acquis, ce qui s'était imposé au pays c'était une politique de concentration :

réunir tous les groupes, toutes les individualités même sans distinction de nuances, pourvu qu'elles voulussent concourir au but commun, telle était la ligne de conduite qui devait prévaloir jusqu'au jour où ce but serait atteint.

Mais ce qui convenait à une situation donnée ne saurait convenir à une situation absolument différente.

Nous sommes à cette heure en possession de la République ; il faut entrer résolument dans la voie des réformes que cette forme de gouvernement comporte et sans lesquelles elle ne serait qu'une monarchie déguisée.

C'est ce que le suffrage universel vient de dire de la manière la plus nette et la plus décisive.

Quand nous proposions une mesure généreuse, une loi de progrès, ou quand nous demandions au gouvernement de se défendre avec vigueur contre les ennemis de la société moderne, on nous opposait des raisons tirées d'une prétendue opportunité que nous contestions. On affirmait que si le gouvernement et les Chambres se lançaient dans une voie pareille, les campagnes s'éloigneraient de la République.

Les campagnes ont répondu.

Lorsque je fis ma motion en faveur du rétablissement du divorce, M. Faure, rapporteur de je ne sais plus quelle commission d'initiative parlementaire, vint conclure à ce que ma proposition ne fût pas prise en considération. Il n'était pas opportun de soulever des questions pareilles, auxquelles le pays n'était pas préparé, et de tout compromettre ainsi.

La Chambre a invalidé les conclusions de M. Faure ; elle a même élu dans ses bureaux une commission favorable au divorce et M. Léon Renault a déposé un magnifique rapport au nom de cette commission. Les monarchistes n'ont pas manqué d'exploiter ce fait, et, l'autre jour encore, à Reims, on pouvait lire une profession de foi dans laquelle, au nom de la sainteté de la famille, le divorce était dénoncé à l'indignation populaire. Le candidat qui avait signé cette profession de foi a-t-il été élu ?

Non ! c'est son adversaire qui a passé.

Plus tard, lorsqu'il s'est agi du fameux article 7 d'abord, et ensuite de l'application des lois existantes contre les corporations religieuses, quelles prédictions sinistres !

« Vous vous attaquez à l'Eglise, nous disaient les hommes de la droite. Prenez garde ! on en meurt. » Et bien des républicains timorés répétaient à peu près la même chose. A les entendre, l'expulsion des jésuites risquait de produire un effet funeste sur les électeurs ruraux. Ils croiraient la religion menacée et se retourneraient aussitôt contre ceux qu'ils considéreraient comme ses adversaires. L'article 7 a été voté par la Chambre et, après son rejet par le Sénat, le gouvernement, avec l'appui des deux Chambres, a fait les décrets du 29 mars et les a appliqués en ce qui concerne la compagnie de Jésus. Les journaux cléricaux ont crié à l'oppression et au scandale. Ils ont prétendu que l'on avait violé la propriété privée. Ils ont voulu faire croire aux citoyens qu'aucune propriété n'était plus garantie, ils ont espéré réveiller ainsi les craintes d'un autre âge. Il semblait, d'après toutes ces prédictions sinistres, que le verdict des électeurs allait être sévère pour nous. Nous savons ce qu'il en est à cette heure.

Et l'amnistie !

J'entends encore les protestations des membres du centre gauche :

« Nous ne pouvons pas voter avec vous, nous disaient-ils, nous nous déshonorerions, nous manquerions à des engagements sacrés. Les électeurs sauraient bien nous le rappeler quand le moment serait venu, et ce n'est pas notre personnalité qui serait sacrifiée, ce serait l'opinion républicaine elle-même.»

L'amnistie est faite. Elle est faite malgré le soin qu'ont pris les adversaires du gouvernement d'embarrasser députés et sénateurs en posant la question avec assez de malice pour que les partisans de cette mesure d'apaisement apparussent comme les défenseurs des crimes les plus odieux.

Quels sont donc les hommes politiques qui, dimanche dernier, sont dé-

meurés sur le carreau, pour avoir voté
l'amnistie plénière? Je demande qu'on
me les montre. J'avoue que j'ai besoin
d'une forte loupe pour les apercevoir.

Le peuple, avec une intelligence et
une maturité admirables, a dégagé cette
grande mesure politique des questions
subsidiaires dont on avait cherché à
l'embrouiller et, par son vote, il a approuvé l'amnistie intégrale comme il
avait approuvé les décrets.

Il ne s'est même pas borné à donner à
ces actes une approbation tacite; il ne
s'est pas contenté de rééliro indistincte-
ment tous les républicains qui se pré-
sentaient à lui sans leur demander comment ils avaient agi dans ces deux ci-
constances. Il est allé plus loin. Il a affirmé ses sentiments d'une manière plus
explicite. Partout il a réélu ceux qui
avaient contribué à l'application des décrets du 29 mars et à l'adoption de la
loi qui a effacé tous les souvenirs de la
guerre civile. Quant aux autres, à ceux
qui se sont opposés à ces mesures salutaires, sur bien des points ils ont subi
des échecs et ont été mis au même niveau que les monarchistes.

Dans son désir d'en finir avec la politique d'atermoiement, le peuple a même
quelquefois dépassé la limite, et, dans
certains départements, il a éliminé les
hommes du centre gauche quoique, se
séparant des leurs, ils eussent donné
leur suffrage à l'amnistie et à l'article 7.
Il les a rendus responsables de la politique de leur groupe. Ce n'est donc pas
contre telle ou telle personnalité, c'est
contre la politique générale du centre
gauche qu'il s'est prononcé.

Le corps électoral veut la République
avec ses conséquences. Il veut que la
Chambre persévère avec vigueur dans
la voie progressiste où elle est entrée. Il
veut que la prochaine session législative achève l'œuvre commencée. Il veut
que les lois sur la réforme de la magistrature, sur la laïcité, la gratuité et l'o-
bligation de l'instruction primaire, sur
la réduction du service militaire et l'a-
bolition du volontariat soient enfin
votées.

Il faut espérer que devant cette volonté formulée avec tant de précision,
avec tant de force, on n'élèvera plus
contre nous les objections qui se fon-
daient sur le danger de nous aliéner le
suffrage universel. Elles ne seraient
plus de mise. Le suffrage universel les
a définitivement condamnées.

A. NAQUET.

LE DIVORCE
L'objection morale

III

Le divorce ne peut pas avoir pour effet de
corrompre les mœurs, comme d'aucuns le craignent; le raisonnement conduit même à penser que, s'il exerce une influence sur le nombre des familles qui se désunissent, ce sera en
le diminuant.

Mais le raisonnement théorique ne suffit pas
pour établir une vérité; il faut encore des preuves expérimentales.

Ces preuves, toutefois, ne sont pas faciles à
trouver.

On pourrait comparer le nombre des séparations et des divorces prononcés chez nous par
les tribunaux, de 1803 à 1816, au nombre des
séparations que les tribunaux prononcent aujourd'hui. On trouverait certainement un ac-
croissement considérable. Mais cet accroisse-
ment ne prouverait rien. Le chiffre proportionnel des mariages qui se rompent par la séparation de corps ou par le divorce augmente d'année en année par des causes multiples et difficiles à déterminer, et il y a trop longtemps que
la loi abolitive du divorce a été promulguée
pour que les statistiques antérieures à sa promulgation soient comparables avec les statistiques actuelles. Ajoutons que les statistiques
antérieures à 1816 seraient très difficiles à relever, le bureau général de statistique n'ayant
été créé que bien postérieurement à cette
époque.

C'est donc en établissant le parallèle entre
deux nations différentes, dont l'une vive sous le
régime de l'indissolubilité et dont l'autre considère le mariage comme dissoluble, que l'on
peut arriver à des résultats probants.

Mais ici encore il existe bien des causes d'erreurs qu'il importe d'éliminer.

En premier lieu, il faut que les peuples entre
lesquels le parallèle est établi soient aussi rapprochés que possible par la race, les mœurs, la
langue, afin qu'on ne puisse pas attribuer aux

différences de caractère et qui doit être attribué aux différences de législation.

Il faut, en second lieu, que les lois soient les mêmes dans les deux pays quant aux causes de séparation ou de divorce et ne diffèrent que dans les effets des jugements qui désunissent les époux.

Cette dernière condition surtout est indispensable. Toutes les familles qui se désunissent n'ont pas recours aux tribunaux ; beaucoup de séparations se font à l'amiable — c'est même peut-être le plus grand nombre — et ces séparations-là échappent à la statistique qui, ne les connaissant pas, ne les enregistre pas. Or c'est la somme des désunions judiciaires et amiables qu'il serait nécessaire de connaître pour que le parallèle ne laissât aucun doute dans l'esprit.

Il est évident que plus le divorce ou la séparation judiciaire est accordé facilement, moins nombreuses sont les ruptures amiables par rapport aux ruptures judiciaires, et réciproquement.

Si donc on compare la Suisse, je suppose, où le divorce est très facile, à la France, où la séparation est très difficile, et qu'il y ait plus de divorces en Suisse que de séparations en France, on ne pourra rien en conclure. Il est possible que chez nos voisins, vu les facilités du divorce, les séparations amiables soient extrêmement rares, et que, dès lors, le chiffre total des ménages désunis y soit moins élevé que chez nous, encore bien qu'il paraisse l'être davantage lorsqu'on n'envisage que les ruptures qui résultent des décisions des tribunaux.

Il n'en est plus de même lorsque les lois sont identiques dans les deux pays. Le rapport entre les désunions amiables et les désunions judiciaires doit alors être sensiblement le même, et la comparaison que l'on établit entre les dernières — les seules que l'on connaisse — s'applique d'une manière sensiblement exacte à la somme des unes et des autres.

Il est bien évident que, si, les législations étant différentes, c'était là où elle serait la plus large que les désunions fussent les moins nombreuses, la conclusion que l'on tirerait de ce fait acquerrait une force d'autant plus grande.

En cherchant autour de nous, je n'ai trouvé qu'une seule nation placée dans des conditions telles que l'examen comparatif de ses statistiques et des nôtres puisse amener à des conclusions inattaquables. C'est la Belgique.

Comme mœurs, comme langue, comme race, la Belgique est une petite France. Elle faisait partie de l'ancienne Gaule, et l'on peut dire, sans blesser nos voisins et sans qu'ils voient là la moindre allusion contre leur indépendance, que si les hasards de la politique ont fait de ces peuples deux nations distinctes, la nature n'en avait fait qu'une seule.

La Belgique, en outre, vit sous le régime de notre ancien titre VI du Code civil. Le divorce y existe à côté de la séparation de corps ; l'un et l'autre y sont prononcés pour les mêmes causes qui autorisent la séparation chez nous ; et, à supposer, ce qui n'est pas, mais ce que nous pouvons admettre pour les commodités de la discussion, que le consentement mutuel fût une facilité de plus, nous pourrions, si les chiffres nous sont favorables, en tirer une conclusion d'autant plus forte que, législativement, la Belgique serait alors dans des conditions telles que les liens du mariage y seraient plus faciles à rompre que chez nous.

Cela étant, que disent les statistiques ?

Le voici :

De 1841 à 1850, il y a eu en France 2,787,252 mariages et 7,425 séparations de corps, soit une séparation par 372 mariages.

En Belgique, pendant le même laps de temps, il y a eu 289,670 mariages, 221 divorces et 222 séparations de corps, en tout 446 ménages désunis, soit un ménage désuni sur 650.

Un ménage désuni sur 650 au lieu de un sur 372, c'est, on le voit, pour la France, un nombre de désunions qui est bien près d'atteindre au double de celui de la Belgique.

Poursuivons :

En France, de 1851 à 1860, le chiffre des mariages a été de 2,886,208 ; celui des séparations, de 12,045, ce qui fait une séparation par 240 mariages.

En Belgique, pendant la même période, il y a eu 331,860 mariages, 412 divorces, 436 séparations, c'est-à-dire en tout 848 ménages désunis, soit un ménage désuni sur 397.

1 sur 397 au lieu de 1 sur 240, c'est encore, pendant cette seconde période, pour la Belgique, près de la moitié moins de familles brisées que pour la France.

De 1861 à 1870, il y a eu, en France, 2 millions 955,222 mariages et 19,615 séparations de corps, soit : 1 séparation par 153 mariages.

En Belgique, la somme des divorces et des séparations de corps prononcés pendant ces dix années n'a été que de 1,249 (652 divorces et 597 séparations), ce qui ne porte le chiffre proportionnel des ménages désunis qu'à 1 sur 290, chiffre qui est encore inférieur de près de moitié à celui de la France au cours des mêmes années.

Enfin, de 1871 à 1877, il y a eu en France 2,331,572 mariages et 16,943 séparations de corps, soit : 1 séparation par 138 mariages, tandis qu'il n'y a eu en Belgique que 1,200 familles désunies par la séparation ou par le divorce (797 divorces et 403 séparations) sur 272,792 mariages, ce qui donne seulement un ménage désuni sur 227, chiffre toujours bien inférieur à celui des ménages désunis dans notre pays.

On le voit : en Belgique comme en France, le nombre des ménages désunis s'est accru d'une manière constante depuis 1841. Mais, au cours des mêmes périodes, il y en a toujours eu près de la moitié moins chez nos voisins que chez nous, et cependant nos voisins ont le divorce et nous ne l'avons pas.

On aurait pu m'objecter que les populations belge et française ne sont pas aussi semblables que je l'ai supposé et que les résultats observés tiennent aux caractères et non aux législations.

Afin de faire tomber cette objection, j'ai comparé non plus dans leur ensemble la France et la Belgique, mais les Flandres belges aux Flandres françaises ; la province de la Flandre oriental au département du Nord, et j'ai trouvé comme moyenne des années 1874, 1875 et 1876 qu'il n'y a, dans la province de la Flandre orientale, qu'un seul ménage désuni sur 601, tandis que le département du Nord fournit une séparation de corps sur 197 mariages, soit un chiffre trois fois plus élevé.

Et cependant le divorce n'existe pas dans le département du Nord et il existe dans la province de la Flandre orientale.

L'observation scientifique des faits nous conduit donc aux mêmes conclusions que l'argumentation rationnelle, et nous démontre que là où le mariage peut se rompre complètement, les familles se désunissent moins que là où la loi permet seulement d'en relâcher les liens.

Que reste-t-il donc de l'objection morale qu'on élève contre le rétablissement de la loi de 1803 ? Ceci : Que c'est la législation actuelle qui est une législation corruptrice, et que, n'y eût-il aucune autre raison à invoquer, le divorce devrait être rétabli en vue de la moralisation de notre pays.

A. NAQUET,
député de Vaucluse.

La Voltaire du 17 août 1880

CE QUE LA CHAMBRE A FAIT

J'appartiens à cette classe de penseurs qui trouvent toujours que les gouvernements et les sociétés ne marchent pas assez vite. Ma parole aura toujours pour but de pousser l'humanité en avant. Il y a quelques jours à peine, je faisais ressortir, ici même, combien il est nécessaire aux hommes qui gouvernent notre République d'être réformateurs, s'ils ne veulent pas être dépassés par l'opinion dont le courant s'est nettement dessiné dans les élections du 1er août.

Mais l'ardent désir de progrès qui m'anime ne me rend pas injuste. Je ne serai jamais de ceux qui cherchent à contester le bien accompli en vue de je ne sais quelle opposition systématique qui ne saurait être admise sous un gouvernement républicain ayant à sa base le suffrage universel.

Tous les jours, des écrivains, qui appartiennent cependant à notre parti, se font un plaisir de déconsidérer la forme politique en faveur de laquelle ils ont lutté et pour laquelle ils lutteraient encore si elle était compromise. Ils attaquent le parlementarisme, sans s'apercevoir que tous les gouvernements représentatifs sont des gouvernements parlementaires, sans considérer que, en dehors du parlementarisme, il n'y a que le despotisme, et sans nous dire ce qu'ils entendent mettre au lieu et place de ce qu'ils désirent supprimer.

Et, comme lorsqu'on veut renverser un système, le mieux que l'on puisse faire est de le déclarer impuissant et stérile, ils ne cessent de répéter non-seulement — ce que nous acceptons volontiers — que, conformément à l'heureuse expression de notre collaborateur R***, le Sénat est la Chambre des inutiles et des nuisibles, mais encore que la Chambre des députés jusqu'ici n'a rien fait, n'a rien produit.

Il y a là une injustice contre laquelle je crois devoir m'élever. La Chambre des députés n'est certainement pas allée aussi vite et aussi loin que je l'aurais voulu ; mais elle a fait beaucoup, elle a laissé une forte trace de son passage, qui sera rendue plus profonde encore pendant les mois qui lui restent à vivre, et il ne serait pas équitable, il ne serait pas bon, il ne serait pas profitable à nos idées de calomnier ses intentions et de nier ses actes.

Je ne chercherai point à récapituler ici tous les travaux de la Chambre des députés du 14 octobre 1877 à aujourd'hui. Outre que le temps me manquerait pour ce travail, une telle récapitulation serait trop longue et, par cela même, fastidieuse pour le lecteur. Mais, m'en tenant aux faits principaux, je veux examiner si les mandataires de la France ont réellement mérité les accusations dont quelques-uns de nos amis les accablent.

Plue dans un jour de péril, la Chambre a fait face au danger, sans distinction de nuances, avec ensemble, avec cette union qui, seule, fait la force; elle a tenu tête à un pouvoir exécutif qui conspirait contre nos institutions; elle l'a vaincu. Elle nous a débarrassés du ministère de combat d'abord, du maréchal de Mac Mahon ensuite, et elle a confié la magistrature suprême à l'honnête homme, au républicain éprouvé que la France acclame à cette heure avec transports toutes les fois que l'occasion lui en est offerte.

Elle a effacé toutes les condamnations prononcées pendant la période du 16 Mai au 13 décembre 1877.

Elle a voté une nouvelle loi sur l'état de siège qui éloigne pour l'avenir des dangers de la nature de ceux que le pays a courus sous le ministère de Broglie-Fourtou.

Elle a pesé de tout son poids sur le pouvoir pour obtenir que les fonctionnaires de la République cessassent d'être en hostilité avec les institutions que le pays s'est données. Grâce à sa persistance, l'épuration du personnel est aujourd'hui chose faite partout, excepté dans les finances où elle se poursuit en ce moment, et dans l'administration de la justice où elle deviendra possible après le vote de la loi sur la réforme de la magistrature qui est élaborée à cette heure, et dont la discussion suivra de près la rentrée du Parlement.

Les bureaux de bienfaisance et les commissions hospitalières étaient entre les mains de nos adversaires. Ils se recrutaient eux-mêmes, ce qui mettait le ministère dans l'impossibilité d'en changer l'esprit. La loi Plessier a fait cesser cet état de choses. Les bureaux de bienfaisance et les commissions hospitalières sont actuellement composés d'hommes dévoués à la République, et surtout d'hommes honnêtes et impartiaux, incapables de transformer l'assistance publique en une arme de parti.

L'assemblée nationale, par la loi de 1875, avait porté un coup funeste à l'enseignement supérieur en enlevant à l'État le droit exclusif de conférer les grades universitaires.

Le Parlement actuel a défait sur ce point l'œuvre de l'Assemblée nationale, et la Chambre des députés, allant plus loin que le Sénat, avait voulu retirer le droit d'enseigner aux corporations religieuses non autorisées. Si le Sénat a repoussé l'article 7, le vote de cet article n'en demeure pas moins à l'actif de la Chambre, qui du reste a exigé et obtenu l'application des lois existantes sur les congrégations.

L'Assemblée nationale avait fixé constitutionnellement le siège des pouvoirs publics à Versailles. La Constitution a été révisée, et, en rentrant dans sa capitale séculaire, le gouvernement a fait preuve de force et de confiance dans son principe.

La Chambre des députés a voté une loi sur les écoles normales, et une loi sur l'enseignement secondaire des jeunes filles qui est due à l'initiative de M. Camille Sée, et dont la valeur démocratique peut se mesurer aux attaques violentes dont elle a été l'objet de la part de la réaction.

Elle a voté une loi sur la liberté de réunion qui, quoi qu'on en ait dit, est une des plus larges et des plus libérales qui existent en Europe.

Elle a supprimé le décret de 1852, qui soumettait l'ouverture des cafés et des cabarets à l'autorisation administrative.

Dépassant, suivant moi, la mesure, mais obéissant en cela à un sentiment généreux et grand, elle a fait des dégrèvements d'impôt pour plus de deux cents millions. Elle a élaboré, discuté et voté le tarif général des douanes qui est en ce moment pendant devant le Sénat, et qui fournira une arme à nos négociateurs lorsque seront discutés les nouveaux traités de commerce.

Enfin, répondant au sentiment public, comprenant qu'il fallait effacer les souvenirs de 1871, souvenirs d'une époque troublée, d'une époque d'agitations et de luttes qui ne doit plus revenir, elle a fait l'amnistie générale, et cela en même temps qu'elle fixait à notre grande date du 14 juillet la fête nationale de la République française.

Ajoutons que la Chambre des députés

a élaboré en outre une foule de propositions de loi qui n'ont pu être encore discutées, mais qui se pressent à son ordre
du jour et dont la plupart viendront en
discussion pendant la session de 1880 :
la loi sur la liberté de la presse ; la loi
sur la réforme de la magistrature ; la
loi sur la laïcité, l'obligation et la gratuité absolue de l'instruction primaire ;
la loi sur le rétablissement du divorce ;
la loi Laisant sur le recrutement de
l'armée ; la loi sur l'administration de
l'armée ; la loi sur l'élection des juges
consulaires ; la loi sur le respect de la
liberté de conscience dans l'armée ; conséquence et corollaire de celle dès à
présent en vigueur sur la suppression
des aumôniers militaires.

Je m'arrête. Je ne finirais pas si je
voulais être complet et l'énumération
qui précède me suffit.

Sans doute la Chambre a eu des timi-
dités que je blâme ; elle a eu le tort de
ne pas mettre en accusation les hommes
du 16 Mai ; elle a eu le tort surtout d'ê-
tre trop ministérielle.

Mais elle est honnête et elle a fait
pour l'établissement, la consolidation,
le développement de la République, ce
que l'on était en droit de demander à
une assemblée nommée pour quatre années, et dans des circonstances telles
que les électeurs n'avaient donné à
leurs élus aucun mandat précis en dehors de celui-ci : fonder le gouvernement républicain.

Le suffrage universel en possession,
grâce à elle, de son indépendance, de
sa liberté, précisera mieux le mandat
de ses mandataires en 1881. Ceux-ci
compléteront l'œuvre de la Chambre de
1877 et feront un pas de plus vers cet
idéal de justice et de liberté vers lequel
nous nous acheminons sans cesse sans
jamais l'atteindre.

Mais dans cette marche incessante de
l'humanité, la Chambre de 1877 aura
marqué sa place, elle aura fait son œuvre, et ce serait faire celle des contemp-
teurs systématiques de la République
que de ne pas la reconnaître.

A. NAQUET.

Le petit Lyonnais du 17 août 1880

LE DIVORCE

L'Intérêt de la Femme

I

Avant la guerre de la sécession, on rencon-
trait aux État-Unis, et même chez nous, des
écrivains, des orateurs, qui défendaient l'esclavage, au nom de l'intérêt supérieur des esclaves.

Que deviendraient les malheureux nègres
lorsqu'ils seraient abandonnés à tous les hasards de la concurrence ? Au moins, sous le
régime de la servitude avaient-ils leur vie
assurée !

Les partisans de l'indissolubilité du mariage
font à peu près un raisonnement du même ordre
lorsqu'ils prétendent voir dans cette institution
une garantie pour la femme.

Montesquieu, qui a mis sa haute autorité au
service du divorce, mais qui, ainsi que nous, l'a
toujours considéré comme un moindre mal et
non comme un bien, Montesquieu a écrit : « Une
femme qui répudie n'exerce qu'un triste remède. C'est toujours un grand malheur pour
elle d'être contrainte d'aller chercher un second
mari, lorsqu'elle a perdu la plupart de ses agré-
ments chez un autre. »

Portalis reprenait plus tard, en l'exagérant,
cette pensée, dont il tirait argument contre le
divorce et qui traîne, depuis lors, dans tous les
livres écrits en faveur de la législation actuelle.
Récemment encore, l'auteur d'une brochure in-
titulée : *Moralité du divorce*, M. Georges Berry
la rééditait en l'amplifiant.

« L'homme, » dit-il, « sortira bien, en effet
du mariage, avec tout ce qu'il y aura apporté,
sa fortune, son honorabilité, son talent, son intelligence ; rien chez lui, n'aura subi d'avarie.
Mais la femme, que lui restera-t-il à la chute
de son premier établissement ? Sa fortune ? Peut-
être. Mais sa beauté, sa fraîcheur, sa jeunesse,
ses avantages de jeune fille, apport si précieux ; que seront-ils devenus ? Les uns, gravement atteints par les lourdes et pénibles charges du mariage, auront subi des détériorations
plus ou moins graves ; les autres servis en pâture aux plaisirs du mari, auront absolument
disparu. »

J'ai toujours été frappé de la tendance, in-
consciente sans doute, de certains esprits à donner à des idées fausses une apparence de justesse à l'aide d'une argumentation sophistique.
Mais nulle part le sophisme ne m'est apparu
aussi évident, aussi grossièrement dédaigneux
des intelligences auxquelles il s'adresse, que
dans le raisonnement qui précède.

C'est une règle de tout combat qu'il vaut
mieux attaquer que se défendre, et les adversaires du divorce, comprenant que cette réforme doit être surtout réclamée au nom de
l'intérêt de la femme, prennent l'offensive et

prétendent la repousser au nom de ce même intérêt. C'est incontestablement habile ; mais si cette tactique peut avoir pour résultat de faire un moment illusion à quelques personnes peu accoutumées à suivre et à disséquer une proposition logique, c'est là une illusion qui ne saurait être de longue durée.

Combien plus vrai était M. Louis Blanc, lorsque, dans sa belle conférence d'Avignon, il disait :

« Non ! L'intérêt de la femme ne demande pas l'indissolubilité du mariage. Ce qui est vrai, c'est précisément le contraire. Car, dans l'état actuel de nos mœurs, l'indissolubilité du mariage crée à celles qui sont mal mariées la plus intolérable des servitudes.

« Comparez les situations. Pour l'homme, dans les unions mal assorties, le mariage est une contrainte ; pour la femme, il est une chaîne. »

Et l'éminent orateur présentait le tableau d'un homme se soustrayant à ses devoirs d'époux sans que la société daigne s'arrêter à ses infidélités, en tirant gloire et vanité, trouvant dans le titre d'*homme à bonnes fortunes* de quoi le consoler du blâme de quelques probités grondeuses. Après quoi, Louis Blanc ajoutait :

« Voilà l'accueil que la société garde aux erreurs triomphantes du mari. Quel accueil garde-t-elle aux faiblesses de la femme ?

« Ah ! qui ne sait qu'ici l'opinion est sans pitié ! Malheur à une femme coupable, non pas même de corruption, mais d'un moment de défaillance ! Pour elle, plus de repos, si ce n'est dans un certain monde d'où la richesse et l'élégance ont chassé la sévérité des mœurs. Les femmes se détournent d'elle avec insulte ou dédain, quelques-unes avec pitié. Les hommes se croient autorisés à la poursuivre de leurs plus insolents hommages. Vainement donnerait-elle pour excuse de sa conduite son amour trahi, son foyer devenu solitaire, ses caresses brutalement repoussées, ses larmes raillées : elle a succombé ; elle portera son châtiment jusqu'au tombeau. En butte à la fois au mépris qui la fuit et au mépris qui la poursuit, où trouverait-elle consolation et asile ? En ce qui concerne les femmes, tout une vie de repentir, de larmes, de vertus ne suffit pas toujours, aux yeux du monde, à faire oublier une heure d'égarement et la défaite d'un cœur troublé... »

Le sophisme des adversaires du divorce qui invoquent l'intérêt de la femme en faveur de leur opinion, repose sur l'erreur soigneusement entretenue par eux, que je combattais dans un de mes premiers articles, et qui consiste à confondre le divorce avec l'union libre.

Je ne pense pas que la liberté complète elle-même eût les conséquences que l'on redoute ; je crois qu'on calomnie l'espèce humaine lorsqu'on nous représente la plupart des hommes comme des êtres lubriques capables de sacri-

ficr, dès que ses charmes d'antan ont quitté leur compagne, la mère de leurs enfants. Je crois même que, dans les cas heureusement rares, où une femme serait unie à un être à ce point infâme, il vaudrait mieux pour elle l'abandon qu'une union pareille.

Mais que je sois ici dans le vrai ou dans le faux, la question n'est pas là. Donner aux époux malheureux la faculté de rompre une union mal assortie lorsqu'ils ont des motifs graves de le faire, motifs limités et prévus par la loi, ce n'est point accorder à l'homme le droit de répudier sans motifs une femme honnête, pour assouvir des passions inavouables, ou pour satisfaire des convoitises pécuniaires.

Le code civil admettait le divorce lorsque les deux époux y consentaient l'un et l'autre — et cela avec le cortège de formalités que j'ai fait connaître ; — où lorsqu'un seul des deux le demandait, l'autre ayant violé les conditions du contrat.

Dans ce cas, l'homme pouvait être demandeur et la femme défenderesse, ou bien l'homme pouvait être défenseur et la femme demanderesse.

Le premier et le dernier cas ne donnent lieu à aucune discussion possible. Si la femme consent au divorce, si elle va plus loin, si elle le provoque, et cela alors que la loi lui permettrait de ne plaider qu'en séparation de corps, c'est qu'apparemment elle y trouve son avantage, et la société serait bien osée à prétendre connaître mieux qu'elle ce qui lui est avantageux ou désavantageux.

Si, au contraire, le divorce est provoqué par l'homme et prononcé contre la femme, il est évident que, le divorce n'étant pas reconnu par la loi, les tribunaux auraient prononcé la séparation de corps. Cette solution aurait-elle été préférable pour la femme ?

C'est là un point sur lequel je reviendrai la semaine prochaine, quoique, à la rigueur, les éloquentes paroles de Louis Blanc que je citais plus haut, puissent m'en dispenser.

Mais fût-il vrai — ce que je conteste — que, dans l'espèce, la séparation fût pour la femme un mal moindre que le divorce, il est évident, puisque c'est la femme qui a commis les actes coupables qui ont occasionné la rupture du lien conjugal, puisque c'est elle qui a failli, que son intérêt, même démontré, ne saurait nous arrêter.

La société, en aucun cas, ne doit prendre parti contre la victime pour le bourreau.

Mais je le répète, et j'en achèverai ultérieurement la démonstration, qu'elle soit demanderesse ou défenderesse, le divorce est pour la femme une solution supérieure à la séparation de corps : et c'est la femme qui, dans tous les cas, même les plus favorables, doit surtout le réclamer.

Le Voltaire du 24 août 1880

L'ANGLE VISUEL EN POLITIQUE

J'étais récemment à Bruxelles et le
sentiment que j'y ai recueilli est celui
d'une sympathie croissante pour la
France, le gouvernement qu'elle s'est
donné et les hommes qui la gouvernent ; c'est la tranquillité du lendemain
fondée sur la conception bien nette de
ce fait qu'un pays, dont les institutions
reposent sur la large assise du suffrage
universel, est aussi loin de la guerre
que des Révolutions. C'est, enfin, la certitude que nous avons définitivement
échappé à la domination cléricale et
que nous sommes entrés dans le courant
libéral qui tend à cette heure à prédo-
miner partout.

Le correspondant du journal la *France*
interprète comme moi les impressions
de l'étranger à notre égard. Mais il n'en
est plus de même de M. Saint-Genest
qui y voit à peu près l'inverse de ce que
nous y voyons.

L'angle visuel, sous lequel se place le
rédacteur du *Figaro*, étant très différent
du nôtre, il aperçoit toutes choses sous
un jour également différent, avec des
couleurs différentes.

Ainsi, lorsque je rencontre partout
l'approbation des décrets du 29 mars, et
de ceux qui les appliquent, il rencontre,
lui, l'horreur de ce qu'il appelle la persécution religieuse et des persécuteurs.
La seule chose qu'il nous concède, probablement parce que la vérité est ici
trop évidente pour pouvoir être dénatu-
rée même par le prisme *ad hoc* dont il
fait usage, c'est que, à l'étranger, on voit

d'un bon œil notre forme de gouvernement, mais là s'arrêtent ros concessions. « La République, oui ! » dit-il,
« les républicains, jamais. »

Ce ne sont pas seulement les sentiments de l'étranger que M. Saint-Genest renverse avec sa lentille ; ce sont
aussi les sentiments de notre propre
pays. Les élections dernières ont été un
écrasement pour la réaction, une victoire brillante pour la République et
pour la ligne politique suivie par les républicains. Croyez-vous que cela em-
barrasse l'ancien apologiste du 16 Mai ?
Nullement ! Des élections ? Qu'est-ce que
cela peut bien vouloir dire dans un pays
de suffrage universel ? Rien, moins que
rien ! Le suffrage universel ! est-ce que
ça existe ? est-ce que cela possède une
opinion ? écoutez-le plutôt.

A la fin de l'empire, quand Napoléon III allait
bientôt expier ses fautes, et quand, bafoué par
la Prusse, il n'avait même plus l'ordre dans la
rue, le suffrage universel lui donnait sept millions de voix.

Etait-ce qu'il approuvait la politique de l'empereur ? Etait-ce qu'il approuvait l'expédition du
Mexique, et l'unité italienne, et l'unité allemande, et Sadowa ?

Non, certes, il votait simplement pour ce qui
était là.

Après le 4 Septembre, quand des révolutionnaires sans mandat s'emparaient du pouvoir et
que le suffrage universel les acclamait chaque
fois qu'ils l'interrogeaient, était-ce que ce suffrage approuvait la politique des fous fu-
rieux ?

Approuvait-il les Pipe-en-Bois et les Trouil-
lefou, les souliers de carton et les fusils de Po-
lichinelle ?

Non ! Il votait encore pour ce qui était là.

La guerre finie, quand il n'y avait plus rien
là, quand il fallait choisir entre Jules Simon et
Gambetta et que le suffrage universel interrogé
répondait en nommant une Chambre de cheu-
vau-légers, ultramontaine, orléaniste, doctri-
naire... était-ce parce que ce suffrage voulait la
monarchie, parce qu'il voulait le comte de
Chambord et le drapeau blanc, parce qu'il voulait le duc d'Aumale et la Charte ?

Non ! c'est parce qu'il voulait la paix, il nom-
mait des adversaires de la guerre à outrance,
sans prévoir le moins du monde le gouvernement que ses élus allaient choisir.

Toujours, disent les étrangers, le suffrage
universel a fait preuve d'imbécillité politique. Il
est impossible de tenir compte d'un de ses votes. En ce moment même, il vote pour Gam-

betta comme représentant une République pacifique, sans s'apercevoir que Gambetta est précisément l'homme de la dictature belliqueuse.

Le suffrage universel n'avertit jamais un gouvernement. Il va jusqu'au précipice, sans le voir. C'est un instrument stupide, qu'aucun autre pays que la France n'a jamais songé à se donner, et qui n'a aucune espèce de rapport avec l'opinion.

Eh bien! n'en déplaise à M. Saint-Genest, une expérience récente aurait dû le rendre plus modeste dans ses affirmations.

Que le suffrage universel sous Napoléon III ait approuvé l'empire, cela est certain et cela démontre au moins qu'il avait une opinion, une opinion erronée, une opinion qui n'avait point encore été éclairée par nos désastres, et qui néanmoins allait en se modifiant chaque jour; mais enfin une opinion.

Que le suffrage universel en 1871 n'ait pas su ce qu'il voulait, le *Figaro* lui-même reconnaît le contraire, puisqu'il avoue qu'au 8 février les électeurs ont énergiquement voté pour la paix. Mais il se trompe lorsqu'il ajoute qu'ils ne se préoccupaient pas le moins du monde du gouvernement que leurs élus allaient choisir.

Ils ne s'en préoccupaient pas parce qu'ils ne pouvaient pas supposer qu'une Assemblée exclusivement chargée de faire la paix, se proclamerait constituante et tenterait de confisquer la souveraineté nationale.

A peine ces projets se sont-ils manifestés que, loin de *voter* imbécilement pour ce qui était, le suffrage universel a protesté contre ce qui était par chacun de ses votes : par les élections municipales, par les élections législatives complémentaires du 2 juillet, par les élections des conseils généraux, par toutes les élections partielles qui ont eu lieu de 1871 à 1876 et enfin par les élections générales du 20 février et du 5 mars 1876.

Et plus tard, lorsque le maréchal de Mac-Mahon a eu chassé les représentants du pays, les hommes du Seize-Mai représentaient l'état de choses existant. Les affiches blanches, le bulletin des

Communes, la pression administrative, les menaces de coup d'Etat et de répression sauvage, et enfin les urnes frelatées suffisaient à ôter aux populations tous les doutes qu'elles auraient pu conserver à cet égard. On allait jusqu'à arrêter ceux qui, sur le passage du président de la République, criaient « Vive la République. » On les accusait de « cris séditieux. » Etait-ce assez clair? Etait-il assez évident que le président était hostile à la République.

Le suffrage universel cependant n'a point voté pour ce qui était? Non! dans la journée du 14 octobre, avec un ensemble, une résolution, une fermeté que rien n'a pu déconcerter, il a relevé le gant que lui avait jeté le maréchal, il a réélu les 363 et il a sauvé la France.

Ne dites donc plus que le suffrage universel n'a pas d'opinion. Dites qu'il se trompe! C'est votre droit : il est faillible. Essayez de l'éclairer. C'est encore votre droit, et même votre devoir si vous êtes convaincu qu'il est dans une fausse voie, mais ne dites plus qu'il vote aveuglément pour ce qui est, sans savoir où il va, car la journée du 14 octobre 1877 ne peut pas être encore effacée de votre mémoire; cette journée qui a dépassé en grandeur toutes nos dates révolutionnaires et qui a si victorieusement démontré la maturité politique de la nation.

Et surtout ne vous imaginez pas que vous donnerez le change aux électeurs et que vous les ramènerez à vous en leur racontant que M. Gambetta veut la guerre. Vous pouvez être certain qu'on ne vous croira pas. M. Gambetta disait clairement, il y a quelques jours, que s'il espérait pour l'avenir de la France une juste réparation, ce n'est point à la violence et à la guerre qu'il compte la demander jamais.

M. Gambetta, d'ailleurs nous trompât-il et voulût-il la guerre, que le pays serait encore sans crainte. Nous ne sommes plus au temps où les empereurs et rois pouvaient de leur autorité propre jeter l'armée française sur les champs de bataille. Aujourd'hui la guerre ne peut plus être déclarée que de l'aveu des représentants du pays, et le pays sait que, en admettant — ce qui n'est pas — qu'il puisse se tromper sur un homme, il ne se trompe pas sur l'ensemble de sa représentation.

Voilà pourquoi la France est tranquille ; voilà pourquoi les gouvernements qui nous entourent nous sont sympathiques comme les peuples qu'ils gouvernent ; voilà pourquoi chaque élection nouvelle est chez nous un nouvel écrasement pour les prétendus conservateurs ; voilà pourquoi il nous importe peu que M. Saint-Genest, en acceptant la République, repousse les républicains, ou que, en repoussant les républicains, il repousse aussi la République. Sa voix est sans écho comme celle de tous les organes de la réaction. Jamais ils ne réussiront à persuader à personne que nous faisons de la persécution religieuse parce que nous interdisons une société de conspirateurs, que nous sommes une menace pour la paix, que nous créons la dictature. Les dictatures, et les dictatures guerrières, sont malheureusement encore assez rapprochées de nous pour que le peuple n'en ait point perdu le souvenir. Il peut comparer et juger. Cette comparaison est faite. Ce jugement est rendu. Les articles de M. Saint-Genest ne le changeront pas.

A. NAQUET.

Le petit Lyonnais du 23 août 1880

LE DIVORCE

L'intérêt de la femme

II

La femme, nous dit-on, est intéressée à l'indissolubilité du mariage parce que l'homme, en la répudiant lorsqu'elle a vieilli, lorsqu'elle a perdu près de lui ce qui faisait ses charmes, ne lui rend pas ce qu'il lui a pris.

Rien ne serait plus vrai s'il s'agissait de prouver qu'il vaut mieux pour une femme être bien mariée que mal mariée ; que ce qu'il y a de préférable pour elle c'est qu'elle n'ait pas besoin de recourir à l'un de ces remèdes extrêmes qui s'appellent le divorce ou la séparation de corps et de biens.

Mais comme le divorce n'a rien de commun avec le droit de répudiation accordé au mari, que la loi, en le rétablissant, n'augmentera pas

— et tendra même à diminuer — le nombre des familles qui se désunissent — et de ceci je crois avoir fait largement la preuve, — la question doit être posée autrement.

Il s'agit de savoir si, lorsque la vie commune est devenue intolérable, la séparation de corps est plus avantageuse à la femme que le divorce, ou si, au contraire, le divorce n'est pas pour elle un mal beaucoup moindre ou même un très grand bien relatif.

Ce que l'on redoute, en somme, lorsqu'on parle des charmes que la femme a perdus auprès de son premier mari, c'est qu'il ne lui soit difficile, une fois son mariage rompu, de trouver à se remarier.

Les femmes peuvent-elles donc se remarier lorsqu'elles sont séparées de corps ?

A supposer qu'elles ne le puissent pas après le divorce, elles seront placées de ce point de vue dans les mêmes conditions que si elles étaient séparées ; elles ne seront pas dans des conditions pires. Leur situation sera même plus avantageuse, parce que l'espérance du mariage les soutiendra et les sauvegardera contre les écarts dans lesquels on n'est que trop sujet à tomber lorsque tout espoir est perdu.

Dans tous les cas, et si même elles sont trop âgées pour conserver l'espérance d'un établissement nouveau, n'auront-elles pas l'avantage d'être libres, de n'être plus en tutelle, de ne plus dépendre d'un homme qui, en fait, n'est plus rien pour elles, de pouvoir acquérir des biens ou les aliéner, sans être tenues d'en demander l'autorisation expresse à cet homme ou aux tribunaux ?

Elles auront reconquis leur indépendance, n'est-ce donc rien que cela ?

On voit souvent, — M. Sarcey en a publié un émouvant exemple dans le *XIXe Siècle*, — des hommes se livrer, après la séparation de corps, à un odieux chantage, et se faire payer à beaux deniers comptants les autorisations que leurs femmes sont obligées de leur demander.

Lorsqu'on a eu le malheur d'être liée à un tel misérable, est-ce donc un si mince avantage que pouvoir se libérer de son autorité ?

Enfin, la femme porte le nom de son mari, même après la séparation de corps. Si le nom est déshonoré, si la séparation a été obtenue pour cause de condamnation du mari à une peine infamante, n'est-ce donc pas au si un bien inestimable que de n'être pas condamnée innocente à porter un nom à jamais flétri ?

Sans doute, l'homme dont la femme traîne le nom dans la boue est aussi intéressé à pouvoir rompre ses liens que la femme mariée à un forçat ; mais il ne l'est pas davantage, et je ne vois pas jusqu'ici où l'on trouve ce prétendu intérêt qu'aurait la femme à ce que le mariage ne puisse jamais être rompu.

Et cependant j'ai raisonné dans l'hypothèse la plus avantageuse aux adversaires du divorce. J'ai supposé que la femme divorcée ne trouverait pas de second mari.

Cette hypothèse sera loin de se réaliser dans la majorité des cas : ce qui se passe à nos portes, en Belgique, en Allemagne, en Suisse, le démontre péremptoirement.

Pourquoi donc une femme divorcée aurait-elle des difficultés à se remarier, lorsqu'elle serait honnête, alors que le divorce aurait été prononcé en sa faveur ?

A cause du préjugé social ?

Mais le préjugé social, bien moindre aujourd'hui qu'il y a un demi-siècle, tend à disparaître; et c'est par le rétablissement du titre VI du Code civil que nous le ferons.

Les préjugés contre les juifs ne se seraient jamais éteints si les législateurs de 1789 n'avaient pas affranchi ces derniers, n'en avaient pas fait des citoyens.

Les préjugés contre les nègres seraient éternels si les législateurs américains avaient éternellement conservé l'esclavage.

Les préjugés contre le divorce, et partant contre les divorcés, dureront aussi longtemps que le Code déclarera le mariage indissoluble, mais s'éteindront bien vite quand le Code sera réformé.

Il est des matières où les lois doivent aider à faire les mœurs. Celle qui nous occupe en est une.

Quant aux charmes perdus qui mettront les femmes divorcées dans l'impossibilité de rencontrer un autre homme qui les aime, j'objecterai à ceux qui en parlent que je vois chaque jour des femmes séparées et des veuves fort séduisantes, et que leur beauté ne diminuerait pas parce qu'elles seraient divorcées au lieu d'être veuves ou séparées de corps.

Le docteur Louis Fiaux, dans un livre plein de documents curieux, *la Femme, le Mariage et le Divorce* (1), qu'il a tout dernièrement publié, soutient même que « le divorce est, surtout pour les femmes, un remède préalable à la séparation; parce que les statistiques prouvent que le plus grand nombre des dissolutions légales du mariage n'a pas lieu exactement, comme le disait Montesquieu, quand elles n'ont plus assez de jeunesse et de charmes pour attirer et retenir un second époux. »

Et M. Fiaux appuie son dire sur des chiffres probants.

Les Françaises se marient généralement de 17 à 25 ans. Or, la statistique établit qu'en France c'est de 17 à 35 ans, c'est-à-dire après une moyenne de 5 à 18 ans de ménage, que la femme se sépare le plus.

« Dans nos climats tempérés, dit M. Fiaux, les femmes de 30 à 40 ans sont à l'apogée de leur vie passionnelle, et ce serait un argument dépourvu de toute vérité de prétendre qu'à cet âge de vitalité morale et corporelle elles sont incapables d'exciter l'amour. La biologie et la statistique prouvent exactement le contraire. » (Pages 104 et suiv.)

M. Fiaux démontre ensuite, par les chiffres de M. Bertillon, que c'est à partir de 35 ans pour la femme, de 40 ans pour l'homme, que la tendance au mariage se manifeste avec le plus

(1) Germer-Baillière, éditeur.

de force et que, tandis que les hommes d'un âge avancé recherchent les jeunes filles, les hommes jeunes épousent volontiers des femmes du même âge qu'eux et même plus vieilles de quelques années.

Enfin, l'argument qu'on tire contre le divorce de la garantie à donner à la femme tombe de lui-même, lorsqu'on songe que l'immense majorité des demandes en séparation ou en divorce sont faites par des femmes.

Ainsi chez nous, de 1840 à 1863, sur 36,492 demandes, 3,090 seulement ont été présentées par les maris et 32,763 l'ont été par les femmes. De 1861 à 1868, sur les 2,000 demandes annuelles, qui ont été la moyenne de cette période, 1,055 provenaient du mari et 8,945 de la femme.

Et les mêmes proportions se retrouvent là où existe le divorce, conjointement ou non avec la séparation de corps.

Il est donc bien évident que non seulement le divorce ne doit pas être rejeté à cause de la prétendue protection que l'indissolubilité du mariage offrirait à la femme, mais que c'est, au contraire, surtout en faveur de la femme qu'il doit être rétabli. Ici encore, l'argument des adversaires du divorce se retourne contre eux.

A. NAQUET,
Député de Vaucluse.

La Voltaire du 27 août 1880

LETTRE D'UN CONSERVATEUR
A SON AMI

M... le   1880

Mon cher ami,

La situation devient pour nous véritablement bien triste, et rien de ce que je lis depuis le premier août dans les feuilles bien pensantes ne parvient à me consoler de l'irrémédiable échec que nous avons subi.

Je dis irrémédiable, car le mouvement qui porte la France à la République se développe en dépit de tout, avec une constance et une régularité que je ne pourrais pas m'empêcher d'admirer s'il ne nous était si funeste. Si les élections départementales ont été pour nous

l'écrasement que vous savez, que seront
donc les élections municipales, les élections législatives de 1881, les élections
sénatoriales de 1882? Il ne faut pas être
un bien grand prophète pour le prévoir
et pour reconnaître que la cause du grand
parti conservateur est perdue sans
retour.

Nos journaux essayent sans doute de
nous faire prendre le change. Ils nous
bercent d'illusions. Ils nous disent que
nous devons nous réjouir des succès de
nos adversaires, parce que ces derniers,
tout à fait maîtres du terrain, vont se
lancer dans des excès de tous genres qui
produiront un revirement dans l'opinion
et nous ramèneront au pouvoir.

A les entendre la religion va être
proscrite, la propriété menacée, et la
guillotine va de nouveau dresser ses
bras hideux sur nos places publiques.

Eh bien! non! Je le dis à regret, il
n'en sera point ainsi. Il nous serait
agréable sans doute de voir, pendant
que nous ferions les morts, les républicains s'entre-dévorer comme en 1793.

Mais je vous le dis en vérité, ils ne
s'entre-dévoreront pas; ils ne guillotine-
ront personne; ils ne proscriront pas les
prêtres; ils ne menaceront pas la propriété.

Se guillotiner? pourquoi faire? Les leçons du passé leur ont appris que les divisions intestines d'un parti tuent fatalement ce parti, et ces leçons leur ont
profité.

Proscrire les prêtres! Certes c'est bon
à dire. C'est un air dont, Dieu merci,
nous avons largement joué depuis les
décrets du 20 mars. Mais cela ne trompe
plus personne. Le paysan a cessé d'être
l'ignorant ou le fanatique que nous avons
connu jadis. A cette heure il comprend
et juge. Il ne confond pas la cause de la
liberté religieuse avec celle d'une cor-
poration qui — nous pouvons bien nous
en faire l'aveu — ne se fait de la religion
qu'un prétexte pour asseoir sa domination politique. Notre refrain est resté
sans écho. Les campagnes comme les
villes ont cessé de croire aux fantoches,
et ce n'est pas plus en prédisant la fer-
meture des églises qu'en annonçant le

partage des biens que nous les ramène-
rons à nous.

Comment pourraient-ils croire au partage des biens, alors qu'en somme — et
aujourd'hui ils le savent, — en abolis-
sant le droit d'ainesse et les substitu-
tions, principes de notre vieille société
aristocratique, c'est la République qui
a généralisé la propriété.

Comment pourraient-ils se croire menacés d'un bouleversement lorsque les
populations, jusqu'ici considérées comme les plus avancées et les plus révolutionnaires, répudient hautement l'emploi de la violence, repoussent les utopies décevantes et ne demandent qu'à
la liberté et au bulletin de vote les réformes qui sont possibles et dont, disons-le bien bas entre nous, nous ne serons que quelques-uns à nous plaindre,
tandis que l'immense majorité de la nation en profitera?

Nous répéterons souvent que les républicains sont des envieux, des jaloux,
des hommes guidés par de purs appétits
matériels.

Mais espérez-vous encore faire illusion à quelqu'un avec de pareilles dé-
clamations!

Croyez-vous parvenir à convaincre le
peuple qu'ils sont guidés par des appétits matériels ces hommes qui n'ont jamais regardé ni à leur fortune ni à leur
vie quand il s'est agi de faire triompher
leur cause?

Le peuple sait, à cette heure, qu'il
faut des hommes pour servir un gouvernement; que si ces hommes sont les
ennemis du gouvernement qu'ils servent, ce gouvernement est menacé par
la base. Le peuple sait cela, et loin de
se plaindre que les républicains enva-
hissent trop les fonctions publiques, il
ne se plaint que d'une seule chose, du
nombre trop considérable, à son gré,
des réactionnaires qui sont encore en
place.

Il se dit, qu'après tout, ce ne sont pas
les républicains qui ont des appétits,
puisqu'ils n'ont jamais consenti à servir
un autre régime que le leur, mais bien
nous, qui de tout temps avons consenti
à servir tous les régimes.

Et en effet, puisque nous sommes bien
à l'abri de l'œil des indiscrets, puisque
personne ne verra cette lettre, pourquoi
ne conviendrions-nous pas que notre
rage vient uniquement de ce que nous
ne trouvons plus assez à assouvir nos
appétits, de ce que nous redoutons de
ne pouvoir les assouvir que de moins en
moins dans l'avenir.

Autrefois les postes dans la diploma-
tie, dans l'armée, dans la magistrature,
dans l'administration étaient pour nous
des sinécures. Ces sinécures nous échappent et nous voyons la France représentée à l'étranger par des hommes qui
ne portent pas la moindre particule,
par un Challemel-Lacour à Londres,
par un Emmanuel Arago, à Berne.

Il ne faut pas nous le dissimuler, les
places ne sont plus notre propriété, et
comme nous ne sommes pas des labo-
rieux, que le travail n'a jamais été notre lot favori, nous ne saurons bientôt
plus que faire de nos enfants.

Aussi ce mot de M. Magnard : « Que
faire? » retentit-il douloureusement dans
mon cœur.

Si décidément nous nous ralliions à la
République et si nous demandions à ce
gouvernement que nous avons combattu
les avantages que nous faisait la monarchie? Pourquoi pas? Moi j'y serais presque décidé. Malheureusement, ces mau-
dits républicains ont été si souvent
trompés par nous qu'ils deviennent dé-
fiants en diable. Ils pourraient bien repousser nos offres. C'est ce qui me retient. Et ils ont tort cependant. Pourquoi les trahirions-nous, s'ils nous don-
naient une belle part du gâteau? Quand
les rats ont leur part du fromage, ils
trouvent la situation avantageuse et ne
veulent pas en changer.

Mais, d'autre part, pourquoi les républicains nous récompenseraient-ils de
tout le mal que nous n'avons jamais
cessé de leur faire? Ils pratiquent plus
que nous l'oubli des injures, quoiqu'ils
lisent moins souvent l'Evangile, mais
pas à ce point.

Aussi ne vois-je pas clair dans la ligne
de conduite que doit tenir le grand parti
de l'ordre. Toutes les routes qui s'offrent
à lui me semblent conduire à des fon-
drières.

Vous qui êtes un grand esprit, con-
seillez-moi, mon ami, conseillez-nous,
ou le parti conservateur est mort, ce qui
n'empêchera pas, ô douleur! la France
d'être vivante et fière.

Du moins, si nous avions pu nous en-
gloutir dans un cataclysme où tout aurait péri! Mais non! pas même cette
consolation!

Votre ami,

MARQUIS DE R...

Pour copie conforme:

A. NAQUET.

Le petit-Lyonnais du 30 août 1880

LE DIVORCE

L'Intérêt de la femme

III

Je crois avoir établi, aussi péremptoirement
qu'il est possible de le faire par l'analyse rationnelle et par la statistique, que la femme
n'a aucun intérêt à ce que le mariage soit indissoluble, que même cette indissolubilité est
pour elle une chaîne mille fois plus oppressive,
mille fois plus intolérable que pour l'homme.

Quelques faits particuliers que je vais livrer
aux réflexions de nos lecteurs contribueront à
mettre cette vérité plus encore en lumière.

Voici d'abord une lettre que j'ai reçue des en-
virons de Lyon. Je la donne presque telle quelle,
me bornant à en retrancher quelques passages
qui constitueraient des longueurs inutiles, et
à taire le nom de la personne qui me l'a
écrite.

« Permettez, monsieur, y est-il dit, que je
vienne vous importuner au milieu de vos nombreuses occupations pour vous entretenir de
ma modeste personnalité.

« Mais j'ai lu récemment, dans un article de
vous qu'a publié le *Voltaire*, qu'on oppose l'intérêt de la femme à la réforme salutaire que
vous avez pris à cœur d'introduire dans notre
code ; qu'on prétend trouver dans l'indissolubilité du mariage une garantie pour les personnes de mon sexe.

« Quoique je ne comprenne pas trop par quel
abus de raisonnement, par quel sophisme, on
peut arriver à considérer la femme comme pro-

teges par une loi qui, au contraire, l'opprime infiniment plus qu'elle n'opprime l'homme ; quelque je sois persuadée, par conséquent, que tous les esprits sensés feront d'eux-mêmes justice de cette objection, je pense qu'il est bon que tous ceux qui se trouvent dans la pénible situation où je me trouve ou dans des situations analogues vous fassent connaître leur cas. Rien ne fait mieux pénétrer la vérité dans les masses que les exemples, que les faits concrets, et, ayant un fait de cet ordre à vous soumettre, je croirais manquer à mon devoir si je ne vous en faisais point part, en vous permettant de faire de ma communication tel usage que vous jugerez utile.

« Je me suis mariée à l'âge de 17 ans, en 1862, pour être agréable à ma famille, avec un homme que je ne connaissais pas, mais qu'on disait avoir une certaine fortune répondant assez bien à celle que j'avais moi-même et pour lequel, d'ailleurs, je n'éprouvais aucun sentiment de répulsion. Le régime adopté par nous fut celui de la séparation de biens.

« Dès le lendemain de mon mariage, mon mari me demandait trente mille francs qui, disait-il, lui étaient indispensables pour une grande entreprise. Je refusai d'abord ; je cédai ensuite. J'ai su depuis que les trente mille francs étaient destinés à payer un banquier véreux qui avait monté à mon père, avant mon mariage, des écritures fictives, pour lui prouver que mon futur possédait une fortune qu'en réalité il ne possédait pas.

« A quelques jours de là, mon mari me déclara que nous allions aller demeurer chez sa sœur. Sa sœur, je ne le savais pas alors, était une grande courtisane.

« Encore presque enfant, je fus séduite en entrant chez elle par le luxe de son appartement, et, comme je lui témoignais l'admiration que m'inspiraient ses meubles luxueux, ses riches tentures, elle me déclara qu'il ne tenait qu'à moi d'avoir une aussi belle installation.

« Tu crois donc, lui dis-je, que mon mari gagnera beaucoup d'argent ? »

« Non, certes ! me répondit-elle ; mais tu n'as qu'à faire comme moi : avoir des amants, et la fortune ne se fera pas attendre. »

« Indignée, j'attendis mon mari ; je lui fis part de l'abominable propos qui m'avait été tenu, et je lui déclarai que nous ne pouvions pas rester un jour de plus dans cette demeure.

« Tu n'es qu'une sotte, me dit-il, que t'importe d'avoir des amants, s'ils t'enrichissent et si je m'arrange pour ne rien voir. »

« Ma douleur fut extrême. Je racontai à mon père ce qui se passait. Mais mon mari protesta contre mes allégations et mon père refusa de me croire.

« Cependant nous étions toujours chez ma belle-sœur. Un soir, on m'envoie dans une pièce voisine chercher un objet qu'on disait avoir oublié sur la cheminée. A peine y entrais-je,

qu'un monsieur, introduit là à mon insu, se jette sur moi et veut user de violence à mon égard. Je me défends avec énergie, je parviens à m'arracher de ses bras, et dans la lutte, je le blesse même d'un coup de pied.

« J'ai su ce qu'il m'en a coûté. Le monsieur sorti, mon mari et ma belle-sœur se ruèrent sur moi ; le coup de pied que j'avais donné pour me défendre contre une lâche agression, me fut rendu au centuple ; j'étais enceinte de trois mois ; j'avortai et je demeurai pendant quinze mois malade chez mon père, qui avait fini par me croire, et chez qui je m'étais réfugiée.

« Si le divorce eût existé, je l'aurais demandé et obtenu sans peine, pour cause d'excès et de sévices. Mais le divorce n'existait pas, et une séparation judiciaire me parut inutile, ma fortune se trouvant alors presque entièrement anéantie.

« Mon père ne tarda pas à mourir, et ne me laissa en mourant qu'une somme très insuffisante pour me permettre de vivre.

« J'avais alors un peu plus de vingt ans, je me trouvais seule, isolée, sans protecteur, sans fortune, lorsqu'un homme se présenta à moi, qui m'aimait d'un amour sincère, avec un dévoûment sans bornes ; qui s'offrait de combler le vide de mon existence. Si j'eusse été libre, il m'aurait épousé de suite ; nous nous serions aimés honorablement et nous aurions pu porter la tête haute en face de tous.

« Mais j'étais liée, et liée irrévocablement, indissolublement à un misérable ; je ne me sentais pas la force de renoncer à jamais au bonheur de me sentir aimée. Comme vous l'avez dit dans un de vos articles, ne pouvant aimer avec le concours de la loi, j'ai aimé sans elle. Je vous le confesse, monsieur, avec une sincérité extrême, convaincue que vous serez indulgent pour une femme qui a pu être coupable mais dont la faute est exclusivement due à la rigueur de notre législation.

« Hélas ! l'homme indigne dont je portais le nom avait disparu. L'honnête homme qui m'avait pu me donner le sien mourut subitement à Marseille, au bout de quelques années, à la veille de s'embarquer pour la Nouvelle-Calédonie, où l'appelaient des intérêts considérables.

« J'appris bientôt qu'il avait fait un testament et qu'il me léguait quatre cent mille francs.

« Dès que ce testament fut connu, mon mari, dont je n'avais plus entendu parler depuis plus de dix ans, reparut, déclara que je n'avais pas le droit d'aliéner ni d'acquérir sans son autorisation, et voulut me faire payer l'autorisation dont j'avais besoin.

« Je me suis insurgée contre ces prétentions, et je plaide en séparation de corps, aimant mieux avoir à demander des autorisations aux tribunaux qu'à un homme infâme.

« Il n'en est pas moins vrai que je porte le nom de cet être vil et dépravé ; que je ne suis pas maîtresse de la fortune que m'a léguée mon mari véritable, mon mari selon la nature.

« Il n'en est pas moins vrai que, jeune, et après que le temps, ce grand maître, aura apaisé ou tout au moins atténué mon affliction, ma douleur, si je sens mon cœur parler de nouveau, si, voulant céder aux aspirations les plus impérieuses de ma nature, et ne pouvant aspirer au mariage — ce qui, à cette heure, avec mon passé, et même mon mari mourant, serait impossible — je me jette dans les bras d'un nouvel amant, quelque pur que son amour puisse être, je serai à jamais flétrie ; on dira de moi que je suis une « femme perdue ».

« Je soumets cette situation à ceux qui voient une protection pour la femme dans le mariage indissoluble, et je leur demande en quoi cette institution a protégé en moi une femme qui ne demandait qu'à être une mère dévouée, une épouse fidèle, et qui se trouve rejetée hors de la société des honnêtes gens uniquement par cette loi prétendue protectrice... »

Je m'arrête, car l'espace me manque pour citer d'autres exemples aujourd'hui, mais j'en a, d'autres tout aussi probants, tout aussi touchants ; je les publierai dans un article prochain.

A. MAQUET,
Député de Vaucluse.

La Voltaire du mardi 31 août 1880

PAS D'HÉSITATION !

Je ne veux pas discuter ici en eux-mêmes l'article 7 et les décrets du 29 mars qui l'ont suivi.

L'opinion première que l'on a pu avoir sur l'efficacité de ces actes de gouvernement est à cette heure chose indifférente.

Musset a écrit : « Il faut qu'une porte soit ouverte ou fermée. » Musset avait raison, et c'est surtout à la politique que ces paroles sont applicables.

Il est possible que, dans certains cas, il vaille mieux ne pas frapper ses adversaires que les frapper ; mais il est un point non douteux, c'est que rien ne saurait être plus mauvais que de les menacer sans réaliser la menace. Ou ne menacez pas, ou que l'exécution réponde à la menace jusqu'au bout. Si vous vous arrêtez, si vous faiblissez, vos adversaires font autant de bruit autour de vos prétendues persécutions que si vous aviez achevé votre œuvre, et vous n'avez plus ni le bénéfice d'une défense énergique, ni ceux d'une tolérance complète.

Le gouvernement ne semble malheureusement pas bien convaincu de cette vérité. Obéissant à la raison d'Etat, il a fait les décrets du 29 mars ; il a déclaré que, en vertu des lois existantes, à trois mois de date, les jésuites seraient expulsés, et que les autres congrégations subiraient le même sort si elles ne demandaient pas une autorisation régulière en produisant leurs statuts. L'échéance venue, on a effectivement dissous l'agrégation de Jésus. Mais des autres agrégations ou associations religieuses on ne s'est pas plus occupé que si elles n'existaient pas. M. le président du conseil, dans son discours de Montauban, a même fait entendre qu'il se proposait de surseoir à l'application des décrets en ce qui les concerne.

Les journaux officieux, brochant sur ce discours, ont établi que, en ce qui touche ces congrégations, les décrets du 29 mars déclarent simplement le droit qu'a le gouvernement de les dissoudre sans fixer la date de la dissolution, et que, par conséquent, le gouvernement est libre à leur endroit.

C'est là une liberté que nul ne conteste. Mais il s'agit de savoir s'il est d'une politique sage d'en user.

Vous pouviez ne pas faire les décrets du tout. Vous pouviez, les faisant, vous borner à viser les jésuites et, sans aller plus loin que vous ne paraissez vouloir aller, les appliquer alors dans leur intégrité. Vous auriez accompli ainsi un acte réfléchi, un acte politique qu'on aurait pu critiquer sans doute, mais dont on aurait été obligé de reconnaître la netteté et la précision. Nul n'aurait pu vous accuser d'indécision et de reculade — la pire chose qui puisse advenir à un gouvernement.

Au lieu de cela, que faites-vous? Vous vous lancez bravement. Vous déclarez que vous entendez appliquer les lois, que les jésuites seront chassés, quoi

qu'ils fassent, que les autres agrégations
devront demander l'autorisation légale,
sauf à subir le même sort. Vous commencez enfin l'exécution, puis vous vous
arrêtez soudain par un ajournement qui
est un abandon.

Et cela à quel moment?

Au moment où, malgré les cris de
toute la presse rétrograde, malgré l'insurrection des magistrats debout démis-
sionnaires et des magistrats assis qui se
déclarent compétents, malgré les accusations de violation de la propriété privée, la nation vient, par les élections du
premier août, d'approuver votre politique — celle des décrets, celle de l'expulsion, et non celle de l'ajournement qu'on
ne pouvait pas prévoir.

Je comprenais qu'après avoir dissous
l'association de Jésus, à la veille des
élections nettement posées sur ce terrain, on attendît cette grande consultation nationale pour continuer.

Mais la consultation nationale est donnée. Elle est favorable, favorable au-delà
de tout ce que l'on avait osé espérer, et
c'est alors que, au lieu d'aller de l'avant,
on recule; que, au lieu de poursuivre
l'ennemi jusque dans ses derniers re-
tranchements, on lui donne le temps de
reconstituer ses légions.

Qu'espère-t-on de cette attitude?

Désarmer les catholiques?

Ce serait les calomnier!

On ne désarme pas un parti irréconciliable en lui faisant des concessions,
mais en le mettant hors de combat. Les
concessions qu'on lui fait, il les tourne
contre qui les lui fait, et il a raison. Si
l'ultramontanisme était au pouvoir et
qu'il nous fît des avances, nous les re-
pousserions. Pourquoi voulez-vous qu'il
accepte les nôtres?

Oh! si vous aviez dit dès le début aux
cléricaux : « Luttons sur le terrain de la
liberté complète. Nous avons la vérité
pour nous, et à armes égales, nous ne
vous craignons pas. » Cette politique aurait eu de la grandeur et, pour ma part,
j'avoue qu'elle m'aurait séduit.

Mais non ! On affirme qu'il y a un péril social, qu'il faut le combattre. On engage la bataille, le pays dit bravo ! on
va être vainqueur et c'est le moment que
l'on choisit pour battre en retraite.

Aussi quelle joie dans le camp de vos
adversaires ! Hier, ils vous attaquaient
avec violence. Ils vous appelaient crocheteurs de portes. Ils vous auraient volontiers traités de brigands. Mais il y
avait dans ces attaques l'expression
d'une stupeur profonde. Ils se sentaient
vaincus et ils exhalaient en impréca-
tions les douleurs de la défaite.

Aujourd'hui, ils continuent à vous
traiter de crochéteurs de porte et de
persécuteurs de l'Eglise ; ils continue-
ront d'autant plus qu'ils vous craindront
moins. Mais il se mêle à leurs cris de
rage un fond de gouaillerie. Ils disent
encore que vous êtes des brigands; mais
ils donnent à entendre que vous êtes des
hommes sans consistance, que vous n'o-
sez pas les braver, que, si vous avez menacé les congrégations non-autorisées
autres que celle des jésuites, c'était uniquement dans la folle espérance de les
amener à demander l'autorisation, et
que, voyant qu'elles ne la demandent pas,
vous avez peur d'elles... Ils disent, en
un mot, que vous êtes faibles et qu'ils
sont forts, et ils en donnent votre conduite pour preuve.

Eh bien! sachez-le! Dans notre pays,
quelque progrès qu'ait fait le sentiment
du respect de la loi, on vous pardonnerait tout; on vous pardonnerait même
d'avoir quelque peu torturé la loi — ce
que d'ailleurs je ne vous conseillerai
jamais de faire — pourvu que vous dé-
fendiez énergiquement le parti qui vous
a confié ses destinées et que vous re-
présentez au pouvoir. Mais on ne vous
pardonnera jamais d'être faible, d'amener votre pavillon, de conduire la démocratie à un Sedan moral.

Et pourquoi d'ailleurs ces distinctions
entre les jésuites et les autres? Elles
étaient naturelles sous Charles X ou
sous Louis XV, parce qu'il y avait alors
dans l'église des courants d'idées différents. L'église depuis lors, armée pour
la lutte, a constitué son unité. Entre les
jésuites, les récollets, les dominicains,
entre les diverses congrégations et le
clergé séculier lui-même, il n'y a absolument aucune différence. C'est le même
esprit qui règne partout : l'esprit de domination, de combat, de concentration,
et rien ne vous autorise à établir entre
vos ennemis des distinctions arbitraires que vos ennemis n'ont pas établies

eux-mêmes.

L'unité de l'Eglise, vous chercherez en vain à la défaire — à moins que, décrétant hardiment la séparation de l'Eglise et de l'Etat, vous ne supprimiez devant elle les obstacles fictifs, qui lui servent à maintenir sa forte discipline comme les dangers imaginaires de la patrie servent aux despotes à maintenir leur armée.

Mais comme vous ne paraissez pas vouloir entrer dans cette voie, comme vous demeurez sur le terrain du Concordat, vous n'entamerez pas cette unité et c'est pourquoi vous devez frapper votre adversaire sur tous les points à la fois.

Le Concordat deviendrait, en effet, une pure duperie s'il ne servait qu'à engager l'Etat alors que l'Eglise pourrait toujours se soustraire aux obligations qu'il comporte.

Il n'y a donc pas à hésiter — et je ne crois pas que la Chambre, à sa rentrée, couvre de son vote, si elles persistent, les hésitations qui se manifestent à cette heure. — On est entré en guerre, il faut vaincre. On a signé et promulgué les décrets du 29 mars, il faut qu'ils soient intégralement appliqués, la logique politique, le sentiment de la Chambre, la volonté du pays veulent qu'il en soit ainsi.

A. NAQUET.

Le petit Lyonnais
du lundi 6 septembre 1880

LE DIVORCE

Toujours l'intérêt de la femme

J'ai promis à mes lecteurs encore quelques faits. En voici deux que je crois de nature à les édifier :

Une femme, dans la Côte-d'Or, se marie en 1861 avec un homme qu'elle aime et dont elle est ou se croit aimée. Malheureusement, le ménage était pauvre : deux enfants survenus coup sur coup, l'un en 1862, l'autre en 1863, vinrent encore en augmenter les charges : ne pouvant y suffire, le mari se décida vers la fin de 1863 à s'expatrier pour un certain temps. Il allait au Brésil représenter une maison importante. Il partait en affirmant qu'il reviendrait après quatre ou cinq ans porteur d'un capital modeste, sans doute, mais assez sérieux cependant pour lui permettre de travailler fructueusement et de faire face aux besoins de sa famille, besoins auxquels il pensait bien pourvoir de loin jusqu'à son retour.

Quelque pénible que pût être la séparation, la femme consentit. Les adieux furent déchirants ; mais la douleur était atténuée par l'espoir des bénéfices qui devaient faire régner l'aisance dans le ménage et avec elle le bonheur.

Le mari parti, la femme, qui était restée seule avec ses deux enfants, deux filles, reçut pendant plusieurs mois des lettres et de l'argent.

Mais, au bout de quelques mois, les lettres cessèrent, et l'on ne reçut plus d'Amérique aucune nouvelle. Des démarches furent faites ; elles demeurèrent infructueuses, et la malheureuse mère ne sut jamais ce qu'était devenu son mari, pas plus que la maison qu'il représentait ne sut ce qu'était devenu son représentant.

Etait-il mort ? Avait-il fait de mauvaises affaires et avait-il fui ? Avait-il oublié sa femme dans les bras d'une concubine ? Autant de questions auxquelles personne ne pouvait répondre et auxquelles personne ne pouvait répondre depuis.

Si le divorce eût existé ; si le Code eût renfermé la disposition que cherche à y introduire la Chambre des députés et qui est relative à l'absence ; au bout de cinq ans, c'est-à-dire vers la fin de 1868, la rupture légale du mariage eût été de droit, et un nouveau mariage serait devenu possible.

Mais le divorce n'est pas admis par nos lois ; l'absence de nouvelles ne suffisant pas à établir qu'il y eut abandon, puisqu'on ne pouvait pas prouver qu'il y eut de la part du mari un acte volontaire, la séparation de corps était impossible à obtenir, et il ne restait même pas à l'épouse abandonnée cette chance du veuvage que conservent ordinairement les époux malheureux : toute jeune, elle se trouvait à tout jamais rivée à une chaîne qu'elle ne conservait aucune espérance de voir un jour se briser.

Je ne parle pas des souffrances morales qui durent résulter pour elle de l'isolement. Je ne veux m'occuper que de la position matérielle dans laquelle cet isolement la plaçait.

Pauvre, sans appui, sans soutien, il fallut travailler pour vivre et pour élever ses enfants. Elle travailla. On sait combien peu est rétribué le travail des femmes ; à force de labeurs et d'économie cependant, elle parvenait à suffire à ses besoins les plus indispensables.

Un jour, vers 1869, un homme qui l'avait remarquée, qui possédait une assez jolie fortune, qui avait appris à l'estimer et à l'aimer, lui déclara qu'il lui offrait, non pas de l'épouser, puisqu'elle était légalement liée pour la vie à un autre homme, mais de partager son existence et de remplir vis-à-vis de ses enfants toutes les charges de la paternité.

Son cœur répondait aux avances qui lui étaient faites. Mais elle était honnête ; elle les repoussa.

Sa santé, cependant, s'altérait sous l'action d'un travail incessant, et bientôt la guerre de 1870, en amenant un chômage à peu près général dans les départements envahis, vint lui enlever jusqu'à la possibilité de vivre.

Que faire ? Elle n'avait que deux issues : tomber ou mourir.

Mourir, elle n'en avait pas le droit : Que seraient devenues ses deux filles ?

Elle tomba......, si l'on doit, suivant le langage consacré, appeler chute l'acte d'une femme qui se donne à celui qu'elle aime, à celui dont elle est aimée, à celui qui élève ses enfants, et à l'égard duquel elle se montre, quoique l'autorité n'ait pas consacré son union, épouse vertueuse et dévouée.

Mais la société est impitoyable. A partir de ce moment elle vit la plupart des maisons se fermer devant elle et, à cette heure, ses deux filles, dont l'une a dix-sept ans et l'autre dix-huit, souffrent de cette situation irrégulière qui rendra très difficile leur établissement dans le monde.

Je demande à mes lecteurs si la femme, dont je viens ici de leur retracer l'histoire, a été protégée, comme on le prétend, par l'indissolubilité du mariage ou si, au contraire, cette indissolubilité n'a pas été pour elle un véritable fléau ?

Autre fait. Il se passe celui-là dans un pays où le divorce existe, en Belgique.

La fille d'un riche bourgeois de Bruxelles, Mlle ***, se marie avec un jeune homme noble, et le jour des noces on part pour Paris.

Mais à Paris, — et sans que ni sa femme, ni personne à ma connaissance, en ait jamais su la cause, le mari disparaît et abandonne sa femme pour toujours.

En France, la malheureuse abandonnée se serait adressée aux tribunaux qui lui auraient généreusement octroyé une séparation de corps et de biens ; mais elle aurait été enchaînée à perpétuité à un homme qui n'était rien pour elle ; et le bonheur de la vie de famille lui aurait été interdit à jamais.

Heureusement, elle était née, ainsi que son mari, au delà de notre frontière du Nord au lieu de naître en deçà.

L'abandon volontaire d'une femme par son mari ayant toujours été considéré par tous les tribunaux comme une injure grave, et l'injure grave étant en Belgique une cause de divorce, Mlle *** put reconquérir sa liberté. Elle a trouvé depuis un nouvel époux, dont elle a déjà plusieurs enfants et avec qui elle fait excellent ménage.

Grâce à l'institution du divorce, elle a donc une vie heureuse, estimable, respectée.

Sans le divorce, elle aurait été condamnée à la tristesse de la solitude, à moins qu'elle n'eût préféré, ce qui n'aurait pas valu beaucoup mieux pour elle, se mettre en lutte avec la société en en bravant les lois et les mœurs.

Le divorce a-t-il nui à Mlle *** ? Mlle *** a-t-elle lieu de regretter l'indissolubilité du mariage ? ou plutôt ne doit-elle pas le bonheur de sa vie à la sagesse qu'a eue la législation belge de ne pas rétablir une législation aussi contraire à la liberté humaine qu'à la moralité publique ?

Et si le divorce a été pour elle une ressource salutaire, s'il est vrai que l'indissolubilité du mariage aurait brisé sa vie, que vient-on nous parler de l'intérêt de la femme, et l'invoquer contre la réforme moralisatrice que nous poursuivons !

A. NAQUET,
Député de Vaucluse.

La petit Lyonnais du 15 7bre 1880

LE DIVORCE

L'intérêt des enfants

I

On opposait au divorce la liberté de conscience des catholiques, la corruption qu'il entraînerait, la protection à donner à la femme.

Je crois avoir péremptoirement démontré que toutes les objections se retournent contre leurs auteurs : que la liberté de conscience — même en ce qui concerne les catholiques — est intéressée à ce que le mariage civil cesse d'être indissoluble, que la corruption trouverait un frein dans le divorce et trouve, au contraire, un aliment dans le régime actuel ; qu'enfin ce régime, loin de protéger la femme, la place dans une intolérable situation d'infériorité, de servitude, de souffrance.

Il en sera de même de l'objection tirée de l'intérêt des enfants quand elle sera posée sur son vrai terrain, et ici encore il deviendra évident que, loin de dérouler leurs conséquences en deux séries opposées et contradictoires, l'intérêt des enfants et l'intérêt des parents militent absolument dans le même sens.

En serait-il autrement, la question ne serait pas jugée pour cela. Les droits du père et de la mère ne sont pas moins indéniables, ne sont pas moins imprescriptibles que ceux de leurs enfants. Ceux-ci, d'ailleurs, sont appelés à devenir parents à leur tour, et, à un moment donné de leur existence, ils pourraient accuser la société d'avoir, sous prétexte de garantie à leurs premières années, pesé sur leur existence entière et rendu cette existence insupportable.

Je n'ai, du reste, pas même besoin me placer à ce point de vue et de me demander qui doit l'emporter des enfants ou des parents, parce qu'il n'y a aucune contradiction réelle entre le bien des uns et le bien des autres, parce qu'aux uns et aux autres l'indissolubilité du mariage est funeste.

Si l'objection que je réfute se pose si souvent et si naturellement à propos du divorce, c'est qu'on commet toujours la même faute de raisonnement, contre laquelle j'ai dû m'élever déjà plusieurs fois : on compare le sort qui est fait aux enfants dont les parents sont unis à celui qui est réservé aux enfants dont les parents se-

sont divorcés, et l'on conclut en faveur de l'u-
nion ; pour que cette argumentation fût scientifique, il faudrait que l'établissement du divorce
eût pour conséquence de multiplier le nombre
des ménages qui se désunissent. Alors, en effet, on pourrait dire que, en produisant un ac-
croissement dans le chiffre des familles désunies, ce rétablissement privera des avantages
de la vie familiale une certaine proportion d'enfants qui en auraient bénéficié sans cela.

Mais j'ai démontré que si quelque chose tend
à accroître les discussions entre époux, c'est
l'indissolubilité du mariage ; j'ai établi, par des
preuves théoriques et expérimentales , que,
toutes choses égales d'ailleurs, on se sépare
moins là où la rupture du mariage est possible
que là où la loi permet seulement le relâche-
ment des liens conjugaux.

S'il en est ainsi, la conclusion naturelle à en
déduire, relativement aux enfants, c'est que la
généralité de ces derniers est intéressée au divorce, puisque, en empêchant de se désunir
certains époux qui se seraient désunis sous l'empire de la loi qui nous régit à cette heure, il
conserve un foyer domestique à des enfants
qui, sans lui, l'auraient perdu.

Sans même aller aussi loin, quelque rationnelle, quelque justifiée que soit la conclusion
qui précède, j'ai au moins le droit de dire que
quand on discute la question qui nous occupe
en ce moment, il faut toujours se garder de la
tendance que l'on a à établir un parallèle entre
les ménages unis et les ménages divorcés.

Le parallèle doit être établi entre les ménages divorcés et les ménages séparés de corps.

Les ménages unis ne sont pas en cause : le
divorce ne les concerne pas, ne les intéresse
pas, ou du moins ne les intéresse qu'au point
de vue de ses effets généraux sur la société ;
mais il n'est pas fait pour eux.

Le divorce ne concerne directement que les
époux profondément divisés qui se séparent de
corps et de biens lorsqu'ils ne peuvent pas divorcer. Et, dès lors, la question, par rapport
aux enfants, doit se poser ainsi :

*Quand ils sont assez malheureux pour qu'une
division profonde, irrémédiable, règne entre
les auteurs de leurs jours, que vaut-il mieux
pour les enfants ? que leurs parents se bornent
à relâcher par la séparation de corps les nœuds
qui les unissent, ou qu'ils brisent complètement
ces nœuds ?*

Ce qui vaut le mieux, c'est incontestablement
la seconde solution.

Les effets du divorce, en ce qui touche les
enfants, peuvent se diviser en effets légaux et
effets sociaux ou moraux.

Les effets légaux sont identiquement les mêmes avec le divorce qu'avec la séparation de
corps, et, de ce chef, les enfants n'auraient
aucun intérêt à ce que l'une des solutions l'em-
portât sur l'autre.

Les effets sociaux et moraux, au contraire,
diffèrent suivant la législation qui prévaut, et
c'est en m'appuyant sur eux que j'affirme que

le divorce est préférable pour les enfants à la
séparation de corps.

Je dis que les effets légaux sont les mêmes
dans les deux cas.

Quelle est la situation faite actuellement par
la loi aux enfants des époux séparés ?

Cette situation est réglée par les articles 302
et 303 du Code civil. Ces articles portent en
substance que, en cas de séparation de corps,
les tribunaux ont plein pouvoir pour accorder
la garde des enfants à celui des époux qui leur
en paraît le plus digne, ou même à une tierce
personne, si ni l'un ni l'autre n'en est digne ;
ils portent encore que, nonobstant la séparation, les deux époux sont tenus de contribuer,
à proportion de leurs facultés, à l'entretien et
à l'éducation de leurs enfants, et que quelle
que soit la personne à laquelle les enfants sont
confiés, le père et la mère conservent respectivement le droit de surveiller cet entretien et
cette éducation.

Qu'on mette le mot *divorce* à la place du mot
séparation, et rien ne sera changé : les tribunaux décideront encore à qui doit être confiée
la garde des enfants, et les parents auront toujours le droit de surveiller l'éducation et l'entretien auxquels ils devront contribuer tous
deux proportionnellement à leurs facultés.

Mais, dit-on quelquefois, avec le divorce il
naîtra le plus souvent des enfants de plusieurs
lits et, par suite, le partage des successions deviendra difficile.

Pourquoi ?

Que les enfants soient d'un seul et même lit
ou de deux lits différents, ils ont tous un père
et une mère, et il suffit de diviser la succession
paternelle et la succession maternelle par le
nombre des enfants qu'a eus le père et qu'a eus
la mère, pour déterminer la part qui revient à
chacun d'eux. Cette division ne présente pas
plus de difficultés lorsqu'il y a plusieurs mères
pour les enfants d'un même père que lorsqu'il
n'y en a qu'une ou réciproquement.

Actuellement, d'ailleurs, les veufs et les
veuves se remarient journellement. Je connais
même des veufs qui se sont remariés jusqu'à
trois fois et qui ont eu des enfants de quatre
lits consécutifs. Je ne sache pas que cela ait
jamais fait naître des difficultés dans les par-
tages de succession, et je ne vois pas pourquoi
ce qui est facile dans le cas de secondes noces
résultant du veuvage cesserait de l'être quand
les secondes noces résulteraient du divorce.

Il est donc bien établi que, du point de vue
légal, les enfants n'ont ni intérêt à ce que le divorce soit substitué à la séparation de corps,
ni intérêt à ce que la séparation de corps pré-
vaille contre le divorce.

Dans mes prochains articles, j'examinerai les
avantages qu'ils peuvent retirer de l'un ou de
l'autre de ces deux systèmes au point de vue social et moral.

A. NAQUET,
Député de Vaucluse.

La Voltaire du ~~jeudi~~ lundi 13, 7bre 1880

LE CERTIFICAT D'ÉTUDES

Une grave question est depuis quelque temps posée : c'est celle du rétablissement du certificat d'études. On se demande s'il ne faudrait pas exiger, comme avant 1850, de quiconque veut entrer dans une carrière libérale, qu'il ait passé deux années au moins dans un lycée.

Les uns défendent ce retour à notre ancienne législation, au nom de la société laïque à défendre contre les empiètements de l'enseignement congréganiste ; les autres repoussent cette mesure au nom des principes de liberté. A leurs yeux l'enseignement doit être libre et le certificat d'études, mesure de réglementation autoritaire, ne saurait être admis dans une république.

Nous pensons, nous, que le certificat d'études ne peut pas être considéré comme une entrave à la liberté de l'enseignement, et nous voulons le défendre ici en nous plaçant, non pas au point de vue du danger clérical, mais au point de vue de l'enseignement considéré en lui-même.

Il y a deux choses qui doivent être soigneusement distinguées : l'enseignement proprement dit et la collation des grades. L'enseignement proprement dit, c'est le droit pour chacun d'apprendre aux autres ce qu'il sait, de faire partager ses convictions à ses semblables. Ceci, c'est le domaine de la liberté individuelle. On ne peut pas plus raisonnablement empêcher un homme d'enseigner qu'on ne peut l'empêcher d'écrire ou de parler dans une réunion publique.

Quant à la collation des grades, ce n'est qu'une estampille donnée à un certain nombre d'individus qui justifient de connaissances suffisantes pour exercer certaines professions.

Dans l'ordre industriel, les consommateurs sont aptes à juger de la valeur des produits qu'on leur offre. Toute estampille est ici inutile, la libre concurrence suffit.

Il n'en est plus de même lorsqu'il s'agit d'un ingénieur, d'un architecte, d'un mécanicien, d'un avocat, d'un magistrat, d'un médecin.

Ici le public n'est pas à même de juger de la valeur du produit qui lui est offert, c'est-à-dire du savoir de la personne qui se présente à lui.

Souvent l'expérience elle-même n'est pas probante. Un malade guérit; cela prouve-t-il que le médecin qui l'a soigné était fort? Nullement; peut-être le médecin n'a-t-il fait que retarder la guérison. Un plaideur perd un procès; cela signifie-t-il que son avocat l'a mal défendu? Non; cela peut résulter de ce que le procès était mauvais ou de ce que le magistrat a mal jugé.

Là même où elle est probante, l'expérience est achetée au prix de trop grands sacrifices. Un mécanicien incapable n'arrête pas son train à temps et l'envoie se briser contre les tampons de la gare d'arrivée; un ingénieur construit mal la ligne, et ce défaut de construction amène un déraillement; un architecte conduit assez mal les travaux dont il est chargé pour que la maison qu'il a fait bâtir s'écroule; le public est fixé sur la valeur du mécanicien, de l'ingénieur, de l'architecte..., mais après l'accident et au prix d'un grand nombre de vies humaines.

C'est là qu'intervient la collation des grades. La société examine les candidats aux diverses fonctions, et, sans empêcher — en dehors de la profession d'avocat et de celle de médecin — ceux qui veulent confier leurs intérêts à des incapables de le faire, elle estampille certains individus auxquels elle a reconnu des aptitudes. Elle dit aux citoyens : « Quand vous voudrez un ingé- » nieur, un avocat, un médecin, un mé- » canicien ou un architecte, adressez- » vous de préférence à messieurs X., Y. » ou Z. Je les connais. Avec eux vous » aurez, non des garanties absolues, car » il n'en existe pas, mais plus de garan- » ties qu'avec tout autre. »

Si tel est le sens que l'on doit attacher aux grades universitaires, il est
clair que ces grades ne doivent être délivrés qu'à bon escient. A les délivrer à
la légère, on ferait plus de mal que de
bien. On donnerait aux citoyens une
sécurité trompeuse, qui aurait pour
unique résultat de les empêcher de se
renseigner eux-mêmes, dans la limite
du possible.

La collation des grades ne saurait
donc être abandonnée au premier venu :
les grades deviendraient des certificats
sans valeur. La société, représentée par
les savants les plus recommandables,
peut seule être chargée de l'importante
mission de les conférer.

Mais il ne suffit pas de se charger
d'une mission ; il faut encore étudier les
moyens les plus efficaces de la bien
remplir. Comment la société détermi-
nera-t-elle la capacité de chacun ?

Le système qui a prévalu jusqu'à ce
jour a été celui des examens. « Quand
» vous aurez terminé vos études, dit-on,
» aux jeunes gens, quand vous vous
» croirez aptes à la fonction que vous
» voulez remplir, vous vous présenterez
» devant une commission de savants,
» qui vous interrogera, qui verra ce que
» vous savez et qui vous acceptera ou
» vous refusera. »

Cette solution, si elle était pratique,
serait certainement la meilleure : elle
concilierait, mieux que toute autre, les
exigences de la liberté individuelle et
celles de la sécurité sociale.

Malheureusement, l'expérience a démontré que les résultats auxquels elle
conduit sont absolument mauvais.

Les examens sont utiles comme menace, pour forcer les élèves au travail,
mais ils sont impuissants à mettre en
lumière l'état intellectuel du candidat.
Ce n'est point en une demi-heure, et
par quelques questions posées au hasard, que l'on peut juger un homme. Un
élève très fort sera refusé si la chance
lui est défavorable, et un élève très faible sera reçu avec une bonne note si
elle lui sourit.

Et puis, les examens sont ce que les
font les élèves bien plus que ce que les
font les examinateurs. Il faut des ba-
cheliers, des médecins, des avocats, des
ingénieurs. On ne peut pas refuser tout
le monde. Si les candidats sont tous instruits, on prendra les plus instruits ;
s'ils sont tous ignares, on prendra les
moins ignares. Avec les mêmes examinateurs, le recrutement sera bon ou
mauvais suivant le personnel sur lequel
il s'opèrera.

L'examen est donc insuffisant, au
moins l'examen final. Il faut autre
chose, si l'on veut que le grade ait une
signification.

Il faut que le grade signifie que son
possesseur a travaillé. Le travail, c'est
là la seule présomption sérieuse de savoir. Entre divers travailleurs il s'établira des différences sans doute, mais
tous auront acquis des connaissances
sérieuses, tous présenteront des garanties.

Or, pour pouvoir certifier que tel ou
tel a travaillé, il faut que la société
force les élèves au travail ; et, pour les
y forcer, elle n'a, selon nous, que deux
moyens.

Lorsqu'il s'agit de jeunes gens adul-
tes, comme les étudiants en droit ou en
médecine, les soumettre à des examens
assez fréquents, assez multipliés, pour que
cette épée de Damoclès sans cesse suspendue sur leur tête les empêche de s'a-
bandonner à l'oisiveté.

Lorsqu'il s'agit d'enfants, les obliger
à suivre l'enseignement de l'Etat, enseignement que l'on connaît, que l'on dirige, dont on est en mesure de prévoir
les conséquences.

Hors de là il n'y a qu'inconnu, hasard, incertitude. Autant vaudrait supprimer les grades tout de suite.

Comme nous ne voulons pas qu'on les
supprime, nous voulons qu'ils deviennent sérieux. C'est pourquoi, sans nous
placer sur le terrain de la lutte religieuse, nous demandons le certificat
d'études dans l'enseignement primaire,
comme nous avions demandé, en 1871,
dans l'enseignement supérieur, une série de réformes équivalentes qui jusqu'ici, malheureusement, n'ont pas prévalu.

Ou l'idée de liberté doit nous conduire
à la supression des grades universi-

taires — ce qui serait le prélude d'une
profonde dégénérescence intellectuelle
— ou, reconnaissant que les grades
universitaires s'imposent, nous devons
nous hâter de rétablir le certificat d'é-
tudes qui, seul, leur donne la valeur
qu'ils doivent avoir.

A. NAQUET.

Le petit Lyonnais de 20 - 7bre 1880

LE DIVORCE

L'Intérêt des enfants

II

Les enfants issus d'un mariage qui se rompt auront, ~~avant~~ le divorce, une situation absolument identique à celle que leur crée la séparation de corps et de biens. Aussi longtemps qu'on ne considère que le côté légal de la question, ils sont donc indifférents à la solution qui peut être adoptée.

En est-il de même lorsqu'on envisage la position sociale et morale que leur fait le régime actuel et que leur ferait le régime nouveau ?

Aujourd'hui l'époux qui se sépare ne peut pas se remarier ; demain l'époux qui divorcera pourra contracter une union nouvelle, et il s'introduira un beau-père ou une belle-mère dans la famille, ce qui est impossible avec la législation qui nous régit.

Il s'agit de savoir si cette introduction d'un élément étranger dans la famille est un bien ou un mal.

C'est un mal, répètent à l'envi les adversaires du divorce. Un beau-père, une belle-mère surtout, n'auront aucune affection pour des enfants qui ne seront pas les leurs, et, s'ils en ont à leur tour, ces derniers seront l'objet de préférences dont souffriront leurs frères d'un premier lit.

Je ne voudrais pas affirmer que jamais ce que l'on redoute là ne pourra se produire. Je ne prétends pas que le bien absolu règnera sur la terre quand le titre VI du Code civil sera rétabli. J'affirme seulement qu'il y aura un peu moins de souffrances qu'aujourd'hui et qu'une étape de plus aura été parcourue sur la voie qui mène le genre humain à son affranchissement total.

Il est possible que, dans certains cas, des enfants aient à souffrir des mauvais traitements d'un parâtre ou d'une marâtre ; mais, dans l'immense majorité des cas, et au point de vue de la surveillance qui leur est due et de l'éducation qu'il est nécessaire de leur donner, les secondes noces seront un bien pour eux au lieu d'être un mal.

Aussi longtemps que les hommes ne seront pas groupés en grandes associations comme celle dont M. Gaudin nous donne un exemple dans son familistère de Guise — ce qui, malheureusement, est encore loin de nous ; — aussi longtemps que durera notre état social actuel, basé sur l'antagonisme des intérêts et sur l'isolement des individus, l'éducation des enfants ne pourra recevoir son plein développement qu'au sein de la famille ; elle ne pourra être menée à bien que par le concours d'un homme et d'une femme.

Cela étant, on peut logiquement en déduire que quand le faisceau familial est rompu, soit par la mort du père ou de la mère, soit par une séparation de corps et de biens, le mieux pour les enfants est de voir la famille se compléter par un nouveau mariage de celui de leurs parents qui leur reste.

Certes il eût été préférable pour eux qu'aucun de leurs parents ne fût mort ou que la séparation n'eût pas eu lieu ; mais étant donné cette séparation ou le veuvage, la solution la plus préjudiciable pour eux est celle qui ne leur donne pour surveillant, pour éducateur qu'un homme seul ou une femme seule.

L'homme a une vie extérieure. A l'exception des oisifs dont le nombre tend heureusement chaque jour à diminuer, et de ceux qui exercent encore certaines industries morcelées devenues très rares et partout en décroissance, il est obligé de sortir, d'abandonner sa maison ; ses occupations l'appellent en dehors. Ouvrier, il est à l'usine ; avocat, il est au barreau ; médecin, il est auprès de ses malades ; magistrat, il est sur son siège ; ... ce n'est que tout à fait exceptionnellement qu'il est chez lui et qu'il peut veiller sur ses enfants.

Si donc, en cas de séparation de corps, les enfants ont été confiés à sa garde, comment les surveillera-t-il ? Comment les élèvera-t-il ? Riche, il prendra une gouvernante, une femme à gage qu'il chargera du soin de suppléer la mère absente ; pauvre, il n'aura même pas cette ressource, et, obéissant à une dure nécessité, pendant qu'il ira gagner leur pain, il les laissera à l'isolement, à l'abandon.

Riche même n'eut-il pas mieux valu leur donner une belle-mère qu'une servante ? une belle-mère choisie avec tout le soin que l'on apporte naturellement au choix d'une femme à laquelle on veut unir sa vie ; une belle-mère qui aurait assumé des responsabilités sociales et légales ne présenterait-elle pas plus de garantie que n'en présente une mercenaire sans responsabilité ?

Si c'est à la femme que les tribunaux ou la nature ont confié les enfants, la situation n'est pas différente.

Certes, lorsque les tribunaux accordent la garde des enfants à la femme, l'homme est condamné à servir une pension à leur mère. Mais si l'homme est sans fortune ; s'il s'agit d'un ouvrier qui n'a que son salaire de chaque jour, qui ne possède ni meubles ni immeubles saisissables, qui a la faculté de quitter son atelier dès qu'on cherche à faire opposition sur ce qu'il y gagne et qui peut même disparaître sans qu'on sache ce qu'il est devenu, quelle sera la sanction du jugement qui le condamne ? Cette

sanction sera nulle et c'est la femme, la femme
seule qui devra pourvoir à l'entretien de la
famille.

Mais alors la même vie extérieure s'imposera
à elle qui se serait imposée à l'homme, si l'homme eût eu la charge qui lui incombe, et ses enfants, tout comme s'ils étaient restés avec le
père, seront abandonnés à tous les entraînements, à tous les mauvais exemples, auxquels
sont toujours exposés des enfants qu'on ne surveille pas.

Riche, il est vrai, la femme peut demeurer à
la maison et vaquer aux soins de la famille.
Mais, dans ces conditions mêmes, qui sont de
beaucoup les moins déplorables, peut-on dire
que les conseils et l'appui d'un homme lui soient
inutiles ? Peut-on dire que ces conseils, cet appui ne lui seraient pas d'un grand secours en
vue de l'œuvre qui consiste à préparer pour la
société des femmes et des citoyens !

Je ne le crois pas.

Il faut aimer les enfants, sans doute, pour les
élever ; mais il ne faut pas être faible dans l'affection qu'on leur porte. Mieux vaudrait, certainement, ne pas les aimer, tout en remplissant à leur égard les devoirs qui s'imposent à
un honnête homme, que de les aimer avec faiblesse, avec déraison et de leur céder sur tous
les points.

La femme, malheureusement, surtout lorsqu'elle n'a personne autre à aimer, aime le plus
souvent ses enfants avec une passion non raisonnée, je dirais même avec folie. Elle est toujours prête à obéir à leurs moindres caprices ;
elle est incapable de les punir ou, si elle les
punit, d'insister sur la punition qu'elle leur inflige ; et l'éducation souffre sinon de cet excès
d'amour — car on ne peut pas trop aimer —
du moins de cet amour mal dirigé.

La présence d'un homme auprès d'elle, sans
diminuer la somme d'affection qu'elle porte à
ses enfants, rend celle-ci moins exclusive,
moins passionnée, moins violente ; l'affection ne
perd rien de son intensité, mais, par cela même
que tous les instincts de la femme sont satisfaits, elle prend un caractère plus calme, plus
réfléchi et les enfants en bénéficient.

Que de veuves je connais qui se sont remariées et dont les enfants ont immensément gagné à ces secondes noces !

Au point de vue social de la surveillance et
de l'éducation, il vaut donc mieux pour les enfants, lorsqu'une famille est brisée, une demi-famille résultant d'un second mariage que pas
de famille du tout.

L'indissolubilité du mariage les prive de cette
demi-famille ; le divorce leur en procure les
avantages. Je puis donc, déjà et de ce chef seulement, affirmer que le divorce est préférable
pour eux à l'indissolubilité.

A. NAQUET,
Député de Vaucluse.

Le Voltaire Jeudi 23 ...

LE DIVORCE

ÉTAT DE LA QUESTION

Lorsque j'ai commencé à parler du divorce, j'ai indigné les hommes pétris de
préjugés dont, hélas ! abondent toutes
les sociétés humaines : je menaçais la
famille ; les enfants seraient sacrifiés, le
divorce serait le tombeau des mœurs.

Aujourd'hui j'indigne, tant il est vrai
qu'il est difficile de satisfaire tout le
monde, toute une classe de personnes qui
trouvent que je ne vais pas assez vite en
besogne, que je ne leur sers pas assez
promptement la réforme annoncée. Pas
de jours que je ne reçoive des lettres de récriminations et de plaintes basées sur ma prétendue inaction. La dernière qui m'est parvenue m'a paru particulièrement curieuse à reproduire, et,
puisque son auteur se dit lecteur assidu
du *Voltaire* et ne signe pas, c'est *par le
Voltaire* que je veux lui répondre.

Voici d'abord son épître :

« Monsieur, étant un des abonnés du
Voltaire, je me permets de vous faire
savoir l'exaspération que le public exprime à votre égard au sujet de votre
profond silence sur la question du divorce. — Dans un de vos derniers
articles, vous émettez les idées que
voici : à la rentrée, les Chambres
devront s'occuper des lois sur la magistrature, la laïcité..., etc., etc... Eh
bien ! et le divorce ? (1) A quoi auront
servi vos conférences, l'argent que
nous avons donné à votre comité et la
propagande que nous avons faite en
achetant des centaines de vos petits livres pour les répandre un peu partout ?

» Si vous avez eu un moment de succès, vous pouvez dire qu'il est passé et
que vous commencez à être connu à votre juste valeur...

(1) Il est bon de noter que dans le même numéro je parle longuement du divorce.

» Il est impossible décidément de vous prendre au sérieux. Vous êtes comme ceux qui sont en ce moment au pouvoir un *jouisseur* et rien de plus.

» Je suis prêt cependant à rétracter mes paroles si un jour à venir, je vois la question du divorce nettement posée aux Chambres.

» J'ai l'honneur de vous saluer... »

Il faut certainement être bien peu au courant des faits et du mécanisme parlementaires pour émettre de semblables idées.

A quoi ont servi mes conférences? dites-vous. Elles ont servi, aidées du concours de toute la presse, à éclairer les esprits, à terrasser le préjugé, à produire ce courant d'opinion favorable en dehors duquel on demanderait en vain au Parlement de voter une loi.

A quoi a servi l'argent que vous avez versé à notre comité et les petites brochures que vous avez répandues dans le public?

Les brochures ont servi au même effet que les conférences. Quant à l'argent, il n'a pas jusqu'ici servi à grand chose, par l'excellente raison qu'il est encore à cette heure entre les mains de notre trésorier M. Arneau de Caillavet (12 avenue Hoche). Mais nous nous occupons en ce moment à faire imprimer, pour le répandre, le remarquable rapport de M. Léon Renault. C'est à cela qu'il servira. Je puis même avouer que si le comité avait été plus riche, la chose serait déjà faite. Malheureusement l'exiguité de nos ressources nous a forcés de nous adresser à un imprimeur de province qui n'a pas rempli ses engagements et M. Arneau a du entamer des négociations avec un autre imprimeur.

Du reste, à quoi bon ces détails? vous promettez de rétracter vos paroles si un jour à venir vous voyez la question du divorce nettement posée devant les Chambres.

Rétractez-les donc tout de suite, car elle y est pendante depuis longtemps.

Posée une première fois devant la Chambre des députés en 1876, ma pro-

position fut repoussée par la commission d'initiative dont, par suite du 16 Mai, les conclusions ne furent pas discutées.

Réélu le 7 avril 1878, je déposai de nouveau ma proposition sur le bureau de la Chambre dans la séance du 20 mai suivant.

Renvoyée à la commission d'initiative parlementaire, elle eut le même sort que la première fois. La commission conclut à ce qu'elle ne fût pas prise en considération; mais je pus cette fois combattre ces conclusions hostiles que, le 27 mai 1879, après m'avoir entendu, la Chambre invalidait, décidant ainsi que la question serait examinée au fond.

A la suite de ce vote, une commission, en grande majorité favorable, fut nommée dans les bureaux. Après un long et consciencieux examen, elle chargea M. Léon Renault de faire le rapport en son nom, et ce rapport — l'œuvre d'un maître — fut déposé dans la séance du 15 janvier 1880.

Restait à le discuter et à voter la loi.

Peut-être aurais-je obtenu cette discussion et ce vote si j'avais pu aller à la Chambre dès les premiers jours de la rentrée d'avril, mais j'étais alors retenu chez moi par une forte fièvre scarlatine. Lorsque j'ai pu reprendre mes travaux parlementaires, une foule de rapports avaient été déposés et avaient pris place à l'ordre du jour. Il fallait pour que le divorce vînt en discussion avant eux une décision nouvelle de la Chambre. Cette décision, d'accord avec le rapporteur, M. Léon Renault, et le président de la commission, M. Le Monnier, j'ai deux fois essayé de l'obtenir, le 31 mai et le 17 juillet derniers. Deux fois nous avons échoué. Mon contradicteur, que je sache, ne m'a point encore investi de la dictature et ne m'indique pas par quel moyen je puis obliger la Chambre à voter dans le sens que je désire. Repoussât-elle la loi que je ne serais en rien coupable de ce résultat, puisque j'aurais fait tout ce qui dépendait de moi pour le conjurer.

Mais ce qu'il est bon d'ajouter — pour la dixième fois — c'est que la Chambre n'entend pas repousser la loi; que son vote sur la question de priorité ne préjuge rien quant au fond. Elle ne repousse pas le divorce, mais elle trouve plus urgent, ne pouvant tout faire à la fois, de s'occuper d'abord des lois purement politiques que le pays attend avec anxiété, telles que les lois sur la réforme de la magistrature, sur l'enseignement primaire, sur la réduction du service militaire à trois ans,

Je l'en blâme. La loi du divorce, en effet, émanée de l'initiative parlementaire, deviendra caduque et devra être reprise à la prochaine législature, si le Sénat n'a pas le temps de se prononcer sur elle avant la dissolution de la Chambre des députés. La caducité, au contraire, n'est pas à craindre pour les autres projets, émanés, ceux-ci, de l'initiative gouvernementale; et il n'y aurait par suite aucun danger à examiner ces derniers en second lieu. J'ai fait valoir cet argument devant mes collègues, lesquels, après une première épreuve douteuse, m'ont donné tort. Qu'y puis-je ? Est-il juste de me demander quand je poserai devant la Chambre une question que j'y ai posée depuis plus de quatre ans, et qui figure à son ordre du jour, quoique je n'aie pas réussi à lui faire assigner la place d'honneur ? Pour juger ainsi et pour me rendre à ce point responsable de votes que je n'ai pas pu empêcher, il faudrait me supposer sur mes collègues un empire que je n'ai jamais eu et que je ne sache pas que personne ait pu me supposer.

Vos paroles étant maintenant rétractées, je l'espère, permettez-moi de vous dire que vous êtes un homme de peu de foi, si les lenteurs inséparables du régime parlementaire vous font aussi vite désespérer. Depuis vingt ans, les Anglais travaillent pour obtenir le mariage des beaux-frères et des belles-sœurs, et, quoique très près du but à cette heure, ils n'y touchent pas encore. Tranquillisez-vous, nous n'attendrons pas vingt ans pour avoir le divorce. L'opinion sur ce point est actuellement faite dans le sein comme au dehors du Parlement, et une simple question de procédure retarde encore le résultat final et dès aujourd'hui certain.

On irait plus vite avec la dictature si,..... par hypothèse, le dictateur le voulait. Mais comme le dictateur ne le voudrait pas et que nous n'aurions pas eu la faculté d'entraîner l'opinion, en fait, la lenteur serait beaucoup plus grande.

Sachez donc accepter sans trop de protestations les mauvais côtés des bonnes choses, les lenteurs forcées du parlementarisme, et, au lieu de vous lamenter sur l'abandon d'une proposition qui n'a jamais été plus énergiquement défendue, félicitez-vous au contraire du chemin parcouru en si peu de temps. Nous sommes à la veille d'aboutir. Qui l'aurait cru en 1876? Personne! pas même vous!

A. NAQUET.

Le petit Lyonnais du lundi 27 septembre 1890

LE DIVORCE
L'Intérêt des enfants

III

J'ai établi que lorsqu'on considère la situation légale faite aux enfants par la séparation de corps et par le divorce, on arrive à cette conclusion qu'il n'y a pour eux ni inconvénient ni avantage à ce qu'on n'adopte l'une ou l'autre de ces deux solutions.

J'ai montré que si, passant des considérations d'ordre légal à des considérations d'ordre social, on recherche ce qui est préférable, pour la surveillance et l'éducation des enfants, du régime qui prévaut à cette heure en France et de celui que je désire lui voir substituer, on est conduit à se prononcer en faveur de ce dernier.

Je vais m'efforcer de prouver aujourd'hui que la moralité des enfants est grandement intéressée à ce que l'indissolubilité du mariage soit abolie.

Lorsque sous notre législation actuelle la guerre intestine éclate dans un ménage et aboutit à une séparation, que celle-ci soit d'ailleurs amiable ou judiciaire, les époux séparés souffrent et se haïssent.

Ils souffrent, car ni l'homme ni la femme ne sont faits pour l'isolement; car si, pour se soustraire à cet isolement, ils contractent des unions irrégulières, ils se placent par cela même dans un état d'infériorité intolérable qui aggrave leurs souffrances au lieu de les calmer.

Le temps lui-même, loin d'atténuer leur douleur, ne fait que l'aviver, que la rendre plus cruelle :

La solitude, en effet, est plus pénible à supporter dans l'âge mûr que dans la jeunesse, dans la vieillesse que dans l'âge mûr ; et il en est de même, pour ceux qui se sont mis hors la société par une liaison adultérine, des amertumes dont la défaveur qui s'attache à ces sortes de liaisons est pour eux la source.

La nature humaine est d'ailleurs ainsi faite que, lorsque nous souffrons, nous éprouvons de la haine pour celui qui nous fait souffrir ; que nous nourrissons vis-à-vis de lui des sentiments de vengeance.

Or, les époux séparés souffrent l'un par l'autre, et par suite, ils se haïssent et ils désirent se venger.

Et comme il n'existe qu'un élément commun qui puisse leur permettre de donner libre cours à ce sentiment détestable : les enfants ; c'est eux dont ils se servent pour assouvir leurs passions haineuses, pour se frapper mutuellement.

La mère, lorsque les enfants sont avec elle, ne manque pas de leur dire que leur père est un scélérat qui a empoisonné son existence : le père, à son tour, leur répète sans cesse que leur mère est une misérable qui a brisé sa vie.

Ces jeunes intelligences encore incapables de discerner, en présence de ces accusations contradictoires, commencent par ne pas savoir à qui entendre, par se demander lequel de leurs parents mérite leur réprobation et leur haine, et finissent par croire qu'ils la méritent tous deux. Ils perdent alors ce respect qu'ils ne peuvent pas cesser de professer à l'égard des auteurs de leurs jours, sans que leur sens moral soit profondément troublé.

Et ce respect s'efface d'autant plus d'heure en heure que bien souvent l'existence de leur père et de leur mère justifie à leurs yeux les sentiments que des discours détestables leur ont inspirés.

Il est rare, je l'ai dit, que l'homme et la femme séparés se résignent à l'austère célibat que la loi leur impose. La plupart — M. Legouvé affirme que ce sont les quatre cinquièmes — s'organisent en ménages libres, lorsqu'ils ne font pas pis, lorsqu'ils ne s'abandonnent pas entièrement à la débauche.

Ceux qui ont de la fortune se créent alors un double foyer. Ceux qui n'en ont pas, les ouvriers, les pauvres, ne pouvant suffire à l'entretien de foyers multiples, étalent leur situation au grand jour : l'amant, la maîtresse, vivent ainsi ouvertement et côte à côte avec les enfants.

Dans le premier cas, les enfants sont presque constamment délaissés, et quelque soin que l'on prenne pour leur cacher la cause de l'abandon dans lequel on les laisse, leur curiosité inquiète ne tarde pas à découvrir toute la vérité.

Dans le second cas, ils n'ont même rien à découvrir. L'immoralité s'étale librement sous leurs yeux.

On a craint d'introduire un beau-père, une belle-mère dans la famille. Le beau-père et la belle-mère s'y sont introduits en dépit de la loi. Seulement, au lieu d'y entrer en apportant avec eux toutes les garanties, tous les gages de moralité que l'on serait en droit d'attendre d'une union légitime, ils y apportent de mauvais exemples, des éléments de démoralisation.

En fait, le divorce que l'on redoute a lieu quand même ; et tout ce que la société gagne à la rigidité de la loi, c'est de voir le concubinage s'étaler là où un mariage honorable ne serait certainement effectué si la législation avait été plus tolérante, plus libérale, plus humaine.

Et comme la société flétrit le concubinage ; comme pour braver la flétrissure de ceux au milieu desquels on vit, il faut ou la supériorité d'une grande âme, assez sûre d'elle-même pour mépriser l'injure imméritée dont on l'accable — ce qui est l'exception — ou l'infériorité d'une âme vile que le mépris ne blesse point, ce qui est le cas le plus ordinaire. Le plus souvent, le beau-père et la belle-mère illégitimes sont dépourvus de sens moral, et élèvent les enfants dans des sentiments analogues aux leurs, au risque de faire retomber sur eux, plus tard, la répulsion qu'ils inspirent eux-mêmes ; de nuire ainsi doublement à leur établissement futur, de ruiner d'avance leur carrière ; d'atteindre profondément leur situation dans le monde.

Avec le divorce, au contraire, les époux désunis se remarieraient. Dans les douceurs d'une union mieux assortie, ils ne tarderaient pas à oublier les amertumes de l'union première ; ils cesseraient de se haïr ; ils ne chercheraient plus à se nuire, à se venger l'un de l'autre, et ils ne saperaient plus, dans le cœur de leurs enfants, le respect que ces derniers leur doivent à tous les deux.

Les enfants, d'autre part, les respecteraient d'autant plus qu'ils les verraient dans une position honorable, estimés de tous. Ils ne seraient exposés ni aux mauvais exemples naissant de la situation même, ni aux mauvais préceptes naissant de l'indignité de ceux avec qui ils sont en contact. Leur moralité ne subissant aucune atteinte, les lois sociales n'ayant pas été transgressées constamment sous leurs yeux, l'honorabilité de leurs parents rejaillirait sur eux comme aurait rejailli sur eux leur indignité dans le cas contraire, et ils entreraient dans le monde avec tous les avantages qui s'attachent à une éducation basée sur des exemples de moralité et de vertu.

Lorsqu'on envisage l'intérêt des enfants au point de vue moral, et aussi au point de vue de la supériorité matérielle que donne dans le monde une moralité non douteuse, on reconnaît donc encore que le divorce est mille fois préférable pour eux à la séparation de corps.

A. NAQUET,
Député de Vaucluse.

Le petit Lyonnais du lundi 4 8bre 1870

LE DIVORCE

L'Intérêt des enfants

IV

Une singulière contradiction

Le grand argument des partisans de l'indissolubilité du mariage consiste à peindre sous des couleurs sombres la situation que créerait aux enfants l'introduction d'un beau-père ou d'une belle-mère dans la maison paternelle ou maternelle : « Ces étrangers ne les aimeront pas et seront pour eux une cause permanente de souffrance, de douleur... »

Si l'argument porte, comment donc se fait-il que la loi, non seulement en France mais dans tous les pays, permette aux veufs et aux veuves de se remarier ?

En toute chose il faut éviter d'être contradictoire.

Quand un veuf se remarie, qui a des enfants, il introduit auprès de ces derniers une belle-mère ; quand une veuve prend un nouvel époux, elle introduit auprès d'eux un beau-père.

Si la présence du beau-père ou de la belle-mère présente les dangers que l'on se plaît à signaler, pourquoi autoriser ces époux à convoler à de nouveaux liens ?

On ne s'évadera jamais de ce dilemme :

Ou les secondes noces sont préjudiciables aux enfants ; et alors pourquoi les permettre aux veufs ?

Ou les secondes noces sont profitables aux enfants ; et alors pourquoi les interdire aux époux séparés ?

La contradiction, l'illogisme de la loi est ici d'autant plus étrange que non seulement il n'y a aucune raison pour prohiber les secondes noces dans un cas et pour les tolérer dans l'autre, mais que s'il avait fallu faire une distinction, on aurait dû adopter une règle inverse de celle qui a prévalu.

Certes ! on aurait tort d'interdire aux veufs un nouveau mariage ; mais on trouverait des meilleures — ou plutôt de moins mauvaises raisons — pour justifier une telle disposition légale qu'on n'en trouvera jamais pour justifier l'obligation du célibat que l'on impose aux époux séparés de corps.

Lorsqu'un homme meurt qui, toute sa vie durant, a rempli ses devoirs d'époux et de père — et ce que je dis ici de l'homme s'applique également à la femme, — il laisse des sentiments d'une inaltérable tendresse dans le cœur de ses enfants. Il en résulte que, quand ceux-ci voient s'asseoir au foyer familial un étranger qui, quoiqu'il fasse, leur rappelle celui qui n'est plus, il se produit en eux un horrible déchirement.

J'aurais compris à la rigueur que, pour les protéger contre cette douleur profonde, la loi eût défendu à leurs parents de se remarier. A mon sens elle aurait eu tort de la faire ; elle aurait sacrifié des intérêts de premier ordre à des considérations sentimentales d'un ordre secondaire. Mais du moins aurait-elle eu ces considérations sentimentales à invoquer. En est-il de même dans les cas de séparation ?

Lorsqu'il s'agit d'époux dont les discordes ont éclaté, dont les scènes intestines ont été un scandale et ont à ce point compromis la sécurité et la moralité de la famille que, dans un but d'intérêt supérieur, les tribunaux ont dû prononcer la séparation de corps ; croit-on qu'alors les enfants confiés à la garde de l'époux innocent ressentent pour l'époux coupable la même tendresse qu'ils auraient ressentie pour le père, pour la mère honnêtes et dévoués dont les aurait séparés la mort ?

Cela n'est pas possible ; le supposer ce serait méconnaître la nature humaine.

L'enfant ne conservera pour le père qui aura victimé sa mère, la mère par qui son père aura été indignement trahi, que des sentiments amers. Et, lorsqu'il verra cette mère ou ce père indigne remplacé par une honnête femme, par un honnête homme décidé à remplir les devoirs que n'avait pas su remplir celui des parents dont la loi l'aura séparé, au lieu de déchirement, il ne se produira dans son âme qu'un sentiment de quiétude et de repos.

En outre, l'enfant du divorcé qui se remarie possède bien plus de garantie que celui du veuf qui s'engage dans de nouveaux liens.

Dans le cas du veuf, si les craintes des adversaires du divorce se réalisent, si la belle-mère ou le beau-père fait souffrir les enfants — ce qui est heureusement la grande exception — ceux-ci seront sans aucune protection, sans aucun appui contre la situation qui leur sera faite, le mort n'étant plus là pour intervenir.

Lorsque, au contraire, c'est un divorcé qui se remarie, après avoir obtenu la garde de ses enfants, s'il se montre indigne de cette faveur, l'autre époux conserve un droit de surveillance, et comme il est vivant, il peut intervenir ; il peut faire réviser le jugement premier, en s'appuyant sur les droits que lui confère l'article 303 du code civil.

M. Albert Millet, dont j'ai cité dernièrement, et dont j'aurai souvent à citer encore le livre contre le divorce, parce que c'est celui de mes adversaires qui a serré de plus près la question, M. Millet conteste l'assimilation que j'établis, au point de vue des enfants, entre le veuvage et la séparation de corps.

« Les enfants d'une veuve, — dit-il, « sont réellement orphelins ; ils sont absolument privés de père, de soutien ; et, par suite, ils peuvent avoir besoin d'un tuteur qui s'occupe de leurs affaires et dirige leur éducation.

« Les enfants d'un veuf restent sans mère et,

s'ils sont encore en bas-âge, ils ont besoin des soins d'une femme. On peut alors courir la chance de trouver une personne dévouée qui, en épousant le père, s'attache aux orphelins et les soigne avec dévouement.

« En règle générale, les pères ou les mères qui consentent à se remarier après le veuvage, ont en vue l'intérêt de leurs jeunes enfants....» Mais, « peut-on concevoir que la mère vivant encore, son enfant soit livré à une marâtre?..... »

Je ne crois pas qu'on puisse mieux plaider en faveur du divorce ; il suffit de jeter les yeux sur les causes qui légitiment aujourd'hui la séparation de corps, pour reconnaître que le plus souvent la situation des enfants, après cette séparation comme après un divorce de leurs parents, est identique à celle dont M. Millet a tracé le tableau à propos des enfants des veufs.

Vous dites que les enfants des séparés de corps ne sont pas orphelins, parce qu'en fait ils ont encore un père et une mère.

Descendons dans les détails.

Un homme a des filles ; il obtient le divorce pour cause d'adultère de sa femme, dont les tribunaux décident que ses filles seront séparées, afin de les soustraire aux mauvais exemples qu'elles risqueraient de recevoir d'elle ;

Une femme quitte le domicile conjugal pour ne plus reparaître en abandonnant à jamais mari et enfants... Dans ce cas, où est la mère?

Ou bien c'est l'homme qui a chassé son épouse, injure grave qui a permis à celle-ci d'obtenir la séparation de corps et de biens ;

Ou encore la séparation a été prononcée, toujours au bénéfice de la femme, pour cause de condamnation à une peine infamante du mari qui est au bagne... Où donc, dans ces cas, est le père ?

M. Millet pense qu'il faudrait faire de la « micrographie » pour trouver un cas particulier dans lequel il vaudrait mieux pour les enfants un parâtre idéal qu'un père indigne.

Je crois, au contraire, qu'il faudrait faire de la « micrographie » pour trouver des faits permettant de nier l'analogie qui existe entre les veufs et les séparés, et qui est absolue.

Et si cette analogie est réelle, incontestable ; si même, comme je me suis efforcé de le démontrer plus haut, il est vrai que l'on pût trouver de moins mauvaises raisons pour interdire les secondes noces aux veufs qu'aux époux séparés, j'ai le droit de demander à mon pays de rentrer dans la logique.

Il ne le peut qu'en proclamant le veuvage perpétuel ou en rétablissant le divorce, qui dissout d'ailleurs bien moins de mariages que la mort, même pendant la jeunesse des conjoints.

Et, comme je ne pense pas que personne veuille demander la perpétuité du veuvage, l'utilité, la logique, la nécessité du divorce doivent certainement être reconnues par tous ceux qui n'aveuglent pas les préjugés et les partis-pris.

A. NAQUET,
Député de Vaucluse.

Le Voltaire du mercredi 5 octobre 1...

LES DEUX AMNISTIES

En 1859, les proscrits de Décembre le prirent de haut avec l'amnistie impériale. Ils déclarèrent à Napoléon III que « si lui les amnistiait, eux ne l'amnistiaient pas...; que le crime ne peut pas plus gracier que frapper...; que le droit de grâce tient au droit de peine et que ce dernier droit était à eux sur lui... »

M. Félix Pyat, dans le premier numéro de la *Commune*, que je lis tardivement, étant loin de Paris, ce qui explique ma tardive réponse, déclare que les amnistiés de l'*opportunisme* doivent agir vis-à-vis de ceux qui ont fait l'amnistie de 1880 comme avaient agi les amnistiés de 1859 vis-à-vis de l'empire. Il retourne contre la Chambre des députés et le gouvernement actuels la fière réponse qu'adressaient, il y a vingt-un ans, les exilés républicains à l'empereur les amnistiant.

M. Félix Pyat confond ainsi des situations qui n'ont absolument rien de commun et commet un anachronisme.

Celui qui proclamait l'amnistie en 1859 était le même Napoléon III qui, insurgé au Deux Décembre contre les lois dont la France lui avait confié la garde, mais insurgé victorieux, avait fusillé ou proscrit les défenseurs de la légalité.

Il y avait donc de puissants motifs pour envoyer à l'empereur la protestation que les républicains réunis à Londres lui envoyèrent. Qui avait frappé sans droit les défenseurs du droit, ne pouvait en principe gracier ceux qui représentaient la loi violée, la nation opprimée, et auxquels, en réalité, c'est lui qui aurait dû demander grâce.

Mais qu'aurait dit M. Félix Pyat si quelqu'un s'était avisé, en 1870 ou en 1848, de repousser l'amnistie du Gouvernement de la Défense nationale ou du Gouvernement provisoire, sous le prétexte que les gouvernements précédents n'avaient pu prononcer de condamnations qu'en violant les principes imprescriptibles sur lesquels repose l'humanité ?

Il aurait souri apparemment. Il aurait répondu que l'on peut sans honte accepter, de qui n'a été pour rien dans le mal causé, la réparation de ce mal.

C'est à peu près ce que je lui répondrai à cette heure.

Il y avait, en 1871, à Versailles, une Assemblée nationale monarchique contre laquelle la population de Paris s'insurgea.

Avait-elle été nommée pour être constituante ? Usurpait elle le pouvoir en se déclarant telle ? J'ai soutenu la dernière de ces opinions.

Cette usurpation légitimait-elle la prise d'armes des Parisiens au 18 mars ? C'est une de ces questions sur lesquelles on pourra discuter longtemps sans résultat. Mais ce qu'il y a de certain, c'est que, au 18 mars, les apparences au moins de la légalité étaient pour l'Assemblée de Versailles ; que les insurgés pouvaient peut-être opposer la force à la force, mais qu'ils ne pouvaient pas comme en 1851, se réclamer de la loi. Ceci suffirait à établir une différence capitale entre les vaincus de Décembre et les vaincus de Mai, et à rendre inapplicables à ceux-ci les mâles déclarations que faisaient justement ceux-là.

L'Assemblée nationale victorieuse fit ce qu'avait fait vingt ans auparavant Louis Napoléon Bonaparte : elle fusilla, déporta, proscrivit.

Si cette Assemblée, avant de se dissoudre, avait proclamé l'amnistie, j'aurais compris à la rigueur que les vaincus repoussassent la grâce que les vainqueurs leur auraient offerte, ou tout au moins que, ne pardonnant pas pendant qu'on leur pardonnait, n'oubliant pas pendant qu'on oubliait, ils fussent rentrés en ennemis.

Mais l'Assemblée nationale est morte; les hommes qu'elle avait placés soit au Sénat, soit à la tête du pouvoir exécutif comme autant de forteresses destinées à défendre son œuvre, sont allés, après une lutte mémorable, et grâce à la grande journée du 14 octobre 1877, la rejoindre dans la tombe.

Une chambre nouvelle, républicaine, et qui siège à Paris, a succédé à l'assemblée de Versailles. M. Grévy occupe le fauteuil qu'avaient occupé avant lui MM. Thiers et de Mac-Mahon, et le gouvernement nouveau qui n'a absolument aucune responsabilité dans la répression de la Commune, poussé par une phalange de députés qui n'ont jamais cessé d'inscrire l'amnistie sur leur drapeau depuis 1871, souvent au risque de perdre leur mandat par cette revendication, obéissant au vœu de l'opinion publique, un peuple dont il est le délégué, a déclaré qu'il effaçait légalement les souvenirs de notre dernière guerre civile et qu'il rouvrait les portes de la France aux proscrits.

Comment les amnistiés pourront-ils lui répondre qu'ils « ne l'amnistient pas » ? Ce gouvernement n'est pour rien dans les actes contre lesquels ils protestent et que d'autres ont commis : il n'a pas à être amnistié.

Comment pourront-ils lui dire que le « crime n'a pas plus le droit de gracier que de frapper », alors que ceux qui rendent la liberté aux proscrits ne sont pas les mêmes qui ont réprimé l'insurrection parisienne ?

Comment leur sera-t-il possible de traiter sérieusement de *proscripteurs* ceux qui rappellent les exilés dans leur patrie et qui n'ont pas pris la moindre part à la proscription ?

Ces grands mots qui répondaient à de grandes idées, à un admirable sentiment du devoir et du droit en 1859, ne répondent plus à rien en 1880.

Vous rentrez, dites-vous, « aujour-

« d'hui comme autrefois pour faire tout
« votre devoir. » Soit; mais alors n'oubliez pas que si, en 1859, nous étions en
monarchie, nous sommes à cette heure
en République; que le suffrage universel, instruit par les évènements, et dégagé des entraves de la candidature
officielle par son glorieux effort de 1877,
est à la base des pouvoirs publics d'aujourd'hui et de demain qu'il peut, par la
seule expression de sa volonté souveraine, fortifier ou briser comme il l'entend. N'oubliez pas que, dès lors, faire
appel à la violence, c'est vouloir imposer
à la majorité la volonté du petit nombre.
— Car si l'on était la majorité on n'aurait nul besoin de la violence pour triompher. N'oubliez pas, en un mot, que sous
un gouvernement de suffrage universel
et de liberté, la rébellion est criminelle,
et que, puisque vous voulez faire votre
devoir, le premier devoir de tout bon citoyen est de respecter les décisions de
ce grand juge qui s'appelle le pays.

Quant aux hommes qui ont commencé
à réclamer l'amnistie au lendemain de
la Commune, au milieu des huées générales et qui, à travers d'innombrables
difficultés, ont su créer dans toute la
France un mouvement d'opinion dont
l'amnistie est sortie, vous voulez leur
dénier « toute reconnaissance » et les
confondre avec ceux qui vous frappaient
alors qu'eux se compromettaient pour
vous défendre ?

A votre aise.

Nous avons toujours su que s'il y
avait en exil des cœurs à la hauteur de
tous les nobles sentiments, nous y trou-
verions aussi des hommes prêts à s'ar-
mer de leur liberté contre ceux qui la
leur auraient rendue. Cela ne nous a ni
arrêtés ni émus. Cela ne nous a point
arrêtés parce que nous agissions en
vertu de principes placés par nous au-
dessus des mesquines questions de personnes.

Cela ne nous a pas émus parce que, à
nos yeux, l'intérêt de la France prime
tous les autres, et que l'intérêt de la
France était, en proclamant l'amnistie,
de rappeler à elle une foule de bons citoyens qui peuvent la servir, en même
temps qu'elle arracherait ainsi leur
arme aux fauteurs de guerre civile.

Cela ne nous émeut pas davantage aujourd'hui parce que nous avons une absolue confiance dans le peuple français.
Ce grand peuple saura faire, des attaques injustes de M. Félix Pyat et de ses
amis, le même cas qu'il a fait des attaques opposées mais tout aussi injustes et tout aussi violentes de MM. de
Fourtou et de Broglie.

Cela dit une fois pour toutes, et à
seule fin de bien poser les principes...
« dans l'intérêt de la loi » comme on dirait au palais, nous laisserons, sans nous
en plus soucier, la *Commune* nous traiter
de proscripteurs et au besoin d'assassins, et nous attendrons avec le calme
d'une conscience tranquille les élections
générales de 1881.

A. NAQUET.

Le petit Lyonnais du lundi 11 9bre 1880

LE DIVORCE
L'Intérêt des enfants

V

Quelques faits probants

J'extrais au hasard de ma volumineuse cor-
respondance, quelques faits qui sont peut-être
plus démonstratifs que tous les raisonnements.

En 1859, une jeune femme se marie. Elle est
bonne, affectueuse ; elle aime son mari, et pendant quelques années, elle peut se croire aimée de lui. Elle a de cette union un fils et une
fille.

Trois ou quatre ans après le mariage, son
mari, qui était dans le commerce, fait de mauvaises affaires, se dérange, s'adonne à la bois-
son, devient impérieux et jaloux, et finit par
se livrer vis-à-vis de sa femme aux plus regret-
tables excès.

Longtemps celle-ci supporta sans se plaindre
ses injures et ses mauvais traitements, pour
ne pas priver ses enfants des avantages de la
famille.

Mais les avantages ne tardèrent pas à devenir des inconvénients et même des dangers. Les
enfants se détachaient de leur père parce qu'il

étaient témoins des scènes de violence dont le dernier se rendait coupable à chaque instant, et lui, qui s'en apercevait, les prenait en aversion, les maltraitait, les battait.

Un jour, il fallut prendre le parti suprême de se séparer. Le mari était allé jusqu'à frapper sa femme et ses enfants en public. Sa femme lui intenta une action en séparation de corps et de biens, et la séparation fut prononcée quelques mois après.

Malheureusement, les époux s'étaient unis sous le régime de la communauté légale, et, au moment où ils devenaient étrangers l'un à l'autre, l'avoir social était dilapidé.

La malheureuse mère demeurait donc sans aucune ressource avec deux enfants en bas-âge, dont l'un, le garçon, avait trois ans, et la fille deux ans seulement.

Il fallait les élever, les surveiller, les faire vivre, et, pour subvenir à leurs besoins, elle ne possédait plus rien.

Son mari, il est vrai, avait été condamné à lui servir une pension alimentaire ; mais il ne lui restait aucune propriété saisissable, et bientôt il partit avec une concubine, sans laisser de ses nouvelles, et sans qu'on ait jamais pu savoir depuis, malgré d'actives recherches, ce qu'il est devenu.

Il est toujours bien difficile à une femme seule de gagner sa vie tout en vaquant aux soins qu'exige sa famille. Cette difficulté devient bien plus grande encore lorsque, comme c'était ici le cas, elle a eu de la fortune et n'a pas été habituée au travail.

La misère fut bientôt complète. Ne voulant pas en rendre témoins ceux qu'elle avait connus jadis, notre malheureuse séparée vint habiter Paris, où elle espérait trouver une occupation rémunératrice. Mais son espoir fut déçu ; elle ne trouva aucun emploi.

Comme elle était encore jeune, comme elle était séduisante et que la pitié qu'elle inspirait ajoutait encore à ses charmes, un homme veuf, qui avait lui aussi un fils et une fille, lui proposa de l'épouser.

D'abord elle se borna à refuser sous mille prétextes ; puis un jour, pressée de consentir, elle finit par avouer sa triste situation.

L'homme ne se découragea point, puisque la société ne lui permettait point de se remarier, elle avait le droit de s'unir librement à une personne selon son cœur. Elle ne pouvait être condamnée à la misère, à l'isolement, à la solitude à perpétuité. Il subviendrait aux frais d'entretien du ménage, de ses enfants à elle qui n'auraient plus à supporter des privations sans nombre, et ses enfants à lui, toujours seuls à la maison avec une bonne, auraient au moins une mère pour les soigner. On quitterait, d'ailleurs, le quartier, et l'on se dirait mariés là où l'on établirait le nouveau domicile.

Elle consentit et il fut fait ainsi qu'il avait été convenu. Ceci se passait vers 1866. Les deux époux, car, en dépit de la loi, c'étaient bien des

honorable que la société leur permet... vécurent en parfaite intelligence, travaillèrent, acquirent une fortune.

Les enfants, cependant, grandissaient et recevaient une excellente éducation les uns et les autres. Enfin, en 1878, la fille de la femme ayant 18 ans, et celle du mari en ayant 21, on songea sérieusement à les marier.

Un parti avantageux se présenta pour la première, qui était la plus jeune, mais aussi la plus séduisante. Tout était décidé, lorsqu'il fallut bien avouer que son père n'était pas mort, que sa mère n'était pas mariée, que ce qu'on avait pris jusque-là pour un ménage régulier n'était qu'un simple concubinat. Les négociations furent rompues, et il s'en suivit un tel scandale que la pauvre innocente enfant n'a plus été, depuis, demandée en mariage par personne. Sa sœur — je puis appeler ainsi la fille de celui qui lui avait servi de père — rencontrera probablement aussi beaucoup de difficultés à s'établir, nul ne voulant entrer dans la famille d'une femme qui a vécu 14 ans avec un homme qui n'est pas son mari et que, dès lors, les conventions sociales ne permettent pas d'avouer.

Voilà donc des enfants qui auraient pu être heureux si le divorce avait existé, dont l'une avait trouvé non un parâtre, comme on dit quelquefois, mais un père, dont l'autre avait trouvé une seconde mère, et qui sont à cette heure au ban de la société. Pourquoi y sont-elles ? parce que cette société n'a pas permis au père de l'une, à la mère de l'autre de légitimer leur union. S'ils avaient eu ce droit, la situation étant franche, régulière, on les épouserait. Mais la situation est irrégulière, illégale, et personne ne veut consentir à les prendre pour femmes. Où donc trouve-t-on en tout ceci la garantie, la protection que l'indissolubilité du mariage est censée assurer aux enfants ?

Demain peut-être les pauvres filles sentiront le sentiment de l'amour s'éveiller impérieusement en elles et, ne rencontrant point un époux, elles prendront un amant ; comme leurs mères, elles s'engageront dans les liens d'une union illégitime ; après avoir été flétries pour les actes d'autrui, elles le seront pour leurs actes propres. De tout cela, à qui la faute ? à la loi qui proscrit le divorce sous prétexte de ne pas porter atteinte à la famille, et qui, en fait, atteint les enfants dans leurs intérêts les plus chers.

Mais, dira-t-on peut-être, qui forçait cette femme à prendre un amant ?

Qui l'y forçait ? La misère ; ses enfants, à l'entretien matériel desquels il fallait songer d'abord ; son cœur de femme à qui nul n'avait le droit d'interdire les douceurs de l'amour.

A supposer d'ailleurs que sa conduite eût été blâmable, il n'en reste pas moins avéré que, avec le divorce, elle se serait remariée, et que ces secondes noces auraient profité à ses enfants, tandis que, sous l'empire de notre légis-

quoi, elle ne pouvait offrir à ceux-ci que la déconsidération ou la faim.

Il est difficile de contester que dans ce cas — et il en est de même dans tous les cas analogues — les enfants n'aient été singulièrement sacrifiés par l'indissolubilité du mariage. Il est difficile de ne pe reconnaître que le divorce leur eût été d'un grand secours.

Je citerai encore d'autres exemples du même ordre. Lorsque chacun les aura rapprochés des autres cas semblables dont il aura pu être témoin, la conviction de tous sera faite, et l'on n'opposera plus aux partisans du divorce cette éternelle objection des enfants qui n'a pas la moindre valeur, mais qui, après l'objection catholique, est le plus grand obstacle que nous rencontrions.

A. NAQUET,
Député de Vaucluse.

Le Voltaire du 21 octobre 1880

LE CATHOLICISME
EST-IL UNE FORCE?

Il s'est trouvé des esprits politiques, il s'en trouve encore, pour considérer le catholicisme comme une force nationale, pour penser que, menacée par l'Allemagne protestante, la France pourrait efficacement s'appuyer sur la papauté. M. Thiers a été de ces esprits-là, et cette idée a certainement dirigé Napoléon.

Quelque illustres qu'aient été ceux qui ont vu les choses sous ce jour, leur manière de voir ne saurait nous lier : les plus grands génies peuvent errer et nul ne doit abdiquer sa faculté de raisonner et de juger, même devant une intelligence supérieure à la sienne.

Usant de ce droit, nous nous permettons de croire que, sur ce point, — comme sur bien d'autres, — M. Thiers se trompait doublement, et que, loin de nous fortifier contre nos puissants voisins en nous livrant au catholicisme, Napoléon nous a affaiblis et a préparé notre chute.

Nous avons dit que M. Thiers se trompait doublement. Il y a, en effet, deux erreurs dans l'opinion qu'il a soutenue, et que défendait récemment un journal monarchiste. La première consiste à admettre que les gouvernements doivent soigneusement entretenir les causes de conflit et de haine qui existent entre les peuples. Notre avis est, au contraire, qu'il faut tendre à faire disparaître ces éléments de discorde, et préparer ainsi progressivement la fédération républicaine des Etats de l'Europe, que le vingtième siècle verra probablement.

Quelles que soient les injustices dont nous avons souffert à la suite de la dernière guerre, et quelque grand que soit l'antagonisme que ces injustices ont fait naître entre Paris et Berlin, nous nous permettons de croire, au risque d'être traité d'utopiste, que cet antagonisme n'est pas éternel. On se hait certainement moins à cette heure entre Français et Allemands qu'on ne se haïssait il y a 80 ans, entre Français et Anglais, à cette époque qui faisait dire à Casimir Delavigne :

> J'aimais la France. Aimer la France alors,
> C'était détester l'Angleterre !

Il y a moins de colères accumulées dans le cœur des Français contre les Allemands et dans le cœur des Allemands contre les Français, qu'il n'y en avait au douzième siècle dans le cœur des Génois contre les Vénitiens et dans le cœur des Vénitiens contre les Génois.

Et cependant la France et l'Angleterre constituent aujourd'hui, malgré leurs guerres séculaires, deux nations alliées et sincèrement amies. Et cependant Gênes et Venise sont sœurs dans l'unité italienne.

Pourquoi le siècle qui va bientôt s'ouvrir ne verrait-il pas s'opérer une de ces grandes réconciliations comme celles dont l'unité de l'Italie a donné un exemple ? Pourquoi, avec les monarchies, que le souffle de la démocratie emportera fatalement, dans un temps donné, sans qu'il soit nécessaire, ni même utile, de l'y aider par des interventions, pourquoi, avec les monarchies, ne disparaîtraient pas aussi les haines et les con-

flits internationaux si soigneusement entretenus par les despotes, et si contraires à l'esprit républicain ? Tous les peuples ont des intérêts connexes. Ainsi que
le disait M. Emilo de Girardin dans la
Liberté en 1866, dès aujourd'hui l'Europe
forme une nation, et l'on doit y considérer les guerres dites internationales
comme des guerres civiles. Cette unité
que le commerce, l'industrie, les chemins de fer, les télégraphes ont élaborée, qu'est-ce donc qui empêche d'en
prévoir la réalisation future dans le domaine politique ? Si c'est là une utopie,
c'est au moins une belle utopie, une
utopie salutaire qui au lieu de pousser
les peuples vers les champs de bataille,
les incite à la paix. Cette utopie là,
nous tenons, pour notre part, à la conserver.

On conçoit aisément dès lors que nous
n'ayons nul enthousiasme pour le catholicisme considéré comme un élément de
division permanente entre la France et
l'Allemagne. La permanence de cette
division est l'opposé du but que nous
poursuivons.

Mais, même en nous plaçant au point
de vue actuel ; même si nous cherchons
à être forts, à être en état de nous défendre au cas où de nouvelles attaques
viendraient encore menacer notre territoire et notre liberté, est-il du moins
exact que le catholicisme soit un élément de force pour nous ? Si le malheur
voulait, — la République saura écarter
de nous ce péril — que nous dussions
un jour revoir les horreurs de la guerre,
est-il vrai que, ce jour-là, notre pays
eût un intérêt à opposer le catholicisme,
au protestantisme et qu'il pût trouver
une vitalité plus grande dans cette opposition ?

C'est du contraire que nous sommes
persuadé.

Il peut être bon de ne pas avoir le
même idéal que ceux avec lesquels on
est exposé à entrer en lutte, mais c'est
à la condition que l'on aura un idéal supérieur.

Nous sommes à une époque où la
force brutale ne prévaut pas longtemps
contre la force psychique, et celui-là finit toujours par être irrémédiablement
battu qui obéit à un idéal inférieur.

Nous ne sommes point admirateur
passionné du protestantisme. Nous
croyons l'heure venue de briser avec
toutes les religions positives au nom de
la libre pensée. Nous sommes loin —
très loin — d'approuver ceux de nos
amis qui voudraient faire cet anachronisme de protestantiser la France (qu'on
nous pardonne ce barbarisme). Nous ne
pouvons cependant pas nous empêcher
de reconnaitre que la réforme a été un
progrès. En tuant la hiérarchie sacer-
dotale, en permettant à chaque fidèle
de raisonner sa foi, la religion nouvelle
a fait faire un pas à l'humanité et lui a
rendu possible une seconde étape.

Cela est si vrai qu'on a rapidement
vu les nations protestantes primer
partout les nations catholiques et, dans
une même nation, les fractions protestantes du pays l'emporter sur celles demeurées fidèles au catholicisme. La
France seule a fait jusqu'à ce jour
exception à cette règle, grâce à son génie
expansif qui lui a permis de triompher
de cette cause de dépression. Encore
n'en a-t-elle pas complètement triomphé.
Si, d'ailleurs, elle a résisté jusqu'à aujourd'hui, elle ne résisterait pas toujours. Les tristes évènements de 1870 et
de 1871 ont été un premier avertissement et un avertissement formidable.
Si nous n'en profitions pas, si nous
n'achevions pas de nous affranchir d'une
religion qui nous infériorise aux autres
peuples, il adviendrait de nous devant
les puissances de l'Europe, ce qu'il
advient du Canada et du Mexique devant
les Etats-Unis.

Vous voulez lutter avec l'Allemagne
sur le terrain de l'idéal, vous élever ainsi,
animer d'un grand souffle vos bataillons
et leur infuser les forces que vous aurez
acquises dans cette lutte pacifique et
civilisatrice !

Soit ! Nous le voulons comme vous.
Mais nous exigeons, si nous devons nous

distinguer de l'Allemagne, que l'idéal
adopté par nous soit non-seulement différent du sien, mais plus grand et plus
beau que le sien. Ce n'est point alors du
côté du catholicisme que nous tour-
nons nos regards, du côté du catholicisme qui est le passé et qui
consommerait notre ruine. Non ! C'est
du côté de la libre-pensée, de la
libre-pensée, point culminant de l'édifice dont Luther a posé la première
pierre, de la libre-pensée vers laquelle
s'achemine de son côté, l'Allemagne qui,
si sur ce terrain, nous nous laissions
encore devancer par elle, nous écrase-
rait sans retour. On parle de la puissance que nous offrirait le catholicisme.
L'histoire répond. Quand avons-nous été
sacrifiés, écrasés, démembrés ? Sous
l'empire, qui favorisait les progrès de
l'idée catholique, et ne combattait la
domination des évêques que quand elle
pouvait faire obstacle à la volonté personnelle de l'empereur ; sous l'empire
qui soutenait le pouvoir temporel du
pape, et nous privait ainsi — c'est le
prince Napoléon qui l'a déclaré à la tribune — de l'amitié, de l'alliance de l'Italie.

Quand avons-nous été grands et glorieux ? Quand avons-nous vaincu le
monde ? Quand avons-nous vu les vieilles armées féodales, impériales et roya-
les fondre devant nos jeunes légions républicaines ? En 1792, lorsque nous combattions, non pas au nom du catholicisme qui énerve et abaisse, mais au
nom de la liberté qui élève et grandit.

Et nous triomphions alors parce que la
grandeur de notre idéal amenait à nous
tous les peuples, parce que l'idée de
patrie s'effaçait pour eux devant l'im-
mensité du but que nous poursuivions,
et que nous rencontrions ainsi des
alliés dans ceux-là même qui étaient
chargés de nous combattre.

Que cet exemple nous profite. Diffé-
rencions-nous de l'Allemagne pour devenir plus forts qu'elle. Mais que ce ne
soit pas en nous recouvrant des cendres
du passé ; que ce soit en nous développant plus vite qu'elle dans la voie de la

liberté philosophique aussi bien que
dans celle de la liberté politique.

C'est là le signe sous lequel nous
vaincrons.

A. NAQUET.

Le petit Lyonnais du 1er 9bre 18..

LE DIVORCE

Le divorce en Alsace-Lorraine

Je crois avoir suffisamment démontré, et par
le raisonnement, et par la statistique comparée
de la Belgique et de la France, que l'indissolubilité légale du mariage va contre son but,
qu'elle pousse à la dissolution des mœurs, que
les ménages se dissolvent moins lorsqu'on leur
reconnaît le droit de se dissoudre, que lorsqu'on
le leur conteste.

Une autre statistique, que j'ai relevée depuis,
confirme ces conclusions, et elle a d'autant
plus de valeur qu'elle s'applique à un pays demeuré français jusqu'en 1871 : l'Alsace-Lorraine.

Avant l'annexion de ces provinces à l'Allemagne, la séparation de corps et de biens y
était naturellement seule admise ; le divorce y
excitait les mêmes répugnances, y soulevait les
mêmes préjugés que ceux, à peu près disparus
aujourd'hui, auxquels je me suis heurté lorsque
j'ai commencé ma campagne.

L'Allemagne, on le sait, vise surtout à l'ac-
croissement de la population ; elle n'a aucune
tendresse pour un système qui condamne un
grand nombre de citoyens à la stérilité. Aussi,
par la loi du 27 novembre 1873, a-t-elle abrogé
la loi française du 8 mai 1816, dans ses nouvelles possessions, et y a-t-elle rétabli les articles
229 à 305 de notre ancien Code civil, en ne laissant abrogé que l'article 306.

Ce dernier, que notre projet actuel laisse
subsister, dispose que les époux ont toujours
le droit d'opter entre la séparation de corps et
le divorce. C'est une concession que le législateur de 1803 avait faite aux catholiques, et que
nous avons cru devoir conserver.

Il ne pouvait en être de même pour le législateur allemand de 1873. Celui-ci ne pouvait
pas appliquer aux pays annexés un principe
qu'il s'apprêtait à faire disparaître de l'Allemagne entière. L'article 77 de la loi générale du 6
février 1875 a en effet aboli la séparation de
corps dans toute l'étendue de l'empire.

Nos anciens compatriotes, lorsqu'ils sont mal
mariés, n'ont donc plus d'autre ressource que le
divorce ; mais celui-ci est prononcé chez eux
pour les mêmes causes qui autorisent la séparation de corps chez nous. Les effets des deux
législations, quant au nombre des unions rom-

pées sont donc absolument comparables.

Que disent-elles?

Les nombres des divorces de 1873 à 1878 — dernière année dont les chiffres aient été publiés — sont les suivants :

De 1873 à 1874	21
De 1874 à 1875	33
De 1875 à 1876	51
De 1876 à 1877	66
De 1877 à 1878	87
De 1878 à 1879	58
Total...	316

Ne sont pas compris dans cette statistique les anciennes séparations transformées en divorce.

Pendant cette même période le nombre des mariages a été, en 1873, de 13,123 ; en 1874, de 12,520 ; en 1875, de 11,536 ; en 1876, de 11,032 ; en 1877, de 10,187, et en 1878, de 9,939.

D'où les rapports suivants entre les mariages et les divorces :

1873	1 divorce sur 625 mariages.
1874	1 — — 379 —
1875	1 — — 226 —
1876	1 — — 163 —
1877	1 — — 117 —
1878	1 — — 172 —

Cela donne, sur 10,000 mariages : 16 divorces en 1873 ; 22,6 en 1874 ; 44,2 en 1875 ; 59,8 en 1876 ; 87,3 en 1877, et 58,1 seulement en 1878.

La moyenne des six années a été de 1 divorce sur 281 mariages, soit 35,6 sur 10,000 mariages.

Il est intéressant de rechercher maintenant ce qu'a donné en France, au cours des mêmes années, le mouvement des séparations de corps.

Il y a eu :

En 1873, 1 séparation sur 148 mariages, soit 67,9 sur 10,000 ;

En 1874, 1 séparation sur 135 mariages, soit 74,1 sur 10,000 ;

En 1875, 1 séparation sur 131 mariages, soit 76,3 sur 10,000 ;

En 1876, 1 séparation sur 115 mariages, soit 86,9 sur 10,000 ;

En 1877, 1 séparation sur 112 mariages, soit 89,3 sur 10,000 ;

En 1878, 1 séparation sur 109 mariages, soit 91,7 sur 10,000.

La moyenne des six années a été de 1 séparation sur 125 mariages ou 80 sur 10,000.

Il suffit de jeter un regard sur ces tableaux pour se convaincre que, malgré la progression qui s'est produite en Alsace-Lorraine de 1873 à 1877, le nombre des divorces y a été constamment moins considérable que celui des séparations de corps chez nous.

Ajoutons qu'en Alsace-Lorraine la progression s'est arrêtée, et qu'en 1878 commence un mouvement rétrograde, le nombre des divorces, de 87,3 sur 10,000 mariages, le chiffre de 1877 étant tombé en 1878 à 58,1.

En France, au contraire, la progression ascendante s'est continuée ; on ne comptait chez nous, en 1877, que 89,3 séparations de corps sur 10,000 mariages ; on en compte 91,7 en 1878.

On arrive à des résultats identiques lorsqu'on compare les divorces, non plus au nombre des mariages, mais au chiffre de la population.

D'après le recensement de 1875, l'Alsace-Lorraine compte 1,531,804 habitants.

Le recensement de 1877 donne pour la France 36,905,788 habitants.

Prenant pour base ces chiffres, nous trouvons :

ALSACE-LORRAINE

| 1873, 1 divorce par 69,581 habitants |
| 1874, 1 — 46,418 — |
| 1875, 1 — 30,035 — |
| 1876, 1 — 23,209 — |
| 1877, 1 — 17,607 — |
| 1878, 1 — 26,410 — |

FRANCE

| 1873, 1 séparation de corps par 17,033 habit. |
| 1874, 1 — 16,461 — |
| 1875, 1 — 16,102 — |
| 1876, 1 — 14,564 — |
| 1877, 1 — 14,792 — |
| 1878, 1 — 14,439 — |

Quant à la progression des divorces pendant les cinq premières années en Alsace-Lorraine, progression arrêtée, je l'ai dit, en 1878, et qui, d'ailleurs, n'empêche pas ce pays d'avoir, même dans l'année la plus riche en divorces, fourni proportionnellement moins de désunions dans les familles que la France, elle s'explique par le fait que la loi était récente.

Sans doute le statisticien allemand a eu le bon esprit de ne pas faire figurer dans ses relevés les anciennes séparations converties en divorces, mais ce travail d'élimination est forcément incomplet. On ne peut tenir compte que de ce que l'on connaît, et il ne faut jamais oublier qu'il est un élément qui nous fait absolument défaut, c'est celui des séparations amiables. Bien des gens hésitent à s'adresser aux tribunaux et se séparent d'un commun accord là où le divorce n'est pas admis, qui agiraient par voie judiciaire si la loi leur permettait de recouvrer leur liberté.

Il est probable que bien des époux se sont trouvés dans ce cas-là et sont venus augmenter les chiffres inscrits dans les tableaux statistiques.

Peut-être aussi le chiffre très faible des premières années tient-il à ce qu'on a d'abord hésité à réclamer le bénéfice d'une loi que l'on tenait du conquérant, tandis qu'on a fini plus tard par accepter la liberté sans regarder à la main qui la donne.

Ces diverses raisons me portent à considérer comme très approché de l'état normal le chiffre de 1878 très inférieur à celui des séparations en France.

Les [illegible] des divorces [illegible] con-clusions [illegible] ou non.

Quoiqu'il en soit, il est dès à présent permis d'affirmer qu'il y a moins de familles désunies chez les Alsaciens-Lorrains qui jouissent des bienfaits du divorce, qu'il n'y en a chez nous qui n'en jouissons pas encore.

Ces données confirment celles que fournissent les statistiques belges et sont une réponse nouvelle et sans réplique aux craintes de ceux qui croient voir dans la réforme que je préconise une menace pour les mœurs. Les Alsaciens-Lorrains avaient partagé ces craintes. Ils en sont revenus à cette heure, et chez ceux qui les conserveraient en France elles ne survivront pas longtemps au vote de la nouvelle loi.

L'INTÉRÊT DES ENFANTS

VI

Quelques faits probants

Avant 1850, même après une séparation de corps, les enfants qui naissaient de la femme séparée étaient attribués au mari, et celui-ci n'était admis à en désavouer la paternité que dans les mêmes conditions où il aurait pu le faire si la séparation n'avait pas été prononcée — c'est-à-dire à peu près jamais.

Depuis 1850, une amélioration notable a été apportée à la législation. Les enfants qui naissent après une séparation de corps sont encore considérés comme appartenant au mari aussi longtemps que celui-ci ne proteste pas. Mais si le mari veut les désavouer, il le peut; la présomption est alors en sa faveur: ce n'est plus à lui qu'il incombe, pour appuyer son désaveu, d'établir qu'il n'a eu aucune relation avec sa femme; c'est celle-ci qui doit, si elle se porte défenderesse, prouver que des relations entre elle et son mari ont eu lieu.

Les désaveux de paternité deviennent ainsi assez faciles; toutefois faut-il encore que le père sache que les enfants qu'il doit désavouer existent. Et comme il n'a plus aucun droit sur la femme, que celle-ci peut s'en aller au loin sans qu'on sache ce qu'elle est devenue, il est très facile de supposer des cas où, après la mort du père, il se présente un certain nombre d'enfants adultérins qui viennent réclamer leur quote-part de la succession paternelle.

Il est bien vrai que, dans ce cas, les intéressés héritent du droit qu'avait le père, et qu'ils sont autorisés à porter devant les tribunaux l'action en désaveu, pendant les deux mois qui suivent la connaissance, par eux, du fait qui motive cette action.

Mais deux difficultés se présentent alors. Si l'on peut supposer que le père a connu la naissance des enfants adultérins et s'est tu, il y a là de sa part une reconnaissance tacite qui enlève tous droits à ses héritiers. Or, il est bien plus facile après la mort du père, que de son vivant, d'établir, par de fausses preuves, qu'il

[illegible] savait [illegible] n'avait pas [illegible] voulait pas agir.

Si même les choses ne se passent point ainsi, si même la femme n'est pas défenderesse, les enfants héritiers du père, pour protéger la succession paternelle contre leurs frères adultérins qui, pas plus au point de vue naturel qu'au point de vue légal, n'y ont droit, sont obligés de rendre publique la honte de leur mère. Ils sont placés dans l'obligation ou de perdre leur fortune ou de commettre un acte profondément répugnant.

C'est ce que m'exposait dernièrement un certain M. R..., qui s'est trouvé dans cette triste alternative.

Jeune encore, il était resté seul avec son père qui avait obtenu une séparation contre sa mère, et à qui les tribunaux avaient confié sa garde. Il avait 32 ans lorsque son père mourut en lui léguant une fortune de 250,000 francs environ. Quant à sa mère, il n'en avait plus entendu parler.

Mais s'il l'avait perdue de vue, il n'en était pas de même d'elle et des enfants qu'elle avait eus. Quoique en Amérique, ils avaient été tenus au courant des faits et gestes de la famille restée en Europe.

Le père mort, M. R... vit arriver trois enfants adultérins enregistrés sous le même nom que lui, que son père n'avait pas pu désavouer, puisqu'il ignorait leur existence, et qui venaient audacieusement lui réclamer les trois quarts de l'héritage auquel seul il avait droit.

Ils savaient qu'il lui serait facile de les débouter de leur demande; mais ils spéculaient sur son honnêteté, sur la pureté de ses sentiments: ils se disaient qu'ils ne s'exposaient réellement à aucun dommage en réclamant [que] peut-être leur frère répugnerait à l'idée de flétrir la mémoire de sa mère, morte elle-même et innocente par conséquent de l'infamie commise, et que dans ce cas ils hériteraient.

Ils ne se trompèrent point: M. R.... aima mieux perdre près de 200,000 francs, la presque totalité de sa fortune, que de venir faire étalage en public de faits qui, en salissant celle à qui il devait le jour, l'auraient sali lui-même.

Mais il me faisait remarquer combien funeste avait été la loi à son égard, combien profondément il avait été atteint dans ses intérêts.

« On a interdit à mon père de se remarier, disait-il, afin de protéger ma jeunesse, et l'on m'a placé dans une situation d'où je ne pouvais sortir que par la ruine ou par un acte que tout cœur honnête réprouverait. J'ai préféré la ruine. Mais j'aurais préféré qu'on me protégeât de tout autre manière. Le fait dont je suis victime, le divorce l'aurait évité. Ma mère se serait remariée peut-être; quoi qu'il en eût été d'ailleurs, son premier mariage étant complètement rompu, ses nouveaux enfants n'auraient pas pu porter mon nom et jamais les réclamations monstrueuses dont j'ai eu à souffrir n'auraient pu se produire.

« C'est presque toujours l'intérêt des enfants que l'on vous oppose. Peut-être des exemples

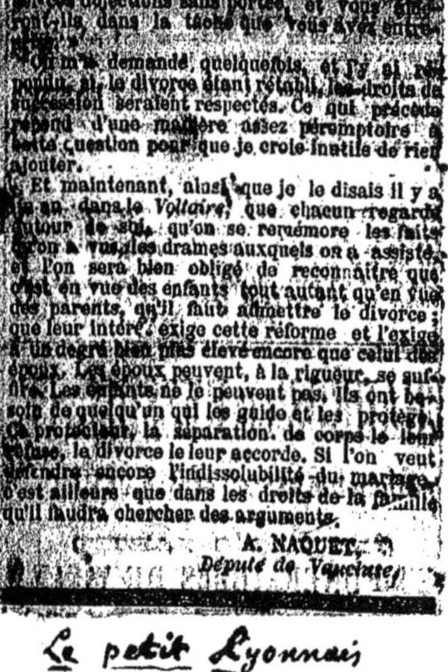

ces objections sans portée, et vous êtes [fortifié] dans la tâche que vous avez entreprise.

On m'a demandé quelquefois, et l'y ai répondu, si, le divorce étant rétabli, les droits de succession seraient respectés. Ce qui précède répond d'une manière assez péremptoire à cette question pour que je croie inutile de rien ajouter.

Et maintenant, ainsi que je le disais il y a un an dans le *Voltaire*, que chacun regarde autour de soi, qu'on se remémore les faits qu'on a vus, les drames auxquels on a assisté, et l'on sera bien obligé de reconnaître que c'est en vue des enfants tout autant qu'en vue des parents, qu'il faut admettre le divorce; que leur intérêt exige cette réforme et l'exige à un degré bien plus élevé encore que celui des époux. Les époux peuvent, à la rigueur, se suffire. Les enfants ne le peuvent pas. Ils ont besoin de quelqu'un qui les guide et les protège. Ce protecteur, la séparation de corps le leur retire, le divorce le leur accorde. Si l'on veut défendre encore l'indissolubilité du mariage, c'est ailleurs que dans les droits de la famille qu'il faudra chercher des arguments.

A. NAQUET,
Député de Vaucluse.

Le petit Lyonnais
du 8 novembre 1870

LE DIVORCE

Un dernier mot sur l'intérêt des enfants

Je ne crois pas qu'il soit facile de répondre aux arguments, à mes yeux sans réplique, que j'ai fait valoir ici même, et qui démontrent surabondamment que le régime actuel n'est pas plus à l'avantage des enfants qu'à l'avantage des parents et de la société.

A ceux qui défendent l'indissolubilité du mariage au nom des maux sans nombre, suivant eux, qu'entraînerait l'introduction d'un beau-père et d'une belle-mère dans le ménage, j'ai fait remarquer qu'à peine d'illogisme, ils doivent alors réclamer le veuvage perpétuel, les secondes noces des veufs présentant les mêmes dangers, si danger il y a, que celles des époux divorcés. J'ai tiré de là cette conclusion que, puisque personne ne propose de décréter la perpétuité du veuvage, l'objection qu'on élève contre nous n'a pas de fondement.

Mais, pour la plupart de nos adversaires militants, l'intérêt des enfants n'est qu'un prétexte qui leur sert à éloigner d'une réforme [que redoutent] les âmes sensibles. Il m'a paru bon, dès lors, de pousser plus avant encore que je ne l'ai fait jusqu'ici la réfutation de leur sophisme, afin d'arracher complètement à leur action les personnes de bonne foi.

Je me suis attaché, dans ce but, à rechercher quel est le chiffre des hommes et des femmes qui, étant encore en âge de se remarier, deviennent veufs chaque année, et de le comparer au chiffre de ceux qui deviendraient aptes à contracter une nouvelle union par le fait du divorce, si la loi de 1816 était enfin abrogée.

Il est, en effet, bien évident que, si les veufs constituaient le grand nombre et que les divorcés ne constituassent qu'une minorité infime, il serait puéril de redouter pour cette minorité ce qu'on trouve inoffensif lorsqu'il s'agit de l'immense majorité, l'évidence du sophisme deviendrait telle qu'elle s'imposerait même à ceux qui sont le moins habitués à suivre un raisonnement philosophique.

Comme je l'avais supposé, c'est ainsi que les choses se passent.

Actuellement, les tribunaux français séparent chaque année 2,500 ménages, soit 5,000 époux. C'est donc 5,000 personnes, hommes ou femmes, qui pourraient se remarier si le divorce était admis, et qui ne le peuvent pas aujourd'hui. Encore est-il bon d'ajouter que sur ces 5,000 époux, près de la moitié sont sans enfants, et, par conséquent, sans intérêts pour nous au point de vue du problème qui nous préoccupe.

Par contre, en recherchant pour l'année 1876, le chiffre des hommes et des femmes devenus veufs, dont le conjoint est mort à un âge variant entre 15 et 50 ans, — c'est-à-dire dans les limites d'âge où se produisent généralement les séparations de corps, — je trouve qu'il y en a eu 117,959, dont 44,466 femmes et 73,493 hommes.

5,000 étant contenu 24 fois environ dans 117,959, je suis en droit de dire que 24 fois la société a trouvé inoffensif ce qu'elle a considéré comme gros de périls la vingt-cinquième. A 24 pères ou mères, elle a permis de convoler à de nouveaux liens, sans se préoccuper nullement des inconvénients qui pourraient résulter pour leurs enfants de la présence du nouveau venu, et à un vingt-cinquième, elle a refusé cette autorisation, en prétendant que la présence de ce nouveau venu serait un désastre de nature à porter atteinte au principe même de la famille.

Et cette proportion est encore trop faible. Je l'ai dit plus haut : sur les 5,000 époux séparés annuels, la moitié est sans enfants. Cette étonnante proportion tient à ce que la famille, bien plus que le Code, est le lien qui attache l'un à l'autre le père et la mère, et que c'est surtout parmi les ménages stériles que se recrutent les séparations.

Cette proportion ne se reproduit plus lorsqu'il s'agit des veufs. La mort n'établit pas de différence entre les ménages qui ont de la fa-

[...] les quatre cinquièmes [...] vous
auriez, c'est-à-dire 94,367.

Au lieu de diviser 117,959 par 5,000, il faut
donc diviser 94,367 par 2,500. On trouvera
ainsi pour quotient, non plus 24 mais 38. Ce
n'est donc pas seulement à 24 personnes qu'on
accorde la faculté que l'on refuse à la vingt-
cinquième; c'est à trente-huit que l'on concède
un droit dont on interdit à une trente-neuvième
d'user.

Contentera-t-on que tous les veufs soient en
âge de se remarier, dont le veuvage résultera
de la mort d'un homme ou d'une femme âgé de
15 à 50 ans ?

Mais il faudrait alors ne pas tenir compte
non plus des divorcés du même âge et même
de ceux qui dépassent la cinquantaine. Comme
la valeur d'une fraction ne change pas lorsqu'on en divise les deux termes par le même
nombre, le rapport resterait le même dans ce
cas.

D'ailleurs, je suis assez riche aujourd'hui pour
donner libéralement sans compter. Je consens
à faire des concessions, à conserver intact le
chiffre des séparés de corps sans enfants et à
ne le comparer qu'aux veufs de quinze à quarante ans. Je me place ainsi dans des conditions défavorables; j'abaisse la proportion
réelle sur laquelle il m'est permis de calculer;
mais, même ainsi abaissée, elle demeure assez
forte pour que mon argumentation ne présente
pas le moindre flanc à la critique.

Il y a eu, en 1876, 67,352 veufs ou veuves,
dont le conjoint décédé avait, au moment du
décès, un âge compris entre quinze et quarante
ans, et qui avaient par conséquent eux-mêmes
sensiblement le même âge.

Le rapport de 67,352 à 2,500 n'est pas, il est
vrai, de 38, mais il est encore de 21, et le chiffre de 21 suffit largement à réduire à néant le
moyen sur lequel on cherche à s'appuyer pour
combattre le rétablissement du divorce.

Qui donc oserait encore prétendre que la société sera menacée, que la famille sera compromise, que les enfants seront sacrifiés, lorsqu'on étendra au petit nombre le bénéfice de
la loi dont a toujours profité le grand nombre ?
Qui donc pourrait croire qu'une unité de plus,
ajoutée à 38 ou au minimum à 21 unités, sera
capable de rendre dangereux ce qui est absolument sans danger en dehors de cette addition
insignifiante ?

Personne assurément, car il s'agit ici de chiffres irréfutables, — personne excepté les éternels sourds qui ne veulent pas entendre, et
ceux-là il n'y a pas lieu de perdre plus de
temps à les convaincre d'une vérité dont, par
système, ils ne veulent pas être convaincus.

A. NAQUET,
Député de Vaucluse.

LE DEVOIR DE LA CHAMBRE

Depuis hier, une crise ministérielle
est ouverte, et l'on peut rendre à la
Chambre cette justice, qu'elle n'en est
pas l'auteur.

Après avoir entendu la lecture de la
déclaration du gouvernement, elle était
prête à donner son appui, un appui solide et sincère, au cabinet, mais à la
condition qu'on ne lui demanderait ni
un acte contraire à sa dignité, ni un
vote contraire aux sentiments du pays.

Elle voulait consolider le ministère
parce qu'elle est opposée à une politique de dissolution qui l'empêcherait de
compléter son œuvre, parce qu'après
avoir employé trois années à élaborer
des projets de réforme, elle a besoin de
sa dernière année d'existence pour leur
donner la sanction législative suprême,
parce que les crises ministérielles ne
peuvent que l'entraver dans son action,
parce que la stabilité gouvernementale
peut seule hâter le vote des lois utiles à
l'intérieur et fortifier nos relations extérieures.

Mais quelle que fût la dose de sa
bonne volonté, elle ne pouvait aller jusqu'où M. Jules Ferry voulait la mener.

La magistrature est à cette heure ouvertement insurgée contre la République et contre les lois qu'elle a pour mission d'appliquer. De tous les points de
la France on réclame une loi qui mette
enfin le corps judiciaire en harmonie
avec les autres pouvoirs de l'Etat.

Cette loi s'impose. Toutes les autres,
même celle sur l'instruction primaire
peuvent attendre. Celle-là ne le peut
pas.

D'ailleurs le projet de réforme, longuement élaboré, est prêt à subir l'é-
preuve de la discussion publique. Le
gouvernement et la commission se sont
mis d'accord sur ses principales dispositions. Il ne reste qu'à en fixer la pre-

mière délibération en tête de l'ordre du jour. Tous les esprits sont ralliés à cette solution. La commission de l'instruction publique accepte de ne venir qu'en seconde ligne; elle va le dire... lorsque M. le président du conseil, contrairement au vœu unanime de la Chambre, demande que l'ordre du jour soit interverti.

La Chambre pouvait-elle céder sur ce point? Elle ne l'a pas cru.

En toute chose, il faut rechercher les causes et, lorsqu'un gouvernement fait un acte obscur, comme celui d'avanthier, il est naturel qu'on se demande à quelle inspiration il a obéi et que l'on considère comme probable celle qui seule peut donner à son acte une signification.

Or, le cabinet n'a pu agir que par caprice, car, acceptant dans sa déclaration les deux projets sur lesquels portait le litige, il devait lui importer peu dans quel ordre ils seraient discutés, ou sous l'influence d'un mobile caché, comme serait, par exemple, le désir d'ajourner assez la réforme de la magistrature, tout en l'affirmant nécessaire, pour qu'elle ne pût plus être votée en temps utile.

Auquel de ces mobiles a obéi le ministère? Il est bien difficile de l'établir autrement que par des présomptions. Mais, dans l'un comme dans l'autre cas, le devoir du Parlement était tracé.

Si le cabinet se déterminait, sans motif sérieux, la dignité de la Chambre, représentation directe et immédiate du pays, lui défendait de s'incliner, d'incliner la majesté du suffrage universel devant un caprice que rien ne justifiait. Si, au contraire, le refus de laisser discuter en première ligne le projet relatif à la réforme judiciaire cachait un but d'ajournement indéfini que l'on n'avouait pas, elle était tenue bien plus encore à ne pas se laisser entraîner dans une voie que la France aurait indubitablement condamnée.

Le ministère s'est cru affaibli par ce vote et a donné sa démission. M. Grévy ne l'a pas trouvée justifiée et il a engagé le ministère à provoquer un vote plus décisif de la Chambre.

Les députés y mettront la meilleure volonté, mais ils ne reviendront pas sur leur décision. Cette décision doit être maintenue, sauf à ce que la responsabilité du désaccord retombe sur ceux qui l'ont rendu fatal.

Il est désirable que la conciliation se fasse : elle est encore possible ; mais il faut avant tout que la volonté de la Chambre soit respectée, que sa dignité soit sauvegardée, que les vœux du pays soient exaucés.

L'Union républicaine a voté une résolution qui exprime ce double désir d'union entre le gouvernement et la Chambre, et de fermeté inébranlable dans le maintien de l'ordre du jour adopté mardi. Elle a chargé son bureau de négocier sur ces bases avec les bureaux des autres groupes, lui laissant dans ces négociations une liberté entière, pourvu que sur la discussion de la loi relative à la magistrature il ne soit fait aucune concession, aucun mouvement de recul.

L'Union républicaine est prête à accorder sa confiance au cabinet; elle aspire à travailler avec lui à l'œuvre de réformes qui s'impose à la République. C'est au cabinet, en échange de ce bon vouloir de tous les groupes républicains, à s'incliner devant le vote de la Chambre.

Subordonné par la Constitution au pouvoir législatif, le pouvoir exécutif ne se diminue pas lorsqu'il tient compte de la volonté du Parlement; il se rehausse et se fortifie au contraire.

Espérons que M. Jules Ferry et ses collègues ne repousseront pas un accord possible et certainement profitable à la République.

S'ils s'y refusent, s'ils persisten. dans leur détermination première, eux seuls auront déterminé la crise, eux seuls devront en être comptables devant le pays.

Quant à la Chambre des députés, qu'elle soit ferme sur le point essentiel du débat, en même temps que conciliante sur tout le reste. Elle aura rempli son devoir et elle sera appuyée par l'immense majorité du corps électoral.

A. Naquet.

Le Voltaire du 13 novembre 1880

Discours prononcé en réponse à M. Clémenceau à la chambre le 11 9bre 1880

DISCOURS DE M. CLÉMENCEAU

M. Clémenceau lui succède, il attaque très vivement le cabinet, lui reprochant tout d'abord de n'avoir donné aucune explication sur la crise qui a provoqué la retraite de M. de Freycinet.

Il se plaint également de l'application incomplète des décrets, de l'impunité dont jouissent les fauteurs de guerre civile, les moines en révolte ouverte contre la loi.

Le député de Montmartre conclut en affirmant que le ministère est très amoindri, que son crédit parlementaire est très diminué, et que le seul moyen d'éviter les crises ministérielles, c'est de faire un ministère représentant réellement la majorité.

Ce discours, émaillé de boutades spirituelles, de réflexions humoristiques, mais en somme plus brillant que solide, a provoqué fréquemment la gaieté de la droite et l'approbation d'une douzaine de membres de l'extrême-gauche, mais la majorité l'a accueilli peu favorablement, et des murmures, de vives interruptions ont protesté à maintes reprises contre les exagérations et les théories quelque peu fantaisistes de l'orateur.

M. Clémenceau regagne son banc sans que le bruit flatteur d'un seul applaudissement parvienne à ses oreilles.

M. Germain Casse, lui-même, reste froid.

DISCOURS DE M. NAQUET

M. Naquet paraît à la tribune et prononce un discours que nous croyons devoir reproduire intégralement. Il a été, en effet, l'évènement de la journée, et jamais le député de Vaucluse n'avait été mieux inspiré.

Son langage très modéré, très sage, très politique, a vivement impressionné l'assemblée, qui a fait à l'orateur une véritable ovation.

M. Naquet a prouvé qu'on peut avoir des opinions très avancées, très radicales, tout en restant homme de gouvernement, comprenant les nécessités de la politique, et lorsque M. Clémenceau l'a interrompu, en disant ironiquement : « M. le ministre se trompe... » la Chambre, tout en riant de la plaisanterie, a paru accueillir favorablement cet augure.

M. Naquet est maintenant un député *ministrable*.

Voici son discours :

M. Naquet. — Membre du groupe auquel appartient M. Clémenceau, mais n'approuvant pas son discours, je viens moi-même y répondre. Dans ce long et intéressant discours il a attaqué le ministère et la Chambre, il a déclaré que la Chambre se trouvait dans un état permanent d'impuissance et que cette impuissance compromettait la République.

Ces attaques, je les ai déjà vu souvent se produire dans la bouche des orateurs et sous la plume des écrivains. Elles ne sont pas justifiées, et je tiens, moi, qui appartiens pourtant au parti des impatients, je tiens à prendre la défense de cette Chambre si honnête, si bien intentionnée et à laquelle nous devons de si grandes œuvres depuis qu'elle est née à la vie parlementaire.

Car enfin, il ne faudrait pas oublier en quelles conditions cette Chambre est née ; elle a été élue en février 1876, alors que le pouvoir était entre les mains des hommes du 24 Mai, qui préparaient le 16 Mai, et à ce moment ceux d'entre nous qui ont voulu poser aux électeurs des programmes — j'étais de ceux-là, et j'ai failli y perdre mon mandat — se sont vu répondre par les électeurs : « Nous ne voulons pas de programmes, l'heure n'en est pas venue. »

On nous disait : « Nous avons en face de nous les hommes du gouvernement de combat, les ennemis de la République ; débarrassez-nous-en et fondez la République sur une base inébranlable. Alors vous pourrez revenir devant nous et ce sera le moment de poser les Cahiers définitifs du suffrage universel.

Quel était donc le mandat de la Chambre ? C'était de fonder la République. Ce mandat, vous l'avez rempli. (Applaudissements.) On vous conteste d'avoir accompli de grandes œuvres. C'est là, de la part de M. Clémenceau, un reproche injuste.

Il est certain, et je suis le premier à le proclamer, que le pays, en réélisant cette Chambre, a consolidé la République.

Nous ne sommes rien sans la nation ; c'est parce que nous avons le pays derrière nous que nous avons le pouvoir de faire quelque chose, et nous n'aurions rien pu, si nous n'avions été soutenus, portés par ce pays si discipliné, si admirable qui a fait cette journée du 14 octobre, plus glorieuse que toutes les dates républicaines et libérales; oui, plus glorieuse, car, surexcitées par l'indignation, toutes les nations peuvent briser un gouvernement oppresseur; mais il n'en était pas une seule encore qui eût donné ce spectacle magnifique d'un pays luttant pendant six mois, jusque dans ses plus petites bourgades, contre une candidature officielle, dépassant en violence celle même des plus tristes jours de l'empire. (Applaudissements répétés à gauche et au centre.)

Mais je dis aussi que la majorité de cette Chambre, lorsqu'elle a su constituer son comité des 18, maintenir jalousement son union et ses résolutions, rallonner tous ses groupes en laissant de côté les dissidences pour s'unir sur le terrain commun, je dis qu'elle a dignement rempli son mandat, et que si la journée du 14 octobre est une grande journée, la Chambre a été digne de cette grandeur.

La Chambre a donc accompli la première et la plus grande part de son mandat. Mais, chose singulière et à laquelle nous ne pouvions pas, pour ainsi dire, nous attendre, il s'est trouvé que ce mandat a été rempli plus tôt que le pays ne le pensait.

M. le maréchal de Mac-Mahon, qui devait occuper le pouvoir jusqu'en novembre 1880, a donné sa démission en janvier 1879, et alors tous les pouvoirs se sont trouvés harmoniques. Alors l'heure est venue où l'on pouvait aborder les réformes; mais comme on avait demandé aux députés simplement de voter contre le 16 Mai, il s'est trouvé qu'on manquait de programme.

Il devait se produire des divisions fatales. Eh bien! malgré cette situation, l'union est si profonde dans les cœurs républicains qu'on ne s'est trouvé divisé que sur les voies et moyens et que cette division n'a pas existé, à beaucoup près, au degré qu'on pouvait craindre, et la Chambre dont on a accusé l'impuissance, a fait beaucoup de choses. (Très bien! à gauche.)

Car, après avoir consolidé la République elle-même, elle a agi de tout son pouvoir sur les cabinets qui se sont succédé pour établir l'harmonie du personnel républicain, si bien qu'à l'exception de la magistrature, le travail s'est fait et se continue. (Très bien! sur les mêmes bancs.)

Et puis, la Chambre a voté des lois d'affaires; le tarif général des douanes, le plan général des travaux publics, la loi sur l'enseignement primaire des jeunes filles, la loi sur les écoles normales, la loi proposée par notre honorable collègue, M. Plessier, sur les commissions hospitalières qui nous a permis de retirer à certains hommes les moyens dont ils se servaient en faveur de la candidature officielle (Très bien! à gauche); la loi sur la liberté de réunion, dont M. Clémenceau a pu dire, je le sais, à Marseille, qu'elle valait un peu mieux que les anciennes

lois de l'empire, mais que je considère, moi qui en suis un peu le père et qui l'ai votée, comme nous donnant parfaitement la liberté de réunion. (Très bien! très bien, sur divers bancs à gauche.)

Je pourrais poursuivre cette énumération, s'il était nécessaire. La Chambre a travaillé beaucoup, voilà la vérité, ce qui n'empêche pas qu'il reste beaucoup à faire. M. le ministre le disait lui-même, et j'estime que nous ne devons pas soulever des crises ministérielles qui n'auraient pour résultat que de nous faire perdre du temps sans bénéfice d'aucune sorte. (Très bien! à gauche.)

Je vous dois une confession entière. Il y a des hommes qui sont ministériels quand même. Il y a aussi des hommes qui sont antiministériels quand même. (Rires.) Je ne suis ni des uns ni des autres, j'avoue que les ministères, pourvu que dans l'ordre administratif ils ne fassent pas les affaires des ennemis de la République et qu'ils ne compromettent pas la France à l'extérieur, me sont assez indifférents. Je demande à la Chambre d'user de son pouvoir législatif et de faire les lois utiles que le pays attend d'elle.

Si le ministère l'aide dans cette tâche, je m'en félicite; mais s'il l'entrave, je me retourne contre lui, parce que je veux faire d'abord ce que le pays réclame, mais jamais je ne manifesterai d'hostilité dans l'intention de renverser tel ministère pour un autre qui ne pourrait agir ni plus vite ni mieux dans la situation où nous nous trouvons. (Très bien! à gauche.)

C'est ce qui vous explique qu'avant-hier j'ai voté en faveur de la priorité pour la loi sur la magistrature, que même, dans une réunion extra-parlementaire dont on a parlé ici, j'ai demandé que l'ordre du jour fût énergiquement maintenu, parce que tout en reconnaissant la nécessité des deux lois sur l'inscription desquelles la Chambre avait à se prononcer, j'ai cru qu'en présence de l'insurrection de la magistrature... (Interruptions à droite. — Applaudissements à gauche.)

M. de La Bassetière. — C'est vous qui vous insurgez contre la loi. (Bruit.)

M. Naquet. — En présence de cette insurrection de la magistrature contre la République, contre la loi... (Très bien! à gauche.)

M. le comte de Perrochel. — On insulte la magistrature.

M. le président. — Vous viendrez la défendre, laissez parler. (Très bien! à gauche.)

Je sais quelle est la limite du droit de l'orateur et je ne crois pas qu'il l'ait dépassée. (Bruit à droite.) Je trouve que ce sont vos interruptions qui sont contraires à l'ordre. (Très bien! à gauche.)

M. Naquet. — J'exprime ici mon opinion et non celle de mes adversaires.

M. le comte de Maillé. — Mais vous ne devez pas apporter à la tribune certaines expressions... (Bruit), qu'on ne tolère que par faiblesse (Exclamations à gauche).

M. le président. — M. le comte de Maillé peut se rassurer, le président ne montrera jamais de faiblesse ici. (Très bien ! à gauche).

L'orateur a le droit d'apprécier certains actes certains jugements qui relèvent de l'autorité politique de la Chambre (Très bien ! sur les mêmes bancs).

M. Naquet. — En présence de cette insurrection de la magistrature, bien qu'il m'ait été pénible de donner un vote qui, en apparence du moins, semblait de nature à affaiblir le ministère, j'ai cru que ce vote était conforme au sentiment que j'avais de mon devoir politique (Très bien !). Mais pouvait-il venir à la pensée de ceux qui votaient comme moi qu'en se prononçant pour la mise à l'ordre du jour d'une loi, dont le ministère reconnaissait la nécessité avant une autre loi, que c'était là un acte d'hostilité du ministère ! Nullement. (Très bien ! très bien ! à gauche.)

Il y a eu un étonnement général dans cette Chambre quand, à l'issue de la séance, on a appris que, poussé par un excès de susceptibilité parlementaire, M. le président du conseil entendait se retirer.

Et voilà pourquoi je dis à l'honorable M. Clémenceau : Le ministère n'a pas été renversé. (Très bien! sur plusieurs bancs à gauche.)

Il faut en effet, pour qu'un ministère soit renversé, qu'il ait posé nettement la question de cabinet, ou que la question de cabinet se soit tellement dégagée du débat qu'il n'y ait pas même eu besoin de la poser.

Vous citiez l'exemple de M. de Broglie en 1874. Mais alors la question s'était si bien posée dans le débat, malgré les explications de M. Lucien Brun, que M. de Broglie était obligé de se retirer et que personne n'essayait de le rappeler au ministère...

M. Janvier de la Motte père. — Parce qu'il ne l'eût pas accepté. (Bruit.)

M. Naquet. — Un cabinet ne peut pas être battu lorsque la question n'a pas été posée, et que l'immense majorité n'a pas eu l'intention de le renverser en votant l'ordre du jour tel qu'il a été voté. (Très bien ! sur un grand nombre de bancs.)

Et maintenant, je pose une question à M. Clémenceau. Si lui-même avait eu une pensée de défiance envers le ministre, pourquoi, avant-hier, quand la déclaration venait d'être lue, n'est-il pas venu déposer une demande d'interpellation ?

Parce que l'honorable M. Clémenceau ne sentait pas le terrain bien choisi pour un vote de défiance. (Très bien ! sur divers bancs à gauche.)

M. Clémenceau. — M. le ministre fait erreur. (Rires). Pardon ! on pourrait s'y tromper.

M. Naquet. — J'ai le droit d'appréciation sur ce point. Au lieu de venir déposer une demande d'interpellation, qu'a fait M. Clémenceau ? Il a attendu le cabinet à ses actes, ce que nous faisions tous, car je vous déclare que si demain le cabinet ne répondait pas à la confiance que je lui accorde aujourd'hui, je serais le premier à voter contre lui. (Très bien ! sur divers bancs à gauche.)

En cela notre collègue faisait preuve d'esprit politique essentiellement pratique.

A la fin de la séance une question préjudicielle a été posée ; le ministère a cru y voir un acte de défiance de la Chambre à son égard, et a donné sa démission.

Aujourd'hui, l'ordre du jour étant maintenu tel qu'il a été voté, la situation est exactement ce qu'elle était à la séance d'avant-hier avant le vote. (C'est cela !)

S'il n'y avait pas de raison, à la séance d'avant-hier, pour élever un ordre du jour de défiance, il n'y en a pas davantage aujourd'hui. (Applaudissements.)

Tout à l'heure le président du conseil a prononcé, au sujet de la séparation de l'Eglise et de l'Etat, des paroles qui ne sont pas conformes au sentiment de plusieurs d'entre nous.

Pour moi, je suis résolument partisan de la séparation de l'Eglise et de l'Etat. Mais, depuis 1871, le parti républicain a suivi une tactique qui n'a jamais varié.

Il y a, dans le programme du parti républicain, des points qui sont communs à tous les républicains et d'autres qui ne sont acceptés que par une fraction d'entre eux.

Accomplissons d'abord la partie du programme qui nous est commune à tous. (Vifs applaudissements à gauche et au centre.) Il sera temps ensuite de nous diviser sur les autres questions.

M. le président du conseil nous a apporté une série de réformes sur lesquelles nous sommes tous d'accord, qui peuvent être faites beaucoup plus vite avec l'accord du gouvernement. C'est pour cela que nous devons lui donner un vote de confiance.

Quand ces premières réformes seront faites, il sera temps d'aborder les autres, et, alors, si nous ne sommes pas d'accord, nous le verrons bien. (Applaudissements à gauche et au centre)

Voilà pourquoi, moi, qui suis aussi résolument réformiste que M. Clémenceau, je crois devoir donner au cabinet un vote de confiance. (Applaudissements).

LA FIN DE LA CRISE

La séance d'hier a tourné à la confusion de la droite, qui espérait voir se produire une de ces crises dont elle sait si bien tirer parti contre la République, et peut-être un peu au désappointement de quelques-uns de nos amis aux yeux desquels le renversement d'un cabinet semble être le but suprême de la politique.

L'immense majorité des républicains, et en première ligne les hommes indépendants qui attachent plus de valeur à un principe législatif qu'à un homme, et qui n'hésitent jamais à affirmer par leurs votes ce qu'ils croient être conforme aux intérêts du pays, l'immense majorité a pensé qu'il est sage de prendre ce qu'on lui offre, sauf à demander plus tard davantage. Sans s'inféoder au cabinet actuel, pas plus qu'à ceux qui l'ont précédé, ou qui le suivront, il lui a paru que le conserver à cette heure, c'était hâter l'adoption des projets de loi que le gouvernement accepte, et favoriser ainsi l'œuvre réformatrice qui lui tient à cœur.

La décision antérieure de la Chambre était respectée; il était déféré au vœu du pays; la réforme judiciaire était maintenue en tête de l'ordre du jour. Toute continuation de la crise aurait été sans objet, et aurait porté momentanément, sans aucune compensation, le trouble dans le travail parlementaire. La Chambre a déclaré le différend vidé. La France l'approuvera hautement.

Nous aurions donc lieu de nous féliciter sans réserve de la séance d'hier sans le regrettable incident qu'a soulevé l'obstination de M. Baudry-d'Asson à méconnaître l'autorité du règlement.

Cet incident nous a péniblement impressionnés tous, car il est douloureux de se voir forcés de recourir à de pareils moyens, d'être obligé de faire intervenir la force armée dans le sanctuaire des lois.

Mais quelque fâcheuse que soit l'impression produite, il faut bien reconnaître que ce qui a eu lieu avait été rendu absolument nécessaire.

Il n'est pas possible d'admettre que, au mépris de toutes les traditions parlementaires, du respect que l'on doit au gouvernement de son pays, au président de la Chambre à laquelle on appartient,

à ses collègues, une minorité turbulente et *obstructioniste* vienne troubler les délibérations du Parlement et entraver l'œuvre que les représentants du peuple ont reçu des électeurs la mission d'accomplir.

L'acte de M. de Baudry-d'Asson a été réprimé; il devait l'être et la Chambre s'est même montrée d'une longanimité bien grande vis-à-vis du noble duc de La Rochefoucault Bisaccia qui prétendait donner des leçons d'urbanité à l'Assemblée dans la personne de son président.

Mais la Chambre est au-dessus de ces sortes de leçons et d'attaques, et lorsque celles-ci n'ont pas pour effet d'entraver ses travaux, elle n'y attache que l'importance qu'elles méritent.

Il en est et il en sera toujours autrement lorsque les anciens soutiens du 16 mai voudront empêcher la représentation nationale d'accomplir son mandat. Dans ce cas, le respect de la liberté même oblige la chambre à se faire respecter, et, quelque douloureux qu'il soit pour elle d'employer les moyens qu'elle a employés hier, il faut que les ennemis de la république sachent bien qu'elle n'hésitera jamais à le faire quand sa dignité, la liberté de ses débats et l'intérêt du pays le commanderont.

A. Naquet

Le Voltaire. Du 1f novembre 1880

EXPLICATIONS

On lit dans l'*Intransigeant* du 13 novembre, sous la signature de M. Olivier Pain :

« C'est alors qu'un auxiliaire se présente sous les traits de M. Naquet. Le député de Vaucluse a bien changé depuis que Henri Rochefort, dont il avait autrefois mendié l'appui, lui a, à Genève, interdit formellement sa porte. »

D'autre part, la *Justice* du même jour, dans une facétie trop longue pour être intégralement citée, m'accuse d'avoir réclamé fougueusement l'exécution immédiate du programme le plus avancé, à une époque où l'union et la discipline étaient des questions de vie et de mort en face du pouvoir monarchique, et de tout vouloir céder aujourd'hui dans la victoire, alors que je ne voulais rien céder autrefois dans l'opposition.

Tout ceci vaut une double explication et, en ce qui touche l'article de la *Justice*, je regrette que son directeur politique ne m'ait pas fourni l'occasion de la donner à la tribune.

Commençons par les affirmations de M. Olivier Pain.

J'aurais autrefois mendié — un autre aurait dit demandé, mais il faut bien masquer par la violence du langage le vide de la pensée — l'appui de M. Henri Rochefort.

Voici sur ce point la vérité entière qu'il ne me coûte en rien d'avouer, mes actes étant toujours de ceux que l'on peut confesser sans détours. Partisan résolu de l'amnistie, je n'ai pas hésité à la réclamer de l'Assemblée qui, ayant fait la répression, aurait dû, à mon sens, à l'exemple de la Convention nationale, décréter l'apaisement et l'oubli.

Je l'ai fait presque seul, repoussé même de ceux qui, ne pouvant, sur une telle question, séparer leurs voix de la mienne, ont jugé bon de se désolidariser d'avec moi à la tribune. J'ai encouru en le faisant le courroux de M. Camille Pelletan, et devant l'indignation générale de la presse républicaine, mes électeurs b... ...ient à renouveler mon mandat.

Cependant une des causes de ma motion avait été le désir de dénoncer au pays des faits odieux, les uns confirmés depuis, l'autre, démontré faux ultérieurement. Ce dernier m'avait été communiqué par M. H. Rochefort, dont la bonne foi sur ce point avait été surprise. Cela, d'ailleurs, n'enlevait rien à l'importance du débat, les faits qui ont été confirmés valant bien celui qui ne l'a pas été.

M. Rochefort fit alors spontanément dans la *Lanterne* un article où, en réponse à la presse qui m'attaquait, il exposait ce qui s'était passé.

Cet article ayant produit dans ma circonscription une impression favorable, je priai l'auteur d'en faire un second, dont je lui pris un certain nombre d'exemplaires.

En style d'intransigeance, ce fait d'avoir appelé quelqu'un en témoignage pour prouver que l'on avait obéi à un mobile humanitaire, et non au mobile vil et bas d'une réclame électorale dont on m'accusait, ce fait s'appelle *mendicité*.

Mendicité soit !

Maintenant, M. Olivier Pain prétend que M. Rochefort, à Genève, m'a formellement interdit sa porte. M. Pain fait erreur, et il ne pourrait soutenir son dire qu'en calomniant son rédacteur en chef.

Voici en effet ce qui s'est passé.

En avril ou mai 1878 — la date ne m'est pas très présente — j'allai faire une conférence à Genève sur le 16 Mai et ses conséquences. J'exposai dans cette conférence que l'amnistie était une mesure indispensable entre toutes; mais que, si nous ne voulions pas la compromettre inutilement, toute nouvelle déclaration de principes sur ce point étant vaine désormais, il fallait attendre le renouvellement du Sénat, pour en déposer la proposition. L'évènement m'a quelque peu donné raison par la suite.

Le temps m'avait manqué pour voir M. Rochefort à mon arrivée, ma mère se mourait à ce moment-là. Une dépêche que je reçus, à laquelle je ne m'attendais pas, me rappelait en toute hâte auprès d'elle — à ce point que je dus contremander une conférence organisée à Saint-Etienne —. Je partis par le premier train du matin me croyant toujours au mieux avec l'auteur de la *Lanterne*.

A quelques jours de là, M. Razoua m'attaqua avec violence, en travestissant mon discours. Je répondis; mais je demeurai convaincu que M. Rochefort était étranger à cette attaque. J'en suis encore convaincu à cette heure. Aussi en janvier 1879, étant revenu à Genève, ma première visite en arrivant fut-elle pour lui.

Sa servante m'ayant déclaré qu'il était sorti, j'allai passer la journée chez mon ami Arthur Arnould, et le soir je me rendis rue du Rhône, au restaurant Spuller, où j'allai dîner en compagnie de M. Eugène Vars et de quelques autres personnes.

Comme nous sortions, M. Spuller m'annonça que M. H. Rochefort dînait à côté avec trois amis. Je me croyais si peu expulsé de chez lui que j'entrai. J'avais raison. Il se leva, me serra la main avec effusion, me gronda de n'avoir pas laissé chez lui mon adresse, disant qu'il m'avait cherché tout le jour, et m'invita enfin à déjeuner pour le surlendemain.

Il est vrai que le lendemain, en rentrant à mon hôtel, j'y trouvais une dépêche par laquelle il s'excusait, étant obligé par une circonstance fortuite de partir pour Lausanne, de ne pouvoir déjeuner avec moi, ainsi que cela avait été convenu.

A qui M. Pain fera-t-il croire qu'il y ait eu calcul en tout ceci ?

J'ai toujours considéré M. Rochefort comme un homme loyal, ouvert, courageux. Pour que ce que je viens de raconter fût de sa part le résultat d'une combinaison destinée à m'écarter de sa présence, il faudrait que ce fût au contraire un homme déloyal, astucieux et sans courage civique ; il faudrait que, me jugeant indigne de son amitié, il n'eût pas osé me le dire et m'eût en apparence traité en ami. Personne n'admettra cela.

A M. C. Pelletan maintenant.

M. C. Pelletan m'accuse d'avoir demandé en 1875 et 1876 l'application immédiate du programme le plus avancé. Il est mal servi par ses souvenirs.

Alors, comme aujourd'hui, je savais que, entre personnes qui ont des aspirations communes et des aspirations différentes, il faut s'unir pour réaliser les premières, sauf à se diviser plus tard sur les secondes.

Seulement, je voulais que le suffrage universel, en même temps que le mandat de fonder la République, donnât à ses élus une mission précise, pour que, ce premier mandat accompli, ceux-ci ne fussent pas pris au dépourvu. Je supposais les deux choses conciliables. Et je pense encore que si ce conseil avait pu être suivi, la Chambre qui a beaucoup fait, mais qui n'a pas tout fait, aurait produit plus encore, ses efforts étant plus synergiques. Mon tort fut de croire à la possibilité de poser des questions complexes au suffrage universel. Le pays, qui ne comprend que les questions simples, refusa de me suivre sur ce terrain et M. Pelletan se trouvait avec lui, puisque, à cette heure encore, il me reproche cette campagne comme il me la reprochait alors.

Mais ce qu'il oublie surtout c'est que ce qui me séparait en 1875, 1876 et 1777 des chefs des gauches, c'était une question de tactique dans la bataille à livrer à l'ennemi commun bien plus qu'une question de principes.

S'il s'était donné la peine de lire le *Peuple* de Marseille du 20 septembre 1877, l'*Egalité* de la même ville qui a publié le discours prononcé par moi au banquet du 21 septembre 1878, et la lettre que j'ai fait paraître dans le *Voltaire* à la date du 20 novembre 1879, il se serait épargné sa dernière critique. Il aurait reconnu qu'il n'existait aucune contradiction entre ma conduite présente et ma conduite passée, que j'étais demeuré toujours moi-même, et que, si contradiction il y avait, on la trouverait peut-être plus aisément dans l'attitude d'alors et d'aujourd'hui des hommes qui sont à la tête de la *Justice* que dans la mienne.

N'aimant pas les rééditions, je renvoie MM. Clémenceau et Pelletan aux articles ci-dessus cités. De plus, le jour où l'on voudra un débat public sur mon présent et mon passé politiques, je me déclare prêt à aller exposer ouvertement, nettement, complétement, dans telle réunion où il plaira à mes adversaires de me convoquer, comment mon attitude d'aujourd'hui s'harmonise avec celle d'hier.

Comme je ne pense pas, *quelque réactionnaire que je puisse être*, que les prévisions de M. Clémenceau se réalisent de sitôt, mes adversaires ont tout le temps de préparer ce débat contradictoire.

En attendant, j'aimerais bien qu'on en finît avec les personnalités et qu'on discutât les idées, au lieu de combattre les hommes. La République ne s'en porterait pas plus mal.

A. Naquet.

Le petit Lyonnais, du 1ᵉʳ 9bre 1880

LE DIVORCE

L'intérêt social

L'intérêt social est certainement ce qui doit diriger toujours l'esprit du législateur. Il faut sans doute se préoccuper des avantages ou des désavantages que peut avoir une disposition légale pour les particuliers. Il le faut, d'autant plus que, le plus ordinairement, ce qui profite aux individus profite à la collectivité. Mais si, par exception, l'intérêt du corps social se développait en sens inverse de celui d'une catégorie plus ou moins considérable de citoyens, c'est l'intérêt privé qui serait sacrifié.

J'ai montré sans difficulté que, dans le mariage, les époux en général, la femme en particulier et même les enfants, sont grandement intéressés à ce que l'indissolubilité soit supprimée.

Reste à savoir si ce ne serait pas d'une utilité de premier ordre pour le corps social que cette indissolubilité fût maintenue. Si cela était, si l'indissolubilité était une condition d'existence pour les sociétés humaines, le divorce devrait être résolument écarté, malgré toutes les raisons que j'ai fait valoir en faveur de son rétablissement.

En est-il ainsi, ou, bien plutôt, l'intérêt social comme celui des individus ne serait-il pas nettement du côté du divorce ?

La solution du problème ne me paraît pas douteuse. La bonne harmonie de l'organisme social exige, je le crois, tout comme le bonheur des époux, que, dans certaines circonstances, le mariage puisse être légalement dissous.

C'est, qu'en effet, il ne dépend pas de la loi de faire que deux êtres humains puissent s'aimer toujours, ni même d'obtenir d'eux qu'ils

rempliraient toujours scrupuleusement leur de

La morale peut bien flétrir une femme qui trompe son mari, ou un mari qui frappe sa femme. Mais jusqu'ici le pouvoir législatif a été impuissant à empêcher ces actes de se produire, comme il est impuissant, tout en le réprimant, à empêcher la perpétration et l'exécution des crimes et des délits qui affligent chaque jour la conscience de l'humanité.

Si la loi avait puissance sur les intelligences et sur les cœurs, si l'on pouvait décréter la vertu, s'il suffisait de promulguer un article du Code déclarant le mariage indissoluble pour que le mariage fut indissoluble réellement, je serais peut-être des premiers à vouloir maintenir la législation actuelle.

Mais les choses se passent malheureusement de tout autre manière. L'indissolubilité du mariage n'est qu'un trompe-l'œil. Quelque rigoureuse qu'elle soit en droit, elle n'existe pas en fait. Les époux se quittent quand ils le veulent. Je dirai même que quand l'un d'eux veut quitter l'autre sans son consentement, ce dernier n'a aucun moyen efficace de le retenir. De plus, malgré les pénalités contre l'adultère, pénalités très rarement appliquées et le plus ordinairement inapplicables, il n'existe pas plus de moyen pour empêcher les époux séparés de s'engager dans des liens illégitimes qu'il n'en existe pour s'opposer à leur séparation.

La question n'est donc pas de savoir si la société trouve plus d'avantage à ce qu'il se produise des divorces ou à ce qu'il ne s'en produise pas. C'est de savoir si elle est intéressée à ce que les divorces qui se produisent s'effectuent avec ou sans le concours de la loi.

Il me paraît difficile d'admettre qu'il y ait avantage pour la société à ce que la loi soit transgressée.

Les religions posent des principes absolus. C'est leur rôle. Il en est autrement du législateur civil. Celui-ci étudie les conditions de l'existence humaine ; il ne cherche pas à faire plier la loi naturelle devant le droit humain. Il s'efforce, au contraire, de mettre le plus possible le droit humain, le droit positif, en conformité avec la loi naturelle ; il n'essaye jamais de déraciner ce que l'expérience de tous les temps a démontré être indéracinable, au risque, en faisant des lois telles qu'elles soient inévitablement méconnues, de tuer dans les populations le sentiment du respect de la loi.

Si donc le divorce n'a jamais pu être empêché, il vaut mieux le reconnaître dans le code que de se donner la vaine satisfaction de le proscrire en apparence alors qu'on ne le proscrit pas en réalité.

Et ce n'est pas seulement par les motifs d'ordre moral que la société est intéressée à ce que les époux mal mariés qui se séparent puissent légaliser leurs nouvelles unions.

Les époux séparés sont en effet nécessairement dans l'une des trois catégories suivantes:

Ou ils observent, après leur séparation, l'obligation de célibat qui leur est imposée;

Ou, répudiant cette obligation, ils s'organi-

72 — *Le Voltaire* du 18 9bre 1880

suivant à pratiquer les principes de Malthus.

Ou s'organisant encore en concubinat, ils s'y comportent comme ils se comporteraient dans une union légitime et mettent au monde des enfants.

Dans ce dernier cas, les enfants qui naissent d'eux sont adultérins, victimes d'une flétrissure imméritée, parias dont la situation est la négation même de l'égalité devant la loi et de la responsabilité personnelle inscrite dans nos codes.

Quel bénéfice peut retirer la société de ces situations qui blessent l'instinct de la justice ?

Dans les deux autres cas, les époux sont stériles. C'est ce qui se passe de beaucoup le plus fréquemment.

Croit-on que cette stérilité puisse, en quoi que ce soit, être utile à la France ?

Mais, dans l'état d'insolidarité où sont placées les nations européennes, il ne peut être que nuisible à un pays comme le nôtre de voir sa population devenir stationnaire ou décroître quand celle des pays voisins s'accroît, au contraire, rapidement.

La population de l'Allemagne double en 45 ans ; la population française ne double qu'en 168 ans. Encore cette progression, si faible qu'elle soit, ne semble-t-elle pas devoir se maintenir, et l'augmentation est-elle déjà remplacée par une diminution dans une grande partie de nos départements.

C'est là pour l'avenir de la nation la menace la plus redoutable, et l'on ne saurait concevoir dès lors que suivant une heureuse expression de Treilhard, que j'ai déjà eu l'occasion de citer, le pays s'appauvrisse systématiquement chaque année d'un grand nombre de familles dont il aurait pu s'enrichir. »

Ajoutons à cela que, s'il est vrai, ainsi que je crois l'avoir surabondamment démontré, que la reconnaissance légale du divorce diminue le nombre des divorces effectifs, la société, qui retire un avantage incontestable de l'union des familles, a tout intérêt à remplacer par une législation libérale qui moralise une législation oppressive qui perturbe la moralité publique.

Nous ne sommes donc point en présence d'une de ces exceptions où il y a conflit entre l'intérêt des individus et celui de la collectivité. Nous sommes au contraire dans un des cas normaux où ce qui est profitable à l'individu est aussi profitable à la masse, et l'on est tout aussi mal venu à répudier le divorce au nom de la conservation sociale qu'on est mal venu à le repousser au nom des garanties que réclament la femme et l'enfant.

A. NAQUET,
Député de Vaucluse.

NOUVELLES EXPLICATIONS

L'*Intransigeant* et la *Justice* reviennent à la charge.

L'*Intransigeant* confirme tout ce que j'avais dit, sauf ceci : Il prétend que c'est moi qui avais invité M. Rochefort, tandis que c'est l'inverse.

Si maintenant il plaît à M. Rochefort de contresigner les affirmations de M. Olivier Pain, ce n'est pas moi qui y contredirai. Je l'ai cru calomnié par son collaborateur. Libre à lui de déclarer qu'il n'en est rien. Sur ce point, le débat est clos.

Quant à la *Justice*, elle m'invite, puisque je tiens une plume, à prouver dans le *Voltaire* la concordance de ma conduite passée et de ma conduite présente, au lieu de faire appel à une réunion publique.

M. Camille Pelletan sait fort bien que les limites étroites imposées à un article de journal par le peu d'espace dont le journal dispose, rendent impossibles les nombreuses citations qui, en pareille matière, peuvent seules fixer l'opinion.

D'ailleurs ce qu'il m'invite à faire, dans la mesure où la presse périodique le permet, je l'ai déjà fait ; et je répugne aux redites.

Ne voulant pas cependant que cette répugnance aux redites puisse être interprétée comme l'expression d'un désir de ma part d'éviter la discussion, je me résigne à me répéter.

Lorsque M. Gambetta vint à Romans, les organisateurs du banquet me firent l'honneur de m'y convier. Retenu auprès de ma mère mourante, je ne pus m'y rendre et je m'en excusai par une lettre que publia le *Peuple* de Marseille, du 20 septembre 1878. C'est à cette lettre que dans mon dernier article, je renvoyais M. Pelletan.

Entre autres choses, on peut y lire :

En 1876, nous nous rencontrions, M. Gambetta et moi, dans une réunion électorale, luttant l'un contre l'autre avec la courtoisie qui sied entre républicains, mais avec une certaine vivacité.

La lutte qui avait éclaté entre nous portait sur une question de tactique bien plus que sur une question de but à atteindre. Le but que nous poursuivions était le même, au moins immédiatement, car depuis 1870, laissant chacun de côté nos aspirations particulières, nous n'avons eu qu'un objectif : la consolidation de l'établissement de la République, et cet objectif était aussi bien celui des hommes politiques que l'on avait nommés *opportunistes* que de ceux qu'on avait appelés des *intransigeants.*

J'aurais pu ajouter : Et qui avaient toujours protesté contre cette dénomination (Voir l'*Evènement* du 15 novembre 1875).

Seulement les luttes qui portent sur les voies et moyens sont peut-être plus vives que celles qui portent sur les principes mêmes. On se pardonne assez facilement d'avoir des aspirations différentes ; mais lorsque le but est commun, on ne se pardonne pas de le compromettre par des actes inconsidérés, quelle que soit la bonne foi avec laquelle on agit et la pureté des sentiments par lesquels on est guidé de part et d'autre.

Il était donc naturel que je combatisse avec une certaine acrimonie les hommes qui, avec des intentions pures, me paraissaient compromettre la République, et il était naturel aussi, en tenant compte de la distance qui sépare un homme ordinaire du plus grand orateur que nous ayons, que M. Gambetta me le rendit.

Précisant ensuite davantage le litige qui nous avait divisés en 1875, 1876 et 1877, j'ajoutais :

Je craignais à cette époque, époque funeste où malgré les sages avis de M. Casimir Périer, les ministres s'étaient contentés d'un pouvoir apparent, tout en étant conduits par la camarilla présidentielle, époque pleine de périls où, faisant des concessions, on ne pouvait pas en connaître le terme ;

Je craignais qu'un moment n'arrivât où la Chambre serait obligée de renverser malgré elle le ministère et je frémissais aux résultats qui pourraient en découler.

Mes prévisions ne tardèrent pas à se réaliser en partie, M. Dufaure fut mis en minorité, et il ne s'en fallut pas de beaucoup que M. Jules Simon ne subît un échec plus considérable encore le 4 mai 1877.

Supposez que M. Jules Simon eût été renversé deux mois plus tard après le vote du budget ; supposez que M. Gambetta et M. Louis Blanc, successivement appelés par le maréchal, eussent refusé de constituer un cabinet, ce qui, vu les circonstances dans lesquelles ce cabinet aurait dû fonctionner, eut été immanquable. Quelle magnifique situation pour les ennemis de la République ?

« J'ai été admirablement constitutionnel, au» rait dit M. de Mac Mahon, et M. Jules Si» mon a témoigné à la tribune de l'admiration » que mon respect pour la Constitution lui ins» pirait.

» Or, j'ai vainement cherché dans les quatre » fractions de la majorité républicaine un mi» nistère viable. M. Dufaure a été renversé ; M. » Jules Simon n'a pas été plus heureux ; MM. » Gambetta et Louis Blanc n'ont même pas osé » tenter de constituer un cabinet ; il me faut ce» pendant une majorité pour gouverner, et » comme je n'en ai pas, je dissous la Chambre » et je fais appel au pays. »

Supposez de plus que le maréchal, au lieu d'accorder sa confiance à des hommes exécrés de la France entière, eût pris les doublures de ces hommes, qu'il eût choisi des candidats officiels, tout aussi hostiles à la République que MM. de Cassagnac et de Mun, mais moins connus ; supposez enfin que la coalition monarchico-cléricale se fût trouvée en possession d'un budget voté jusqu'en janvier 1879, et dites-moi si les dangers n'eussent pas été grands ?

. . . .
. . . .

C'est parce que nous apercevions ces dangers que nous luttions ; il nous semblait qu'une politique énergique pourrait empêcher la crise en intimidant nos ennemis et que, dans tous les cas, à supposer la crise inévitable, mieux valait la précipiter que de permettre à nos ennemis de choisir leur heure et de préparer le terrain.

La coalition dite conservatrice nous a tous réunis, tous groupés, par sa tentative aussi maladroite que criminelle du 16 Mai.

Voilà, je crois, la nature du débat de 1876 bien déterminée. Je croyais alors qu'il fallait courir sus à l'ennemi pour le déconcerter. D'autres croyaient qu'il fallait biaiser pour atteindre le renouvellement triennal du Sénat ; et, autant que l'on peut en juger par leur attitude d'alors, cette dernière opinion était celle des hommes qui dirigent la *Justice.*

Arrivant du passé à l'avenir, je disais encore dans ma lettre aux organisateurs du banquet de Romans :

Je considère que la République implique la réalisation d'un certain nombre de réformes, l'existence d'un certain nombre d'institutions ; que nos pères et nous avons combattu pour ces réformes et ces institutions, confondues par nous avec la forme républicaine, tout autant et même plus que pour l'étiquette de République.

Je pense que c'est aussi l'opinion de ceux dont nous étions séparés hier sur les voies et moyens mais avec qui, je l'espère, nous sommes d'accord sur le but. S'il en est ainsi, si les hommes qui nous dirigent, et la majorité qui les suit, réalisent *sinon toutes les réformes que nous désirons, du moins celles de ces réformes qui sont les plus urgentes, sauf à la législature suivante à achever l'œuvre*, nous continuerons avec joie de les appuyer, nous rappelant ce que disait M. Gambetta à Bordeaux, « qu'il est plus beau de pousser, d'aider, d'appuyer ceux qui font ce que l'on désire que de le faire soi-même. »

Toujours cette affirmation sous une forme ou sous une autre, affirmation que je portais à Marseille au Cercle de l'Egalité, dès 1872, dans un grand discours, de la différence à établir entre le programme commun et le programme divergent, de la nécessité de grouper toujours sur un point donné la plus grande somme d'efforts et, pour cela, de commencer par les réformes qui rallient le plus grand nombre de partisans en se réservant d'aborder les autres ensuite.

Voilà, sauf des points de détail tenant aux acrimonies de la lutte, et partant, sans importance, voilà quelle a été ma politique autrefois, quelle elle est aujourd'hui. A part les questions spéciales tenant aux situations politiques, questions de tactique dont la solution varie avec les évènements, je suis aujourd'hui ce que j'étais hier ; j'ai conservé tout entier mon programme et c'est par les programmes, par les institutions que l'on défend, par les idées, en un mot, n'en déplaise à M. Pelletan à qui cette dernière expression paraît déplaire — je m'explique aisément pourquoi — que s'affirme la personnalité et la politique d'un homme. Ces idées, je les ai portées à la tribune. C'est grâce à mon initiative que la loi sur les réunions a été votée, que la loi sur la liberté de la presse est élaborée et prête à l'être, que le divorce à cette heure a cause gagnée.

De même que c'est grâce aux initiatives de M. Boysset et de M. Barodet que les lois sur la réforme de la magistrature et sur l'instruction primaire sont actuellement en cours de discussion.

Que M. Clémenceau ne faisait-il comme nous ? Au lieu de n'avoir qu'une visée : le renversement des divers ministères qui se sont succédé, que ne profitait-il de son droit d'initiative, pour apporter des projets de réforme qui auraient eu probablement le sort de ceux dont je viens de parler.

Il ne l'a pas fait ? Quand on est ainsi demeuré dans l'inaction, on est mal venu à accuser la Chambre de stérilité, et surtout à faire peser cette accusation sur ceux qui sont les auteurs des projets divers qui ont été déjà votés par la Chambre ou qui le seront par elle avant la dissolution.

Puisqu'on a voulu des explications, au risque de me répéter, les voilà.

Et maintenant que M. Pelletan me permette de lui dire qu'il ne s'agit pas de savoir s'il avait raison et moi tort, il y a cinq ans ou si c'est l'inverse. Il s'agit de savoir qui de nous avait raison hier, et sur ce point l'opinion de la France est faite.

A. Naquet.

P.-S. — Au dernier moment il me tombe par hasard sous les yeux un entrefilet de la *Marseillaise*. Je ne me donnerais même pas la peine de le réfuter, n'était l'occasion que m'offre mon article d'aujourd'hui de le faire en deux mots.

Les souvenirs de l'auteur de l'entrefilet le servent mal. Jamais je n'ai prononcé les paroles absurdes qu'on me prête. Mon ami et collègue Saint-Martin qui était présent à la réunion du boulevard Ornano dont il est question, pourrait au besoin l'affirmer. La parole de deux hommes qui ont lutté pour leurs idées depuis de longues années vaut, je crois, celle d'un inconnu.

Cela dit, je déclare que les questions d'ordre politique que soulevaient les journaux auxquels je réponds étant vidées, pour moi la discussion est close.

L'*Intransigeant*, la *Marseillaise* et toutes les feuilles de cet ordre peuvent publier tous les racontars personnels qu'elles croiront de nature à égayer leur clientèle. Je ne les lirai même plus, et je me considère d'ores et déjà comme honoré de leurs attaques, voire même de leurs insultes.

A. N.

Le petit Lyonnais du 22 9bre 1880

LE DIVORCE

Pendant qu'en Italie, un ministère, soucieux de la liberté et de la dignité des citoyens, va prendre lui-même en mains la cause du divorce, nous trouvons encore en France des hommes sérieux qui nous disent :

« En thèse philosophique vous pouvez avoir raison. L'indissolubilité du mariage est peut-être un mal. Mais on ne fait pas des lois uniquement pour appliquer certaines vérités philosophiques. On légifère pour répondre aux besoins du pays, aux aspirations qui se manifestent dans l'opinion. Pour qu'il y ait lieu de réaliser une réforme, au moins faut-il que les intéressés la demandent. Sinon la réforme est intempestive, hâtive. Or, qu'on nous montre l'irrésistible courant qui se manifeste en faveur du divorce ! »

Je pourrais contester d'abord l'objection dans son principe. Les hommes qui ont l'honneur de diriger l'opinion ont bien souvent, et cela à leur gloire, réalisé des progrès auxquels les intéressés ne songeaient guère. Pour ne citer qu'un exemple de cet ordre, je rappellerai la guerre de la sécession en Amérique et l'émancipation des esclaves. Certainement ce n'étaient pas les nègres esclaves qui avaient préparé le mouvement émancipateur.

D'ailleurs, qui do c autorise nos adversaires à prétendre que le divorce n'est pas réclamé ? Eh quoi ! Voilà une thèse assez populaire pour que presque tous les organes de la presse lui soient favorables, sans distinction d'opinion politique, pour que, transportée au théâtre, elle assure toujours au directeur salle comble; voilà une idée qui, défendue dans des conférences, ne

jamais ... un projet de réforme qui fait pleuvoir sur le bureau de son promoteur des monceaux de lettres d'adhésion, et l'on vient dire que cette thèse n'est point sortie du domaine spéculatif, que cette idée n'est pas mûre, que cette réforme n'est pas demandée !

Ce qui est vrai peut-être, c'est qu'on est moins unanimement passionné pour le divorce que pour une diminution d'impôts ou pour une réduction de la durée du service militaire. Mais cela est bien naturel, puisque les contributions publiques et le service militaire frappant tout le monde, intéressent directement tout le monde, tandis que l'indissolubilité du mariage n'étant lourde qu'aux mauvais ménages, la question que j'ai soulevée ne passionne que ces derniers. Une réforme qui ne touche qu'une catégorie limitée de citoyens est suffisamment limitée; elle répond à un besoin assez impérieux, elle dénote un courant d'opinion suffisant pour qu'il soit juste d'y faire droit lorsqu'elle est énergiquement voulue par la grande majorité de ceux à qui elle est destinée. Il en est ainsi de la loi que je défends.

Il y a plus. Il existe des cas où il importe d'autant plus d'agir que l'opinion le demande moins. Celui-ci en est un.

Supposons un moment — ce qui n'est pas — que l'on s'accommode en France de notre législation draconienne sur le mariage. Qu'est-ce que cela prouverait ? Que nous devons sans plus attendre rétablir le divorce.

Si personne chez nous ne protestait plus contre la législation de 1816, c'est que les gens bien mariés seraient assez égoïstes pour ne point songer aux autres, et que les autres eux-mêmes auraient trouvé le moyen de rendre leur situation tolérable.

Or, à moins que la France ne soit devenue le pays du rigorisme, de la rigidité des mœurs par excellence — ce que je ne crois pas que l'on puisse dire d'aucun pays — si les gens mal mariés trouvaient leur situation tolérable, c'est qu'ils auraient pu faire illégalement sans divorce ce qu'ils auraient fait légalement avec lui.

Qu'on ne l'oublie jamais ! En fait, le divorce existe, quelle que soit la loi officielle du pays. Le tout est de savoir — et c'est la seule chose à examiner — s'il le vaut mieux illégal que légal, ou légal qu'illégal.

Il est même à noter que le divorce de fait existe si bien, quoi qu'il en soit de l'autre, que l'institution du divorce légal n'est jamais réclamée que par les personnes honorables, celles à qui l'illégalité répugne, celles qui ne veulent ni briser leur existence ni vivre dans une situation irrégulière. Les autres, celles qui composent facilement avec le vice, n'en ont nul besoin et nul souci.

Si donc personne en France ne se levait pour demander le divorce, alors que les tribunaux

chaque année plus nombreux... séparés... Et de ces séparés s'irritent de se plaindre de l'obligation de célibat qu'on prétend leur imposer, que devrait-on en conclure? Que les époux séparés s'inquiètent assez peu de la loi et des mœurs publiques, et que ceux qui les engendrent, pour ne pas songer à remédier à cet état de choses, ne s'en inquiètent guère plus qu'eux.

Ce serait une raison pour que le législateur rétablît immédiatement le divorce et portât de la sorte un fer rouge sur la plaie:

Je l'ai démontré ailleurs, le divorce est une loi moralisatrice. Lorsque les époux séparés peuvent encore aspirer aux honneurs du mariage, ils se préservent avec plus de soin des faits qui risquent de leur rendre un nouveau mariage difficile. La société est tolérante, pourvu qu'ils évitent le scandale à ceux qui, sous le régime de l'indissolubilité, s'engagent dans des liens qu'ils ne peuvent éviter qu'en violentant les sentiments les plus impérieux et les plus élevés de leur nature. Elle serait implacable pour qui violerait la loi pouvant faire autrement, et la corruption, rencontrant enfin des obstacles, ne s'étendrait plus insensiblement, véritable phylloxera moral, à toutes les classes de la nation.

Le divorce est-il réclamé, rétablissez-le donc et narguez plus contre lui de ce qu'il ne l'est pas. Ne l'est-il pas, hâtez-vous plus encore, car alors il n'est que temps; hâtez-vous, car demain peut-être le mal serait si profond que votre réforme ne l'arrêterait plus; hâtez-vous, car le concubinage clandestin est plus facile, nécessite moins de courage civique qu'un procès courageusement et publiquement soutenu, car si l'on en venait à préférer l'oreiller moelleux de l'immoralité aux efforts de l'action légale, le divorce rétabli demeurerait impuissant et stérile, arriverait trop tard.

Certes, le pouvoir législatif n'a pas le droit, dans un pays de suffrage universel, de voter des lois que l'opinion repousse. Mais son rôle n'est pas non plus d'enregistrer simplement les échos du dehors. Formé des hommes que le corps électoral a jugés dignes de le représenter, de le guider, le Parlement doit savoir prendre toutes les initiatives salutaires, à seule charge par lui de les faire accepter par le pays, et son initiative n'a jamais de meilleure occasion de l'exercer que lorsqu'il s'agit de la moralité générale.

Le rétablissement du divorce est une de ces lois auxquelles le maintien des mœurs est intéressé. Dès lors, les fins de non-recevoir que l'on élève contre elle sont irrecevables, et le Parlement doit agir.

A. NAQUET,
Député de Vaucluse.

MAGISTRATURE INSURGÉE

La Chambre a terminé hier la discussion de la réforme de la magistrature et a voté la suspension de l'inamovibilité. Mais la question est toujours ouverte au Sénat, et il n'est par conséquent pas mauvais de citer quelques jugements qui démontrent jusqu'où peut aller l'impartialité de cette magistrature honnête et libérale que toutes les voix de la réaction défendent à l'envi. Ces jugements ont été rendus le 30 octobre par le tribunal de Marseille, sous la présidence de M. Verger. M. Verger a été nommé vice-président à Marseille en 1874, et il a reçu la décoration de la Légion d'honneur en 1879.

1er jugement. — Attendu que Mouraille, invité à se retirer devant les agents de la police qui faisaient évacuer la rue Croix de Reynier, s'est refusé à se rendre à cette injonction, et, *après avoir lutté avec un de ces agents, lui a jeté à la figure une poignée de boue en le traitant de COCHON;*

Que ce fait constitue le délit de rébellion; qu'il y a lieu de tenir compte de la jeunesse du prévenu, de l'état d'excitation dans lequel se trouvaient à ce moment la plupart des citoyens à la suite des faits qui venaient de s'accomplir,

Condamne Mouraille en..... 16 FRANCS D'AMENDE.

2e jugement. — Attendu que Bernard s'est, sans aucun motif jeté sur l'agent de police Paulet, qui cherchait à protéger le sieur Teissère contre les violences d'un nommé Dedon, et lui a porté un coup de poing, lui a adressé des injures telles que : Canaille! Voleur!

Condamne Bernard en... *quinze jours de prison.*

Il est à remarquer que Bernard est jeune comme Mouraille, que son état d'excitation devait être le même, puisqu'il était motivé par les mêmes faits. Il semblerait donc naturel que le tribunal, jugeant les deux affaires le même jour, sous l'empire des mêmes impressions, se montrât aussi indulgent vis-à-vis de l'un que vis-à-vis de l'autre accusé.

Mais c'est ici qu'éclate son impartialité. Mouraille défendait les capucins en attaquant la police, tandis que, en attaquant un agent qui protégeait M. Teissère, l'un des chefs du parti clérical, Bernard approuvait le gouvernement et les décrets : le premier est puni de 16 francs d'amende et le second de quinze jours d'emprisonnement.

3e Jugement. — Attendu que, à la suite de l'expulsion des pères capucins, le sieur Rolland a crié : « A bas les décrets ! »

Que ces mots, qui sont la contre partie de ceux : « Vivent les décrets ! » que quelques personnes *pouvaient* prononcer en ce moment...

Il est à noter qu'on n'a pas établi que le cri de « Vivent les décrets ! » ait été poussé. Le jugement continue :

...ne doivent être considérés que comme une protestation contre un acte de l'autorité vivement contesté ; — qu'ils ne sauraient être plus coupables que ceux de « Vive ou à bas la religion ! » « Vivent ou à bas les capucins ! » qui se proféraient publiquement à ce moment dans les rues sans motiver l'arrestation de leurs auteurs.

Que sous un gouvernement libre, Rolland pouvait croire avoir le droit de manifester une opinion qui ne porte aucune atteinte aux institutions de l'Etat et ne soulève qu'une question de droit actuellement en litige,

Acquitte Rolland.

Ainsi voilà un tribunal qui trouve licite qu'un citoyen pousse dans les rues des cris contre les actes du gouvernement et qui, jugeant lui-même les actes des pouvoirs publics, déclare qu'ils soulèvent *une question de droit actuellement en litige.* Quelle théorie ! Mais ce n'est encore rien en comparaison du 4e jugement qui, lui, se passe de tout commentaire.

4e jugement. — Attendu que Blanc, en opposant une résistance à l'agent qui l'arrêtait, lui a porté un coup de pied ; qu'il soutient l'avoir fait INVOLONTAIREMENT et en se débattant ; mais qu'il n'en constitue pas moins un acte de rébellion que l'excitation des esprits en ce moment est de nature à atténuer,

Condamne Blanc en..... 16 FRANCS D'AMENDE.

Il s'agit maintenant d'un nommé Lachamp qui avait bel et bien souffleté deux fois l'agent de la police. Voici comment le tribunal de Marseille se tire de cette difficulté.

5e jugement. — Attendu que Lachamp, après s'être refusé de se rendre aux injonctions de la police, fut arrêté par un agent à qui il avait adressé une parole grossière ; qu'ayant alors été chargé de menottes, il fut conduit au poste de police, que dans le trajet il rencontra un groupe de femmes parmi lesquelles son épouse, qui l'excitèrent à la fuite ; que, cédant à ces excitations, *il fit un brusque mouvement pour se débarrasser de ceux qui le tenaient et* PUT *ainsi par deux fois,* ATTEINDRE L'UN DES AGENTS AU VISAGE ;

Qu'il y a lieu de tenir compte des circonstances, à la suite desquelles cet acte a été commis, de l'irritation vive et de la consternation dans lesquelles les faits qui venaient d'être accomplis avaient jeté une partie de la population, ainsi que de l'honorabilité du prévenu ;

Condamne Lachamp en.. 50 FRANCS D'AMENDE.

Cinquante francs d'amende pour avoir désobéi à la loi et pour avoir souffleté à deux reprises l'agent de la force publique chargé de la faire respecter, ce n'est décidément pas cher.

6e jugement. — Ce jugement vise M. Berlier de Vauplane. Ce dernier servait de témoin dans la cellule d'un capucin. Il refusa de sortir et opposa la plus vive résistance aux agents qui durent se mettre *à quatre* pour le porter dehors et le conduire au parquet.

Le commissaire de police a affirmé que le prévenu avait prononcé les mots : « Gouvernement de brigands et de crocheteurs ! » Un témoin à décharge a affirmé au contraire que le mot *brigands* n'avait pas été prononcé ; mais il n'a pas nié celui de « crocheteurs, » qui est demeuré établi.

Le tribunal a accepté cette déclaration unique comme infirmant celle du commissaire, alors cependant qu'il s'agit ici d'une déclaration négative toujours moins certaine qu'une déclaration positive, puisqu'on peut n'avoir pas entendu un mot qui a été prononcé, tandis qu'on ne peut pas croire avoir entendu ce qu'on n'a pas entendu ; il a acquitté M. de Vauplane, et cela par les considérants suivants :

Attendu que, dans la matinée du 20 octobre,

le prévenu Berlier de Vauplane se trouvait dans la cellule d'un père capucin ;

Qu'il n'est pas dénié que Berlier de Vauplane a prononcé ces mots : « Vous servez un gouvernement de crocheteurs ». *Mais qu'ils trouvent leur explication dans les actes qui venaient de s'accomplir, n'ont été prononcés que dans l'intérieur de la cellule, adressés à ceux-là même qui venaient de s'y introduire par l'effraction ; que cette expression, qui n'est que la constatation d'un acte matériel*, se trouve aujourd'hui imprimée et publiée sans que des poursuites soient exercées ; qu'il eût été sans doute plus convenable de s'abstenir, mais qu'il faut aussi tenir compte de l'irritation des esprits à la suite des faits qui venaient de s'accomplir,

ACQUITTE Berlier de Vauplane.

C'est complet, et, s'il est vrai qu'en politique comme en toute autre matière, le moindre fait d'observation soit plus probant que des volumes de dissertation théorique, quelques faits de ce genre montrent mieux que les plus beaux discours que la magistrature est insurgée contre la République et qu'un gouvernement qui se respecte ne peut pas laisser rendre la justice en son nom par ses ennemis.

A. Naquet.

P.-S. — J'ai reçu la lettre suivante :

Paris, le 21 novembre 1880.

A monsieur Alfred Naquet, député.

Monsieur le député,

A l'occasion du remarquable discours que vous avez prononcé à la tribune de la Chambre des députés, une polémique s'est engagée entre vous et plusieurs journaux dans lesquels votre plaidoyer en faveur du ministère était considéré comme l'abandon, de votre part, de la ligne politique que vous avez suivie jusqu'à ce jour.

A ces assertions, vous avez répondu en affirmant la nécessité première pour la Chambre non pas de voter pour ou contre les ministres mais de faire des lois, d'accomplir des réformes.

C'est ainsi que dans le *Voltaire* du 18 courant, après avoir énuméré les propositions de loi émanées de votre initiative individuelle, vous tiriez un argument en faveur de votre thèse, de ce fait : que la Chambre des députés a le devoir urgent de voter avant sa dissolution, un certain nombre de propositions et de réformes que le pays attend avec impatience.

En effet, le commerce national réclame impérieusement l'activité laborieuse de ses représentants. Or, parmi ces projets, dont l'examen et le vote vous paraissent nécessaires, vous n'ignorez pas que plusieurs ont un rapport direct avec les intérêts commerciaux de la France, entre autre la proposition relative à l'élection des juges consulaires, entre autre aussi la proposition si importante relative à la modification de la loi sur les faillites, élaborée par le comité dont j'ai l'honneur d'être le président, et que votre ami M. Saint-Martin a déposée, le 15 juin dernier, avec trente-trois de ses collègues au nombre desquels vous vous trouvez vous-même.

Dans cette situation, monsieur le député, puisque vous avez contribué au maintien d'un cabinet qui compte parmi ses membres un commerçant de Paris qui est des nôtres, puisque le maintien de ce cabinet vous paraît conforme aux intérêts généraux, pourquoi ne viendriez-vous pas, dans un quartier commerçant de la capitale, et dans une réunion où vous ne manqueriez pas d'auditeurs attentifs, soutenir vos théories? Pourquoi ne viendriez-vous pas démontrer les relations étroites qui existent entre une politique sage, ferme et progressive à la fois et les intérêts du commerce?

En ma qualité de président d'un comité important, je serais heureux, monsieur, si, dans l'intérêt d'une cause que nous aimons tous, vous acceptiez l'idée que j'ai l'honneur de vous soumettre.

Sur votre réponse affirmative, je me chargerai d'organiser cette réunion.

Recevez, monsieur le député, l'assurance de ma parfaite considération.

R. LAPLACETTE.

Monsieur,

Heureux d'exposer en public les raisons qui militent en faveur de la politique que je crois devoir suivre; désireux de répondre aux intéressantes questions que vous m'adressez au nom d'un certain nombre de commerçants de Paris, j'accepte avec plaisir de venir développer mes idées dans la réunion que vous me proposez d'organiser.

Je me tiens à votre disposition et à celle de vos amis pour fixer avec vous le lieu, le jour et l'heure de cette réunion.

Veuillez agréer l'assurance de mes sentiments distingués.

A. NAQUET.

Le petit Lyonnais du 29 7bre 1880

LE DIVORCE

Un de mes correspondants me soumet le cas suivant, extrêmement intéressant, mais moins extraordinaire, cependant, qu'on ne le suppose, car j'en connais pour ma part plusieurs autres exemples, et je n'ai pas la prétention de les connaître tous.

« J'ai quarante ans, écrit mon correspondant, je me suis marié il y a vingt ans, et, par suite de l'inconduite de ma femme, le tribunal civil de la Seine nous a séparés en 1870, avant la guerre.

« Ma femme, qui était Alsacienne, a quitté Paris pour retourner dans sa famille, en Alsace.

« Elle aura probablement revendiqué la nationalité allemande, car en 1875, profitant de la loi du 27 novembre 1873, elle a obtenu du tribunal de Mulhouse la transformation en divorce de la séparation de corps et de biens prononcée cinq années auparavant à Paris.

« Libre dès lors, mon ex-femme s'est remariée en Alsace avec un de ses compatriotes.

« Quelle situation cela me fait-il à moi ?

« Les enfants que mon ex-femme peut avoir avec son second mari leur appartiendront légalement.

« Il n'y a pas eu d'enfants de notre mariage à nous.

« Si aujourd'hui je me rapprochais de celle qui a autrefois porté mon nom, je commettrais un adultère, et le nouveau mari pourrait nous poursuivre, nous faire condamner.

« Si de ces relations naissait un enfant, celui-ci serait adultérin, le nouveau mari pourrait le désavouer, et moi je ne pourrais pas le reconnaître.

« Si donc ma femme s'est rendue libre par le divorce, ne puis-je, comme elle, me remarier en France en produisant le jugement de Mulhouse ? »

Non, monsieur ! vous n'êtes pas libre. Notre belle loi du 8 mai 1816 a ces admirables conséquences qu'un époux dans votre cas demeure lié par un mariage qui a cessé de lier son conjoint.

Oui, votre situation est étrange ; oui il est certain, la nationalité allemande de votre femme ayant été régulièrement acquise par les tristes événements de 1870-1871, que votre femme a pu régulièrement divorcer et se remarier.

Il est non moins certain que si vous vous rapprochiez d'elle en Alsace — car si le rapprochement avait lieu ici, il y aurait choc entre les législations allemande et française, et il est difficile de prévoir ce que les tribunaux décideraient. Vous seriez passible, comme elle, des peines portées contre l'adultère.

Il est encore certain que, des lors, au point de vue légal, comme au point de vue des faits, vous n'avez plus de femme, que l'espoir d'une réunion future n'existe plus pour vous, — cet espoir que font sans cesse miroiter à nos yeux les partisans de l'indissolubilité du mariage pour légitimer l'état de choses actuel et pour condamner le divorce.

Et cependant, il n'y a aucun doute à avoir : aux yeux de la loi française, vous êtes bel et bien marié, et si vous vous avisiez de contracter une nouvelle union, vous seriez bigame, et le bagne s'ouvrirait devant vous.

Vous le voyez, quoique moins extraordinaire que vous ne le supposiez, votre cas est peut-être plus monstrueux encore que vous ne l'aviez cru.

Et malheureusement, il se présente d'une manière assez fréquente.

Les relations de peuple à peuple donnent naissance, de nos jours, à un grand nombre de mariages internationaux, et comme le divorce est presque partout admis, quand des séparations suivent de semblables mariages, ces séparations rendent la liberté à l'époux étranger et ne la rendent pas à l'époux français.

C'est ainsi qu'un des officiers supériurs les plus distingués de notre marine militaire, qu'on me permettra de ne pas nommer, est dans cette situation.

Marié en 1855 avec une Valaque, alors qu'il commandait un aviso dans les eaux du Danube, il ramena son épouse en France ; mais le ménage ne fut pas heureux, et la jeune femme, revenue dans son pays, obtint un jugement de divorce et se remaria. — J'ignore si ce jugement de divorce se basait sur une séparation de corps prononcée en France ou s'il intervint directement.

Le mari, cependant, demeura lié et ne put en rien profiter de la liberté reconquise par celle à qui il avait eu le malheur de s'unir.

Ajoutez aux cas qui résultent de mariages internationaux ceux qui sont la conséquence de la naturalisation à l'étranger de l'un des époux, comme dans l'affaire Beauffremont, et vous reconnaîtrez, monsieur, que la situation qui vous est faite est partagée par bien d'autres.

Vous avez eu raison, cependant, de la porter à ma connaissance.

Il faudrait que tous les cas de cet ordre fussent publiés. Peut-être, en voyant toutes ces situations anormales, dont on ne se doute même pas, les plus récalcitrants se rendraient-ils, les plus aveugles ouvriraient-ils les yeux.

Une loi qui en arrive à des monstruosités pareilles est, en effet, une loi jugée, et il ne reste aucun argument sérieux pour la soutenir et la défendre.

Un homme n'a pas d'enfants ; il n'a plus de femme ; il ne peut pas plus nourrir l'espoir de ramener à lui celle qu'il a eue que si elle était morte, puisqu'elle appartient aujourd'hui à un autre. La séparation est un véritable veuvage.

LA RÉDUCTION LÉGALE

DES HEURES DE TRAVAIL

La Chambre des députés, dans sa
séance de mardi dernier, a voté en première délibération la proposition dont
la saisie M. Nadaud, et qui a pour
effet la limitation légale des heures de
travail dans les usines. La question n'a
pas été discutée. On s'est réservé pour la
deuxième délibération.

Cette proposition soulève une grave
question.

Le gouvernement a-t-il le droit, s'im-
misçant dans les conventions qui peuvent intervenir entre patrons et ouvriers,
de contrevenir ainsi au grand principe
de la liberté du travail ? Pourquoi ne
pas laisser patrons et ouvriers libres de
débattre entre eux, sans aucune ingérence de l'Etat, et la nature et la durée
et la rémunération du travail ? Si un ouvrier veut travailler douze, voire même
quatorze heures, de quel droit l'en em-
pêchera-t-on ? Pourquoi abandonner la
voie ouverte par les grands économistes
du dernier siècle, le « laissez faire, laissez passer. »

Je suis loin de nier ce qu'il y a de sérieux dans cette argumentation ; je suis
loin de méconnaître les difficultés que
comporte la proposition de M. Nadaud
dans l'état d'insolidarité où vivent les
peuples, et cependant je crois que c'est
là une des mesures que les ouvriers ont
raison de réclamer du Parlement.

Certes la liberté est une excellente
chose, toutes les fois qu'elle se balance,
s'équilibre elle-même. Mais si, par l'excès de la liberté, on aboutit au despotisme, si, par l'excès de la concurrence,
on aboutit au monopole, elle devient la
pire des choses parce qu'elle n'a plus
de la liberté que le nom, parce que, sous
un aspect séduisant, elle n'est plus
qu'une forme déguisée de l'oppression.

Dans les stipulations qui interviennent entre patrons et ouvriers, la liberté suffit-elle à mettre les salaires en
harmonie avec le prix des subsistances
et à assurer au travailleur le nombre
d'heures de repos auquel tout être humain a moralement droit ? Tout est là.
Si elle suffit à produire et à maintenir
cet équilibre, il faut bien se garder d'y
toucher. Si, au contraire, elle a pour
résultat de rendre la situation de l'ouvrier chaque jour plus difficile, il faut
se hâter de porter remède à cet état de
choses et je crois que c'est le cas.

Quel est le moyen actuel dont dispo-
sent les ouvriers pour faire augmenter
leur salaire et diminuer les heures de
travail ? Ils en ont deux : l'action individuelle et la grève.

L'action individuelle est impuissante,
chaque individu étant annihilé par le
tout contre lequel il ne peut lutter.

Reste la grève.

C'est un moyen douloureux qui affaiblit le patron, qui soumet le travailleur
à des privations, à des souffrances, qui
diminue la production nationale au
grand détriment du pays. C'est la guerre
en un mot. Si cependant cette guerre
avait pour conséquence l'équilibre cherché, je la préférerais encore aux mesures coërcitives qui exigent l'intervention des pouvoirs publics, tant je redoute l'immixtion de l'Etat dans l'industrie privée.

Malheureusement, les résultats désastreux des grèves ne sont compensés
par aucun effet utile. La grève est aussi
impuissante que l'effort individuel.
C'est qu'en effet, dans l'antagonisme
qui existe entre les patrons et les ou-

vriers, ceux-là subissent une situation plutôt qu'ils ne la créent.

Si l'avarice, l'inhumanité des industriels était la cause, et la cause unique de leur résistance aux prétentions de la classe ouvrière, on pourrait avoir raison de cette résistance par le refus collectif du travail.

Malheureusement pour les efforts de l'ouvrier et heureusement pour la moralité humaine, il n'en est point ainsi.

La grande loi de la concurrence force tout producteur à produire à meilleur marché ou tout au moins à aussi bon marché que ses concurrents. Il est obligé pour cela de se contenter toujours du plus petit bénéfice, d'un bénéfice qu'il lui sera absolument impossible de réduire.

S'il veut prélever sur ses produits un bénéfice plus grand, ses concurrents se contentant d'un bénéfice moindre, il lui faudra vendre plus cher aux consommateurs ce qu'il fabrique et, ceux-ci n'achetant pas dans ces conditions, il sera inévitablement ruiné.

Les heures de travail entrent comme facteur dans le prix de revient d'une marchandise. Supposons un fabricant qui n'exige de ses ouvriers qu'un travail de dix heures alors que les autres feront travailler les leurs douze heures, le premier sera incapable de lutter sur le marché avec les seconds. Il lui faudra donc ou faire travailler douze heures comme les autres, ou fermer son usine — ce qui est en somme la plus fâcheuse solution pour les hommes dont il utilise les services.

Si donc les ouvriers ne peuvent pas obtenir du patron un abaissement des heures de travail, si les patrons, avec les intentions les plus pures, sont dans l'impossibilité de consentir eux-mêmes cette réduction sans être immédiatement broyés par cette grande roue qui a nom concurrence; si dès lors la liberté n'est qu'apparente; si, au lieu d'être sauvegardée par la non-intervention de l'Etat, la liberté a au contraire pour effet de se détruire elle-même et d'engendrer

une situation économique où le plus faible est fatalement écrasé par le plus fort, l'intervention de l'Etat devient juste et nécessaire. Un patron ne peut pas, à cette heure, quel que soit son désir, réduire les heures de travail dans ses ateliers, parce qu'il serait aussitôt primé par les industriels qui ne consentiraient pas la même réduction; parce qu'il suffirait d'un seul producteur récalcitrant pour paralyser chez tous les autres les projets les plus humains.

L'Etat intervenant, il n'en serait plus ainsi. La limitation étant obligatoire pour tous, la proportion demeurerait la même, les situations réciproques resteraient ce qu'elles sont, et les meilleurs n'étant plus entravés par les pires, la réforme désirée serait accomplie.

En un mot, l'action de l'Etat ne s'exercerait point ici en violation de la liberté individuelle, mais bien au contraire en vue de protéger cette même liberté.

Deux objections s'élèvent toutefois contre le projet de M. Nadaud.

On redoute que la limitation des heures du travail n'ait pour effet d'abaisser les salaires.

On craint la concurrence de l'étranger.

Sur le premier point, les craintes des adversaires du projet sont chimériques. Malgré les obstacles que subit la loi de l'offre et de la demande dans l'établissement des salaires, obstacles qui résultent de la situation précaire de l'un des deux contractants; malgré ces obstacles, il est incontestable que les salaires haussent toutes les fois que le travail est plus offert que demandé, et qu'ils baissent lorsque c'est l'inverse qui arrive.

Or, par suite de la réduction des heures de travail, un même nombre de bras produisant moins, il est évident que le travail sera plus demandé et moins offert. Les salaires ne pourront donc pas baisser; ils auront même une certaine tendance à la hausse. Cette déduction économique a d'ailleurs très souvent reçu une démonstration expérimentale, toutes les fois que l'initiative indivi-

Le petit Lyonnais du 6 x^bre 1880

duelle a pu réaliser en petit sur un point donné ce que nous voudrions que l'initiative de l'Etat réalisât en grand.

L'objection tirée de la concurrence étrangère est plus sérieuse. Il est évident que le marché extérieur risque de nous être fermé si la main d'œuvre devient plus chère chez nous qu'au dehors.

Il faudrait, pour que le projet de M. Nadaud fût à l'abri de toute critique, un traité international limitant les heures de travail dans le monde entier ; et, ce traité, nous sommes loin de pouvoir l'espérer.

Mais il existe des moyens d'obvier à ce grave inconvénient. Ce sont des primes à l'exportation sur les marchandises fabriquées, primes compensatrices destinées, non à protéger, mais simplement à faire disparaître l'écart que créerait la nouvelle loi entre le prix de revient des produits français et le prix de revient des produits étrangers. Nous accordons des primes à l'armement pour relever notre marine marchande, l'Autriche accorde une prime à l'exportation des sucres pour favoriser le développement de l'industrie sucrière ; je ne vois pas pourquoi, étendant davantage un principe déjà admis, nous n'établirions pas une prime générale qui permettrait au travail de rentrer dans des conditions normales. Nous accomplirions ainsi une de ces réformes économiques que la classe ouvrière demande à la République, et qu'elle lui demande à juste titre quand ces réformes ne tendent pas à l'absorption de l'individu par l'Etat.

La proposition Nadaud ne supprime pas, n'affaiblit pas l'action individuelle. Elle la fortifie, au contraire, et lui donne le moyen de produire un bien qu'elle ne produirait pas sans cela. Cette proposition doit donc être féconde, et je ne saurais, pour ma part, trop fortement engager les Chambres à l'accepter définitivement.

A. NAQUET.

LE DIVORCE

Le vote de lundi dernier

Si jamais jour avait été favorable pour décider la mise à l'ordre du jour de la proposition de loi relative au rétablissement du divorce, c'était certainement lundi dernier.

La loi sur la réforme de la magistrature était votée ; il en était de même de celle relative à la gratuité de l'enseignement primaire ; la nécessité dans laquelle se trouvait M. le ministre de l'instruction publique d'aller défendre son budget au Sénat forçait la Chambre à remettre à huit jours la discussion du projet sur l'instruction obligatoire, laissant ainsi un intermède législatif de plusieurs jours. Il n'y avait, pendant cet intermède, aucun projet présentant un caractère d'urgence. C'était donc le cas où jamais d'aborder la question du divorce, rapportée depuis plus d'un an et soumise depuis plusieurs années aux méditations des représentants du pays.

Ce n'était plus un tour de faveur que nous demandions, c'était notre tour naturel, normal ; et cependant, comme en juillet dernier, après une première épreuve douteuse, la Chambre, consultée par assis et levé, a déclaré qu'elle n'aborderait point encore la question du rétablissement du divorce.

Quel peut être le sens de ce vote ? Comment devons-nous l'interpréter.

M. de Belleyme, président du tribunal de première instance de la Seine et député, disait à la Chambre, au moment où celle-ci venait d'entendre la lecture du rapport de M. Odilon Barrot.

« La proposition de notre honorable collègue, M. de Schoneu, intéresse essentiellement l'état de nombreuses familles et réclame tout notre intérêt. La question est grave sans doute, mais elle est simple, il s'agit de rétablir la loi du divorce et de rentrer dans le système du Code civil.

« Le rapport si lumineux de notre collègue, M. Odilon Barrot, rendrait d'ailleurs la discussion plus facile et plus courte. Président du tribunal de première instance de la Seine, je suis témoin journellement de l'affliction de familles intéressantes et malheureuses. Je demande, en conséquence, que la discussion s'ouvre immédiatement après celle du budget. »

Et, plus heureux que l'auteur de cet article, M. de Belleyme voyait la grande majorité de ses collègues accueillir favorablement sa motion.

A ce que l'on jugeait urgent en 1831, on refuse aujourd'hui jusqu'au caractère d'utilité incontestable et l'on en éloigne indéfiniment la discussion.

« Vous avez raison, nous dit-on, votre loi sera votée, mais ça ne presse pas, sachez attendre... demain. »

La situation morale de notre pays s'est-elle donc si fortement améliorée depuis 1830 que ce qui paraissait alors à peu près indispensable à tous les yeux, paraisse à cette heure oiseux et inutile ?

Le nombre des familles que « cette proposition intéresse essentiellement » a-t-il diminué dans une proportion notable ? La moralité publique s'est-elle tellement améliorée sous le régime de la séparation de corps que, ce régime ayant fait ses preuves, on ne veuille plus en changer ?

Qu'on en juge.

En 1840 (et de 1830 à 1840 le chiffre s'était déjà accru), les tribunaux français avaient prononcé 642 séparations de corps et de biens.

En 1878 — et bien que, par l'effet du démembrement de 1871, la France ait perdu 1 million 531,804 habitants que ne compense nullement l'annexion de la Savoie et du comté de Nice — les mêmes tribunaux français ont prononcé 2,556 séparations de corps et de biens, c'est-à-dire quatre fois plus qu'en 1840.

En 1830, une assemblée éclairée attachait une importance de premier ordre à une question qui intéressait 600 familles chaque année ; en 1880, une autre assemblée non moins éclairée dénie à la même question toute importance, alors que, au lieu de 600 familles, c'est 2,500 qui ont un intérêt de premier ordre à ce qu'elle soit résolue.

En 1830, on n'avait point encore pu reconnaître, par l'étude comparée de la Belgique et de la France, que le régime sous lequel nous vivons est un régime corrupteur.

Aujourd'hui, cette démonstration est faite, et l'on trouve cependant inopportun de s'occuper de l'abrogation d'un système démoralisateur.

On s'en occupera lorsqu'on n'aura rien de mieux à faire, lorsqu'il ne restera plus même une surtaxe d'octroi à voter. Encore se peut-il qu'on soit fatigué ce jour-là et qu'on préfère aller se reposer.

Et cependant la Chambre des députés est animée de sentiments républicains, de sentiments libéraux. Elle a engagé résolument la lutte avec le cléricalisme en poussant le gouvernement à appliquer les décrets ; elle la poursuivra sans hésitation demain, en abrogeant l'exemption du service militaire dont jouissent à cette heure les séminaristes.

Pourquoi recule-t-elle à l'idée de compléter son œuvre en faisant disparaître de nos codes la loi essentiellement cléricale du 8 mai 1816 ?

Certes ! le divorce civil n'est pas comme on l'a dit — je l'ai démontré — en opposition avec les principes catholiques ; la loi qui le rétablira ne sera pas plus une violation de la liberté de conscience qu'aucune de celles qu'a faites ou que fera le parti républicain ; mais l'indissolubilité du mariage est une arme entre les mains de l'ultramontanisme ; elle livre chaque année à l'influence du clergé 2,500 femmes que l'on affranchirait par le divorce ; à ce point de vue encore — qui est bien celui auquel la Chambre se place le plus volontiers — le divorce devrait être rétabli.

Et ce qu'il y a de plus singulier, c'est que cette opinion-là est celle de la plupart des députés républicains. La question posée, mise à l'ordre du jour, l'immense majorité d'entre eux voterait le divorce. Mais la question semble les gêner et ils préfèrent l'éloigner par une série de fins de non-recevoir.

Cette situation ne peut se prolonger. Quand une proposition de l'importance de celle-ci est soumise à une Chambre, que des milliers de familles en attendent avec anxiété la solution, une assemblée n'a pas le droit d'en éluder indéfiniment la discussion. Elle peut se prononcer pour ou contre ; mais elle doit se prononcer.

Je reviendrai à la charge au début de la session prochaine et j'espère que cette fois toutes les hésitations cesseront.

A. NAQUET,
Député de Vaucluse.

Le Voltaire du 7 x^{bre} 1880

ALBERT JOLY

Le *Voltaire* me confie aujourd'hui une tâche douloureuse. Mon collaborateur dans ce journal, mon collègue à la Chambre, M. Albert Joly n'est plus et c'est moi que notre rédacteur en chef prie de retracer cette vie si pleine de dévouement et si promptement brisée ; c'est à moi qu'il demande de dire ce qu'a été ce républicain si brusquement arraché à l'affection de tous ceux qui l'ont connu et aux espérances du pays.

J'accepte cette mission quelque profonde que mon émotion puisse être, parce que l'on ne doit jamais reculer devant un devoir et que c'est ici un devoir que j'accomplis.

Soit comme membre du barreau, soit comme député, Albert Joly s'était fait une belle place dans l'opinion républicaine. Vieux lutteur déjà, quoiqu'il soit mort à l'âge de trente-six ans — il était né à Versailles le 10 novembre 1844 —, il était enfin aux honneurs après avoir été si longtemps à la peine, et c'est à ce moment que la mort est venue le frapper !

Je dis qu'Albert Joly avait été longtemps à la peine avant de récolter les fruits de ses efforts et de ses sacrifices.

Sous l'empire, à un âge où l'on ne songe si souvent qu'aux plaisirs, aux occupations frivoles, il tenait déjà haut et ferme le drapeau de la République.

Plus tard, lorsque l'empire se fut effondré, il montra que l'ambition n'était entrée pour rien dans ses actes, ou que, du moins, s'il y avait eu de l'ambition chez lui, c'était seulement cette ambition salutaire et généreuse qui pousse l'homme de cœur à servir son pays sans jamais lui dicter aucune action déshonnête ou seulement intéressée.

Quoique de nombreux amis lui eussent offert la candidature à l'Assemblée nationale dans les élections partielles qui eurent lieu dans le département de Seine-et-Oise en 1873, 1874 et 1875, il s'effaça chaque fois devant ceux qui lui parurent mieux en situation de grouper tous les suffrages républicains, MM. Calmon, Senard et Valentin. Il aspirait certes à l'honneur de représenter son pays ; mais cet honneur, il ne voulait pas le briguer aussi longtemps qu'en le faisant il aurait risqué de diviser son parti et d'en compromettre ainsi le succès. Il ne voulait de la candidature qu'à la condition qu'elle fût une candidature d'union et de concorde. Il l'exprimait simplement et noblement dans la profession de foi qu'il adressa, à la veille des élections générales du 20 février 1876, aux électeurs de la première circonscription de Versailles.

« La politique que je soutiens, ce n'est pas la politique de haine et de division, c'est la politique d'abnégation et de concorde républicaine que vous avez vous-mêmes affirmée dans ces magnifiques élections partielles qui ont honoré notre département devant le pays ; c'est la politique hospitalière pour toutes les bonnes volontés. »

Elu député par 9,433 voix contre M. Aubry-Vitet, monarchiste, et M. de Belavalle, bonapartiste, il alla siéger à la fois dans les groupes de la gauche et de l'union républicaine. Au 14 octobre 1877, après la dissolution de la Chambre par les hommes du 16 Mai, il fut réélu par 11,046 voix contre 7,061 données à son concurrent bonapartiste, M. Duverdy. Il prit part, après sa réélection, avec une très grande ardeur, aux travaux parlementaires. Il fit partie des commissions les plus importantes. Il fut de ceux que la Chambre chargea de faire une enquête sur le gouvernement du 16 Mai et de ceux qui n'hésitèrent pas à réclamer la mise en accusation des conspirateurs de cette époque funeste. Il fut membre de la commission du budget. Il fut rapporteur de la loi relative au réseau des chemins de fer de notre colonie africaine, colonie qu'il connaissait d'ailleurs à fond, étant allé à plusieurs reprises l'étudier sur place.

Son activité était telle, que la part qu'il prenait aux travaux parlementaires ne l'empêchait pas de suivre la carrière du barreau sans s'arrêter jamais devant les fatigues que lui occasionnait la multiplicité de ses occupations. Chaque jour on apprenait qu'il plaidait sur quelque point nouveau du territoire. Hier encore, c'est lui qui portait la parole à Toulouse dans l'instance intentée par le préfet de la Haute-Garonne, M. Merlin, contre le *Triboulet*. En 1871, il avait prêté l'appui de sa chaude parole aux inculpés de la Commune. Ce fut lui qui se chargea de la défense du malheureux Rossel, ce fut lui qui défendit Henri Rochefort... et beaucoup d'autres encore.

Il était de ceux qui pouvaient légitimement espérer entrer un jour dans les conseils du gouvernement ; ce n'était qu'affaire de temps ; un superbe avenir semblait s'ouvrir devant lui, lorsque l'horrible fièvre typhoïde s'est abattue sur lui et en treize jours en a fait un cadavre.

Il y a quatre ans, il avait eu la douleur de perdre sa jeune femme. Il laisse aujourd'hui trois enfants, un fils et deux filles, trop jeunes encore pour comprendre toute l'étendue du malheur qui les atteint.

Le jour où ils pourront le comprendre, leur douleur déjà atténuée par les années, le sera plus encore par le souvenir du deuil que porte, à cette heure, la France républicaine, et par le témoignage de toutes les sympathies qui restent acquises à la mémoire de leur père.

Et quant à nous, si quelque chose pouvait nous consoler de la perte cruelle que nous faisons, c'est la pensée que, plus heureux que tant d'autres, morts dans les jours de lutte, Albert Joly a vu s'accomplir, avant de descendre dans la tombe, le rêve de son existence, qu'il a vu, avant de mourir, la République à jamais fondée dans son pays.

A. NAQUET.

Le petit Lyonnais du 13 Xbre 1880

LE DIVORCE

En discutant, au point de vue théorique, la question du divorce dans ses rapports avec l'intérêt des enfants, j'affirmais ici même, il y a quelques mois, qu'étant donné la triste situation faite à ceux-ci, dans une famille désunie, mieux valait encore pour eux le divorce, qui tranche complètement le lien conjugal, que la séparation de corps, qui le relâche en laissant cependant le mariage subsister.

J'en donnais des raisons diverses, la suivante, entre autres :

L'être humain, disais-je, est faible; lorsqu'il souffre par la faute de quelqu'un, il hait celui ou celle qui est la cause de sa souffrance, et, lorsqu'il hait, il cherche à se venger de la personne qui a encouru sa haine.

J'ajoutais que [ceux] ... séparés ... obligés de demeurer dans l'isolement et la solitude, ou de subir le blâme de leurs semblables s'ils s'engagent dans des liaisons irrégulières, souffrent cruellement, souffrent d'une douleur qui va s'accroissant au lieu de diminuer avec l'âge; que chacun d'eux, voyant dans son conjoint la cause du malheur qui l'accable, nourrit contre lui des sentiments violents; qu'il cherche à lui rendre le mal pour le mal.

Et je terminais en montrant les deux époux faisant servir à cette œuvre odieuse de vengeance leurs enfants, disant à ceux-ci : le père, que leur mère est une misérable; la mère, que leur père est un scélérat; et arrachant ainsi du cœur de ces petits êtres le respect qu'ils doivent toujours conserver pour les auteurs de leurs jours, et qui est pour eux la base de toute éducation morale.

J'en tirais cette conséquence que le divorce vaut mieux que la séparation de corps, que lorsque les époux pourraient se refaire une existence, ne se haïssant plus, ils n'en arriveraient plus à cette extrémité fâcheuse, et que leurs enfants, dès lors, n'entendant plus sortir de leurs bouches des attaques réciproques, et les voyant dans une situation respectable et respectée, conserveraient bien mieux pour eux les sentiments que nous devons désirer ne leur voir jamais perdre.

Tel était l'argument.

Voici maintenant la preuve que l'argument était juste.

Un père, qui peut avoir souffert, qui peut avoir absolument raison contre sa femme, qui devrait comprendre cependant qu'il doit laisser ses enfants en dehors de ses querelles domestiques, mais que la passion égare, écrit à sa fille une lettre dont il m'envoie la copie et dont je détache les passages suivants :

« Ma chère enfant,

« Le 4 courant, je me suis rendu de nouveau à Lachapelle, pour avoir le plaisir de t'embrasser et pour m'informer de ce qu'est devenue ta sœur depuis mars 1873. »

(Le père est un proscrit rentré en France par suite de l'amnistie.)

« Je n'ai pas eu l'avantage de vous rencontrer ni l'une ni l'autre. Par contre, j'ai eu le dégoût de voir la triste personne que, pour mon indicible malheur, et le vôtre, je suis forcé de nommer ta mère.

« Sa tête de Caraïbe et de Gasconne n'a point changé, et j'ai de plus en plus peine à concevoir que l'humanité puisse descendre à l'état de dégradation et de folie furieuse dont elle m'a offert le spécimen.

« Ah! je comprends parfaitement que ma présence à Paris ne la comble pas de joie, tendu que, sur sa dénonciation, j'étais arrêté le 29 juin 1871, à deux heures du matin, par le commissaire de police, qui lui disait, pour lui être agréable : « Madame, vous pouvez comp-

« ...ter que vous êtes débarrassée de votre mari. »

....
....

« Mon enfant, si tu es de ce monde, n'oublie pas que c'est à moi que tu en es redevable, et que mes premiers chagrins avec ta mère sont venus de ses procédés avec *Tom Pouce* (c'est le nom dédaigneux qu'elle te donnait à toi), *qu'elle voulait faire mourir dans la saleté, et qu'elle rouait de coups*.....................

....

« J'avais établi dans mon ménage une discipline de fer pour te protéger. Aussi, parlant de moi aux voisines, ta mère disait-elle souvent : « Quel homme ! s'il se saoûlait seulement quelquefois, on pourrait s'entendre. Mais point ; il est sobre, ferme et toujours debout ! »

« Je l'ai frappée souvent, c'est vrai ; mais elle ne le volait pas. Si elle n'était pas si épouvantablement coquine, elle conviendrait bien que c'est elle qui a commencé une nuit à l'époque où elle te portait dans ses flancs, parce que je ne répondais rien à ses mauvaises raisons. Sans sa position intéressante, ma foi, je l'aurais étranglée.

....
....
....

« Je ne te parlerai pas de ma plus jeune fille qu'elle a étouffée en dormant, chez Cosère, notre propriétaire au Pont-Saint-Esprit, en 1863, malgré mes précautions et les recommandations que je lui avais faites pour éviter ce malheur. Je le déclare, à partir de ce moment, tout fut moralement brisé entre nous.

« Malgré l'effronterie épouvantable avec laquelle elle ment, il ne lui sera pas facile de nier que, pendant plus de 9 ans 1/2, je ne vous aie donné des leçons à ta sœur et à toi, sans y manquer un seul jour, pour faire de vous deux filles raisonnables, exemptes des préjugés que l'on puise dans l'enseignement de l'Eglise.

« Malgré tout, j'avais presque réussi à faire de Louisa une personne adorable.............
....

« Après 8 ans de proscription, je voudrais bien revoir cette pauvre fille. *Mais je crains bien que les principes dissolus de sa mère n'aient déteint sur elle.*

« Il lui sera peut-être pénible d'avouer que, pendant que j'engageais Louisa à bien faire ses tâches, elle venait se mettre en travers et lui disait : « Ne t'essouffls pas prècourette ! (Mot patois sans doute, — ils sont soulignés dans la lettre.) QUAND ON EST BELLE COMME TOI, ON N'A PAS BESOIN DE TRAVAILLER POUR ÊTRE HEUREUSE.

....
....

« Si je l'engageais à travailler, elle me répondait avec de grossières apostrophes, qu'elle ne s'était pas mariée pour cela.

« Elle n'avait pas besoin de travailler, en effet, car, *pour dot, elle m'avait apporté des poux, de la crasse et des dettes.*

....

« Ma chère petite, je ne t'en dirai pas plus long, bien que ce qui est relaté ci-dessus ne soit pas tout. Mais, par ce qui précède tu peux juger de ce qui doit suivre. L'énoncé de tant de forfaits n'a rien de gai pour moi.

« SEULEMENT, NE SOIS PAS ASSEZ SOTTE POUR ME CROIRE TEL QUE TA MÈRE A EU LE LOISIR DE ME PEINDRE A TES YEUX.

....
....

« A ses yeux, comme aux tiens peut-être, comme à ceux de Louisa, je ne dois être qu'une sorte de bête de Gévaudan, méritant les plus grands supplices. Je vais m'arranger de façon à ce que cela ait un terme.

« Quoi ! j'élève les enfants des autres (il est probablement professeur), et, par une fatalité des plus infernales, *cette crasseuse m'empêcherait plus longtemps de m'occuper des miens ? Ce serait trop fort.* »

Voilà quel est le langage du père. Quant à celui de la mère, on a quelque droit de supposer, en lisant cette lettre, qu'il n'en diffère pas essentiellement. Que veut-on que pensent de leurs parents des enfants auxquels on tient un pareil langage, et quel excellent naturel ne leur faut-il pas pour lutter contre de telles causes de démoralisation ?

Les souffrances que l'indissolubilité du mariage impose aux époux mal mariés ont donc, — on le voit, — les conséquences fatales aux enfants que je signalais plus haut, et qui ne se produiraient plus avec le divorce.

Croit-on, en effet, que l'auteur de la lettre aurait songé seulement à l'écrire s'il eût été remarié, libre et heureux ?

Et croit-on que la mère n'aurait pas cessé de s'occuper de lui, et n'aurait pas laissé se développer dans le cœur de ses filles le sentiment du respect filial qu'elle cherche actuellement à en déraciner, si de son côté elle avait eu un nouveau foyer ?

Cette lettre, c'est la preuve expérimentale de la supériorité du divorce sur la séparation de corps, même par rapport aux enfants. Je considère comme une bonne fortune d'en avoir eu connaissance, et celui qui l'a écrite, et qui désire ardemment le divorce, me pardonnera certainement de la publier.

A. NAQUET,
Député de Vaucluse.

40e

Lettres, discours et articles
genre Cahier du t. IV.

15 Xbre 1[illegible]
au
7 [illegible]

Le Voltaire du 1ᵉʳ xᵇʳᵉ 1880.

UNE LETTRE DE M. J. ALLEMANE

Je viens de recevoir une lettre de M. Allemane, publiée en même temps par l'*Intransigeant*. L'auteur de cette lettre demande justice contre une série d'infamies dont il aurait été victime en 1875 et 1876, au bagne de l'île Nou, à propos de la proposition d'amnistie, ou plus exactement de l'interpellation déguisée, que je portai à la tribune de l'Assemblée nationale le 22 décembre 1875.

M. Allemane commence par reconnaître que ce jour-là, quelles qu'aient été pour lui les conséquences de mon intervention à la tribune, je fis ce que je devais.

Je suis heureux de cette appréciation. Mais que vont penser ceux de ses amis actuels qui, à cette époque, ne trouvaient pas de paroles suffisantes pour blâmer l'acte dont j'avais cru devoir assumer la responsabilité ?

Quoi qu'il en soit, M. Allemane pense, et je pense avec lui, que des faits monstrueux m'étant signalés, il était de mon devoir de représentant de les dénoncer à l'indignation publique. Je le fis, n'ayant pas un journal pour me défendre, attaqué de toutes parts, menacé, à cause de ce discours, dans ma réélection ; je le fis avec l'indépendance que je conserve toujours quand je crois être dans le droit chemin et sans plus me préoccuper alors de ces attaques que je ne me préoccupe à cette heure de toutes celles que font pleuvoir sur moi les journaux de l'intransigeance. Mes électeurs, un moment étonnés, comprirent quand je le leur eus expliqué le but qui avait dicté ma conduite. Je fus réélu et, à la Chambre de 1876, M. Georges Perin ayant assumé à son tour la tâche difficile de dire au pays ce qui se passait à l'île Nou, ce que j'avais dit moi-même en 1875 dans la limite où l'Assemblée nationale m'en avait laissé la liberté, sachant la cause des proscrits en bonnes mains, je m'abstins de prendre de nouveau part aux débats et je me bornai à soutenir l'amnistie de mes votes.

Mais revenons à 1875.

On accusa bien injustement M. Allemane, car je n'avais jamais eu l'honneur de correspondre avec lui jusqu'à ce jour, de m'avoir fourni des documents que je tenais en partie de M. Henri Rochefort, en partie de M. Leprévost, et on le condamna malade aux tortures du *régime secret*. Les agents chargés de le garder l'invectivaient avec véhémence et me traitaient moi-même de « canaille » de « crapule. » Tel est au moins le récit de M. Allemane, qui ajoute : « Il est vrai qu'alors vous n'étiez pas en passe de devenir ministre. »

Certes, je ne me crois point « en passe de devenir ministre. » Je suis loin d'avoir de telles infatuations. Mais si en fait cela était, j'avoue avec franchise que, loin de voir la moindre injure dans la proposition qui m'en serait faite, je me considérerais comme très-honoré d'une telle marque de confiance du président de la République, du parlement et du pays.

Il y a dans la phrase de M. Allemane une pointe d'ironie qui m'a frappé, que j'ai peine à comprendre et que je relève non point parce qu'elle me met en cause, mais parce qu'elle renferme l'affirmation d'une idée antigouvernementale qu'il peut être utile de faire ressortir.

Il m'avait toujours paru que le but suprême que devait se proposer tout homme politique, c'était d'arriver au pouvoir soit personnellement, soit dans la personne de ceux qui pensent comme lui, afin d'y appliquer ses idées ; et j'avais toujours considéré le fait d'être porté aux affaires par la confiance de la nation, pour traduire en actes ce que l'on n'a jamais cessé de défendre, comme le plus grand honneur auquel pût aspirer un citoyen.

Ces notions ne semblent pas être du goût des intransigeants. Aux yeux de ces derniers, arriver au ministère est toujours et quand même un déshonneur, une honte, à ce point qu'on croit diminuer un homme dans l'estime de ses concitoyens en lui disant : « Vous êtes en passe de devenir ministre. »

On ne peut pas mieux avouer que l'on n'a aucun programme défini, que l'on ne professe aucune idée nette dont on poursuive la réalisation ; que l'opposition que l'on fait est une opposition sentimentale ou personnelle sans principes formulés, sans but précis et par conséquent sans prétexte plausible.

Des hommes d'État peuvent reprocher à d'autres hommes d'État d'avoir un programme trop ou pas assez avancé, de marcher trop lentement ou trop vite ; mais ils ne leur reprocheront jamais de chercher à avoir le gouvernement pour appliquer ce qu'ils croient être la vérité.

Considérer l'entrée d'un citoyen dans un ministère comme entachant, dans quelque mesure que ce soit, son honneur, c'est dire d'une façon indirecte que l'on ne consentirait jamais à être ministre, ni soi ni les siens ; qu'on ne recherche pas le pouvoir, et que, par conséquent, ce qu'on poursuit, c'est un but de destruction vague, par simple amour du néant ; qu'on n'a pas la moindre notion de ce qu'on mettrait à la place de ce qu'on aurait détruit, si l'on parvenait à détruire ; qu'on ne paraît même pas comprendre la nécessité d'édifier après avoir démoli.

Je suis très heureux que M. Allemane ait ainsi — peut-être sans s'en douter — révélé les aspirations de l'école politique — ou impolitique — à laquelle il appartient. Il me plaît que les électeurs voient la question nettement posée entre les radicaux, qui ont un programme précis de réformes dont ils s'efforcent d'obtenir la réalisation par les moyens pacifiques que la République met entre nos mains, et les hommes qui n'ont d'autre système de gouvernement que de ne plus avoir de gouvernement, d'autre plan de réformes que de tout supprimer sans rien construire.

Cela dit, qu'il me soit permis de revenir à ce qui paraît expliquer la lettre à laquelle je réponds et qui, sans cela, n'aurait pas d'objet.

« Depuis cette époque, dit M. Allemane, je réclame en vain justice ; réclamations en Calédonie et en France, protestations, plaintes au procureur de la République et aux ministres sont demeurées lettres mortes.

« Or, vous n'ignorez pas, monsieur, que les documents pour lesquels j'ai souffert tant d'ignominies ne venaient pas de moi, et vous comprendrez qu'il est de votre devoir d'aider de tout votre pouvoir à la revendication de mon bon droit. »

En d'autres termes, on me demande d'agir en vue d'obtenir des poursuites contre les auteurs des actes misérables que l'on nous dévoile.

Certes, je comprends les rancunes et les haines. M. Allemane a subi des traitements qui, si son récit est exact, sont simplement infâmes, et il revient en France, la rage au cœur contre ceux qui les lui ont infligés.

Cela est naturel, et peut-être écrirais-je ce qu'il écrit si j'avais été ulcéré comme il a dû l'être. Mais il me permettra bien de lui demander s'il croit bon de raviver éternellement des querelles que, pour le bien du pays, nous voudrions voir oubliées à jamais.

Nous savions bien, lorsque nous réclamions l'amnistie, que chaque jour accroissait les colères et les rancunes ; et c'est pour produire un apaisement que nous avons, pendant des années, supplié le parlement d'accomplir cet acte de justice. Le jour où nous avons triomphé, le jour où l'amnistie a été proclamée, nous avons voulu voir s'ouvrir une ère d'oubli et de pardon réciproques. Tout à la joie de revoir deux de nos frères qui pouvaient s'être trompés, mais qui avaient combattu contre une assemblée royaliste pour notre cause commune : la *République*, nous avons senti toute haine s'effacer de nos cœurs ; nous avons désiré que l'amnistie mit un terme aux accusations violentes d'une fraction de la nation contre l'autre, que ce fût comme un voile jeté sur des évènements dont il serait aujourd'hui plus sage et plus patriotique de ne plus parler.

Bien des points certainement nous divisent, M. Allemane et moi, mais malgré ses conceptions anti-gouvernementales, un lien nous unit. Nous aimons l'un et l'autre la République, et je suis convaincu que nous nous rencontrerions les armes à la main pour la défendre si jamais elle était violemment et criminellement attaquée.

Si donc M. Allemane pouvait se convaincre que rien ne peut faire plus de mal à la République, que les récriminations ardentes et passionnées, il ferait, j'en suis sûr, à notre cause bien aimée, le sacrifice d'oublier ce qu'il a souffert pour elle, et si ces souffrances sont un titre à nos yeux, ce sacrifice en serait un autre plus grand plus patriotique encore.

Dans tous les cas, je veux croire que M. Allemane a le cœur assez haut placé pour comprendre les raisons qui m'empêchent de m'associer à une revendication haineuse, même si, en fait, elle est méritée. En politique, il est des choses qu'il faut savoir effacer de sa mémoire.

A. Naquet.

Le Voltaire du 20 Xbre 1880

AU « MOT D'ORDRE »

A propos d'une lettre fort courtoise, adressée par moi l'autre jour à M. Allemane, qui m'avait écrit pour demander justice de certains faits endurés par lui dans la proscription, M. Lepelletier, du *Mot d'Ordre*, m'attaque avec violence dans son journal et me traite d'apostat.

« La pratique, dit-il, établit une différence qu'il ne faut pas négliger. Etre ministre ou rêver de l'être au prix de

palinodies, de rétractations et d'abaissements, c'est le comble de l'impudeur
politique. Gagner le portefeuille en per-
dant son parti, voilà l'acte indigne qu'il
pratique malheureusement tous les
jours, et que justement blâmait le citoyen Allemane. M. Alfred Naquet a
l'esprit trop délié pour ne pas saisir
cette distinction. »

La distinction est en effet des plus faciles à saisir et je la saisis à merveille.
Mais je trouve qu'il est assez singulier
de combattre un homme avec un portefeuille hypothétique, spéculatif, qu'il
n'aura probablement jamais, et auquel
il est à cent lieues de rêver, il faudrait
au moins attendre qu'il l'eût et que,
l'ayant, il refusât de faire servir le pouvoir conquis par lui à l'application des
principes par lui professés jusque-là.
M. Lepelletier trouve plus simple de me
prendre à partie dès aujourd'hui comme
si j'étais déjà ministre, ce dont je le remercie du fond du cœur, car si jamais je
devais le devenir, ses attaques y seraient peut-être pour quelque chose.

En 1875, lorsqu'on me reprochait avec
violence d'être un exalté, bien que je ne
fusse que ce que suis à cette heure, je
me tuais à répondre :

Il faut qu'un gouvernement soit
bordé à gauche comme à droite si l'on
ne veut pas que la résultante des forces
en vertu desquelles il fonctionne l'in-
cline trop du côté droit. Je double à
gauche les hommes de gouvernement
dont je désire l'accession au pouvoir. »

J'ajoutais :

« Un homme effraye plus par la place
qu'il occupe que par les idées qu'il professe. La même idée effraye lorsqu'elle
est professée par un homme d'extrême-
droite ou d'extrême-gauche et n'effraye
plus lorsqu'elle est professée par un
homme du centre. Pour arriver au pouvoir et mettre en pratique les principes
que l'on croit justes, il ne faut donc pas
être aux extrêmes. Mais lorsqu'on y est,
comment arriver à n'y plus être ? Il y a
pour cela deux moyens. L'un honteux,

auquel je ne m'arrête pas, apostasier.
L'autre légitime et utile, *être dépassé* par
d'autres. On est alors pâli par le con-
traste et l'on paraît plus modéré, bien
que, en réalité, on soit demeuré le même. »

C'est là le rôle que j'ai un moment
essayé de jouer en 1875 et 1876, vis-à-
vis de M. Gambetta. On le joue en ce
moment vis-à-vis de moi. Je n'ai qu'à
m'en féliciter. Cela prouve que la République progresse.

Toutefois, il est peut-être bon de noter
que, pour qu'il soit profitable et utile,
ce rôle de propulseur doit être sincèrement et honnêtement pratiqué. Il faut
que ce soient des programmes plus
avancés qui s'opposent à des programmes
moins avancés, et que la polémique ne
consiste pas uniquement en personnalités
blessantes et injurieuses.

Je ne me suis pas modifié depuis 1875.
Je l'ai surabondamment prouvé dans les
colonnes mêmes du *Voltaire*, et il me serait facile de le prouver de nouveau par
des citations de mes discours d'autrefois,
n'était que j'ai horreur d'entretenir
le public de ma personne et que d'ailleurs on ne convainc pas ceux qui sont
fermement décidés à n'être jamais convaincus.

M. Lepelletier me permettra cependant de lui dire que si je n'étais pas absolument indépendant de caractère, si
mes principes n'avaient pas la solidité
de tout ce qui repose sur de longues et
profondes méditations, si j'étais capable de me modifier, de me transformer,
de changer de camp, une seule chose
aurait pu m'y conduire : les folies de
ces hommes sans programme, sans idée,
sans boussole, qui se bornent à cette
heure à tout miner sans avoir rien à
substituer à ce qu'ils s'efforcent de détruire, de ces hommes dont l'unique
objectif est de traîner dans la boue et
de déconsidérer toutes les personnalités
estimées du parti républicain, au risque
de préparer ainsi le triomphe de la réaction.

Mais, je suis heureusement à l'abri de

ces sortes d'influences, et je poursuis, sans défaillir, la tâche que je me suis imposée, tâche dont ne me détourneront pas plus les foudres de l'intransigeance, que ne m'en détournaient autrefois les foudres autrement redoutables qui partaient du côté opposé.

Un dernier mot : M. Lepelletier m'appelle « l'ex-conspirateur qui s'efforçait de pratiquer le régicide sur la personne de Napoléon III. »

Je voudrais bien que le rédacteur du *Mot d'Ordre* me dît où et quand j'ai conseillé d'assassiner qui que ce soit, moi qui ai toujours pensé au contraire, que l'assassinat politique est un moyen détestable, que la morale réprouve et qui se retourne fatalement contre les partis qui l'emploient.

Et ici une simple observation.

A cette heure, dans l'état de recueillement où se trouve la France républicaine se relevant de ses désastres au milieu des monarchies qui l'entourent, laisser croire à l'étranger qu'il y a chez nous des hommes de quelque influence capables de prêcher le régicide, c'est commettre un acte anti-patriotique s'il en fût, un crime de lèse-nation.

Si donc j'avais jamais émis les idées que mon contradicteur me prête, son devoir de Français serait de les étouffer ; en les répandant au grand jour il nuirait sciemment à la cause qu'il prétend servir, au pays qui est le sien : il ferait une mauvaise action. Comment donc qualifier celle-ci, si les idées qu'il me prête n'ont jamais été les miennes et si, ne se bornant pas à les répandre, il les invente.

A. Naquet.

Le voltaire du 27 x^{bre} 1880

Notre directeur a reçu la lettre suivante :

Paris, 25 décembre 1880.

Mon cher monsieur Laffitte,

Je parais décidément le 1er janvier, sous le titre *L'Indépendant*, avec le sous-titre *Journal républicain du soir* — grand format, à un sou, comme la *Paix*.

J'espère de vous une bonne et amicale annonce ; car, même en en sortant, je me considère toujours moralement comme membre de la rédaction du *Voltaire*.

A vous de bonne amitié.

A. NAQUET.

C'est fait.

Au nom de M. Laffitte et au nom de tous les rédacteurs du *Voltaire*, nous souhaitons bonne chance à M. Naquet.

Le petit Lyonnais, du ...

LE DIVORCE

Un drame qui s'est déroulé, il y a quelques mois, devant la cour d'assises de la Charente-Inférieure, et dont nous n'avons pas voulu parler avant que l'impression qu'il a produite ne fût calmée, est venu nous fournir un argument nouveau en faveur du rétablissement du divorce.

Une femme jeune, respectable et respectée de tous... excepté de son mari, Mme de Tilly, est indignement trompée. Elle se venge en jetant de l'acide sulfurique — vulgairement du vitriol — à la face de la maîtresse de M. de Tilly. Après des débats très émouvants et une plaidoirie plus émouvante encore peut-être, le jury apporte un verdict de non culpabilité.

Le jury a-t-il eu raison ou tort d'acquitter ? C'est ce que nous ne voulons pas discuter ici. La plupart des journaux ont approuvé sa décision. La parfaite honorabilité de l'accusée, l'honorabilité très contestable de son mari, cette circonstance certaine que ce dernier attendait avec impatience la mort de sa femme pour donner son nom à sa maîtresse, tout cet ensemble a paru généralement constituer une atténuation suffisante du crime pour légitimer l'acquittement.

Nous serions peut-être un peu moins accommodant. Assassiner ou défigurer une personne, hors le cas de légitime défense, est toujours à nos yeux un crime dont la gravité peut quelquefois être atténuée, mais que rien n'excuse complètement. Il ne nous paraît pas possible d'accepter cette doctrine que l'on ait le droit de se faire justice soi-même, et surtout par de pareils moyens.

Tout en étant on ne peut plus sympathique à Mme de Tilly, nous ne croyons donc pas pouvoir, comme l'ont fait certains organes de la presse, donner pleine approbation à son acte, et nous n'oserions pas écrire, comme le faisait

le *Petit Marseillais* en août dernier : « Quant
à la malheureuse qui comparaissait comme
témoin, la figure affreusement balafrée par les
morsures de l'acide, quoique laissée libre par
la justice, elle porte avec elle son propre châtiment. »

Nous oserions encore moins dire, avec ce
journal, qu'il y avait deux coupables, lesquels
n'ont comparu que comme témoins, le mari et
sa maîtresse, tandis que la victime innocente
était seule accusée.

Quelque intéressant que soit le sort d'une
femme délaissée et trompée, il nous paraît que
l'on ne peut pas méconnaître à ce point le principe de l'inviolabilité de la vie humaine.

Quoi qu'il en soit d'ailleurs, nous le répétons,
là n'est pas la question. L'enseignement qui se
dégage de ce procès, c'est la condamnation de
la législation qui nous régit, c'est la preuve de
la nécessité du divorce.

Qu'on ait eu, en effet, raison ou tort d'acquitter Mme de Tilly, il est un point sur lequel
tout le monde est d'accord : il serait préférable que le crime n'eût pas eu lieu.

Or, il est au moins très probable que si Mme
de Tilly avait eu le moyen de rompre sa chaîne
et de se reconstituer une famille par un nouveau mariage, elle n'en serait pas arrivée à
l'extrémité qui l'a conduite devant la justice
de son pays.

Mariée indissolublement, ne pouvant se ré-
signer sans doute à la perte définitive de toutes ses espérances de bonheur, elle a dû longtemps patienter. Puis un jour est venu où elle
a vu sa fortune engloutie, ses enfants ruinés.
Alors l'exaspération, une exaspération facile à
comprendre, s'est emparée d'elle, et elle a
commis l'acte que l'on connaît.

Le divorce existant, ne se sentant pas réduite
par une séparation à dire adieu pour toujours
aux charmes du foyer domestique, elle ne se
serait pas acharnée à l'idée de ramener le
bonheur dans un ménage irrémédiablement
détruit ; elle aurait obtenu le divorce sans difficulté, l'adultère du mari étant toujours considéré par les tribunaux comme une injure
grave ; elle aurait sauvé sa fortune, celle de
ses enfants ; et il n'y aurait eu ni une malheureuse défigurée, ni une mère de famille réduite
au désespoir, ni des enfants privés de toutes
ressources.

L'intérêt de la femme légitime, l'intérêt des
enfants, que l'on oppose si souvent cependant
au retour à notre ancien code, le respect de la
vie humaine auraient été autrement sauvegardés qu'ils ne l'ont été.

Ce n'est pas tout. Le crime a été commis.
Quelque rigueur que nous ayons apportée à
son appréciation, il n'en reste pas moins certain que Mme de Tilly est une honnête femme.

La voilà rendue à la liberté par le jury de
la Charente-Inférieure. Que va-t-elle devenir ?

Avec le divorce, et avec les sympathies qu'elle
a inspirées, elle trouverait peut-être un nouvel
époux, qui assumerait les charges de sa famille, qui ramènerait un peu de calme dans
cette existence brisée.

Mais la loi française ne permet même pas à
Mme de Tilly un rêve de cet ordre. Elle sort
libre de la cour d'assises, mais elle en sort le
cœur ulcéré, la fortune dilapidée, obligée peut-
être à un travail manuel pour subvenir à l'entretien de ses enfants.

Pendant ce temps, consolé sans doute des
maux qu'a entraînés son inconduite, ne songeant
ni à son épouse dans la misère, ni à l'autre
malheureuse qu'il ne manquera pas d'abandonner à présent qu'elle a perdu sa beauté,
M. de Tilly courra à d'autres aventures et les
rencontrera peut-être d'autant plus facilement
qu'un plus grand bruit a été fait autour de son
nom.

Il y a encore un petit être innocent, fruit de
l'union illégitime de M. de Tilly et de la victime de l'acte de désespoir de sa femme, qui est
complètement sacrifié.

Et il se trouvera des penseurs, des philosophes, des légistes, pour prétendre que la
morale aurait été outragée si M. et Mme de
Tilly s'étaient quittés le jour où ils ont vu
qu'ils n'étaient pas faits l'un pour l'autre.

Par contre, les mêmes penseurs, les mêmes
moralistes doivent, sans doute, trouver bon
qu'un homme ait pu ruiner femme et enfants
légitimes, abandonner maîtresse et enfants
illégitimes sans cesser d'être l'époux de celle
qu'il a amenée jusqu'au crime, sans perdre vis-
à-vis d'elle, vis-à-vis de ses enfants, son autorité de mari, de père, de chef de la communauté.

Singulière façon de comprendre la morale
que de laisser indissolublement unis un homme
qui déshonore le foyer domestique et une
femme vertueuse malgré l'action blâmable
qu'elle a commise, condamnant celle-ci à demeurer à jamais la victime de celui-là.

Les deux désespérées qu'a fait là l'indissolubilité du mariage risquent fort, il est vrai, de
chercher une consolation dans l'amour mys-
tique. Il est possible que les prêtres acquièrent
ainsi sur elles une influence qu'ils ne réussi-
raient certainement pas à acquérir si chacune
d'elles avait un mari. Ne serait-ce pas là le
secret de l'opposition que l'Église fait au divorce ?

A. NAQUET,
Député de Vaucluse.

Le petit Lyonnais du 3 janvier 1881

LES CANDIDATURES OUVRIÈRES

L'un des points des programmes qui émanent

dé la plupart des congrès ouvriers est la représentation directe du prolétariat dans les corps élus.

Cette idée, qui revient dans presque tous les congrès ouvriers, est une idée fausse, anti-démocratique, anti-sociale au premier chef, et je crois qu'il est bon que quelqu'un le dise parmi ceux qui ne sont pas suspects de modérantisme ou de réaction.

Non que, à mon avis, les ouvriers doivent-être exclus des corps élus! Loin de moi une pareille pensée! Dans une libre démocratie, toutes les fonctions doivent être accessibles à tous; et je serais heureux s'il m'était souvent donné de voir ce grand exemple d'un ouvrier, fils de ses œuvres, entrant au Parlement pour y représenter son pays. J'admire la République transocéanienne qui, recrutant partout ses grands citoyens, a su faire d'un ancien bûcheron le chef du pouvoir exécutif, et il ne me répugnerait nullement que le fauteuil de la présidence lui même fût occupé chez nous par un ouvrier, pourvu que celui-ci, par ses connaissances et par l'élévation de ses idées, eût mérité cet honneur.

Mais quand un ouvrier entre au Parlement, je ne veux pas qu'il y entre comme ouvrier, je veux qu'il y entre comme un homme, comme un Français que ses concitoyens ont jugé digne de leurs suffrages; je veux qu'il y entre comme le défenseur d'une idée et non comme le représentant d'une caste.

Comprendre les choses autrement : établir la représentation directe du prolétariat, comme sous l'ancien régime on avait établi la représentation directe du Tiers-Etat, de la noblesse et du clergé, c'est faire acte contre-révolutionnaire, c'est remonter le cours de l'histoire, c'est revenir en deçà de 1789.

La gloire, l'œuvre immortelle de 1789, a été l'abolition des classes. Et cette œuvre on voudrait la supprimer! Et ces classes, que l'Assemblée constituante a effacées de notre pays, on voudrait les faire revivre!

Depuis 1789, il n'y a plus ni nobles, ni bourgeois, ni artisans groupés en corporations. Il y a des citoyens exerçant des fonctions différentes; pouvant, selon leur capacité, leur énergie au travail, leur degré d'ordre et d'économie, et aussi selon les circonstances plus ou moins heureuses, atteindre à des fortunes plus ou moins considérables, mais tous égaux en droit, tous fusionnés dans la grande unité française.

Les députés et les sénateurs, — aussi longtemps qu'il y aura des sénateurs, — représentent non la fonction, mais le citoyen. Il est impossible qu'il en soit autrement sans émietter la France. Réclamer la candidature ouvrière avec le sens exclusif et étroit que l'on y attache, c'est vouloir la représentation de la fonction.

Comment ne voit-on pas que si ce principe prévalait, il n'aurait pas de limites:

Aujourd'hui le prolétariat des villes demande une représentation directe. Pourquoi pas aussi l'ouvrier des campagnes? Pourquoi pas aussi le propriétaire foncier, qui a bien ses intérêts propres à défendre? Pourquoi pas la banque? Pourquoi pas le commerce? Pourquoi pas les chefs d'industrie? Pourquoi pas les avocats? Pourquoi pas les médecins? Pourquoi pas les ingénieurs?..... Où s'arrêtera-t-on?

Parmi les ouvriers des villes eux-mêmes n'en arrivera-t-on pas bien vite aux subdivisions? Les ouvriers de l'industrie morcelée qui travaillent en chambre se trouveront-ils suffisamment représentés par un homme appartenant à la catégorie des ouvriers de l'industrie centralisée qui travaillent à l'usine?

Parmi ces derniers, ceux dont l'industrie n'a pas à redouter la concurrence étrangère, et qui sont libre-échangistes, accepteront-ils pour député un tisseur de coton ordinairement engoué de la protection?

Evidemment, les revendications qui se produisent aujourd'hui en général se produiront alors en particulier. Après avoir demandé la représentation du prolétariat, on demandera la représentation de la métallurgie, du coton, de la soie, de l'article de Paris...

Bientôt nous n'aurons plus de citoyens français, mais uniquement des tisseurs, des fondeurs, des mineurs, des tailleurs, des cordonniers, des cultivateurs, des propriétaires, des avocats, des médecins, des pharmaciens, des professeurs... que sais-je encore? Notre belle unité française sera détruite.

Au nom de la solidarité humaine, l'insolidarité s'établira partout. Il n'y aura plus que des groupes différents, donc hostiles. Et, pour emprunter un mot d'un de nos ennemis qui a trouvé quelquefois des expressions heureuses, je dirai avec M. Veuillot que, au lieu d'une nation, il ne restera plus que « de la poussière d'hommes. »

Et tout cela pour arriver à quoi? Pour satisfaire quel intérêt? Je ne l'ai jamais vu clairement.

Ou les ouvriers ont un programme de réformes en vue, ou ils n'en ont pas.

S'ils n'en ont pas, qu'ils en cherchent un. Mais qu'ils ne s'imaginent pas que le programme naîtra de lui-même, par cela seul que quelques-uns d'entre eux seront assis sur les bancs du palais Bourbon ou du Luxembourg. Le mandat de député ou de sénateur donne le moyen d'appliquer les idées que l'on a; mais les idées que l'on a pas, il n'a pas la puissance de les faire naître. Les deux Chambres seraient-elles exclusivement composées d'ouvriers, que ceux-ci n'avanceraient pas d'un degré s'ils ne savaient pas eux-mêmes ce qu'ils veulent; on y débiterait peut-être plus de phrases sur le collectivisme ou le mutuellisme t le progrès n'irait pas au delà.

Si, par contre, les ouvriers ont un pro-

gramme net, précis, défini de réformes, s'ils
savent ce qu'ils veulent, qu'ils le formulent
comme l'a fait la commission d'initiative du
congrès de Lille, et, quand ils l'auront for-
mulé, qu'ils chargent leurs députés de traduire
leurs désirs en lois du pays. Qu'ils choisissent
pour cela des députés capables, convaincus,
pensant comme eux. Mais quand ils auront
trouvé un candidat réunissant ces qualités,
qu'ils ne lui demandent pas d'où il vient et
quelle profession est la sienne.

Avoir, ainsi que le disent les Américains,
une plateforme ; ne voter que pour ceux qui
s'y soumettent et qui donnent assez de garantie de moralité pour qu'on ne puisse pas douter que leurs engagements seront tenus : là est
la vérité. Si l'on va plus loin, si l'on cherche
à faire représenter la profession en tant que
profession, on piétine sur les principes qui ont
servi de base à l'établissement de la République et de la France moderne

Que maintenant on donne la voix à l'homme
capable que l'on connait, que l'on a coudoyé
dans l'atelier, dont les pensées vous sont fa-
milières, et cela plus volontiers qu'à un inconnu que l'on voit pour la première fois, rien
de mieux ! mais ceci devient une question de
choix personnel, ce n'est plus une question de
principe. On défend dans ce cas la candidature
d'un ouvrier, on ne défend plus — ce qui est
absolument différent — la candidature ouvrière. Or, jusqu'à ce jour, c'est absolument
l'inverse que les ouvriers ont fait : ils ont toujours réclamé la candidature ouvrière quand
ils ont eu la parole, et ils ont sans cesse voté
contre les ouvriers candidats.

Il faut que cette situation soit retournée. Il
est désirable que les travailleurs manuels qui
ont su cultiver leur esprit et devenir capables
de remplir la fonction législative,—haute et difficile entre toutes — puissent compter sur les
suffrages non seulement des travailleurs comme
eux, mais encore de tous les républicains
désireux de récompenser le mérite. Mais il faut
aussi qu'on cesse de chercher la résurrection des
castes, résurrection qui serait entre toutes dé-
sastreuses pour le progrès humain. La solution des questions dont, à juste, titre les ouvriers se préoccupent, et qu'ils confondent sous
l'appellation générique de « question sociale »,
ne saurait qu'y gagner.

Il me semble impossible que tous les bons
esprits du prolétariat ne comprennent pas ces
vérités, et que tout en maintenant l'espérance
et le désir justifiés d'envoyer aux Chambres
ceux des leurs qui le méritent, ils ne renoncent
pas à l'idée de faire de ce qui ne peut être
qu'une question de personnes un dogme meur-
trier pour la démocratie.

A. NAQUET,
Député de Vaucluse.

LES
CANDIDATURES OUVRIÈRES

Je reçois à l'instant une lettre que je me félicite d'avoir provoquée par mon premier article sur les candidatures ouvrières, car elle
émane d'un homme intelligent, d'un homme
de cœur, d'un homme qui comprend les choses, d'un de ces hommes enfin avec lesquels
on aime à discuter, car on y trouve profit pour
soi et pour la République.

« La généralité des ouvriers, est-il dit dans
« cette lettre—je veux parler de ceux qui n'at-
« tendent leur émancipation que des moyens
« légaux et pacifiques, qui ne demandent l'a-
« mélioration de leur sort qu'à l'instruction
« et au suffrage universel — la généralité des
« ouvriers ne comprend pas la candidature
« ouvrière comme la comprennent les diffé-
« rents écrivains qui s'en occupent. Ils n'ont
« nullement l'intention de former une caste à
« part dans la société : ils ne seraient plus dé-
« mocrates. Si leurs idées étaient telles et
« qu'ils les missent en pratique, ils arrive-
« raient en majorité à la Chambre qui, dès
« lors, ne serait plus capable de remplir sa hau-
« te mission, car nous ne nous dissimulons pas
« que l'ignorance dans laquelle une société
« monarchique nous a laissé croupir jusqu'ici
« ne nous a guère préparés aux travaux légis-
« latifs. C'est même là ce qui fait que nous
« demandons avant tout que l'instruction la
« plus complète soit répandue à flots et gra-
« tuitement. »

Je n'ai rien à contredire à cette partie de la
lettre que je mets sous les yeux du public, les
idées qu'elle exprime sont les miennes et je
ne les exprimerais certainement pas mieux.

« Mais, continue mon correspondant, ce que
« nous désirons et ce que les républicains
« avancés et instruits ont le tort de ne pas
« accepter et de ne pas défendre, c'est que quel-
« ques-uns d'entre nous fassent partie d'une
« Chambre républicaine, étant donnés la
« grande part qu'ont prise les ouvriers à l'éta-
« blissement d'un gouvernement républicain,
« et les efforts constants qu'ils font encore en
« vue de le maintenir et de le consolider. Ce
« n'est ni au nom de notre capacité, ni au nom
« de notre force que nous le demandons ; ce
« n'est pas pour qu'il y ait à la Chambre un
« groupe distinct des autres groupes, et qui
« représenterait une caste au lieu de représen-
« ter des citoyens démocrates et libres.
« Ce que nous désirons, c'est qu'il y ait à la
« Chambre quelques-uns de nos collègues qui
« puissent se faire l'écho de nos plaintes et

ntre connaître notre misère, les vexations dont nous sommes les victimes, la servitude à laquelle nous sommes assujettis, car les ouvriers seuls peuvent savoir quel est le degré d'asservissement et de souffrance auquel est soumise une grande partie de nos concitoyens.

« Je sais bien que beaucoup de députés promettent à leurs électeurs de les soutenir et de les défendre. Mais, une fois loin, que font-ils ? Rien ! Pourquoi ? Parce qu'ils considèrent les doléances qui leur parviennent comme des détails insignifiants en présence des grandes questions dont ils cherchent la solution.

« Qu'est devenue la plainte des ouvriers du Creuzot contre les procédés dont on avait usé à leur égard après les élections politiques, parce qu'ils avaient élu un républicain ? Qu'est devenue la protestation envoyée par ces mêmes ouvriers à leur député relativement à la pression qui a été exercée sur eux lors des élections au conseil général ?

« A quoi ont abouti les réclamations des mécaniciens et chauffeurs des compagnies de chemins de fer ? Une commission a été nommée, sur laquelle on avait fondé de grandes espérances. Le rapport de cette commission a été déposé. A quoi aboutit-il ? A rien. Car ses conclusions sont insignifiantes et font sourire tous les agents des Compagnies. On n'y parle même pas du travail excessif imposé aux agents, et parfois si préjudiciable au public.

« Que de questions de ce genre pourraient être portées à la tribune si quelques ouvriers pouvaient se faire l'écho de cette partie de la société, si intéressante et si dangereuse parfois !

« Croyez-vous donc que si les ouvriers étaient représentés par quelques-uns de leurs collègues, avec lesquels ils puissent causer familièrement et sans gêne, que si ces représentants, connaissant par eux-mêmes les besoins et les aspirations de la classe ouvrière, pouvaient venir les dénoncer à la tribune, croyez-vous, dis-je, que l'on écouterait encore ces insensés, ces utopistes qui ne flattent les ouvriers que dans l'espérance de s'en servir comme de marchepieds pour arriver aux régions élevées du pouvoir ?

« Non ! cela ne serait pas, et, cela n'étant pas, de grands dangers pour la République et pour la France seraient écartés.

« Voilà pourquoi nous demandons quelques candidatures ouvrières et pourquoi nous venons dire à tous ceux qui travaillent à l'affermissement de la République : *Au lieu de nous combattre, aidez-nous et soutenez-nous comme nous vous avons toujours aidés et soutenus, car non seulement il y a utilité, mais encore urgence et nécessité..... »*

Prise sous cet aspect, la candidature ouvrière n'a plus rien qui puisse nous choquer.

et — ainsi que je le disais d'ailleurs dans mon précédent article — je serais heureux de voir arriver quelques ouvriers au Parlement. Avec le scrutin d'arrondissement, c'est difficile : nul ne peut se dire assez puissant pour imposer silence aux compétitions, à la concurrence électorales, et malheureusement, lorsque plusieurs candidats sont en présence, c'est d'ordinaire les ouvriers eux-mêmes qui votent contre leur propre candidat. Avec le scrutin de liste, la chose deviendra plus facile, comme l'ont prouvé les élections de 1848 et de 1870, et c'est une des raisons à invoquer en faveur du scrutin de liste.

Mais que ceux qui échafaudent sur l'arrivée de quelques ouvriers au Parlement toutes les espérances contenues dans la lettre que nous avons citée, sachent bien qu'ils se réservent de bien grandes désillusions.

A peine députés, les ouvriers intelligents que l'on aura revêtu de ces graves fonctions sentiront comme nous, les difficultés de tout genre les étreindre. Comme nous, ils comprendront l'inutilité, l'impossibilité même de certains actes, de certains discours, et ils seront traités d'opportunistes et de réactionnaires. Voyez Tolain, voyez Greppo, empêchent-ils plus que vous l'éclosion des utopies dangereuses ?

Vos députés laissent dormir vos protestations, dites-vous. Ils ne font rien contre les pressions dont vous avez souffert au Creuzot, rien contre ce dont vous souffrez sans cesse dans les Compagnies de chemins de fer ?

Savez-vous pourquoi ?

Parce qu'il est bien difficile d'intervenir dans ce qui n'est pas du domaine public, mais du domaine privé. Le Creuzot est une société privée ; les Compagnies de chemins de fer sont des sociétés privées. Elles sont libres d'entendre chez elles le travail comme elles le veulent, et tous les rapports parlementaires sont impuissants contre elle.

Est-ce à dire qu'il faille renoncer à toute espérance d'améliorer le sort de l'ouvrier ? Non ! mais ce n'est pas par des mesures coercitives prises contre telle ou telle compagnie qu'on y parviendra. On y parviendra par l'instruction généralisée, par le crédit à bon marché qui feront de la coopération, non plus une chimère, mais une réalité. On y parviendra en rachetant les chemins de fer. On y parviendra, en un mot, en favorisant par de grandes mesures générales l'accession de l'ouvrier à la propriété.

Or, les grandes questions, le gouvernement républicain et le Parlement, les étudient et en préparent la solution toujours lente et difficile lorsqu'il s'agit d'aussi redoutables problèmes. Elles se résoudront, et c'est là ce qui amènera l'émancipation des ouvriers, bien plus que de vains discours prononcés à la tribune sur une situation effroyable que tout le monde connaît, mais contre laquelle il faut surtout proposer des remèdes.

A ce point de vue, nous n'attendons pas de grands résultats de l'entrée de quelques ouvriers au Parlement, à moins que ces ouvriers ne soient des hommes d'une grande valeur et qu'ils n'apportent à l'édifice démocratique autre chose qu'un concours de plaintes et de négations. Mais les ouvriers sont de beaucoup la classe la plus intéressante par ses souffrances, la plus méritante par les services qu'elle a rendus et qu'elle rend chaque jour à la République, et il serait coupable de notre part de ne pas accéder à une réclamation formulée dans des termes aussi limitatifs, à un désir en soi aussi légitime.

A. NAQUET,
Député de Vaucluse.

Le petit lyonnais du 7 janvier 1881 (n° 35)

LE DIVORCE

Amendements divers

I

Avant d'entrer dans la discussion des divers arguments philosophiques et des divers arguments de fait que l'on invoque pour ou contre le rétablissement du divorce, j'ai donné un aperçu général de la législation de 1803, que le projet actuel vise à rétablir dans ses principales dispositions.

Pour être complet, je dois montrer à présent en quoi le projet actuel s'écarte de notre ancien code, et je dois aussi faire connaître les quelques dispositions importantes, que la commission de la Chambre a repoussées, mais qui, reprises sous forme d'amendement, viendront en discussion en séance publique.

L'article 231 du Code civil portait :

« Les époux pourront réciproquement demander le divorce pour excès, sévices, injures graves de l'un d'eux envers l'autre. »

La commission y a ajouté :

« Ainsi qu'à raison de la condamnation de l'un d'eux à une peine simplement correctionnelle : pour vol, escroquerie, abus de confiance, outrage public à la pudeur. »

L'article 232 du Code était ainsi conçu :

« La condamnation de l'un des époux à une peine infamante sera pour l'autre époux une cause de divorce. »

A cette rédaction, la commission a substitué la suivante :

« La condamnation de l'un des époux à une peine infamante autre que le bannissement et la dégradation civique prononcés pour cause politique, sera, pour l'autre époux, une cause de divorce.

« L'absence sans nouvelles d'un des époux pendant cinq ans sera pour l'autre époux une cause de divorce. »

La rédaction de l'article 238 du code était la suivante :

« Le juge ordonnera, au bas de son procès-verbal, que les parties comparaîtront en personne devant lui, au jour et à l'heure qu'il indiquera, et qu'à cet effet, copie de son ordonnance sera par lui adressée à la partie contre laquelle le divorce est demandé. »

La commission rédige cet article comme il suit :

« Le juge ordonnera, au bas de son procès-verbal, que les parties comparaîtront en personne devant lui au jour et à l'heure qu'il indiquera, *et que chacune d'elles devra convoquer pour assister à cette comparution ses trois plus proches parents ou alliés, dans les termes de l'article 407 et suivants du code civil.* A cet effet, copie de son ordonnance sera par lui adressée à la partie contre laquelle le divorce est demandé. »

La modification consiste, on le voit, dans l'addition du membre de phrase que j'ai souligné pour mieux le mettre en évidence.

L'article 239 du code civil était ainsi rédigé :

« Au jour indiqué, le juge fera aux deux époux, s'ils se présentent, ou au demandeur, s'il est seul comparant, les représentations qu'il croira propres à opérer un rapprochement ; s'il ne peut y parvenir, il en dressera procès-verbal et ordonnera la communication de la demande et des pièces au ministère public, et le référé du tout au tribunal. »

La commission fait subir à cet article la modification que voici :

« Au jour indiqué, le juge, *assisté des six plus proches parents ou alliés des époux, convoqués comme il est dit à l'article 238,* fera aux deux époux, s'ils se présentent.. »

Le reste comme au code.

La modification porte encore sur l'addition de la phrase soulignée relative aux proches parents ou alliés de chacune des parties.

Le législateur de 1803 avait établi par l'article 277, que : « le divorce par consentement naturel ne pourra plus être admis après 20 ans de mariage, ni lorsque la femme aura atteint 45 ans. »

La commission propose la suppression pure et simple de cet article qui, tandis que le reste du titre VI du code civil reprendrait force et vigueur, demeurerait, lui, abrogé.

Le législateur de 1803 avait disposé par l'article 295 du Code civil que :

« Les époux qui divorceront, pour quelque cause que ce soit, ne pourront plus se réunir. »

Trouvant cette rédaction trop restrictive, la commission lui substitue cette autre rédaction :

« Les époux qui divorceront, pour quelque cause que ce soit, ne pourront plus se réunir si l'un ou l'autre a, postérieurement au divoce, contracté un nouveau mariage. Au cas de réunion des époux, une nouvelle célébration du mariage sera toujours nécessaire. Les époux ne pourront adopter de conventions matrimoniales autres que celles qui réglaient originairement leur union. Après la réunion des époux, il ne sera reçu de leur part aucune nouvelle demande de divorce, pour quelque cause que ce soit, autre que celle d'une condamnation à une peine infamante prononcée contre l'un d'eux depuis leur réunion, »

Enfin, obligée de régler la situation des époux séparés de corps avant la promulgation de la nouvelle loi, la commission a adopté la disposition transitoire suivante :

« Les époux séparés de corps antérieurement à la promulgation de la présente loi, auront, sans distinction entre le demandeur et le défendeur, la faculté, lorsque le jugement prononçant la séparation sera devenu définitif depuis trois ans au moins, de faire convertir leur séparation en divorce sans requête et par acte passé à bref délai.

« Le jugement qui convertira la séparation de corps en divorce sera rendu en audience publique.

« L'époux contre lequel la séparation aura été prononcée pour adultère ne sera pas admis à réclamer le bénéfice de cette disposition.

« Les instances en séparation de corps introduites au moment de la promulgation de la présente loi, pourront être converties par les demandeurs en instances de divorce. »

Telles sont les modifications que la commission a cru devoir faire subir à l'œuvre du législateur consulaire. Voici maintenant quelques amendements qui ont été proposés par divers députés.

M. de Gasté demande qu'il soit spécifié en l'article 298 que, « dans le cas de divorce admis en justice pour cause d'adultère, l'époux coupable ne pourra jamais se remarier. »

M. Guillot, de l'Isère, propose de rédiger ainsi l'article 230 du Code :

« La femme pourra demander le divorce pour cause d'adultère de son mari. »

Dans le Code, cet article est conçu dans les termes suivants :

« La femme pourra demander le divorce pour cause d'adultère de son mari, *lorsqu'il aura tenu sa concubine dans la maison commune.* »

M. Guillot fait, on le voit, disparaître ces derniers mots, et place ainsi, au point de vue des devoirs des époux dans le mariage, la femme sur un pied d'égalité avec l'homme. J'avais également proposé cette innovation dans mon projet primitif. La commission l'a repoussé, après l'avoir d'abord adopté. M. Guillot le reprend, et je l'appuierai de toute ma force.

Dans un autre amendement, le même député propose de faire disparaître de la disposition transitoire donnée plus haut ce passage :

« L'époux, contre lequel la séparation aura été prononcée pour adultère, ne sera pas admis à réclamer le bénéfice de cette disposition. »

De mon côté j'avais, dans mon projet primitif, proposé deux causes de divorce nouvelles: *l'aliénation* mentale incurable et certains dissentiments religieux entre époux.

J'ai renoncé à la seconde ; mais je persiste à croire que la commission a erré en repoussant la première.

Les lecteurs du *Petit Lyonnais* connaissent à cette heure, dans toute son économie, la loi nouvelle qui, je l'espère, viendra sous peu en discussion devant le Parlement.

Il me reste à justifier les amendements que la commission a apportés au texte du Code et à discuter les amendements qu'elle a repoussés, mais qui sont défendus par des membres du Parlement. C'est ce que je ferai dans mes prochains articles.

A. NAQUET,
Député de Vaucluse.

Chambre des députés lundi 7 février 1881
(indépendant du 9 février 1881 (no 29))

Discours de M. Naquet

M. Alfred Naquet. Je demande la parole.

M. le président. La parole est à M. Naquet.

M. Alfred Naquet. Messieurs, je ne vous cache pas que, de même que mon éminent collègue, M. Léon Renault, j'ai été on ne peut plus étonné d'entendre, dans la séance d'avant-hier, notre honorable collègue, M. Louis Legrand, prétendre que nous avions aggravé le code civil par les dispositions nouvelles que nous avions introduites dans notre loi.

En effet, le contre-projet dont M. le président vient de nous lire le premier article ne consiste pas dans autre chose que dans l'adoption, par M. Louis Legrand et les commentaires de ce contre-projet, de toutes les dispositions que nous avons cru devoir introduire dans le titre VI du code civil. Seulement M. Louis Legrand et ses adhérents appliquent à la séparation de corps toutes les dispositions que nous appliquons au divorce. C'est donc, en somme, la discussion générale qui se rouvre avec la discussion de cet amendement; mais si le principe du divorce triomphe, ces messieurs devront reconnaître que nous avons eu raison de vouloir introduire dans nos lois les modifications qu'ils nous reprochent, et sur lesquelles je ne reviendrai pas, puisqu'elles ont été très nettement exposées par M. Léon Renault et qu'eux-mêmes proposent de les appliquer à notre régime actuel.

Comme M. le rapporteur, messieurs, je vais m'efforcer, moi aussi, dans la limite qui m'est laissée par le discours remarquable que vous venez d'entendre, — je dis dans la limite qui m'est laissée, car il est bien difficile de trouver encore quelque chose à dire d'utile après ce discours, — je vais m'efforcer de répondre, dis-je, aux objections de M. Louis Legrand.

Avant tout, vous me permettrez de m'expliquer nettement et une fois pour toutes, afin qu'elle ne se représente plus à l'avenir, sur une question privée qu'on m'a déjà posée devant le Parlement en 1871 et 1873 : je veux dire que j'ai l'intention de m'expliquer sur le livre intitulé : *Religion, propriété, famille*, que j'ai écrit en 1868, et que constamment, on m'oppose, lorsque je m'occupe d'une question qui touche à la famille, comme celle du divorce.

Messieurs, dans ma vie, comme dans la vie de beaucoup d'entre nous, il y a eu deux périodes : une période que j'appellerais volontiers, — bien que je fusse à cette époque très anti-religieux comme je le suis encore, je l'avoue très franchement, à cette heure, — que j'appellerai très volontiers ma période religieuse, parce que je procédais, alors, comme les religionnaires, par la voie sentimentale, par la voie d'affirmation ; parce que, dans mon ardeur, ardeur que j'ai conservée — à aimer et à défendre ce que je jugeais juste et bon, je croyais à la possibilité de transformer les sociétés par des systèmes préconçus, inventés, ayant pris leur origine dans un cerveau humain.

Je n'avais point encore appliqué aux questions sociales cette méthode scientifique qui nous apprend et nous enseigne que, à chaque moment des sociétés humaines, il y a non une question sociale qu'on puisse trancher comme on trancherait le nœud gordien, mais des questions sociales nombreuses, complexes, ainsi que l'a très remarquablement dit le grand orateur qui préside ordinairement à nos débats. (Applaudissements à gauche et au centre.)

Eh bien, messieurs, le livre que j'ai écrit procède de cette première période dont je suis sorti depuis longtemps. Je suis entré depuis dans une période nouvelle, évolutionnaire, et, en 1871, dans un journal de mon département, je déclarais déjà que si, par hypothèse, j'avais le pouvoir d'appliquer, *hic et nunc*, par des décrets, les principes que j'avais émis dans mon livre, « ma main se dessécherait avant de signer de tels décrets. » (Très bien ! très bien !)

Quelles que soient, au point de vue philosophique, spéculatif, les éventualités possibles que l'avenir réserve à l'institution du mariage, je suis profondément convaincu que si jamais cette institution devait finir par disparaître, ce n'est pas parce que la société se serait démoralisée, c'est, au contraire, parce qu'elle se serait moralisée à ce point de rendre l'institution inutile. (Très bien ! sur plusieurs bancs à gauche.)

Voilà pourquoi, à l'heure présente, comme un pareil fait, s'il doit se produire jamais, ne se produira ni pour nous, ni pour nos descendants pendant des séries de siècles, voilà pourquoi je n'ai pas à me préoccuper de ces questions, dès lors purement métaphysiques, qui peuvent intéresser un penseur dans son cabinet, mais qui ne peuvent trouver place dans les pensées d'un homme politique. (Très bien à gauche.)

Et si je croyais, dans la société où nous sommes, où le mariage est une nécessité qui s'impose, si je croyais que l'institution du divorce eût pour conséquence, pour caractère de démoraliser cette institution et la société elle-même, je ne viendrais pas ici vous en proposer le rétablissement. (Très bien ! très bien !)

Mais je suis convaincu, dans la sincérité de ma conscience, que le divorce est une loi essentiellement moralisatrice, — et c'est surtout à ce point de vue que je m'en suis fait l'initiateur devant vous ; je suis convaincu que, loin d'aiguiller, — comme on dit dans le langage des chemins de fer, — sur la solution de la liberté en matière d'amour, le divorce est, au contraire, une véritable soupape de sûreté qui consolide le mariage et fortifie la famille.

Et je ne suis pas seul à penser ainsi : le jour où je déposais ma demande de rétablissement du divorce sur le bureau de la Chambre, un journal révolutionnaire m'attaquait et, dans un langage que rappelle ce matin, dans mon propre journal, mon ami Jean Saint-Martin, repoussait le divorce sous le prétexte que c'est « un procédé orléaniste de consolidation du mariage. » (Rires sur divers bancs.)

M. le comte de Douville-Maillefeu. On ne s'en débarrassera pas facilement de l'orléanisme.

M. Alfred Naquet. Messieurs, je reprends l'argumentation de M. Louis Legrand.

M. Louis Legrand prétend que le divorce est nuisible à la femme et que c'est en vue de la protéger que l'indissolubilité du mariage doit être conservée. Il nous dit : « La femme semble croire, en général, que l'indissolubilité du mariage est un palladium qui la protège. »

Je ne sais pas si M. Louis Legrand, qui prétendait que nous n'avions pas reçu mandat de parler, au nom des femmes, en faveur du divorce, aurait d'aventure reçu mandat des femmes pour parler en faveur de l'indissolubilité.

Quoi qu'il en soit, et puisque, dans le passage que j'ai cité du discours de l'honorable M. Louis Legrand, notre collègue procède par affirmation et non par démonstration, puisqu'il ne dit pas en quoi le divorce peut nuire à la femme et en quoi l'indissolubilité du mariage peut la protéger, j'ai dû chercher ailleurs que dans ses paroles les développements de son argumentation. Je les ai trouvés dans un livre catholique ennemi du divorce, qui a été récemment publié par M. Berry.

« L'homme, dit M. Berry, sortira bien, en effet, du mariage avec tout ce qu'il y aura apporté, sa sa fortune, son honorabilité, son talent, son intelligence ; rien chez lui n'aura subi d'avarie. Mais, la femme que lui restera-t-il à la chute de son premier établissement ? Sa fortune, peut-être ? Mais sa beauté, sa jeunesse, apport si précieux... » (Vive hilarité sur plusieurs bancs.)

M. le comte de Douville-Maillefeu. Il n'y a que des crétinaux pour écrire ces choses-là !

M. Alfred Naquet... « que sont-ils devenus ? Les uns gravement atteints par les lourdes et pénibles charges du mariage, auront subi des détériorations plus ou moins graves ; les autres, servis en pâture aux plaisirs du mari, auront absolument disparu. »

Voilà, messieurs, le développement de l'idée que M. Louis Legrand s'est borné à affirmer sans la développer ; et ce développement-là, il n'est pas même de M. Berry, il est de Portalis qui le donnait en 1803, et qui pouvait avoir alors certaines raisons de le donner, parce que, au moment où Portalis parlait, on sortait de la législation de 1792, qui était presque la liberté en matière d'amour, qui était la faculté de briser le mariage sur la simple volonté d'un seul des conjoints, après six mois de persistance dans cette volonté,

Je conçois que, sous un semblable régime, on pût craindre, — bien que je ne croie pas que ces craintes fussent fondées en réalité, — de voir les femmes abandonnées; de voir la lubricité des maris (Oh! oh!), — permettez-moi cette expression, — les porter à rompre leur mariage pour épouser des femmes plus jeunes, plus jolies. (Sourires sur divers bancs.) Mais, messieurs, nous ne nous trouvons plus en présence de cette loi de 1792, sur laquelle cependant je m'expliquerai tout à l'heure; nous nous trouvons en présence du titre VI du code civil, et M. Léon Renault a tout à l'heure excellemment établi quelle différence sépare les deux législations.

Je vais essayer de compléter la démonstration, et de vous prouver que si vous rétablissez le divorce, cela ne peut pas avoir pour effet d'augmenter le nombre des désunions dans les familles; si la réforme que nous proposons devait avoir un résultat, ce résultat consisterait plutôt, j'en ai la persuasion, à diminuer les cas de désunion qu'à les accroître.

Dès lors, l'argumentation se transforme : il ne s'agit pas de savoir s'il vaut mieux pour la femme être heureuse dans son ménage et n'avoir pas besoin du divorce, que d'être malheureuse dans son ménage et de divorcer. Si on posait la question sur ce terrain, nous serions tous d'accord, et s'il n'y avait que de bons ménages, je ne serais pas aujourd'hui à la tribune. Il s'agit de savoir si, dans ces cas désastreux où le lien conjugal est si profondément atteint, que, même dans notre législation actuelle, les tribunaux sont obligés de recourir à ce remède suprême qui s'appelle la séparation de corps et de biens; il s'agit de savoir si, dans ces cas graves, la femme est plus protégée par le divorce que par la séparation de corps, ou si elle est plus protégée par la séparation de corps que par le divorce.

Voilà comment la question doit être posée, et dès qu'elle est posée en ces termes, je dis que non seulement l'indissolubilité n'est point un avantage et une protection pour la femme, mais qu'elle est intolérable pour elle. Je dis que cette indissolubilité, nuisible à l'homme, qui peut cependant à la rigueur s'en accommoder, devient pour la femme un joug odieux. Je dis que le divorce est pour la femme, contrairement à ce qu'affirmait M. Louis Legrand, une garantie suprême et que c'est surtout au nom de son intérêt à elle que nous devons vous demander de le voter.

Que signifie en effet l'argumentation de M. Portalis, reproduite par M. Georges Berry et à laquelle M. Louis Legrand a fait allusion? Elle signifie qu'une femme divorcée éprouvera plus de difficultés pour se remarier qu'une jeune fille n'en éprouve pour se marier. Voilà traduite en langage simple et vulgaire la pensée de nos adversaires.

Cela serait-il réel que l'objection n'aurait néanmoins aucune valeur.

Les femmes séparées de corps ne peuvent jamais se remarier. Or, il me semble que, avoir la faculté d'un second mariage, dont il pourra se faire que les circonstances ne vous permettent pas d'user, est toujours un avantage plus grand que d'être lié par une loi qui ne vous accorde jamais cette faculté.

Mais l'argumentation de M. Louis Legrand ne tient pas devant les chiffres. Puisqu'on a invoqué la statistique devant vous, permettez-moi aussi de l'invoquer à mon tour.

Nous avons à cette heure un statisticien très remarquable, M. Jacques Bertillon, qui s'est for-tement préoccupé de ces questions de mariage, de divorce, de veuvage. M. Bertillon a voulu rechercher quelle était la nuptialité — c'est un mot barbare, un mot scientifique — des célibataires, des veufs et des divorcés.

Par nuptialité, il entend la proportion des individus d'un âge déterminé qui, sur un nombre donné, se marient dans l'année. Il prend, par exemple, mille célibataires, hommes ou femmes, de 25 à 26 ans, je suppose, mille femmes ou hommes divorcés de 25 à 26 ans, et il recherche combien il s'est marié, des uns et des autres, dans le courant de l'année. Ainsi, d'après M. Bertillon, sur mille jeunes filles de 18 à 21 ans, il s'en marie 22 dans l'année, tandis qu'il se marie 44 veuves du même âge; sur 1,000 jeunes filles de 25 à 29 ans, il s'en marie 115 dans l'année, tandis que le nombre des veuves remariées dans le même laps de temps est de 157. M. Bertillon exprime ces faits en disant que la nuptialité des jeunes filles et des veuves, de 18 à 21 ans et de 25 à 29 ans, est respectivement 22, 44, 115 et 157.

Quand on considère les femmes divorcées, on reconnaît qu'elles se marient un peu moins que les filles jusqu'à 30 ans; puis, de 30 à 35 ans leur nuptialité dépasse même celle des veuves et reste deux fois et demie plus forte que celle des filles.

Vous voyez, messieurs, que la nuptialité des femmes divorcées étant plus grande que la nuptialité de celles qui n'ont jamais été mariées, l'argument qui consiste à dire que, le divorce rétabli, les divorcées trouveraient difficilement à contracter un nouveau mariage perd toute son importance : c'est le contraire qui est prouvé.

Maintenant, je tiens, même au point de vue de la femme, à poser la question plus haut. Si même il était vrai que les femmes divorcées dussent rencontrer quelques difficultés à se remarier, j'affirmerais cependant encore que leur situation sera supérieure à celle que leur fait aujourd'hui la séparation de corps. D'abord, ainsi que l'a dit l'honorable M. Léon Renault, la chaîne serait rompue, les femmes ne seraient pas obligées de porter un nom quelquefois déshonoré et flétri; elles auraient reconquis la plénitude de leur liberté, la plénitude de leur dignité, leur nom de jeunes filles. En outre elles auraient l'espoir d'un second mariage; et soyez convaincus que cet espoir serait singulièrement conservateur de leur moralité, car le jour où l'on n'est pas obligé de dire adieu pour toujours aux joies et aux honneurs du foyer domestique, on se garde plus religieusement de tous les écarts qui pourraient un jour vous en rendre indignes. (Très bien! très bien! sur plusieurs bancs à gauche.)

Permettez-moi, messieurs, à propos de la situation de la femme en présence de la séparation de corps et du divorce, de vous lire quelques phrases qui ont été prononcées par mon illustre ami M. Louis Blanc dans une conférence qu'il a bien voulu faire à Avignon : je les affaiblirais si je les analysais au lieu de vous les lire textuellement.

« Non! disait M. Louis Blanc, l'intérêt de la femme ne demande pas l'indissolubilité du mariage. Ce qui est vrai, c'est précisément le contraire. Car, dans l'état actuel de nos mœurs, l'indissolubilité du mariage crée à celles qui sont mal mariées la plus intolérable des servitudes.

« Comparez les situations. Pour l'homme, dans les unions mal assorties, le mariage est une contrainte; pour la femme, il est une chaîne. »

Et l'éminent orateur présentait le tableau d'un homme se soustrayant à ses devoirs d'époux sans que la société daigne s'arrêter à ses infidélités, en tirant gloire et vanité, trouvant dans le titre d'homme à bonnes fortunes de quoi le consoler du blâme de quelques probités grondeuses. Après quoi, Louis Blanc ajoutait :

« Voilà l'accueil que la société garde aux erreurs triomphantes du mari. Quel accueil garde-t-elle aux faiblesses de la femme ?

« Ah! qui ne sait qu'ici l'opinion est sans pitié! malheur à une femme coupable, non pas même de corruption; mais d'un moment de défaillance! Pour elle, plus de repos, si ce n'est dans un monde d'où la richesse et l'élégance ont chassé la sévérité des mœurs. Les femmes se détournent d'elle avec insulte et dédain, quelques-unes avec pitié. Les hommes se croient autorisés à la poursuivre de leurs plus insolents hommages. Vainement donnerait-elle pour excuse de sa conduite son amour trahi, son foyer devenu solitaire, ses caresses brutalement repoussées, ses larmes raillées : elle a succombé; elle portera son châtiment jusqu'au tombeau. En butte à la fois au mépris qui la fuit et au mépris qui la poursuit, où trouvera-t-elle consolation et asile? En ce qui concerne les femmes, toute une vie de repentir, de larmes, de vertus ne suffit pas toujours, aux yeux du monde, à faire oublier une heure d'égarement et la défaite d'un cœur troublé... »

Messieurs, pour que l'intérêt de la femme militât en faveur de l'indissolubité du mariage, il faudrait que l'établissement du divorce eût pour conséquence nécessaire de corrompre les mœurs et d'augmenter le chiffre des désunions qui se produisent dans les familles.

S'il en était ainsi, le nombre des familles désunies devenant plus considérable, et les femmes ayant plus à perdre que les hommes à ces désunions, on pourrait admettre l'argumentation de M. Louis Legrand. Mais il n'a pas fait la preuve des effets corrupteurs qu'il prétend être la conséquence fatale du divorce, et M. Léon Renault a fait, tout à l'heure, d'une manière très éloquente, la preuve du contraire.

J'insiste, messieurs, sur ce point. M. Louis Legrand nous dit : Regardez la loi de 1792, regardez l'Allemagne, la Suisse; en Suisse, il y a 4 divorces pour 100 mariages; à Berlin, il y a 6 pour 100; et en France, sous l'empire de la loi de 1792, on a vu à Paris près de 6,000 divorces la première année.

Messieurs, cette loi de 1792 on en parle peut-être un peu légèrement, car, en 1792, le bureau général de statistique n'existait pas, et on ne connaît pas les résultats généraux pour toute la France.

Les résultats que l'on cite sont ceux de Paris; de Paris, c'est-à-dire d'une très grande ville, alors que — tout le monde le sait — les familles désunies abondent beaucoup plus dans les grandes villes que dans les campagnes.

Et à quel époque prend-on ce chiffre de 6,000 divorces? A une époque troublée, à une époque révolutionnaire, à une époque où l'éclosion des principes nouveaux avait fait naître la désunion jusque dans le sein des familles; à une époque où la terreur même avait été une cause, pour la Convention, de facilités à donner au divorce, parce que la Convention, cela a été dit, plus tard, au conseil des Cinq-Cents, avait voulu favoriser les époux qui étaient menacés de voir prononcer contre leurs conjoints la confiscation des biens par le tribunal révolutionnaire. Donc, les effets de la loi de 1792

à Paris ne sont pas probants. Si vous allez dans vos provinces, si vous recherchez chacun dans votre département, vous verrez que les effets de cette loi sont loin d'y être les mêmes. J'ai cherché dans ma ville natale, une ville de 12,000 âmes; savez-vous combien il y a eu de divorces depuis le 20 septembre 1792 jusqu'au 8 mai 1816, c'est-à-dire, on le voit, et sous l'empire de la loi de 1792 et sous l'empire du code civil?

Il n'y en a eu que douze en tout, un peu moins de un par année; il y a le double de séparations de corps à cette heure. Savez-vous combien il y a eu à Bayonne, — ville de 27,000 habitants, je crois, — de divorces sous l'empire de la loi de 1792, c'est-à-dire du 21 septembre 1792 au mois de mars 1803? Il y en a eu vingt-deux, c'est-à-dire à peu près deux divorces par an, beaucoup moins qu'il n'y a de séparations aujourd'hui.

Mais, quand bien même la loi de 1792 aurait produit les désordres dont on parle, cette loi, pas plus que la loi suisse, pas plus que la loi prussienne, ne permet d'établir une comparaison avec notre état actuel. C'est que, en effet, si l'on veut comparer les effets du divorce avec ceux de la séparation de corps, il faut, pour que les chiffres conduisent à des conclusions précises, que les législations dont on étudie les statistiques soient les mêmes quant aux causes de désunion si elles diffèrent quant aux effets de la désunion. (Bruit de conversations.)

Si la Chambre est fatiguée, je suis prêt à renoncer à élucider cette question; mais elle me paraît assez importante pour que vous me fassiez l'honneur de quelques minutes d'attention. (Parlez! parlez!)

Messieurs, à côté des séparations judiciaires, il y a toujours des séparations purement amiables, qui, le plus souvent, sont aussi éternelles que les séparations judiciaires, mais qui ne viennent pas se dérouler devant un tribunal et qui sont d'autant plus nombreuses que la loi sous laquelle on vit est plus limitative. Dans un pays de divorce, où l'on acquiert, en plaidant, la faculté de se remarier, on va devant le tribunal, on s'efforce de récupérer cette liberté; mais là où la séparation ne nous apporte aucune liberté nouvelle, pourquoi prendre le public entier à témoin de nos discordes intestines, à moins de cas particulièrement graves où l'on y est obligé? On se sépare alors à l'amiable et la société n'en sait rien; la statistique n'enregistre rien. Pour pouvoir comparer d'une manière certaine et sérieuse les résultats obtenus dans les pays de divorce et dans les pays de séparation, pour savoir quelle influence le régime qui règle les désunions des époux exerce sur le nombre des familles qui se désunissent, il faudrait pouvoir connaître, à la fois, et le chiffre des séparations judiciaires et le chiffre des séparations amiables; il faudrait avoir un total, ce total nous échappe : la statistique ne nous le donne pas.

Sous l'empire d'une loi limitative comme celle que nous vous proposons de rétablir, il reste un nombre plus ou moins considérable de ces séparations amiables. Avec la séparation de corps, il s'en produit plus encore. Mais sous une loi comme celle de 1792, il n'y en a plus : le divorce est trop facile alors, pour qu'on n'y recoure pas au lieu de recourir à la simple séparation.

Or, il n'est nullement prouvé que si nous avions le total complet des divorces et des séparations amiables de 1792 à 1803 et le total de toutes les séparations amiables et judiciaires qui se produisent dans Paris, à cette heure, il n'est nullement prouvé que les chiffres d'aujourd'hui fussent inférieurs aux chiffres de 1792.

Pour ma part, je ne les crois pas inférieurs; seulement, il y a cette différence : en 1792 on les voyait en face, tandis qu'aujourd'hui nous ne les voyons pas. Alors on voyait le danger, aujourd'hui on s'endort dans une douce quiétude parce que le danger n'apparaît plus distinctement à nos yeux.

Mais je veux bien admettre avec vous, pour simplifier la discussion, que les objections élevées contre la loi de 1792 soient fondées. J'admets encore, si l'on veut, que la loi allemande, que la loi suisse, dont les articles sont tellement élastiques que la jurisprudence a pu, avec ces lois, rendre le divorce presque aussi facile qu'il l'était chez nous, sous la Révolution, j'admets que ces lois présentent des inconvénients graves ; mais si nous comparons les pays qui vivent sous le régime qu'avait institué le titre VI du code civil à la France où nous avons également le même titre VI, à cela près que ce qui est ailleurs cause de divorce n'est ici que cause de séparation de corps, nous trouvons des résultats tout différents de ceux qu'indiquait l'autre jour M. Louis Legrand ; ces résultats, M. Léon Renault les a fait passer sous vos yeux en majeure partie. Je veux cependant insister encore une minute sur les chiffres qui sont relatifs à l'Alsace-Lorraine et à la Belgique.

A propos de l'Alsace-Lorraine, je m'étais permis l'autre jour d'interrompre M. Louis Legrand, j'avais tort ; j'avais mal entendu ce qu'il disait.

Eh bien, oui, en Alsace-Lorraine, il y a eu une augmentation du nombre des divorces depuis 1875 jusqu'à aujourd'hui. Mais même avec cette augmentation, plus apparente que réelle, — M. Renault l'a démontré ; — puisque pour la faire apparaître on est obligé de ne pas tenir compte des séparations de corps qui existaient avant 1876, époque où la séparation a été abolie, — même avec cette augmentation apparente, l'Alsace-Lorraine est toujours restée au-dessous de la France. Messieurs, voici les résultats: Je m'en réfère aux chiffres que l'ambassade d'Allemagne a bien voulu me faire parvenir.

Sur 10,000 mariages en 1873, il y a eu en France 67,9 séparations de corps; en Alsace 6 divorces seulement. En 1874, il y a eu en France 74,1 séparations de corps sur 10,000 mariages et en Alsace 26, 6; en 1875, 78,3 séparations de corps en France et en Alsace 44,2; en 1876, 85,7 séparations en France et 59,8 divorces en Alsace; en 1877, 89,8 séparations en France et 87,3 divorcés en Alsace. Les chiffres se rapprochent. Mais attendez !... En Alsace on s'arrête et en France on continue la progression. En 1878, le nombre des séparations de corps atteint 92 sur 10,000 mariages en France, et le nombre des divorces n'est plus que de 16 dans nos anciennes provinces.

En Alsace-Lorraine, le divorce n'a donc pas eu pour effet de corrompre les mœurs, puisque depuis qu'il y fonctionne, année par année, le nombre des divorces a été toujours constamment inférieur au nombre des séparations de corps chez nous.

En Belgique, je puis vous donner encore quelques chiffres très intéressants, très curieux. Sur 100,000 mariages, depuis 1841 jusqu'en 1877, la statistique ne s'est pas démentie une seule fois dans ses conclusions. Première période, de 1841 à 1850 : en France, 260 séparations; en Belgique, au lieu de 260 familles brisées, nous n'en trouvons que 158, à peu près moitié moins. De 1851 à 1860 : en France, 417 séparations; en Belgique, 251 di-

vorces ou séparations réunis. De 1861 à 1870 : en France, 654 séparations; en Belgique, 343 ruptures de mariage, toujours moitié moins. De 1871 à 1877, enfin : en France, 725 séparations sur 100,000 mariages; en Belgique, 439 mariages brisés seulement. Encore moitié moins.

Je vous avais cité, il y a deux ans, l'exemple de deux provinces limitrophes belge et française, pour vous démontrer que la question de tempérament, de mœurs, n'était point la cause primordiale des résultats si différents qu'on observe dans les deux pays.

M. Louis Legrand m'accuse d'avoir pris au hasard la Flandre orientale pour l'opposer au département du Nord. Il a profité d'un simple lapsus qui m'était échappé lors de mon dernier discours. J'avais dit, en effet, à cette tribune : « la Flandre orientale », mais les chiffres que j'avais donnés s'appliquaient à la Flandre occidentale. Cela est si vrai que, dans mon discours, je m'étais servi de ces mots : « la Flandre orientale qui confine au département du Nord. » Or, je ne suis point encore assez ignorant en géographie pour ne pas savoir ce qui confine au département du Nord; ce n'est pas la Flandre orientale, mais bien la Flandre occidentale.

Mais M. Louis Legrand me dit : Pourquoi donc n'avez-vous pas pris, au lieu de la Flandre orientale, le Brabant ? Je vais vous le dire; c'est parce que le Brabant renferme une très grande ville qui s'appelle Bruxelles, qui est une capitale. Et puisque l'exemple de Paris, de Vienne, de Rome, et de toutes les grandes villes qui sont des capitales me démontre que les chiffres généraux de la statistique y sont faussés, qu'il y a une statistique spéciale, particulière à ces grandes villes, je ne voulais pas que les résultats fussent influencés par la capitale de la Belgique. Mais puisque M. Louis Legrand m'invite à prendre le Brabant, voici quels sont les résultats du Brabant :

Si l'on prend le Brabant dans son ensemble, on y trouve, il est vrai, une rupture de mariage sous la forme du divorce ou de la séparation de corps par cent mariages. C'est un chiffre un peu plus élevé que celui du département du Nord, puisque là il n'y a qu'une séparation par 107 mariages. Mais si l'on a soin de défalquer du Brabant le nombre des mariages, des séparations et des divorces, qui correspondent à la ville de Bruxelles et à l'agglomération bruxelloise; si l'on prend l'ensemble de la province, moins Bruxelles, savez-vous ce que l'on trouve? On trouve qu'il y a une famille désunie sur 400, tandis que dans le département du Nord il y en a une sur 197. Vous voyez donc que l'exemple du Brabant vient, comme celui de la Flandre occidentale, — pour remettre son vrai nom à la province que j'avais citée, — plaider en faveur du divorce contre l'indissolubilité du mariage. Et si on me dit qu'il y a beaucoup de divorces à Bruxelles, je répondrai qu'il y en a moins que de séparations à Paris. En effet, si je prends 1875 et 1876, je vois qu'à Bruxelles et dans l'agglomération bruxelloise, il y a un divorce ou une séparation sur 50 mariages, tandis qu'à Paris, il y a eu, pour la même période, une séparation de corps sur 34.5 mariages. Ces chiffres sont concluants.

M. Louis Legrand reprend. Il affirme que dans les pays de divorce on se marie moins que dans les pays de séparation de corps, et il nous donne des chiffres sur lesquels est revenu tout à l'heure l'honorable M. Léon Renault.

Il est singulier que mon excellent collègue M. Louis Legrand ne se soit pas donné la peine de relire son propre livre, ou que, l'ayant relu, il n'ait cité la statistique qu'il y puise qu'à partir du moment où les chiffres paraissent servir sa thèse.

En effet, je lis bien, dans le livre de M. Louis Legrand, qu'en France il y a 88 mariages pour 10,000 habitants, tandis qu'en Angleterre il n'y en a que 86, en Danemark que 85, etc.

Mais j'y lis aussi, en remontant la colonne au lieu de la descendre, — ce que n'a pas fait mon collègue, — que si en France il n'y a que 88 mariages par 10,000 habitants, en Autriche, — où cependant le divorce existe. — il y en a 90 au lieu de 88; qu'en Allemagne, où le divorce est si facile, il y en a 97, qu'en Russie il y en a 100; qu'en Hongrie, enfin, il y en a 108.

Cela suffit à prouver que, s'il y plus de mariages en France qu'en Suisse ou en Belgique, il ne faut pas attribuer la cause au divorce qui régit la Belgique et la Suisse puisque l'Allemagne, la Russie... etc... qui jouissent aussi du divorce, comptent plus de mariages que notre pays.

J'ai le regret de dire que ce n'est pas la seule fois que M. Legrand a ainsi tronqué sa propre statistique pour les besoins de sa cause. (Rumeurs sur plusieurs bancs.)

M. Fréminet. Je constate que M. Legrand n'est pas ici.

M. Alfred Naquet. Son livre y est. Je ne veux rien dire de désobligeant pour M. Louis Legrand, qui est un de mes amis et qui a été à mon égard, dans cette discussion, d'une parfaite courtoisie.

M. le président. J'ai donné lecture, au commencement de cette séance, d'une lettre de M. Louis Legrand, qui est retenu loin de la Chambre par un deuil de famille.

M. Alfred Naquet. Je ne lui adresse aucun reproche relativement à son absence, dont je connaissais la cause, et, je le répète, je ne veux rien dire qui puisse le désobliger; mais son absence ne saurait m'ôter le droit que j'ai de réfuter son argumentation.

M. Fréminet. Je constate son absence pour expliquer pourquoi il ne répond pas.

M. Alfred Naquet. Dans la dernière séance, M. Louis Legrand nous a dit que non seulement le divorce est une cause de corruption, en ce qu'il pousse à la désunion des familles, que non seulement il y a plus de désunions dans les pays où le divorce existe que dans ceux où l'on n'a recours qu'à la séparation de corps, mais encore que le nombre des enfants naturels va en augmentant à mesure que les facultés de divorce s'accroissent. Prenez la France, dit-il, elle renferme beaucoup moins d'enfants naturels que la Bavière, l'Autriche, la Suède, le Danemark, l'Écosse, l'Allemagne, la Norwège. A ce moment, mon honorable collègue M. Paul de Cassagnac l'a interrompu par ces mots : « Voilà un fait qu'il est bon de noter et qui a un intérêt considérable. »

M. Paul de Cassagnac. C'est un argument sérieux.

M. Alfred Naquet. Eh bien, messieurs, je le regrette, mais ici M. Louis Legrand a fait exactement l'inverse de ce qu'il avait fait plus haut. Il avait précédemment descendu la colonne de ses chiffres et avait évité de la remonter; ici il l'a remontée et a évité de la descendre.

En effet, si après le chiffre des enfants naturels relevés en France, M. Louis Legrand avait suivi dans son propre volume la statistique du nombre des enfants naturels dans les divers pays de l'Europe, voici ce qu'il aurait trouvé : en France, 7,21; en Italie, 7,07; en Belgique, 7,02; en Hongrie, 6,16; en Angleterre, 5,13; en Suisse, où le divorce est si facile, 4,76; en Roumanie, où le divorce, prétend-on, a produit des effets détestables, 3,49; dans les Pays-Bas, 3,41; en Irlande, 2,88; et enfin, 1,18 seulement en Grèce où le divorce existe. — Je m'en suis assuré tout à l'heure en lisant l'ouvrage de M. Émile Combier, docteur en droit.

J'aurais pu ajouter que non seulement dans les pays que je viens de citer, en les empruntant au livre de M. Legrand lui-même, le nombre des enfants naturels est moindre qu'en France, bien que le divorce se pratique, dans quelques-uns d'entre eux, avec de très grandes facilités, mais qu'en outre nous pourrions arriver au même résultat en comparant les chiffres de la Bavière : avant 1875, la Bavière vivait sous le régime qui est encore admis en Autriche, c'est-à-dire que le divorce existait pour les confessions non catholiques et n'existait pas pour les confessions catholiques qui constituent la majorité de ce pays ; à cette époque, la proportion des naissances illégitimes n'était pas de 13, mais de 21 0/0.

Depuis 1875, la loi fédérale allemande a supprimé la séparation de corps dans tout l'empire et n'a laissé subsister que le divorce, et, dans la Bavière, sous le nouveau régime, le nombre des naissances illégitimes a diminué de moitié.

Voilà ce que j'avais à répondre à cette statistique de M. Louis Legrand, relative à la corruption des mœurs qui serait, suivant lui, la conséquence de l'établissement du divorce.

Mais, nous dit encore M. Louis Legrand, on divorce généralement pour se remarier. En d'autres termes, l'espoir d'un nouveau mariage pousse énormément au divorce.

Messieurs, je ne retrouve pas les chiffres que j'avais apportés ; j'aime autant, d'ailleurs, me priver de ces chiffres et me borner à vous en indiquer les résultats généraux.

M. le docteur Bertillon dont je parlais tout à l'heure, a eu la curiosité de savoir si, effectivement, le désir de contracter un nouveau mariage exerçait une influence appréciable sur le nombre des divorces qui se produisent dans les divers pays du monde. Voici comment il a procédé pour cela.

Il s'est demandé, sur un certain nombre de veufs, combien se remariaient dans la première, dans la seconde, dans la troisième et dans la quatrième année du veuvage, et, sur un même nombre de divorcés, combien se remariaient dans la première, la seconde, la troisième et la quatrième année qui suivent le divorce. Il se disait, avec beaucoup de justesse d'esprit, que, si on divorce dans le but de se remarier, les secondes noces des divorcés doivent être beaucoup plus hâtives que les secondes noces des veufs, qui, eux, ne peuvent pas être accusés d'avoir tué leurs conjoints en vue d'un nouveau mariage.

Eh bien, les chiffres de M. Bertillon démontrent que la nuptialité des divorcés est, à très peu de chose près, la même que celle des veufs, que les secondes noces des divorcés ne sont pas plus hâtives que ne le sont les secondes noces des veufs et il conclut de cette identité entre la nuptialité des veufs et la nuptialité des divorcés qu'on fait le mariage par le divorce pour se soustraire à une situation devenue intolérable, et non pour satisfaire une passion nouvelle et donner cours à cette passion par un mariage nouveau.

J'ai dit tout à l'heure que, pour que le divorce fût défavorable à la femme, il faudrait qu'il eût pour conséquence de corrompre les mœurs et d'augmenter le nombre des désunions dans les familles. J'ajouterai à présent qu'en ce qui co cerne l'intérêt des enfants, je puis répéter la même assertion. Oui, si le divorce avait pour résultat d'augmenter le nombre des familles qui se désunissent, comme le grand intérêt des enfants aussi bien que des conjoints, aussi bien que de la société, est que les familles ne se désunissent pas, oui, le divorce serait nuisible à l'intérêt des enfants. Mais si, comme je crois l'avoir démontré rigoureusement, le divorce n'a pas pour effet de diminuer le nombre des familles qui se désunissent, ni même ses effets probables sont de diminuer ce nombre, par l'excellente raison que sous le régime actuel les époux séparés de corps sont des éléments de dissolution morale au sein de la société à un degré bien plus grand que ne peuvent l'être les célibataires ou les époux divorcés ; si cela est vrai, je prétends alors que la séparation de corps n'est nullement protectrice pour les enfants et que, au contraire, l'intérêt des enfants vis-à-vis la séparation de corps ou le divorce développe ses conséquences dans la même série que l'intérêt des parents ou que l'intérêt de la société. (Très bien à gauche.)

Ah ! messieurs, on nous demande ce que deviendront les enfants de l'époux divorcé ? Nous répondrons volontiers avec Treilhard : « Que deviennent les enfants des époux séparés de corps ? » Au point de vue légal, d'abord, leur situation est absolument identique.

Il n'y a pas plus de raison, quand on considère l'intérêt de l'enfant, au point de vue légal, de se prononcer dans un sens plutôt que dans l'autre. Aujourd'hui, quelle est la situation légale de l'enfant en présence de la séparation de corps ? Elle est réglée, si je ne me trompe, par les articles 302 et 303 du code civil. Si je faisais une erreur sur les numéros des articles, les jurisconsultes de cette Assemblée me reprendraient ; mais je crois que ce sont bien ces articles qui règlent la matière.

Que dit l'article 302 ?

Qu'en cas de séparation de corps, l'enfant devra être remis, en thèse générale, à celui des époux en faveur duquel la séparation de corps aura été prononcée, à moins que, pour le plus grand avantage de l'enfant, le tribunal n'ait jugé convenable d'en accorder la garde soit à l'autre époux, soit à la famille, soit même à une tierce personne.

En un mot, c'est l'omnipotence des tribunaux relativement à la garde des enfants. Et l'article 303, que dispose-t-il ? Qu'en cas de séparation de corps, chacun des parents conserve un droit de surveillance sur l'éducation des enfants, aussi bien celui qui n'en pas la garde que celui qui l'a ; j'appelle toute votre attention sur ce point, et je me propose d'y revenir tout à l'heure.

Cet article ajoute que les deux parents, proportionnellement à leurs facultés, sont tenus de contribuer aux frais d'entretien matériel et d'éducation des enfants.

Voilà quelle est la situation légale des enfants, à cette heure, sous l'empire du régime de la séparation de corps. Mettez le mot « divorce » à la place des mots « séparation de corps » ; vous n'avez même pas besoin de ce changement, car, comme le disait M. Léon Renault, le code n'ayant pas été modifié, on s'est borné depuis 1816 à ap-

pliquer à la séparation de corps ce qui a été fait pour le divorce.

Mettez ou conservez le mot « divorce » à la place des mots « séparation de corps », la situation sera la même ; en cas de divorce, les tribunaux décideront à qui doit être confiée la garde des enfants ; les deux parents seront tenus de subvenir aux frais d'entretien et d'éducation des enfants ; et chaque parent, aussi bien celui qui a la garde des enfants que celui qui ne l'a pas, conservera sur leur éducation le droit de surveillance.

En dehors de cette enceinte, il m'a été fait une objection que M. Louis Legrand n'a pas reproduite : le partage des successions, m'a-t-on fait observer, deviendra difficile s'il y a des enfants de plusieurs lits.

J'avoue que je ne comprends pas.

De nos jours, nous avons des veufs qui se remarient ; il y a souvent dans ce cas des enfants de plusieurs lits consécutifs, cela n'empêche jamais les héritiers, à la mort de leurs parents, de diviser très facilement le chiffre de la succession maternelle et le chiffre de la succession paternelle par le nombre des enfants du père et de la mère, et d'attribuer à chacun le quotient qui lui revient ; il en sera de même lorsque les naissances de plusieurs lits seront le résultat du divorce au lieu de l'être du veuvage. Donc, au point de vue légal, identité de situation.

Mais interviennent le point de vue social et le point de vue moral. Avec le divorce, dit-on, les parents pourront se remarier. M. Louis Legrand le disait ; vous aurez alors l'introduction d'un beau-père ou d'une belle-mère dans la famille, et ce beau-père ou cette belle-mère aura des préférences pour les enfants qui lui appartiendront et par son influence sur son conjoint pourra lui faire partager cette préférence ; il y aura, par suite, souffrance considérable pour les enfants du premier lit.

Je ne voudrais pas nier d'une manière absolue que ce tableau ne puisse se réaliser quelquefois, car, remarquez-le bien, je ne vous propose pas ici le divorce comme un bien, je vous le propose comme un moindre mal, comme un remède, et je ne prétends pas que le règne de la justice absolue existera en France le jour où le livre VI du code civil aura été rétabli.

Seulement, je dis que lorsqu'un enfant est confié à un homme seul ou à une femme seule, l'éducation de cet enfant, sa surveillance, sont nécessairement négligées. Je dis que la nature a voulu que l'éducation de l'enfant fût faite à la fois par un homme et par une femme, que le mieux sans doute est que cet homme et cette femme soient le père et la mère ; mais quand le père et la mère ne sont plus ensemble, il vaut encore mieux cette demi-famille, qui est le produit d'un second mariage, que l'abandon de l'enfant entre les mains de mercenaires qui ne présentent pas de suffisantes garanties. Et ici je parle pour les riches ; quand il s'agit de pauvres, c'est une autre conséquence qui s'affirme. Les pauvres ne peuvent pas payer une femme à gages pour surveiller leurs enfants, ils sont obligés alors de les abandonner dans les rues à tous les entraînements, à tous les mauvais exemples qui les poussent parfois au vice et au crime, alors que, s'ils avaient été surveillés par une honnête femme, encore bien qu'elle ne fût pas leur mère, ces enfants seraient devenus de bons citoyens utiles à leur pays. (Très bien ! très bien !)

On nous disait que la loi du divorce était une loi aristocratique. Ah ! permettez-moi de protester contre cette affirmation ; c'est, au contraire, une loi essentiellement démocratique. D'abord il a été publié récemment une statistique de laquelle il résulte que, sur 2.500 séparations de corps, plus de la moitié, 1.400 environ, proviennent des classes ouvrières, des classes populaires, de celles qui sont obligées d'invoquer l'assistance judiciaire. Et puis, messieurs, remarquez qu'au point de vue de l'intérêt des enfants, le riche peut, à la rigueur, se passer du divorce bien mieux que le pauvre.

Je vous disais tout à l'heure que la femme à gages ne présente pas les mêmes garanties de moralité que peut offrir une belle-mère, une femme qu'on choisit avec tout le soin qu'on apporte à trouver la compagne de sa vie; cependant on peut aussi trouver une femme à gages honnête qui surveillera consciencieusement les enfants qu'on lui aura confiés. Mais l'ouvrier, avec son maigre salaire, n'a plus même cette ressource. Pour lui, il n'y a que deux solutions : l'abandon de ses enfants sans surveillance ou l'établissement d'un ménage concubinaire, d'un ménage adultérin qui, s'il est préférable à l'abandon des enfants, présentera cependant l'inconvénient grave de leur donner, dès le premier âge, l'exemple de la corruption et de l'immoralité.

Il y a, messieurs, un point sur lequel j'avais très vivement insisté lorsque pour la première fois j'ai eu l'honneur de parler sur ce sujet devant vous. Je vous demandais alors par quel effet singulier vous autorisiez les veufs à se remarier, tandis que vous refusiez cette autorisation aux personnes séparées de corps? La situation est en effet la même : les enfants des veufs ont droit à votre protection comme les enfants des séparés de corps.

M. Louis Legrand répond que ce serait aller trop loin que de décréter le veuvage perpétuel et que cette solution lui paraît excessive.

« Le lien du mariage est viager, et quand le créancier est mort, aucun moyen légal ne permet d'imposer l'obligation à celui qui survit. » Pourquoi ? Si c'est au nom du contrat civil, au nom de l'institution elle-même que vous défendez l'indissolubilité du mariage, dites-le ; mais n'invoquez pas l'intérêt des enfants. Mais, c'est au nom de l'intérêt des enfants que vous interdisez à celui dont le mariage a été brisé par les sévices, les injures graves, par l'adultère ou par l'infamie de son conjoint, si c'est au nom de l'intérêt des enfants que vous lui interdisez les secondes noces, au nom du même intérêt des enfants, vous avez également le devoir de l'interdire aux veufs. Pourquoi n'osez-vous pas aller jusque-là ? Pourquoi n'imposez-vous pas cette solution? Pourquoi la déclarez-vous excessive ? (Très bien ! à gauche.)

C'est que, ainsi que l'a dit M. Treilhard, ainsi que l'a répété tout récemment un auteur cependant hostile au divorce, M. Albert Millet, c'est que très souvent les secondes noces d'une veuve ou d'un veuf sont un très grand acte de tendresse envers ses enfants.

Mais je veux insister plus encore. Je prétends que s'il y a l'apparence d'une raison pour interdire les secondes noces à quelqu'un, c'est aux veufs, plutôt qu'aux divorcés, qu'il faudrait l'interdire. Je m'appuie, pour l'affirmer, sur une considération sentimentale et non sur une considération légale. La considération sentimentale n'est pas de moi, elle est de Treilhard, la voici :

Le fils de l'homme qui pendant toute sa vie a rempli ses devoirs de père de famille et d'époux, et qui est descendu dans la tombe, ce fils, qui conserve une tendresse profonde pour celui qui n'est plus, éprouve un sentiment douloureux lorsqu'il voit son père remplacé au foyer domestique par un homme qui peut être extrêmement honnête et dévoué, mais qui ne remplace pas ce père vénéré.

Lorsqu'il s'agit d'un époux divorcé, lorsqu'il s'agit d'un père qui n'a eu de père que le nom, est-ce que le fils qui aura été témoin de scènes de violence, de ces scènes compromettantes pour la dignité du mariage, pour sa moralité, est-ce que ce fils éprouvera le même sentiment lorsqu'il verra s'asseoir au foyer domestique, à la place de l'homme indigne qui aura violé tous ses devoirs, un homme honnête qui redeviendra son père effectif ? Ce jour là, n'en doutez pas, il y aura dans le cœur de l'enfant, au lieu du déchirement dont je parlais tout à l'heure, un sentiment de repos et de tranquillité. (Très bien ! très bien ! à gauche.)

Voilà pour la considération d'ordre sentimental seulement.

Maintenant, la question d'ordre juridique.

Je demande à la Chambre la permission de la développer, et je la prie de me prêter son attention, car ce point me paraît capital.

Je vous disais qu'aux termes de l'article 302 du code pénal, en cas de séparation de corps, les deux époux conservent le droit de surveillance sur l'éducation de leurs enfants, aussi bien celui qui a la garde de l'enfant que celui qui ne l'a pas.

Eh bien, supposez que les craintes que vous avez conçues arrivent à se réaliser ; supposez qu'effectivement l'homme qui a reçu du tribunal la garde de ses enfants se montre indigne de la confiance que le tribunal a mise en lui ; supposez que sous l'influence d'une belle-mère, qui sera une marâtre, pour employer l'expression accoutumée, il rende ses enfants malheureux ; il y a la mère réelle, la mère divorcée, qui, elle, conserve le droit de surveillance, qui peut en appeler au tribunal, qui peut a, si faire revenir le juge sur la confiance injustifiée qu'il avait accordée au mari.

Mais lorsque la vraie mère sera morte, si les mêmes faits se reproduisent, si le veuf remarié fait souffrir ses enfants sous l'influence de cette marâtre dont je viens de parler, quel sera, dans ce cas, l'époux qui exercera le droit de surveillance et qui pourra en appeler au tribunal ? Il n'existera plus, le mariage a été rompu, non par la loi mais par la nature ; la mère n'est plus là, et personne ne peut intervenir et invoquer l'intérêt des enfants.

Donc, l'enfant du veuf qui s'est remarié est, aux termes mêmes de la loi, beaucoup moins garanti que l'enfant du séparé de corps. Voilà pourquoi encore je ne comprends pas que vous refusiez à l'un ce que vous accordez à l'autre.

M. Édouard Lockroy et plusieurs autres membres à gauche. Très bien ! très bien !

M. Alfred Naquet. Mais, messieurs, j'ai voulu avoir quelque chose de plus précis encore, de plus frappant. Je me suis demandé si le nombre des veufs en âge de se remarier était supérieur ou inférieur au nombre des séparés de corps annuels : je me suis adressé pour cela à la statistique, et voici ce qu'elle m'a donné :

Il y a tous les ans 117,959, soit 118,000 en chiffres ronds, Français de 15 à 50 ans, c'est-à-dire en âge de se marier, qui deviennent veufs. Combien y a-t-il par an de séparés de corps ? 5,000. Si vous divisez 118,000 par 5,000, vous obtenez pour quotient 23,5. De sorte que vous considérez comme parfaitement logique, licite et utile, au point de vue social, de permettre à 24 ou 25 individus de se remarier et que vous regarderiez comme subversif et destructif de la société de le permettre à un 26e individu.

Il me semble que ces chiffres sont tout à fait probants. (Assentiment à gauche.)

Si vous voulez être logiques, puisque vous ne voulez pas aller jusqu'à la loi de Manou et abolir pour les veufs la faculté de contracter une union nouvelle, inscrivez donc de nouveau dans votre code les dispositions de votre titre VI du code civil et permettez les vingt-sixième fois ce que vous permettez les vingt-cinq autres. (Nouvel assentiment à gauche.)

Et puis, remarquez-le, on se demande si le divorce vaut mieux que l'indissolubilité du mariage ou si l'indissolubilité du mariage vaut mieux que le divorce. On a tort de poser ainsi la question, car il ne s'agit pas de remplacer l'indissolubilité par le divorce ou de maintenir l'indissolubilité.

Oh! si l'indissolubilité existait, je voudrais avec vous la conserver; mais l'indissolubilité n'existe pas; le divorce existe, quoi que vous fassiez; seulement, il s'agit de savoir s'il vaut mieux pour la société avoir le divorce illégal, avec son cortège de bâtards, d'enfants adultérins, de ménages stériles, ou s'il vaut mieux avoir le divorce légal qui permettra à la société française de s'enrichir tous les ans de 2,500 familles dont elle s'appauvrit à plaisir, de 2,500 familles qui, au lieu de donner des enfants adultérins ou des bâtards, ou de demeurer stériles, donneront à la patrie des citoyens et des défenseurs. (Applaudissements à gauche.)

Voilà les quelques considérations que je voulais développer devant vous, au point de vue civil, et sur lesquelles je n'insisterai pas davantage, parce qu'après le brillant discours qu'a prononcé l'honorable M. Léon Renault, je crois que ce serait superflu; j'ai peut-être même trop insisté (Non! non!)

Messieurs, il y a un dernier point auquel l'honorable M. Léon Renault ne s'est pas arrêté et sur lequel je vous demande la permission d'appuyer.

M. Louis Legrand, M. Durand et les divers signataires du contre-projet, ainsi que ceux des honorables membres de cette Chambre qui, appartenant à la gauche, vont tout à l'heure voter contre nous, sont certainement d'excellents républicains auxquels je rends hommage. Mais, par un singulier phénomène que les physiologistes appellent un phénomène d'atavisme, ils obéissent, sans s'en rendre compte, à des préjugés catholiques, à des préjugés dont ils répudient la source, à des préjugés qu'ils abandonneraient immédiatement s'ils savaient réellement quelle en est l'origine, et cependant l'origine est bien celle-là.

Ce n'est pas la première fois, d'ailleurs, que, dans une société engendrée par une croyance déterminée, on aura vu des hommes, après avoir répudié les théories générales sur lesquelles s'étaient basées les mœurs de cette société, conserver ces mœurs pour la défense desquelles ils se sont ingéniés à chercher d'autres arguments qu'ils ont toujours trouvés, suivant la parole de l'Écriture : « Quiconque cherche, trouve. » (Sourires approbatifs à gauche.)

M. Louis Legrand vous a dit qu'il ne s'appesantissait pas sur l'argument catholique, et il a eu raison. Il vous a dit que la religion n'a rien à faire dans un débat civil; il a eu encore raison. Il m'a même reproché d'avoir réclamé le divorce au nom de la liberté de conscience des libres-penseurs, des israélites et des protestants, et, là, il s'est mépris sur ma pensée.

Ce que j'ai affirmé, c'est que si, alors qu'il n'y a aucune raison tirée de l'ordre civil, de l'intérêt social, pour interdire le divorce, si on l'interdisait simplement sous prétexte de rendre hommage aux principes catholiques, on blesserait par cela même la liberté de conscience des dissidents.

Mais ce n'est point au nom de la liberté de conscience des dissidents, c'est-à-dire d'une idée religieuse, que j'ai demandé le rétablissement du divorce dans nos lois. Seulement, il y a deux choses qu'il faut soigneusement distinguer, et que vous avez toujours distinguées dans tous les débats qui se sont produits devant vous : c'est le sentiment religieux catholique et le sentiment de domination du cléricalisme; entre ces deux sentiments, il y a un abîme. Eh bien, au point de vue catholique pur, pour les hommes aux yeux de qui le catholicisme est une affaire de croyance et de dogme et point une affaire de politique et de domination temporelle, oh! pour ceux-là, le divorce, — j'en ai fait la démonstration il y a deux ans et je ne veux pas la réfaire aujourd'hui, ne voulant pas répéter inutilement à cette tribune ce que j'ai dit alors, — pour ceux-là le divorce ne les blesse en rien dans leur conscience. Il peut même leur être avantageux.

M. Paul de Cassagnac. Non !

M. Alfred Naquet. Permettez, monsieur de Cassagnac!... je suis parfaitement dans le vrai, puisque nous réservons la séparation de corps aux catholiques, puisqu'ils auront toujours la faculté de choisir entre la séparation de corps et le divorce, puisque nous ne leur imposons pas notre solution, puisque, si même ils choisissaient le divorce, si l'époux demandeur imposait le divorce à l'époux catholique défendeur, celui-ci n'aurait qu'à ne pas se remarier pour que le divorce valût pour lui ce que vaut une simple séparation de corps.

Remarquez, messieurs, que j'appuie cette argumentation sur une autorité que les catholiques ne peuvent pas répudier : c'est l'autorité du pape Pie IX. En 1856, la cour de Rome a signé un concordat avec le cabinet de Vienne; ce concordat a autorisé les mariages mixtes entre catholiques et protestants, sous cette condition que lorsque, dans un tel mariage, une séparation intervient, elle vaut comme divorce pour l'époux protestant, qui a dès lors la faculté de se remarier, et comme simple séparation pour l'époux catholique qui n'a pas la faculté. D'où cette conséquence qu'aux yeux de la cour de Rome, aux yeux du pape Pie IX, le catholique est suffisamment garanti dans sa conscience religieuse, lorsque après une séparation son conjoint se remarie, pourvu que lui-même ne se remarie pas.

Il est bien certain que nous n'avons nulle envie de rendre le mariage obligatoire à ceux qui auront divorcé, et dès lors les catholiques sont désintéressés dans la question.

J'ajoute, — je l'ai dit d'autres fois, et je ne fais que le rappeler — que le droit canonique reconnaît des cas de nullité beaucoup plus nombreux que le droit civil, et que, dans un certain nombre de cas, le mariage étant déclaré nul, les époux pourraient se remarier où le divorce existait, alors qu'aujourd'hui ils sont jugulés par la loi civile.

Je pourrais vous citer un exemple récent, celui du prince et de la princesse de Monaco. La princesse de Monaco s'est aperçue, après douze ans que le mariage, que son union était nulle par défaut de consentement valable. Il paraît qu'elle avait été forcée à y consentir par l'empereur Napoléon III. Mais l'empereur Napoléon III était mort depuis longues années lorsque le procès a été engagé, et il y avait longtemps qu'il ne jugulait plus la volonté de quoi que ce fût...

À ce point de vue du droit civil, le défaut de

consentement valable est une cause de nullité à la condition qu'il soit invoqué dans les six mois après que la coercition a cessé...

M. Cazot, *garde des sceaux, ministre de la justice.* A partir de la cessation de la violence!

M. Alfred Naquet. Je viens de le dire, monsieur le ministre... Six ou dix ans après la cessation de cette coercition, cette cause de nullité ne peut plus être invoquée.

M. le garde des sceaux. Tant pis pour celui qui ne l'a pas invoquée.

M. Alfred Naquet. Parfaitement! Je n'argue pas contre le code civil. Je veux seulement prouver que si le prince et la princesse de Monaco avaient plaidé en nullité de mariage devant un tribunal français, ils auraient été déboutés, tandis que le tribunal ecclésiastique a prononcé cette nullité. Et j'en conclus que dans l'espèce ils ont été heureux de ne pas être Français, car, en leur qualité de catholiques, il ne leur aurait pas été possible, sous la législation de notre code actuel, d'user de la liberté que leur reconnaissait leur foi religieuse.

Avec le divorce, au contraire, puisqu'il y avait, paraît-il, une série de ces cas graves qui motivaient la séparation de ces deux époux, obtenant, d'un côté la nullité du mariage, ils auraient, de l'autre, fait prononcer le divorce, et auraient pu, même étant Français, régulariser leur situation soit au point de vue du droit civil, soit au point de vue du droit canonique.

Je n'insiste pas sur ce point. Les catholiques ne peuvent, en aucun cas, être blessés par le rétablissement du divorce; le divorce ne s'applique pas au dogme, il ne s'applique pas au mariage religieux, au sacrement, mais au mariage civil, et c'est là que je veux en venir.

Ce qui est indissoluble, au point de vue catholique, ce n'est pas le mariage civil, les catholiques ne le reconnaissent pas, ils ne le considèrent que comme une simple formalité qu'ils subissent, mais contre laquelle ils protestent sans cesse. N'ai-je pas, dès lors, le droit de leur demander en quoi ils pourront être blessés le jour où, pour des cas graves et déterminés, nous briserons le nœud dont ils contestent la validité aux yeux de la conscience? (Très bien! très bien! à gauche.)

Voici un livre éminemment catholique, clérical même; j'y lis ces paroles du président Sauzet, que l'auteur du livre fait siennes et sur lesquelles il appuie:

« Comment proclamer l'indissolubilité du lien et supprimer le caractère qui peut seul donner cette indissolubilité?.. Détruire l'effet et garder la cause, c'est un non sens manifeste, une insoutenable anomalie... Dans le code Napoléon, tout s'enchaînait, le mariage purement civil et le divorce par consentement mutuel; le mariage contractuel entraînait la rupture contractuelle; l'un découlait nécessairement de l'autre. Le système était complet dans toutes ses parties; mais supprimer le divorce et donner à un contrat civil l'indissolubilité, encore une fois, c'est un non sens, une contradiction notoire. »

Et le même auteur, prouvant bien que l'idée purement religieuse est au fond de sa pensée; que quand on invoque notamment l'intérêt des enfants, c'est une question très secondaire, et qu'en 1816 on n'a eu en vue que le côté religieux de la question, l'auteur que je cite dit plus loin:

« Si nous invoquons l'intérêt des enfants, c'est pour un motif accessoire, mais non essentiel. Il est secondaire, il n'est pas principal. C'est tellement vrai que les enfants issus d'un premier mariage peuvent devenir très malheureux, si, après la mort de leur mère, le père épouse une seconde femme. Cependant les secondes noces étant parfaitement légitimes à cause du veuvage qui rend la liberté, nous ne pouvons pas empêcher les secondes noces malgré les inconvénients qui en découlent, car aucune loi divine ne s'y oppose. Et si Jésus-Christ les eût interdites, l'Église ne les autoriserait pas plus qu'elle n'autorise le divorce formellement opposé aux préceptes de l'Évangile. »

Ainsi, messieurs, voilà la question. Au point de vue des catholiques purs, il est évident que le divorce ne les touche en rien; car, à part ceux qui peuvent nourrir l'espérance de voir la France rétrograder au delà de 1789, abolir le mariage civil et revenir à la législation purement ecclésiastique en matière de mariage, à part ceux-là — et je ne crois pas qu'ils soient très nombreux dans notre société — le divorce est pour les catholiques un bien plutôt qu'un mal, en ce sens que jamais il ne les blesse, et que, dans certains cas, il les servira.

Mais savez-vous pourquoi les chefs du parti catholique, les militants de ce parti, sont ennemis du divorce? C'est parce qu'ils sont les ennemis du mariage civil; c'est qu'ils veulent conserver ou reconquérir la matière du mariage. Lorsqu'en 1816 le divorce a été aboli, c'était un premier pas fait dans la voie de l'abolition du mariage civil; c'était une première brèche faite à notre droit révolutionnaire, tel qu'il s'était incarné dans notre code.

Plus tard devait venir le projet de loi concernant le rétablissement des majorats qui fut écarté par la Chambre des pairs. Si cette dernière loi ne fut pas votée et si le mariage civil ne put pas être aboli, c'est qu'on se heurta à un courant de l'opinion tellement profond qu'il fut impossible de passer outre. Mais il n'en est pas moins vrai que l'abolition du divorce par la loi de 1816 était une brèche faite au mariage civil. C'est là le motif réel pour lequel les catholiques ont voté l'abolition du divorce; c'est encore le motif pour lequel, à cette heure, ils s'opposent à son rétablissement.

Messieurs, je vous le disais l'autre jour en vous demandant la mise à l'ordre du jour de cette importante proposition: il en est de la politique comme de la guerre. Un général, comme un homme politique, en présence d'une brèche faite, soit à une forteresse, soit à un principe, doit avant tout s'évertuer à reconquérir le terrain qu'il a perdu. Or, la première, la seule brèche sérieuse qu'ait subie le code civil depuis la Restauration, c'est la loi du 8 mai 1816. (Très-bien! à gauche.)

Messieurs, vous avez entamé une grande lutte, non point contre la religion catholique que vous respectez — car toutes les religions sont respectables parce qu'elles procèdent de la liberté de conscience, — vous avez engagé une grande lutte, non point contre la religion catholique, mais contre les empiétements du clergé séculier ou régulier sur le domaine politique, contre les progrès du cléricalisme qui voudrait reprendre une à une toutes les conquêtes de notre grande Révolution.

C'est pour cela que vous avez approuvé les décrets de mars, que l'autre jour vous votiez la laïcité de l'instruction primaire. Eh bien, il y a une loi qui s'impose à vous au nom de cette même lutte, au nom de ce même principe de sécularisation de la société: c'est la loi du divorce, qui rendra à votre code civil cette intégrité avec laquelle il était sorti des mains du législateur de 1814, et que la loi de 1816 lui a fait perdre. C'est pourquoi

vous abrogerez la loi de 1816 ; c'est pourquoi vous
restaurerez le divorce. (Très-bien ! très bien ! et
applaudissements à gauche.)

M. le président. Quelqu'un demande-t-il la
parole pour soutenir le contre-projet ?

Sur divers bancs. A demain ! — Aux voix !

M. le président. Si personne ne réclame la
parole, il n'y a aucune utilité à remettre à demain
la suite de la discussion ; si, au contraire, un de
nos collègues veut soutenir le contre-projet et demande la remise à demain, je consulterai la Chambre.

M. Cazot, *garde des sceaux, ministre de la
justice.* Je demande la parole.

M. le président. M. le garde des sceaux a la
parole.

M. le garde des sceaux. Messieurs, à raison de la gravité de la question engagée dans ce
débat, je n'ai pas voulu tout à l'heure, malgré la
sommation qui m'était adressée de ce côté (la
droite), m'opposer à ce qu'il fût passé à la discussion des articles. Le contre-projet proposé par
l'honorable M. Legrand et quelques-uns de ses
collègues remet en question le principe même de
la loi : je désire exposer mon opinion à cette tribune, et je demande le renvoi à demain de la discussion. (Très bien ! — A demain !)

M. le président. Je mets aux voix le renvoi
à demain.

(Le renvoi est mis aux voix et prononcé.)

Le petit lyonnais du 14 février 1881 n° 371

LE DIVORCE

J'avais entrepris d'exposer et de discuter les
amendements que la commission parlementaire du divorce avait voulu introduire dans le
titre VI du Code civil. Je continuerai ce travail, car les conclusions rejetées de la commission constitueront le projet que votera la prochaine législature. Mais je veux me borner aujourd'hui à examiner la situation que nous fait
le dernier vote de la Chambre.

Cette situation n'est ni meilleure ni pire que
celle que nous aurait faite un vote favorable.
Dans tous les cas, il aurait fallu reprendre la
question après les élections générales, puisqu'il est certain que le Sénat ne se serait pas
prononcé avant. Nous la reprendrons, et cette
fois d'une façon victorieuse.

L'idée du divorce a fait en France des progrès rapides. Accueillie en 1876 par des éclats
de rire, ma proposition était prise en considération en 1879 et, en 1881, il s'en est fallu de
31 voix qu'elle ne reçût la consécration des représentants du pays. La question est, dès à
présent, nettement posée. Les fractions les
plus modérées du parti républicain se sont
ralliées à la réforme pour laquelle nous luttons ; toute la presse défend notre cause ; le
succès est certain d'ici peu.

Et, après le triomphe, il en sera de cette
question comme de toutes celles qui ont passionné les esprits pendant un moment et dont,
une fois qu'elles ont été résolues, on n'a plus
compris que la solution n'eût pas été plus hâtive. On s'étonnera des hésitations, des
craintes, des retards accumulés par l'esprit de
routine, et les plus apeurés d'aujourd'hui seront les premiers à reconnaître l'excellence de
la réforme accomplie.

Quant au succès en lui-même, il n'est pas
douteux. L'immense majorité des députés républicains qui se sont prononcés contre le divorce, y ont été amenés par de simples considérations politiques. Ils ont craint de livrer
aux ennemis de la République une arme que
ces derniers exploiteraient dans les campagnes.

En 1882, lorsqu'une nouvelle élection aura
eu lieu, que chacun aura pu s'expliquer devant
ses électeurs, ceux-là mêmes se sentiront libres qui ne croient pas l'être à cette heure, et
le rétablissement du titre VI de notre ancien
code civil ne rencontrera plus d'obstacles.

M. Brisson et ceux de nos amis qui pensent
comme lui sont isolés dans notre parti. Si
leurs discours ont eu de l'influence, c'est seulement pour dégager la responsabilité de ceux
qui n'osaient pas voter avec nous, à cause des
conséquences électorales de leurs votes, et qui
n'osaient pas davantage se séparer de nous.
Demain, ces conséquences n'étant plus en cause, les discours des ennemis du divorce passe-
ront sans produire le moindre effet.

Ces discours, je ne veux pas les analyser ici
et en présenter la réfutation. Ce serait une répétition inutile. Il n'y a pas un seul des arguments invoqués par les partisans de l'indissolubilité du mariage qui n'ait été réfuté déjà
dans le *Petit Lyonnais* ; il n'y a pas lieu d'y
revenir. Nos lecteurs sont édifiés sur ce point.

Ce que je veux examiner, c'est la portée politique du dernier vote de la Chambre.

109 députés républicains ont cru faire acte
de sagesse et de prévoyance en renvoyant à 8
ou 9 mois une résolution qu'ils pouvaient prendre tout de suite. Ma conviction profonde est
qu'ils ont eu tort.

Le pays est plus intelligent, plus sensé qu'on
ne pense, et, lorsqu'on se donne la peine de
discuter devant lui, il comprend bien vite où
est la vérité et où est l'erreur.

Il y a d'ailleurs, à propos du scrutin sur le
divorce, une remarque à faire qui est grosse
d'enseignement. Une grande partie des députés appartenant au Centre gauche ont voté
avec nous, et un ancien ministre, qui appartient
à ce groupe, M. de Marcère, a même porté la
parole dans le débat.

Or ou le suffrage universel ne signifie rien,
ou la nuance des députés correspond à la
nuance de la circonscription qui les élit.

Si la nuance des députés correspond à la
nuance de la circonscription qui les élit, les
arrondissements qui élisent M. Garrigat, M.
Loustalot ou M. Folliet, sont plus avancés que

ceux qui élisent M. de Marcère ou M. Renault-Morlière.

Comment alors s'expliquer que M. Renault-Morlière et M. de Marcère se soient prononcés pour la réforme que repoussaient M. Folliet, M. Loustalot et M. Garrigat? Si cette réforme pouvait être exploitée quelque part avec succès, c'est évidemment au milieu des populations les moins avancées. C'est donc pour M. de Marcère et M. Renault-Morlière que les dangers semblaient devoir être les plus grands. Comme, d'autre part, il n'est pas admissible que ces messieurs n'aient tenu aucun compte des résultats politiques de leur vote, il y a lieu d'en conclure que, à leurs yeux, les dangers dont on parle n'existent pas. Mais s'ils n'existent pas pour eux, ils existent bien moins encore pour les autres, et, dès lors, les craintes qui se sont manifestées sur quelques bancs sont dénuées de fondement.

Non seulement les députés n'ont pas fait acte de prudence en votant contre le divorce mardi dernier ; mais ils ont fait un acte absolument impolitique.

La Chambre actuelle n'a qu'un ennemi sérieux. Cet ennemi, ce ne sont pas les cléricaux et les réactionnaires battus, écrasés à chaque élection nouvelle, ce sont les républicains qui lui reprochent de ne pas agir.

Certes, ces reproches sont injustes. La législature actuelle, lorsque son mandat sera expiré, aura accompli de grandes choses. Mais elle n'aura pas su mettre un cachet nettement libéral et démocratique sur des œuvres cependant démocratiques et libérales ; elle n'aura pas su se *faire valoir*, et elle aura reculé devant certaines décisions qui l'auraient élevée à la hauteur des plus grandes assemblées que nous ayons eues.

Ses ennemis en profitent pour dénaturer son œuvre et calomnier ses intentions. En repoussant le divorce, elle leur a prêté le flanc d'une manière fâcheuse.

Et cela, sans avantage compensateur, car 216 députés républicains contre 109 s'étant prononcés pour le rétablissement du divorce, le parti a en somme la responsabilité du vote, que les cléricaux exploiteront tout comme ils l'auraient exploité si le résultat en avait été celui que nous en attendions.

On n'a donc pas désarmé les cléricaux ; mais on a armé les intransigeants. La Chambre a augmenté la puissance et le nombre de ses adversaires ; voilà tout. Il suffit de lire les journaux extrêmes pour s'en convaincre.

Pour ma part, je l'avoue cependant, je n'en suis qu'à demi fâché. Le bagage politique de mes collègues est assez considérable, les services rendus par eux sont assez grands, pour que, malgré leurs erreurs, ils n'aient rien à craindre de la lutte, et le rejet du divorce, en fournissant des armes aux adversaires de gauche comme à ceux de droite, aura pour effet une discussion plus approfondie, plus complète de la question devant le corps électoral.

Quand on a la vérité pour soi, être discuté c'est être vainqueur. A cette heure, nous sommes certains qu'aux prochaines élections générales le pays nous discutera. Donc nous sommes assurés de la victoire.

A. NAQUET,
Député de Vaucluse.

Le petit Lyonnais du 21 février 1881 33/8

LE DIVORCE

M. Jacques Bertillon a bien voulu me communiquer récemment quelques chiffres inédits que j'ai fait connaître à la Chambre des députés et qui militent en faveur du divorce.

On a prétendu que le régime du divorce pousse les ménages à se rompre parce que, sous l'empire des passions, on brise alors une union pour en nouer une autre.

Il s'agissait de savoir ce qu'il peut y avoir de vrai dans cette affirmation.

Pour y arriver, M. Bertillon a recherché si les secondes noces des époux divorcés, là où le divorce existe, sont plus hâtives que celles des veufs. Il devrait en être ainsi, s'il était exact qu'on divorçât pour se remarier. On se hâterait alors, dès qu'on aurait reconquis sa liberté de l'enchaîner à nouveau, tandis que le même fait ne se rencontrerait pas chez les veufs, qui, eux, ne sont point devenus libres par leur volonté.

« Si c'est, dit le savant statisticien, l'appât d'un nouveau mariage prémédité et arrangé à l'avance, qui détermine souvent le divorce, il est clair que ce second mariage *doit suivre de près la dissolution du premier.*

« En effet, pourquoi retarder un mariage si ardemment souhaité et si longuement poursuivi ? Dans ce cas, nous devrons donc trouver que les divorcés se remarient encore plus vite que les veufs.

« Notre tableau nous donne une réponse précise. »

Et M. Bertillon ajoute qu'en ce qui concerne les hommes, cette réponse est négative. Leur second mariage est peut-être un peu plus hâtif que celui des veufs, mais, tellement peu qu'il n'y a pas lieu d'en tenir compte. 41 au lieu de 39 pour mille pendant la première année, 28.3 au lieu de 26 pendant la seconde.

L'écart est un peu plus considérable en ce qui concerne les femmes. Mais l'argument qu'il s'agit de combattre ne porte pas sur les femmes. C'est l'homme qu'on accuse de rompre son mariage pour obéir à sa passion, au risque de détruire la vie de sa compagne ; et, on vient de le voir, les chiffres répondent péremptoirement à cette affirmation théorique.

M. Bertillon m'a fourni, en même temps que le travail que je viens d'analyser, d'autres éléments très curieux qui permettent eux aus-

porter un jugement sur la valeur relative des législations que l'on compare.

La souffrance des époux séparés de corps, avons-nous dit souvent, est très grande ; le célibat qu'on leur impose est contre nature, et la société n'a pas le droit de les obliger ainsi à un sacrifice qui n'est légitimé par rien.

M. Bertillon père avait déjà montré combien grand était ce sacrifice, en faisant voir que la vie moyenne des veufs non remariés, ou des séparés de corps, est à peu près moitié moindre que celle des personnes mariées du même âge.

Il est bien évident que cette mort prématurée des personnes qui, après avoir été mariées, cessent de goûter les avantages du mariage, indique une souffrance manifeste de leur part.

M. Jacques Bertillon vient, à son tour, appuyer les déductions de son père par quelques chiffres qui indiquent combien est accentuée cette souffrance, cette douleur, des séparés de corps.

Suivant le régime auquel sont soumis les époux désunis, suivant qu'il leur est loisible de briser leurs chaînes par le divorce, ou qu'ils ne peuvent que relâcher leurs liens par la séparation de corps, le nombre des suicides occasionnés par des chagrins domestiques augmente ou diminue. La proportion la plus élevée correspond aux pays où le divorce n'existe pas. Ces pays sont au nombre de deux, l'*Italie* et la *France*, l'Espagne et le Portugal n'ayant pas encore de statistique bien faite.

Les chiffres sont les suivants :

Sur 1,000 suicides, le nombre de ceux qui reconnaissent pour cause des chagrins domestiques est :

	Hommes	Femmes
En Suède (1852-1855)	16	24
En Norvège (1866-1870)	21	18
En Prusse (1873-1875)	48	51
En Saxe (1867-1876)	26	30
En Italie (1866-1877)	**75**	**76**
En France (1866-1877)	**138**	**164**

Voilà ce que dit la science, et malheureusement il n'est pas possible d'en combattre les conclusions : les faits de chaque jour viennent les confirmer.

On pouvait lire, dans le *Petit Var* du 12 courant, l'entrefilet suivant :

Tué par le vote sur le divorce

Un triste événement vient de jeter la consternation dans la commune de la Crau.

Le nommé Louis Toucas vivait séparé de sa femme et de ses enfants depuis 15 jours environ ; il était en instance de séparation.

Hier, en apprenant le rejet de l'art. 1er de la proposition de M. Naquet, il a mis fin à ses jours en s'asphyxiant par l'acide carbonique.

Ce matin, les voisins inquiets de ne pas le voir vendre le lait comme d'habitude, ont prévenu les autorités.

Le maire, le médecin, le sergent de ville et les parents ont fait ouvrir sa demeure par un serrurier, et en entrant dans la cuisine ils ont vu écrit sur le mur au charbon : « *Charlotte, je te mau-*

dis, ainsi que mes enfants, et désiré que Dieu en fasse autant. Signé : *Louis Toucas.* »

Dans la chambre à coucher, hermétiquement fermée, on a trouvé le cadavre sur le lit et deux réchauds à ses côtés.

M. Servant, médecin, a constaté la mort par asphyxie.

Voilà un formidable argument à ajouter à ceux de M. Léon Renault.

Oui ! voilà un formidable argument. Comme je l'ai dit ailleurs, là où l'on ne peut pas avoir l'espérance d'améliorer par le divorce une situation devenue intolérable, on s'adresse à la mort : on tue ou l'on se tue.

Il est difficile que des faits de cet ordre ne produisent pas une profonde impression sur l'opinion publique.

A. NAQUET.
Député de Vaucluse.

L'Italie du 19 février 1881

LE DIVORCE

L'honorable Ricciardi nous adresse la lettre suivante.

Naples, le 17 février 1881.

Monsieur le rédacteur,

Je viens de recevoir de M. Alfred Naquet la lettre ci-jointe, que je m'empresse de vous communiquer, en vous engageant à la publier, soit en entier, soit en partie, ne fût-ce que pour rassurer sur le triomphe plus ou moins prochain, en France, de cette grande cause du divorce qui compte aussi parmi nous de très-nombreux partisans.

Tout à vous
I. RICCIARDI.

Voici la lettre de M. Naquet.

Paris, le 14 février 1881.

Monsieur,

Je vous envoie sous bande par le même courrier le rapport de Léon Renault et le projet de loi qui le terminait. Je dois toutefois vous dire que, au cours de la discussion, voyant des dispositions hostiles, étant attaqués sur nos amendements, c'est-à-dire sur les modifications portées à l'article 2 au titre VI du Code civil, nous avions abandonné ces modifications pour faire revivre purement et simplement le titre VI.

La proximité de la dissolution ne me

permettra pas de reprendre de nouveau
la question devant la Chambre actuelle.
Mais je la reprendrai immédiatement a-
près les élections — avec la certitude du
succès. En effet nous avons eu pointage,
fait, 216 voix — toutes républicaines —
pour, et 247 voix, dont 100 républicaines,
contre et 40 abstentions.

Toutes les abstentions et les 8[10 des
voix républicaines contre sont au fond
avec moi; mais la peur des élections
prochaines, de l'effet produit dans les
campagnes et exploité par le clergé, a
été déterminante. Ces mêmes hommes qui
m'ont abandonné hier me promettent formellement de voter avec moi aux débuts
de la prochaine législature. Je déposerai
donc mon projet immédiatement après
les élections. Il sera voté par la Chambre
5 ou 6 mois après et, renvoyé ensuite
au sénat *renouvelé*, il sera voté par lui
vers la fin de 1882 ou le commencement
de 1883.

Vous m'obligeriez beaucoup si vous
pouviez me faire tenir le projet de loi
déposé en Italie par votre gouvernement
et l'exposé des motifs qui l'accompagne.

Veuillez agréer, monsieur, l'assurance
de ma considération la plus distinguée.

A. NAQUET.

Le Beaumarenais du 27 février 1881 — n° du journal 21

VICTOR HUGO ET LA FEMME

Victor Hugo n'est pas seulement l'homme de génie
qui a transformé notre langue et qui a fait pour la littérature ce que la Révolution française avait fait pour
la société. Ce n'est pas seulement le moraliste indigné
qui, après avoir exposé sa vie pendant les journées
funèbres de décembre, a flagellé du haut de son exil le
crime triomphant. C'est encore le philosophe dans
lequel s'incarne le mieux la pensée humaine et douce
du dix-neuvième siècle. Il est à notre époque ce qu'ont
été autrefois Voltaire et Beccaria; mais il est plus
grand qu'eux. Il les dépasse non seulement de toute la

hauteur de son génie, mais encore par l'ensemble de tous les progrès dont la révolution a été l'origine et qui se sont, pour ainsi dire, incarnés en lui; pas d'idée noble, grande, généreuse qu'il n'ait fait sienne et au service de laquelle il n'ait mis sa toute-puissante intelligence.

C'est à lui surtout que pourraient s'appliquer aujourd'hui les belles paroles de Térence : « *Rien d'humain ne m'est étranger.* » La faiblesse l'attire. Dans le mal il aperçoit une part, la plus grande peut-être, de responsabilité sociale :

> Les coupables pour moi n'étaient que des témoins.

Il sonde le grand problème de la réhabilitation :

> J'ai dans le livre, avec le drame, en prose, en vers
> Plaidé pour les petits et pour les misérables,
> Suppliant les puissants et les inexorables ;
> J'ai réhabilité le bouffon, l'histrion,
> Tous les damnés humains, Triboulet, Marion,
> Le laquais, le forçat et la prostituée...

Comment donc celui-là ne se serait-il pas penché sur cette faiblesse : la femme, et sur cette autre faiblesse : l'enfant ?

> J'ai réclamé des droits pour la femme et l'enfant.

Comment n'aurait-il pas cherché à faire de la femme, non plus la servante de l'homme, mais sa vraie compagne, son associée dans l'affection, dans l'amour, dans la liberté ?

Comment enfin n'aurait-il pas cherché à relever celles qui tombent victimes, les unes de la misère, les autres des privilèges qui flétrissent dans la femme ce qu'ils acceptent dans l'homme?

Le grand poète s'élève à des hauteurs inconnues lorsque, dans *les Contemplations*, il montre une pauvre fille *s'enlisant* pour ainsi dire par degrés dans ce bourbier, *la prostitution.*

Lire Victor Hugo, c'est devenir meilleur. Si tout le monde s'inspirait des pensées du poète, il y aurait certainement dans la société moins de crimes ; dans la vie domestique, moins d'oppression, moins de mauvais ménages, et nous aurions moins besoin de réclamer le divorce.

A. NAQUET.

Le petit Lyonnais du 4 avril 1881 (n° 3470)

LE DIVORCE

Sonnez, sonnez toujours, clairons de la pensée !
. . . .
. . . .
A la septième fois, les murailles tombèrent.
Victor Hugo.

Lorsqu'on veut ébranler une institution, qui a pour elle des préjugés amoncelés depuis des siècles et jusqu'à des habitudes héréditaires, il ne faut pas se lasser d'appeler à son aide toutes les clartés de la raison, d'autant plus que les ennemis de toute rénovation sociale ne se lassent pas, eux, d'appeler à leur aide tous les sophismes et tous les mensonges qui peuvent permettre à l'erreur de se perpétuer. Puisqu'ils n'hésitent pas à reproduire sans cesse les mêmes arguments mille fois répétés et mille fois réfutés, il ne faut pas hésiter non plus à leur répondre par une mille et unième réfutation.

« Ne vous lassez pas, m'écrit-on, reprenez vos conférences. Elles ont le grand avantage d'être reproduites par la presse et de pénétrer jusqu'au fond de nos provinces où vous avez des adversaires dangereux. Dimanche dernier encore, le curé de mon village (près de Reims) prêchait contre le divorce et terminait son discours en disant que *les gens malhonnêtes seuls, que seuls les esprits pervertis réclament contre l'indissolubilité du mariage.* »

Et mon correspondant ajoute, avec une véritable indignation, bien légitimée par ce procédé de polémique qui consiste à attribuer à ses adversaires, pour les combattre, ce qui n'a jamais été dans leur pensée :

« Pour eux (les prêtres), le divorce et immoral ; pour eux, le désir tout sensuel de changer de mari ou de femme peut seul porter un homme ou une femme à le revendiquer. Comme s'il n'existait pas de raisons plus hautes !

« A leurs yeux, permettre la dissolution du mariage, c'est favoriser le vice, comme si abandonner un époux indigne et coupable pour se reconstituer une famille honorable n'était pas juste et naturel ! Ils prétendent que divorce et polygamie se confondent, que ce qu'on réclame, c'est le droit d'abandonner ses enfants, comme si le sort des enfants n'était pas réglé après le divorce comme il l'est après la séparation de corps, comme si la polygamie avait rien de commun avec le fait de se remarier lorsqu'on a perdu son conjoint soit par la mort, soit par la rupture du lien conjugal ! »

Il est certain que de telles prédications sont malsaines parce qu'elles sont contraires à la vérité, qu'elles peuvent égarer des âmes naïves et ignorantes qu'on effraye en se gardant bien de leur dire en quoi le divorce consiste. Mais elles ne prévaudront pas plus contre les progrès, dont le rétablissement du divorce est une étape, qu'elles n'ont prévalu pour empêcher l'introduction dans nos lois du mariage civil et de tant d'autres réformes contre lesquelles l'Eglise a lutté parce qu'elle y perdait quelques-uns de ses éléments de domination.

Ne l'oublions jamais, en effet, le divorce n'est point contraire aux lois de l'Eglise, aussi longtemps qu'il ne s'applique qu'au mariage civil — et nous ne voulons pas l'appliquer à autre chose. — Il est moins contraire aux lois de l'Eglise que le mariage civil lui-même contre lequel les catholiques n'ont même plus le courage de protester, car le mariage civil est une loi obligatoire et le divorce est une loi facultative, car personne ne peut, en se mariant, se dispenser d'aller à la mairie d'abord, tandis que personne ne peut être obligé soit à divorcer, soit à se remarier après le divorce.

Le divorce est même, pour les catholiques, une atténuation du mariage civil ; il leur donne la faculté d'user, quand les tribunaux ecclésiastiques le leur permettent, des innombrables cas de nullité inscrits dans le droit canonique, et qui, avec notre législation, deviennent lettres mortes pour eux.

Pourquoi donc cette levée de boucliers contre le retour au code civil ?

C'est qu'il ne faut pas confondre entre les catholiques sincères, pour lesquels la religion est une affaire de dogmes, de croyance, d'espoir ou de consolation, et ceux qui reçoivent le mot d'ordre du général des jésuites et pour qui la religion, aux dogmes de laquelle bien souvent ils ne croient même pas, est un simple instrument politique, un moyen d'asservir les populations et de s'assurer le gouvernement et les avantages qu'il procure. Mon correspondant dit vrai lorsqu'il poursuit :

« Le principal intérêt qui guide ici les prêtres, c'est l'espoir de ramener à eux l'épouse qui, n'ayant plus son soutien naturel, s'abandonne au mysticisme, c'est-à-dire à eux prêtres, qui en font ainsi les leviers de la guerre entreprise contre la civilisation moderne. »

Telle est effectivement la vraie raison pour laquelle ils soutiennent l'indissolubilité du mariage.

Toute femme ignorante et malheureuse cherche à se repaître au moins d'espérances imaginaires et devient une proie assurée pour quiconque en est le dispensateur. Toute femme heureuse dans sa famille vit par son mari et par ses enfants, et réduit au moins les pratiques religieuses aux proportions qu'elles ne peuvent pas dépasser sans péril pour le corps social.

Sur 2,500 femmes dont chaque année, chez nous, la séparation de corps fait des veuves, moins les avantages de la viduité, la moitié, au moins, deviennent la chose des prêtres, et l'autre moitié, qui cherche une consolation dans les amours illégitimes, finit souvent, à force de désillusions et de déboires, par arriver au même résultat.

Que le divorce soit établi, et les 2,500 femmes continuent d'appartenir à la société au lieu d'appartenir à l'Eglise. On conçoit que le clergé ne voie pas sans crainte un pareil effet se produire et qu'il se cramponne en désespéré à cette branche de salut : la loi du 8 mai 1816.

On le conçoit, et j'ajouterais que c'est son droit, s'il ne recourait pour cela à des moyens déloyaux.

Mais notre droit à nous — et notre devoir — c'est de compléter l'œuvre de la Révolution Française — ou plus exactement d'y revenir, car ici il ne s'agit pas d'innover, il s'agit simplement de reconquérir le terrain qu'on nous a pris.

Un brave général, qui est en même temps mon collègue à la Chambre, me disait tout récemment :

« Le premier principe à la guerre est de reprendre les places qu'on a perdues.

« Le même principe doit prévaloir dans les luttes politiques.

« Le mariage civil a été une des plus grandes conquêtes de 1789. Cette conquête a été entamée par la loi de 1816. Il faut, avant tout, réparer cette brèche, il faut revenir au Code civil.

« Le rétablissement du divorce fait partie de cet ensemble de lois qui concourent à la laïcisation de la société. La Chambre, qui s'est donné la mission de nous doter de ces lois nécessaires, ne doit donc pas hésiter à nous donner celle-là.

« Elle devrait la placer en tête de son programme. »

Le général a raison tout comme le correspondant dont la lettre a été le point de départ de cet article-ci. C'est pourquoi le progrès démocratique se manifestant chaque jour avec plus d'évidence, et le divorce étant, dans cette donnée, logique et nécessaire, je suis sans crainte sur la solution prochaine du problème que j'ai posé.

A. NAQUET,
Député de Vaucluse.

Le Petit Lyonnais du 11 avril 1881 (3

LA LIBERTÉ DE CONSCIENCE
Dans les Lycées

L'Univers publiait ces jours derniers une adresse collective par laquelle des élèves d'un lycée invitaient leurs camarades des autres lycées à protester en masse, au nom de la libre-pensée, contre la tyrannie religieuse.

« Chers condisciples, est-il dit dans cette adresse, la tyrannie religieuse ne cesse, depuis longtemps, de faire des progrès menaçants dans les lycées et collèges de l'Université.

« Les aumôniers exercent de plus en plus leur influence intolérable. C'est à nous de protester hautement contre un tel état de choses. C'est à nous, enfants de la libre-pensée, de propager les doctrines anticléricales, de réagir dans toute la mesure de nos forces contre les tendances jésuitiques. Les élèves du lycée d'Angers viennent de nous donner l'exemple en adressant une pétition à M. le ministre de l'instruction publique ; fier d'imiter cet exemple, le lycée de... manifeste aujourd'hui hautement son indignation, et une adresse à M. le ministre réclame la liberté absolue de conscience, la suppression des aumôniers et de ces pratiques ridicules et insensées que tout homme de sens et de bonne foi ne peut que réprouver..................... »

L'Univers ajoutait que le ministre de l'instruction publique a donné des ordres pour arrêter ces manifestations, dans lesquelles la pieuse feuille voit une preuve du triste état de nos lycées.

Nous ne saurions partager la manière de voir de l'organe ultramontain. Nous voyons, nous, dans les adresses une preuve du progrès incessant de l'esprit de libre-pensée qui gagne de plus en plus les nouvelles générations et contre lequel tous les efforts du catholicisme demeureront impuissants.

Quant aux ordres du ministre de l'instruction publique, — s'il est vrai que le ministre ait donné les ordres qu'on dit — nous les regrettons sans oser les blâmer complètement. Les enfants des lycées ne sont point des jeunes gens majeurs — *Sui juris*, ainsi que disaient les Romains, se gouvernant par eux-mêmes. Ce sont des mineurs placés sous la tutelle, sous l'autorité de leurs parents, et, au lieu de voir les protestations signées par les fils, nous préférerions les voir signées par les pères contre lesquels le gouvernement n'aurait aucun motif, aucun droit d'interven-tion.

Mais ce n'est là que de la procédure. Cela n'empêche pas que le mouvement ne doive être considéré comme bon en soi, qu'il n'ait une importance considérable, qu'il ne soit un signe des temps.

Il en est des vœux des élèves comme des vœux illégaux des conseils municipaux. On peut les annuler ; ils n'en persistent pas moins. Les mineurs d'aujourd'hui seront les majeurs de demain, et leur conduite actuelle promet de beaux jours à la libre-pensée.

Voilà pourquoi, tout en comprenant le ministre, obligé de faire exécuter la loi, nous approuvons la manifestation en elle-même. Voilà pourquoi nous sommes heureux de les voir se produire comme autant d'indices de l'esprit de liberté qui se répand sur notre pays.

Quant au gouvernement qui a cru devoir combattre le cléricalisme, qui a fermé les couvents non autorisés, qui a demandé aux Chambres la laïcité de l'enseignement primaire, comment ne comprend-il pas que l'unité de vues est nécessaire en politique ? Comment ne voit-il pas que la laïcité de cet enseignement secondaire qui crée ce qu'on est convenu d'appeler « les classes dirigeantes », est plus nécessaire encore que la laïcité de l'enseignement primaire ? Comment ne s'aperçoit-il pas qu'il y a contradiction à chasser le culte de l'école pour le reléguer dans les temples, et à le laisser subsister dans les lycées ? Comment n'est-il pas frappé de l'illogisme qu'il y a à faire disparaître les emblèmes religieux des écoles communales de Paris, tandis qu'on les laisse s'étaler dans les salles des tribunaux, tandis qu'on impose le maigre du vendredi aux élèves de notre Université ?

A cette heure, si un témoin refusait de prêter serment devant la divinité, parce qu'il ne croirait pas à la divinité, il serait passible d'une peine.

A cette heure, les parents qui mettent leurs enfants dans les lycées ne sont point admis à déclarer que ces derniers sont sans culte. Il leur faut déclarer une religion, alors même que leur conscience les repousse toutes, et l'on voit souvent, en haine du catholicisme, des pères envoyer leurs fils au service protestant, quoique le protestantisme, moins nuisible socialement, soit cependant, à leurs yeux, tout aussi contraire que le catholicisme au véritable esprit philosophique et scientifique ?

Où est la liberté de conscience en ceci ? Que devient ce principe de la sécularisation de la société, auquel M. Ribot rendait, l'autre jour, hommage du haut de la tribune nationale ? Il est outrageusement violé tous les jours, et si M. Ferry peut être excusé lorsqu'il empêche des manifestations qu'il croit nuisibles à la discipline dans nos établissements d'enseignement secondaire, il serait inexcusable s'il ne tenait pas compte du sentiment qui a dicté ces manifestations et s'il ne se hâtait pas d'assurer la liberté de conscience dans les lycées.

En Belgique, les parents sont autorisés à exiger que leurs enfants soient élevés en dehors de tout rite, de toute pratique cultuelle.

Ce n'est point encore assez. Les pratiques cultuelles sortant du domaine du droit commun pour entrer dans le domaine de la conscience individuelle, on ne devrait pas avoir à les repousser, mais bien lorsqu'on les désire, à le spécifier expressément.

Il est cependant certain que pouvoir les repousser constitue un progrès véritable dont nous nous accommoderions à cette heure, et que nous réclamons énergiquement.

Aux yeux de l'État, il n'y a en France ni catholiques, ni protestants, ni juifs, ni musulmans, ni libres-penseurs. Il y a des citoyens. C'est pour les citoyens que les écoles sont faites, et l'on ne peut, en aucun cas, sans porter une atteinte grave à la liberté, exiger de ceux qui ne croient pas l'observance de pratiques qui sont, à leurs yeux, superstition pure.

Que les élèves aient la faculté de sortir du lycée le dimanche lorsqu'ils veulent se confesser et entendre la messe; qu'on leur donne la faculté de faire maigre le vendredi s'ils jugent utile de respecter sur ce point les commandements de l'Église, rien de mieux. Mais, ce qui ne saurait être toléré, c'est qu'on impose le maigre à ceux qui repoussent les croyances sur lesquelles cette pratique se fonde, c'est qu'on oblige à professer un culte — c'est-à-dire à être hypocrites — ceux qui répudient également tous les cultes.

Espérons que M. le ministre et le conseil supérieur de l'instruction publique reconnaîtront cette vérité, et que la laïcisation de l'instruction primaire sera complétée par l'introduction du même principe dans l'enseignement à tous les degrés.

A. NAQUET,
Député de Vaucluse.

Le petit Lyonnais du 14 avril 1881.

LA QUESTION TUNISIENNE

Les bonapartistes et les intransigeants, chacun de leur côté, cherchent à exploiter le sentiment pacifique du pays et à s'en faire une réclame électorale. L'Intransigeant, sous la signature E. V., est allé jusqu'à dire que « le peuple, une fois de plus sacrifié, va payer de son sang la confiance inqualifiable de ses mandataires. » Dans le même numéro, sous la signature M., à propos de la conférence de M. Lanessan à Lyon, le même journal approuvait l'orateur d'avoir, à propos de la guerre, « flétri les agioteurs qui spéculent sur notre patriotisme ».

M. Lanessan se faisait ainsi à Saint-Étienne, le lundi 11 avril, le promoteur des mêmes accusations que, quelques heures auparavant, M. Lenglé avait portées à la tribune de la Chambre des députés.

De part et d'autre, c'est le même plan; ce sont les mêmes espérances. Ces espérances antipatriotiques seront déçues.

On spécule sur la lâcheté du peuple français; on se trompe. Le peuple français est sage, prudent; il est sincèrement attaché à la paix, qui le fortifie et le grandit chaque jour; mais il n'est pas lâche. Il ne veut pas, comme le croit M. de Bismarck, d'expansion au dehors; il lui suffit de travailler à l'intérieur au développement de la fortune et des libertés publiques qui vont de pair; mais il ne veut pas davantage d'une politique de défaillance. Il renverserait impitoyablement qui voudrait l'engager dans une guerre offensive; mais il a le sentiment de la dignité nationale, et il renverserait avec non moins de colère tout gouvernement qui laisserait violer ses frontières et envahir son territoire.

Le peuple qui, en 1870, a fait, sans armée organisée, sans armes, sans munitions, cette guerre héroïque de défense qui lui a valu l'admiration de ses ennemis étonnés, ce peuple-là n'est pas de ceux que l'on prend par le sentiment de la peur. L'arme dont ils se servent se brisera infailliblement entre les mains des intransigeants et des monarchistes, et ajoutera encore au sentiment de déconsidération qu'ils inspirent au pays.

A qui, en effet, fera-t-on croire que nous allons en Tunisie sans y être forcés, pour faire une guerre de conquête et dans un but inavouable?

La vérité est connue de tous.

Depuis le jour où le chemin de fer de la Goulette était concédé à une compagnie italienne, — fait qui n'aurait rien d'anormal en soi, n'étaient les petites intrigues qui l'ont précédé et suivi, — il ne s'est pas passé de jour sans que l'hostilité du gouvernement de Tunis contre la France ne se soit manifestée.

Tantôt, c'est à propos de l'affaire de l'Enfida; tantôt à propos d'un chemin de fer concédé à une compagnie française, et dont on interrompt la construction sans motif plausible.

Affaires financières que tout cela! répondra M. Lenglé ou l'Intransigeant.

Je le veux bien; mais ce ne sont d'ordinaire que des intérêts de cet ordre que les nations ont à défendre à l'étranger, dans la personne de leurs nationaux, car c'est généralement pour exercer un commerce, une industrie, pour créer ainsi à son pays des débouchés dont il profite, que des citoyens s'expatrient.

Ces intérêts-là sont parfaitement respectables, et les Anglais, les Italiens, les Allemands n'auraient pas l'idée de le contester. Et il y a un abîme de là à la scandaleuse affaire

Jacquer qu'on n'a plus besoin de flétrir, puisque les bonapartistes, eux-mêmes la donnent comme type d'opération infâme.

On ne se borne d'ailleurs pas, à Tunis, à nous faire une petite guerre d'intérêt ; on excite les populations contre les Français : on représente notre pays comme à ce point tombé, qu'il subira impunément toutes les injures et tous les outrages.

Enfin, un jour, sous l'influence de ces excitations répétées, les tribus insoumises de la frontière passent dans notre colonie algérienne et pillent nos tribus. Puis, quand nous voulons les châtier, elles retournent de l'autre côté de la frontière et nous défient de leur appliquer le châtiment qu'elles ont mérité.

Si le bey n'avait pas, directement ou indirectement, favorisé le mouvement qui s'est produit ; si même, quelle qu'eût été son action antérieure, il avait les forces suffisantes pour réprimer les rebelles, nous n'aurions qu'à repousser l'agression et à attendre, des troupes beylicates, la répression finale des Khroumirs.

Mais il est constant que le gouvernement de la Régence est impuissant à réprimer les pillards dont nous avons eu si souvent à souffrir ; il est constant que l'impunité des pillards aurait pour effet de diminuer notre prestige auprès des Arabes et de menacer notre domination en Algérie ; il est constant que tout Etat a le droit de se sauvegarder, même en passant la frontière de l'Etat voisin, si celui-ci n'a pas les moyens de faire la police de ses provinces extrêmes. C'est ce que nous avons toujours fait au Maroc et en Tunisie — notamment en 1867 ; — c'est ce que les Etats-Unis font constamment au Mexique. C'est ce que nous faisons aujourd'hui.

Nous avons été si peu mus par une idée de conquête que nous avons proposé au bey de joindre ses troupes aux nôtres et de combattre non en ennemis mais en alliés de son gouvernement.

Notre désir sincère est que le bey accepte. Mais s'il refuse ; si ses sympathies ouvertement manifestées sont pour les Kroumirs ; si la sécurité de nos nationaux arrive à être compromise dans la capitale de la Régence, le bey n'aura à s'en prendre qu'à lui-même de la suite que pourront prendre les événements.

Quant au peuple de France, il applaudira son gouvernement d'avoir fait respecter l'intégrité de son territoire, d'avoir sauvegardé notre conquête africaine au moment où nous commençons à y recueillir le fruit des sacrifices qu'elle nous a coûtés.

Il applaudira d'avoir défendu l'honneur et les intérêts du pays — intérêts à ce point légitimes — que pas une réclamation ne s'élève contre nous en Europe, et que les Italiens eux-mêmes, simplement inquiets sur notre action finale, reconnaissent le bien fondé de nos réclamations actuelles.

Non seulement il applaudira ; mais encore il condamnerait irrévocablement ses gouvernants si ceux-ci, baissant pavillon devant une principauté à demi barbare, avaient abaissé notre dignité et compromis nos intérêts les plus chers.

Il comprend que, pour avoir une République, il faut d'abord avoir une France, une patrie, et qu'il n'y a plus de patrie pour les nations qui s'abandonnent.

La répression des Kroumirs n'aura d'autre effet que de consolider encore la République et de couvrir de confusion ceux qui, dans un but trop facile à deviner, agitent, ainsi qu'on l'a dit, « la manivelle de la peur. »

A. NAQUET,
Député de Vaucluse.

Le petit Lyonnais du 2/avril 1881

LES ÉVÉNEMENTS DE RUSSIE

Le czar Alexandre II est mort : ceux qui l'ont tué ont été pendus. La presse conservatrice a flétri les régicides ; la presse intransigeante, en France comme au dehors, les a exaltés ; le moment n'est-il pas venu d'examiner philosophiquement le redoutable problème que posent les événements de Saint-Pétersbourg et de rechercher la raison d'un état de choses qui ne pourrait se produire chez aucune autre nation civilisée.

Il peut être naturel de faire du sentiment en politique, de maudire les meurtriers d'un empereur que l'on aime, ou de glorifier les martyrs qui, au prix de leur tête, débarrassent le pays d'un empereur que l'on hait.

Mais après ? Lorsqu'on a ainsi exhalé sa joie ou sa colère, à quoi aboutit-on ? Ne vaut-il pas mieux, mille fois, étudier à fond la maladie sociale — car c'en est une — qui rend de pareils faits possibles, et s'efforcer d'en découvrir le remède ? C'est évidemment plus salutaire et plus logique, car, dans le domaine politique et social, c'est à la raison qu'il faut s'adresser toujours et non à la sentimentalité.

Le meurtre du czar n'est ni la première tentative de régicide, ni le premier régicide réussi. Sans remonter au delà de la Révolution française, bien des souverains ont été l'objet de tentatives de meurtre, et il n'y a pas jusqu'au président Lincoln qui ne soit tombé sous le poignard d'un assassin. Mais nulle part l'assassinat des chefs d'Etat n'avait pris le caractère qu'il a pris en Russie dans ces dernières années. En France, en Italie, en Espagne, en Amérique, il n'y a jamais eu, à cet égard, que des faits isolés, individuels ; en Russie, il s'agit d'un système.

Ce n'est plus un fanatique, un illuminé ou un homme qui venge une querelle personnelle. C'est toute une secte, toute une école organisée, se lutte dans toutes les classes, aussi bien dans la noblesse, comme Sophie Perowska, que dans les rangs du peuple, — et qui entre en lutte avec le pouvoir souverain; qui lui déclare la guerre; qui lui dit : «Nous sommes nombreux; nous sommes décidés à mourir les uns après les autres; mais nous sommes non moins décidés à tuer, si nous n'obtenons pas les réformes que nous réclamons, et jusqu'à ce que nous les ayons obtenues.»

Pourquoi rien de tel ne se produit-il en Italie, en Espagne, en Amérique ou en France? Pourquoi Alibaud ou Passavante ne sont-ils que des accidents? C'est que l'état social de ces peuples est tout autre que celui de la Russie; c'est que l'état social de la Russie est devenu une anomalie dans le siècle où nous vivons.

Avant la Révolution française, l'absolutisme était la règle. Les mœurs l'acceptaient. Aujourd'hui, l'absolutisme a dû reculer partout, et même là où la République n'a pu s'établir, la monarchie s'est vue forcée de composer avec l'esprit moderne, et de consentir, dans une mesure plus ou moins large, au gouvernement du pays par le pays.

Seul le gouvernement russe a tenu bon et est demeuré pur de tout alliage constitutionnel, comme si, pareil aux mammouths retrouvés dans les glaces et exposés au musée de Saint-Pétersbourg, il voulait se conserver vestige intact d'une civilisation disparue.

Il est incontestable que cela ne peut se perpétuer. On ne maintient pas un peuple dans une immobilité séculaire (à moins de l'isoler, comme on l'a fait en Chine, du reste du monde) au milieu d'une société en évolution. Tôt ou tard, ceux qui cherchent à enrayer le mouvement sont emportés par lui. La seule question qui se pose est celle de savoir sous quelle forme le mouvement les emportera.

Quand le pays est centralisé, que la population est très dense, que les villes ont pu reprendre leur esprit sur les campagnes, qu'une bourgeoisie s'est créée à côté de la noblesse, un prolétariat à côté de la bourgeoisie, le mouvement prend la forme d'une révolution populaire.

Lorsque la population est clairsemée sur des espaces immenses, que les villes et les campagnes sont presque sans communications entre elles, que l'esprit de celles-là ne peut pas se répandre sur celles-ci; quand les classes intermédiaires n'existent pas, qu'il n'y a pas de prolétariat, qu'en un mot l'armée de la révolution fait défaut, alors la lutte prend un autre caractère. Les ennemis du système identifient le système avec l'homme qui en est la personnification la plus haute, et ils entrent dans un duel à mort avec celui-ci.

Et il faut bien le dire, si l'on se trouve par hypothèse — je n'en fais aucune supplication actuelle — en présence d'un pouvoir autocratique absolu, comme celui de Paul Ier; si le

pouvoir est exercé par un homme qui a perdu la raison et compromet gravement les intérêts de son pays; si sa mort est le seul, l'unique moyen de sauver la patrie, on conçoit que les consciences s'obscurcissent et que le meurtre en arrive à être considéré comme un moyen libérateur.

Le pouvoir absolu fait naître le régicide, tout comme la liberté le rend impossible.

En France, en Angleterre, en Italie, un fou peut bien tenter de tuer M. Grévy, ou la reine Victoria, ou le roi Humbert, comme il pourrait essayer de tuer le premier venu. Mais la politique n'a rien à voir là dedans. En effet, en quoi la mort de ces chefs d'Etat pourrait-elle modifier la conduite générale des affaires? La France, l'Angleterre, l'Italie se gouvernent elles-mêmes par leurs représentants, et la mort du chef du pouvoir exécutif ne changerait en rien les volontés du pays.

Il en est autrement là où la volonté d'un seul est la loi suprême, et l'on conçoit alors que certains hommes puissent être poussés à supprimer un individu dont la disparition doit entraîner, si son successeur ne partage point ses idées, une modification profonde dans la politique.

C'est pourquoi, presque de tout temps, le régicide a été pratiqué en Russie et en Turquie.

Il n'y a qu'une chose de nouvelle dans le drame du Canal Catherine : le but des conjurés et le milieu où ils se sont recrutés. Quant au régicide en lui-même, il y a longtemps qu'il est en honneur à la cour des czars.

Si donc Alexandre III veut arrêter pour toujours le poignard des assassins, il n'a qu'à rendre l'assassinat non seulement criminel, mais encore inutile et ridicule; il n'a qu'à déposer le pouvoir absolu entre les mains des représentants de la nation; il n'a qu'à imiter le roi Charles-Albert et à accepter une constitution.

Ce jour-là, la Russie sera véritablement rentrée dans le concert des peuples de l'Europe, et le czar, simplement chargé de faire exécuter les lois voulues par le pays, sera respecté comme l'est partout ailleurs le pouvoir exécutif.

Ce n'est point en redoublant les efforts de la troisième section, qu'il empêchera le retour de ces actes étonnants, qui jettent le trouble dans les consciences, —au contraire : car le meurtre appelle le meurtre, car l'assassinat appelle la potence, comme la potence appelle l'assassinat; c'est en en anéantissant les causes, en rentrant dans la voie des nations modernes, en donnant la liberté.

On prétend ces jours-ci qu'Alexandre III le comprend, et qu'un projet de constitution s'élabore. Puisse la nouvelle être vraie! Plus que la Sibérie et plus que l'échafaud, cette décision, conforme aux lois de l'histoire, rendra la paix

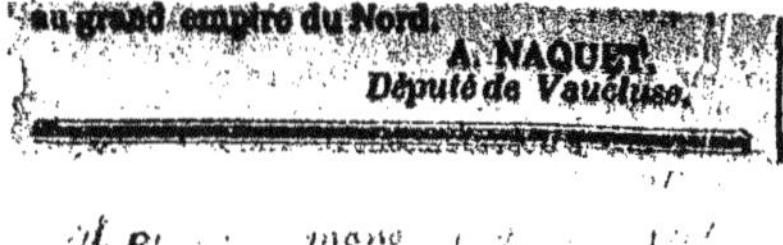

Lèttera di un deputato francese

L'on. A. Naquet, deputato alla Camera francese, e direttore dell' *Independant* ha diretto in risposta ad un suo amico della Camera italiana la seguente lettera che pubblichiamo testualmente con molto piacere per quello che si riflette la questione di Tunisi, senza esprimere per ora alcun giudizio sulle altre considerazioni politiche svolte dall'egregio deputato di Vaucluse.

Nizza, il 18 aprile 1881.

Mio caro amico,

La vostra seconda lettera mi perviene a Nizza ove sono venuto a riposarmi durante una quindicina di giorni ed è di qui che io vi rispondo...

Voi mi dite che l'insolenze dei giornali francesi « anno male ». Lo credo bene; ma da per tutto, ove la parola è libera, essa coglie ogni occasione che le permette di commuovere il paese senza che perciò il governo si tenga per nulla impegnato.

D'altronde la stampa italiana è ben lungi dall'essere tenera per noi e voi non ne avete colpa come non ne abbiamo colpa noi.

Bisogna fare astrazione dalle polemiche pa ionate, e non vedere che lo scritto e la parola delle persone autorevoli. Se vi tenete a questo, sarete subito rassicurato.

Ma, mi replicate: « Siete voi veramente animati dai sentimenti che pretendete d'avere? »

A ciò che vi posso rispondere?

Poiché voi mi usate la cortesia di dichiararmi che non ne dubitate in quanto mi concerne, non posso che affermarvi formalmente: Tutte le persone che hanno il potere di influire sulla crisi attuale, e colle quali ho parlato, mi dissero ciò che vi ho ripetuto e ciò che ne penso io stesso.

Ora, è certo, che voi potete non credere alla loro sincerità, ma in tal caso dovrete dire che questo sistema è poco delicato.

No! il nostro scopo non è di annettere Tunisi. Che interesse avremo noi in codesta annessione? Quello di ricominciare ciò che ha durato 18 anni in Africa, quello di spendere molto denaro e di spargere molto sangue, e tutto ciò per un risultato che senza alcun dubbio è di una importanza molto secondaria.

Dunque da questo lato potete essere tranquillo. Noi andiamo a punire i Krumiri. — Forse esigeremo dal Bey, nell' interesse dei nostri connazionali, per la nostra situazione nella Reggenza, delle guarentigie contro il suo mal volere e la sua ostilità. Ma certamente non andremo più oltre.

Ciò per i fatti.

Ora mi getto nel campo speculativo delle supposizioni, e vi chieggo in qual guisa i vostri interessi sarebbero compromessi se — ciò che non avrà luogo, ne potete essere sicuro — ci annettessimo Tunisi?

È probabile che se la Francia non avesse conquistato Algeri e si trattasse di conquistarlo ora, voi sollevereste contro questa conquista le stesse obbiezioni che fate ora contro quella di Tunisi. E tuttavia non vi siete voi avvantaggiati come noi di ciò che la Francia ha fatto in Africa?

Gli italiani non si sono forse alleati ai francesi per colonizzare quel paese strappato alla barbarie e ridato alla civilizzazione?

Lo stesso avverrebbe se noi dominassimo nella Reggenza. Gli interessi dei popoli civili sarebbero molto più garantiti che non lo sieno sotto il regime di un principe musulmano.

Dal canto vostro mi direte forse che lo stesso argomento ci potrebbe essere opposto se voi dominaste nella Reggenza.

Ciò non sarebbe esatto perché voi non avete alcun possedimento in Africa e noi abbiamo l'Algeria da garantire.

Certo se il governo italiano si fosse in ogni circostanza mostrato amico del nostro paese, se, in mancanza del vostro governo, tutte le frazioni liberali del popolo italiano avessero affermato le loro simpatie per noi come lo fecero i liberali spagnuoli di tutte le gradazioni sotto il gabinetto ostile del signor Canovas del Castillo, noi potremmo ragionare come fate voi.

Ma il vostro governo diffida. Uomini politici autorevoli fanno dei giornali come la *Riforma* che oppugnano apertamente l'alleanza francese; voi avete un console a Tunisi — causa forse di tutto il male attuale — che si immischia in tutte le specie di intrighi contro la Francia e che diffonde a tutta possa, il giornale arabo di Cagliari *H. Mostakel.*

— Dato questo, come volete che noi abbiamo fiducia e che non nutriamo dei timori per la nostra colonia?

— Supponete una singolare ipotesi che voi, stabiliti a Tunisi, foste alleati della Germania. Che cosa sarebbe di noi quando fossimo attaccati dalla Germania in Europa e simultaneamente, per effetto dell'alleanza, da voi, in Africa, diventati nostri immediati vicini!

— Queste sono le eventualità cui, disgraziatamente la condotta dei vostri uomini politici ci obbliga a pensare — per quanto grande sia il dolore che proviamo di non poterci limitare, — in quanto concerne l'Italia — all'espressione dei sentimenti fraterni che ci animano.

Credetelo, caro amico, se la stampa francese si è riscaldata — (*monté la tête*) ed io l'accuso — essa ha ben avuto qualche motivo di farlo, e non bisogna dimenticare che questa stessa stampa — almeno quella liberale — vi appoggiò nel 1859, che, nel 1866 a rischio di creare l'unità germanica che doveva esserci tanto funesta essa era colla Germania contro l'Austria perché la Germania era con voi; che nel 1867 protestò contro l'affare di Mentane, e infine che, in ogni tempo, dal 1830 in poi la democrazia francese si era condannata come facente causa comune colla democrazia italiana.

So che la democrazia italiana è restata cordialmente unita colla Francia. Disgraziatamente questa democrazia non ha nella penisola che deboli forze; accadde in Italia come in Germania. Molti degli antichi democratici l'hanno rotta coi loro principii ed è appunto negli uomini politici schierati nelle fila di quelli che non ha guari combattevano, che noi abbiamo trovato i nostri nemici più acerrimi, il sig. Crispi per esempio.

Ebbene! caro amico, se i giornali francesi hanno torto — ed io non esito punto a dar loro torto — di non trattare l'Italia colla deferenza, col rispetto che si devono ad una nazione sorella e ad una nazione che ha fatto il gigantesco e nobile sforzo che avete fatto voi dal 1859, gli uomini politici di Italia hanno molto più torto ancora di separarla dalla Francia.

La Germania, in virtù del suo principio « dividere per regnare » è andata — come mi fu assicurato l'anno scorso a Roma — sino a far presentire ai vostri ministri, che si potrebbe esigendolo le circostanze dare all'Italia la valle del Rodano sino a Lione.

Ma mi fu affermato 8 giorni fa a Parigi che Bismarck avrebbe detto « che cosa ci divide dalla Francia? una sola questione, quella della frontiera del Reno: per tutto il resto, i nostri interessi non presentano alcun antagonismo e l'Europa è grande. »

Non vedete voi che se si pervenisse ad isolarci in Europa, si potrebbe per un tempo almeno far per noi, ciò che è stato fatto per l'Austria dopo Sadova, costringerci volontariamente o no, all'alleanza tedesca? Ed allora quale... bbe la vostra situazione?

So che voi credete più facile per voi l'alleanza tedesca. Potete aver ragione perché non foste *riparati* dalla Germania, come lo fummo noi dopo la guerra del 1870. Ma la verità è che questa alleanza non l'avrà alcuno: la Germania alleata oggi con questo, domani con quello, si vantaggierà di ogni nostra querela *intestina,* senza unirsi mai seriamente e completamente ad alcuno.

Dico *intestina* poiché considero la razza latina come facente parte di una stessa nazione.

L'unione della razza latina si impone. E questa unione sarebbe compromessa oggi perché il sig. Canovas del Castillo ha paura della repubblica, e domani perché la tranquillità dei nostri possedimenti africani esige che prendiamo taluno misure di ordine a Tunisi?

Ma via!...

Sono ben cattivi e ben ingenui politici quelli che si cacciano ciecamente nella trappola che i nostri nemici ci tendono.

La stampa francese ha torto quando cade nella trappola, ma essa non è che la stampa; e ciò che esprime non sono che le idee di individualità senza mandato, mentre sventuratamente da voi gli attacchi vengono da ben altra parte.

Possano sparire i malintesi, e dai due lati della frontiera possano gli uomini di cuore e di buon senso intendersi per far cessare un assurdo stato di cose e stringere più solidamente i nodi fraterni che non si sarebbero dovuti mai rallentare — tra la Francia e l'Italia.

Gradite, ecc. A. NAQUET.

L'Italie du 26 avril 1881

La question tunisienne

Un député français, M. Naquet, vient d'adresser à un de ses amis, député italien, une lettre sur les affaires de Tunis, que nous croyons intéressant de reproduire :

. . . .
« Vous me dites que « les insolences des
journaux français » font du mal. Je le
crois bien. Mais, partout où la presse est
libre, elle profite de toutes les occasions
qui lui permettent d'émouvoir le pays,
sans engager en rien pour cela le gouvernement. La presse italienne, d'ailleurs,
est loin d'être tendre pour nous et vous
n'y pouvez pas plus que nous n'y pouvons. Il faut s'abstraire de ces polémi-
ques passionnées, et ne voir que les é-
crits et les paroles des hommes autorisés. Si vous vous en tenez là, vous vous
rassurerez.

« Mais, me dites-vous encore, êtes vous
véritablement animés des sentiments que
vous prétendez avoir ? »

A cela que puis-je répondre ?

Puisque vous me faites l'amitié, une
ligne plus bas, de me déclarer que vous
n'en doutez pas en ce qui me concerne,
je ne puis que vous affirmer formellement ceci : Tous les hommes qui ont le
pouvoir d'influer sur la crise actuelle et
avec lesquels j'ai parlé, m'ont dit ce que
je vous ai répété et ce que moi-même
je pense. Maintenant, il est certain que
vous pouvez leur faire un procès de tendances et ne pas croire à leur sincérité.
Seulement, vous avouerez que c'est là
un système inadmissible.

Non ! notre but n'est pas d'annexer
Tunis. Quel intérêt aurions-nous à cette
annexion ? Celui de recommencer ce qui
a duré 18 années en Afrique, celui de
dépenser beaucoup d'argent et de sacrifier beaucoup d'hommes, et tout cela
sans doute pour un résultat d'une bien
secondaire importance.

Donc, vous pouvez être tranquilles de
ce côté. Nous allons châtier les Kroumirs. Peut-être exigerons-nous du bey,
pour les intérêts de nos nationaux, pour
notre situation dans la régence, des garanties contre son mauvais vouloir et son
hostilité. Nous n'irons pas au-delà certainement. Voilà pour les faits.

Maintenant, je me lance dans le domaine des suppositions, de la spéculation
pure, et je vous demande en quoi vos
intérêts seraient compromis si — ce qui
n'aura pas lieu, vous pouvez en être sûrs
— nous annexions Tunis.

Il est probable que si Charles X n'a-
vait pas conquis l'Algérie, et s'il s'agissait de la conquérir à cette heure, vous
élèveriez contre cette conquête les mêmes objections que vous élevez contre
celle de Tunis. Et, cependant, n'avez-
vous pas profité comme nous de ce qui
a été fait par nous en Afrique ? Les Italiens ne se sont-ils pas joints aux Français pour coloniser cette terre arrachée
à la barbarie et amenée à la civilisation ?

Il en serait de même si nous domi-
nions dans la régence. Les intérêts des
peuples civilisés seraient bien mieux garantis qu'ils ne le sont sous le règne d'un
principicule musulman.

A votre tour vous me direz peut-être
que le même argument pourrait nous
être opposé si vous dominiez dans la régence.

Ce ne serait pas exact, parce que vous
n'avez aucune possession en Afrique et
que nous avons l'Algérie à sauvegarder.

Certes, si le gouvernement italien s'é-
tait en toutes circonstances montré l'ami
de notre pays ; si, à défaut de votre gouvernement, toutes les fractions libérales
du peuple italien avaient affirmé leurs
sympathies pour nous, comme n'ont cessé
de le faire les libéraux espagnols de toute
nuance sous le cabinet hostile de M. Canovas del Castillo, nous pourrions raisonner comme vous. Mais votre gouvernement se défie. Des hommes politiques
autorisés font des journaux comme la
Riforma, ouvertement dirigés contre l'alliance française ; vous avez un consul à
Tunis — cause peut-être de tout le mal
actuel — qui se mêle à toutes sortes
d'intrigues contre la France et qui répand le plus qu'il peut le journal arabe
de Cagliari *El Mostakel*. Comment voulez-vous, avec cela, que nous ayons confiance et que nous n'éprouvions pas de
craintes pour notre colonie ? Que devien-
drions-nous si, établis à Tunis, vous étiez
alliés à l'Allemagne et si, attaqués par
Bismark en Europe, nous l'étions en A-
frique par vous, devenus nos voisins ?
Ce sont là des éventualités auxquelles
malheureusement la conduite de vos hommes politiques nous oblige à songer, quelque douleur que nous ressentions de ne
pas pouvoir nous borner, en ce qui concerne l'Italie, à l'expression des sentiments fraternels qui nous animent.

Croyez-moi, mon cher ami, si la presse
française s'est « monté la tête » comme

on dit ici — et je l'en accuse — elle a bien eu quelques motifs de le faire, et il ne faut pas oublier que cette même presse — au moins la presse libérale — vous appuyait en 1859 ; que, en 1866, au risque de créer l'unité allemande qui devait nous être si funeste, elle était avec l'Allemagne contre l'Autriche, parce que l'Allemagne était avec vous ; que, en 1867, elle a protesté contre l'affaire de Mentana ; que, en tout temps, depuis 1830, la démocratie française s'était considérée comme faisant cause commune avec la démocratie italienne.

Je sais que la démocratie italienne est restée de cœur unie à la France. Malheureusement cette démocratie n'a dans la péninsule que de faibles forces ; il est arrivé en Italie comme en Allemagne : beaucoup d'anciens démocrates ont rompu avec leurs principes, et c'est dans ces hommes politiques ralliés à ce qu'ils combattaient naguère que nous avons trouvé nos ennemis les plus ardents, M. Crispi par exemple.

Eh bien ! mon cher ami, si les journaux français ont tort — et je n'hésite pas à leur donner tort — de ne pas traiter l'Italie avec la déférence, avec le respect que l'on doit à une nation sœur, et à une nation qui a fait le gigantesque et noble effort que vous avez fait depuis 1859, les hommes politiques d'Italie ont bien plus tort encore de se séparer de la France.

L'Allemagne, en vertu de son principe « diviser pour régner », est allée, m'a-t-on assuré, l'an dernier à Rome, jusqu'à faire pressentir à vos ministres que l'on pourrait, le cas échéant, donner à l'Italie la vallée du Rhône jusqu'à Lyon.

Mais on m'affirmait il y a 8 jours à Paris que M. de Bismark aurait dit :

« Qu'est-ce qui nous sépare de la France ? une seule question. Celle de la frontière du Rhin. Pour tout le reste, nos intérêts ne présentent aucun antagonisme, et l'Europe est grande. »

Ne voyez-vous pas que si l'on parvenait à nous isoler en Europe, on pourrait, pour un temps au moins, faire pour nous ce qui a été fait pour l'Autriche après Sadowa : nous rejeter, volontairement ou non, dans l'alliance allemande. Et alors quelle serait votre situation ?

Je sais que vous croyez plus facile de garder l'alliance allemande pour vous. Vous pouvez avoir raison, vous puisque n'êtes pas séparés de l'Allemagne, comme nous, par les événements qui ont suivi la guerre de 1870. Mais la vérité est que, cette alliance, personne ne l'aura ; l'Allemagne, liguée avec celui-ci aujourd'hui, avec celui-là demain, profitera de toutes nos querelles intestines, sans s'unir jamais à qui que ce soit sincèrement et complètement.

Je dis *intestines*, car je considère les races latines comme faisant partie d'une même nation.

L'union des races latines s'impose. Et cette union serait compromise, un jour parce que M. Canovas del Castillo a peur de la république, et le lendemain parce que la tranquillité de nos possessions africaines exige que nous prenions certaines mesures de « police » à Tunis ? Allons donc !

Ils sont de bien tristes, de bien piètres politiques ceux qui donnent ainsi tête baissée dans le piége que nous tendent nos ennemis.

La presse française a tort lorsqu'elle donne dans le piége, mais ce n'est que la presse. Ce qu'elle exprime n'est que la pensée d'individualités sans mandat, et malheureusement chez vous les attaques viennent de plus haut.

Que le malentendu disparaisse ! que, des deux côtés de la frontière, les hommes de cœur et de sens s'entendent pour faire cesser un état de choses absurde et pour renouer plus solidement les liens fraternels qui n'auraient jamais dû se relâcher entre l'Italie et la France.

Je vais publier cette lettre-ci dans l'*Indépendant*, dont je vais donner ordre qu'on vous envoie quelques exemplaires. A votre tour, si vous croyez qu'elle soit utile, faites-en tout ce que vous voudrez. Si vous la publiez, envoyez-moi, je vous prie, le journal qui la contiendra.

A vous, bien cordialement

A. NAQUET.

DEL DIVORZIO(1)

Paris, 10 avril 1881

Cher monsieur,

Je n'avais pas votre adresse — J' écris aujourd'hui à votre journal, j'espère que ma lettre vous parviendra.

J'ai lu le projet Villa. — Il est *mauvais.* Cependant il vaut mieux que le discours fait par Cazot contre le divorce.

Chez nous le divorce passera surement après les élections Générales, car seules les préoccupations électorales ont empêché le vote: on a craint l'action du clergé dans les campagnes. C'est une erreur; mais cette erreur a été décisive, et elle n'agira plus lorsque nous aurons 4 ans devant nous.

Quant à vous, vous nous précéderez et quelque *mauvais* que soit le projet Villa, ce sera un grand pas de fait. Une fois le principe admis il sera plus facile de l'élargir qu'il ne l'est de le faire admettre.

Je vous remercie de l'envoi de votre intéressant ouvrage. — Je rééditerai prochainement le mien et, se vous voulez bien me donner votre adresse exacte, lorsqu' il aura paru, je serai heureux de vous l'adresser, Croyez à mes sentiments dévoués.

A. NAQUET.

44 rue de Moscou.

(1) Abbiamo ricevuto su quella importante riforma una lettera del valente strenuo patrono della stessa in Francia, dell'onor. Deputato *Naquet*, e la pubblichiamo tal quale. N. D. D.

Le petit Lyonnais Jeudi 5 mai 1881 (n° 3,475)

LE SCRUTIN DE LISTE

La Chambre des députés a rétabli le scrutin de liste, et ce vote qui — tout le fait prévoir — sera confirmé par le Sénat, a certainement une haute portée politique.

Non que la procédure électorale ait, en elle-même, l'importance qu'on lui a attribuée de part et d'autre.

Le principe, c'est le suffrage universel. Le suffrage universel à cette heure est républicain et, de quelque manière qu'on le consulte, il affirmera la République.

Prenez garde, disaient les partisans du scrutin parcellaire : le vote uninominal nous a grandement réussi par deux fois tandis que le vote plurinominal nous a été deux fois funeste, en 1849 et en 1871.

Il n'était pas difficile de réfuter cette objection. Le vote plurinominal nous a été funeste en 1849 et en 1871 parce que, en 1849, la France n'était pas foncièrement républicaine comme elle l'est à cette heure; parce que, en 1871, elle entendait nommer quand même des partisans de la paix.

Le vote uninominal nous a réussi en 1876 et en 1877, parce que le pays voulait fermement alors la République et que rien ne saurait prévaloir contre sa volonté souveraine.

A qui fera-t-on croire que le pays aurait eu des monarchistes en 1877 et en 1876, s'il avait voté par département au lieu de voter par arrondissement ? Le prétendre serait simplement puéril. A ceux qui l'essaieraient, d'ailleurs, la réponse serait faite. Ainsi que l'a justement rappelé M. Gambetta, c'est au scrutin départemental que 47 départements ont eu à exprimer leur pensée, le 2 juillet 1871. Comme à cette date les causes qui avaient déterminé le courant du 8 février n'existaient plus, comme le pays avait repris possession de lui-même, sur 113 représentants à élire, plus de 100 républicains furent nommés.

Et quant aux comités tout puissants dont on a cherché à nous faire peur, c'est bien un inconvénient peut-être pour tel ou tel candidat qui pourra se trouver évincé par eux à un moment donné : mais ce n'en sera jamais un relativement à la signification générale de l'élection. Celle-ci demeurera monarchiste ou républicaine, progressiste ou modérée, suivant l'idée qui dominera le corps électoral et contre lequel le mode de consultation employé ne peut pas prévaloir.

Si donc on se place, si l'on se maintient dans l'ordre des considérations électorales, on peut dire une foule de choses avec autant de bonnes raisons ou de mauvaises raisons dans un sens que dans un autre.

Il n'en est plus de même lorsqu'on se place à un point de vue plus élevé, à un point de vue purement politique.

L'idéal républicain, c'est que les députés soient les représentants de la pensée politique, économique, philosophique même, jusqu'à un certain point, de la nation, et qu'ils ne soient pas les serviteurs des intérêts individuels ou des intérêts locaux.

Or, il n'est pas douteux que, à mesure que la circonscription s'agrandit, si les intérêts individuels et locaux ne s'anéantissent point, se multiplient même, ils se neutralisent les uns les autres et laissent toute liberté qui ne dépend plus de ces électeurs au point de vue législatif. Le député signe plateforme et n'a à se préoccuper ensuite que d'une chose : obéir à cette plateforme. Ou tout au moins, s'il n'en est pas ainsi d'une manière absolue — ce ne serait complètement vrai qu'avec l'unité de collège — on se rapproche beaucoup plus de cet état de perfection avec une circonscription étendue qu'avec une circonscription restreinte.

Quant aux grands courants d'opinion que l'on paraît redouter, c'est là un argument analogue à celui que l'on met en avant pour défendre le maintien d'un Sénat. Il est sans valeur à nos yeux. Il faut qu'on s'habitue à cette idée que la stabilité de la République réside dans la formation de mœurs républicaines chaque jour grandissantes, et non dans un système de consultation du pays ou de dédoublement du pouvoir législatif plus ou moins propre à retarder la manifestation de la volonté nationale. Si la République cessait d'être voulue par le peuple, ce ne serait ni le Sénat ni le scrutin d'arrondissement qui la sauverait. Ils ne la sauveraient pas plus qu'ils n'ont sauvé la monarchie. Ils prolongeraient peut-être son agonie ; ils feraient durer plus longtemps la période de lutte, de malaise, de trouble, mais ils ne sauraient empêcher le résultat final. Le suffrage universel se butte contre l'obstacle et va d'autant plus sûrement là où il veut aller qu'il rencontre des *impedimenta* sur sa route.

Si l'on veut que la République vive, ce n'est donc pas par une combinaison plus ou moins habile des systèmes constitutionnels ou électoraux qu'on atteindra ce but, c'est en la faisant aimer.

Pour faire aimer la République il n'y a qu'un moyen, la rendre progressive, la faire servir au développement graduel, matériel et moral de la nation, réaliser les espérances que l'on a mises en elle et pour lesquelles la France l'a défendue et conquise.

Celui-là donc des systèmes constitutionnels et des systèmes électoraux sera le plus propre à consolider la République qui sera de nature à faciliter le progrès.

Il n'est pas douteux que le scrutin de liste, dégagé des considérations de clocher et des coteries personnelles qui accompagnent presque inévitablement le scrutin circonscriptionnel, ne soit plus propre que ce dernier à engager le gouvernement dans la voie des réformes, à nous empêcher de piétiner sur place ou de nous endormir dans le *statu quo*.

Et cette puissance progressive du scrutin de liste s'accroît encore des circonstances qui ont accompagné et suivi le dépôt de la proposition Bardoux.

Quels qu'en soient les motifs, le parti républicain avancé, mais respectueux de la légalité, marchait à côté de M. Bardoux.

Le parti républicain modéré, flanqué de quelques révolutionnaires trop peu nombreux pour modifier le sens du courant, se prononçait pour le scrutin parcellaire.

La lutte s'était engagée avec ardeur. Il ne pouvait y avoir doute sur le contre-coup qu'aurait dans le pays le résultat des opérations engagées devant la Chambre. La victoire appelle la victoire, comme la déroute entraîne la déroute.

Le triomphe du scrutin de liste assurait donc le triomphe de la fraction réformiste de notre parti, par la supériorité de l'instrument d'une part, et, plus encore, par le fait que le parti qui l'a établi est celui des réformes, celui du mouvement.

Dans de telles conditions, les amis du progrès auraient dû voter le scrutin de liste, si même ils n'avaient point été convaincus de sa supériorité intrinsèque.

Tous ou presque tous l'ont compris, et nous sommes heureux de pouvoir dire que, dans la journée du 19 mai, l'intransigeance et l'immobilisme ont été cruellement battus au profit de l'esprit des réformes légales et pacifiques.

La journée du 19 mai a été, à ce titre, une grande journée pour la République, et, n'eût-elle émis que ce seul vote utile, cela suffirait pour que la Chambre des 363 eût bien mérité du pays.

A. NAQUET,
Député de Vaucluse.

Discours prononcé à la chambre le mardi 31 mai 1881 (indépendant du 2 juin 1881 — n° 142)

DISCOURS

DE

M. ALFRED NAQUET

M. le président. La parole est à M. Naquet.

M. Alfred Naquet. Messieurs... (Bruit)

De divers côtés. Attendez le silence !

M. Georges Perin. Nous demandons une suspension de séance de quelques instants ; il serait impossible à l'orateur de se faire entendre en ce moment.

Voix nombreuses. Oui ! oui ! — Suspendez la séance, monsieur le président !

M. le président. Si la Chambre croit avoir besoin de quelques instants de repos, je suspendrai la séance. (Oui ! oui !)

La séance est suspendue.

(La séance, suspendue à trois heures cinquante minutes, est reprise à quatre heures un quart.

M. le président. M. Naquet a la parole.

M. Alfred Naquet. Messieurs, il y a six mois environ, la Chambre rentrait en session. Elle avait mis alors en tête de son ordre du jour, malgré le ministère, — le même ministère qui siège aujourd'hui sur ces bancs, — le projet de loi tendant à réformer la magistrature. Le ministère se crut battu et se retira. Le lendemain, reconnaissant bien vite que la Chambre avait obéi à ce qu'elle croyait être son devoir législatif et n'avait point fait à son égard œuvre de défiance, le ministère se représenta devant vous. Il fut interpellé à cet égard, par mon honorable ami M. Clémenceau, et je crus de mon devoir de venir à cette tribune combattre l'interpellation.

Je vins combattre l'interpellation parce que, je le disais alors et je tiens à le répéter aujourd'hui, je ne suis ni ministériel, — je répète les mêmes mots — ni anti-ministériel quand même. Je place le devoir législatif de la Chambre au-dessus de l'existence des ministères qui peuvent venir l'entraver dans sa marche. Jamais, par des interpellations oiseuses, je ne chercherai, quand il ne gêne pas notre action législative, à renverser un ministère, sous prétexte que la majorité de ses membres ne sont pas assis dans cette Chambre sur les mêmes bancs que moi; mais jamais non plus je ne me préoccuperai d'une question de cabinet, posée par lui, pour rejeter un texte de loi que je crois nécessaire, quand ce texte est présenté à nos délibérations.

C'est ce qui fait que j'étais dans la logique de mes idées et de mes principes lorsque je défendais le ministère en novembre dernier, comme je suis dans la logique de mes principes et de mes idées à cette heure, je ne dirai pas en l'attaquant, car je lui déclare bien sincèrement que je n'ai pas l'intention de l'attaquer, mais en lui résistant. (Très bien! sur quelques bancs à gauche.)

Messieurs, il a plu, tout à l'heure au cabinet, dans une question que je persiste à considérer comme n'étant pas une question de gouvernement autorisant son intervention, il lui a plu de monter à cette tribune et de placer le débat entre lui et le vote que nous allons émettre tout à l'heure.

Je me permettrai de le lui dire dans la sincérité de ma conscience, en ce qui me concerne du moins, le débat ainsi posé, je

ne l'accepte pas. La question qui s'agite à cette heure n'est pas une question de cabinet, c'est une question de révision de la Constitution, c'est une question de consultation du pays, du suffrage universel. (Approbation sur divers bancs à gauche.)

Je vous déclare, messieurs, que, lié par des engagements antérieurs, lié par le programme que j'ai signé en 1876 et contresigné en 1877, par le mandat précis et formel que mes électeurs m'ont donné et que j'ai accepté, il m'est impossible de ne pas voter la révision de la Constitution, comme il m'était impossible de ne pas joindre ma signature à celles de mes collègues qui en ont présenté la proposition.

Mais s'ensuit-il que je sois l'ennemi du ministère? Nullement. (Mouvements en sens divers.) En votant comme je vais le faire dans un instant, je tiens à bien insister sur ce point. Je fais acte d'indépendance, et faire acte d'indépendance ce n'est pas faire acte d'hostilité. (Nouvelle approbation sur les mêmes bancs.)

M. le garde des sceaux qui m'a précédé à cette tribune sait bien qu'il n'entre dans mon esprit, dans ma conscience, aucun sentiment d'hostilité contre lui. Il sait bien que j'ai l'honneur d'être son ami depuis plus de vingt ans, et que je le considère en politique comme un de mes maîtres.

Mais il ne dépend pas du gouvernement de changer la signification que nous avons l'intention de donner à notre vote.

Je le répète, le vote qui va être émis n'est pas un vote de défiance, et si le gouvernement avait le tort de donner sa démission ce soir, en supposant la révision de la Constitution décidée, comme j'en ai la ferme espérance, je dis qu'il pourra demain revenir librement sur sa détermination sans que personne eût à lui en demander compte, car il est bien compris — quoi qu'il puisse dire et faire, — que par notre vote, nous n'entendons pas le renverser.

D'ailleurs, pourquoi se retirerait-il?

M. Haentjens. Il ne se retira pas, soyez tranquille!

Un membre à droite. Parlez sur la question.

M. Alfred Naquet. Je crois que je suis dans la question.

Avec le système de la Constitution qui nous régit — ce n'est pas un des

...grièle que j'ai contre elle — avec ce système qui organise ce qu'on est convenu d'appeler la responsabilité ministérielle, qui donne au pouvoir exécutif l'initiative des lois et au pouvoir législatif, par le droit d'interpellation, la faculté de s'immiscer dans l'administration du pays; avec ce système nous arrivons à ce résultat bizarre, que le pouvoir législatif administre et que le pouvoir exécutif légifère. (Rires approbatifs sur divers bancs à gauche et à droite.)

Il en résulte que tous les jours des questions législatives se transforment en questions politiques, en questions ministérielles. Vous n'avez donc pas le droit de me dire que je ne suis pas dans la question; j'y suis entièrement.

M. Laroche-Joubert. Personne ne le conteste.

M. Alfred Naquet. Je ne sais quel est l'auteur de cette interruption, mais elle m'a été faite. On m'a dit : Parlez sur la question !

A gauche. — Continuez ! continuez !

M. Alfred Naquet. Je me demande pourquoi le ministère se retirerait devant une résolution révisionniste. Je suis, je viens de le dire, contre le système représentatif tel qu'il est organisé aujourd'hui, mais enfin, il est organisé ainsi, il fonctionne ; aussi longtemps que la Constitution actuelle existera, il faut lui obéir, et je reconnais au cabinet le droit d'intervenir dans les questions véritablement gouvernementales, comme par exemple lorsqu'il s'est agi de la loi d'amnistie, de la loi sur la liberté de la presse, de celles sur la liberté de réunion, sur la liberté d'association. Je comprends que dans des cas de cet ordre le gouvernement intervienne, car il est alors dans son rôle; il arrive, et il dit au Parlement : Si cette loi est votée, je me déclare impuissant à gouverner avec elle, et, comme je suppose que les chefs de l'opposition qui se sont chargés de la défendre, sont des hommes politiques qui se sentent capables de gouverner avec elle, je déclare que je me retire, et je leur laisserai la responsabilité de l'administration du pays.

Voilà la vérité du régime parlementaire, voilà comment je comprends qu'un gouvernement se mêle à nos débats législatifs, encore bien que les propositions qu'on discute n'émanent pas de son initiative.

Mais ce que je ne comprends pas, c'est qu'il veuille influer sur une assemblée quand même, toujours, dans tout, et qu'il me permette de le lui dire sans aucune pensée blessante, qu'il se mêle de ce qui ne le regarde pas, de ce qui est l'affaire du Parlement seul.

M. Keller. Il n'intervient pas ; il n'a jamais posé la question de cabinet.

M. Alfred Naquet. Je trouve que s'il est une question antérieure et supérieure aux ministères, en ce sens que ce qui dure est supérieur à ce qui ne dure pas, à ce qui est passager, éphémère, contingent, c'est évidemment une constitution, j'ajoute... (Bruit de conversations.)

Messieurs, le débat est assez important, — je ne suis peut-être pas à sa hauteur, — mais il est en lui-même assez important pour que vous daigniez m'écouter. (Oui ! oui ! — Parlez !)

Je disais donc, messieurs, que s'il est une question qui me paraisse antérieure et supérieure aux questions de cabinet, c'est une question de Constitution, parce que les Constitutions sont appelées à durer autrement longtemps que les ministères qui président à leur formation.

Je voulais dire, en outre, qu'une Constitution est en somme un outil. Je ne viendrai pas, comme l'a fait tout à l'heure M. le garde des sceaux, prétendre — ce ne sont peut-être pas ses expressions, mais c'est sa pensée — que la meilleure Constitution est celle que l'on a, et qu'il ne faut pas en changer. Non, cela ne répondrait nullement à mes sentiments et à mon opinion; car alors nous aurions pu nous accommoder tout aussi bien de la Constitution impériale. (Très bien à gauche.) Mais enfin, les Constitutions sont des outils, et de même que je ne comprendrais pas qu'on refusât avec énergie d'améliorer un outil, de même je ne comprendrais pas davantage qu'on refusât de se servir d'un outil qui existe, aussi longtemps qu'on ne peut l'améliorer. (Assentiment à gauche.)

Je me garderai bien de reprocher au gouvernement d'avoir pris le pouvoir avec l'outil — c'est-à-dire avec la Constitution — dont il dispose ; mais je lui ferai certainement un reproche de son refus de modifier et d'améliorer cet outil. (Très bien ! à gauche.) D'ailleurs, messieurs, j'appelle votre attention sur un autre point qui me paraît de la plus haute importance et sur lequel je veux m'expliquer très

clairement. Car, pour moi, c'est le fond
même du débat.

Messieurs, nous ne sommes point en
face d'une proposition de loi qui ait la
moindre chance d'être votée demain, nous
sommes en face d'un projet de résolution
qui ne peut sortir à effet que s'il est également voté dans une autre enceinte.

Et comme, malheureusement, des actes
de désintéressement comme celui dont a
donné l'exemple, dans le siècle précédent,
la grande Assemblée constituante de 1789,
ne sont plus à l'ordre du jour, je doute, —
pour ne pas dire que j'en suis certain, —
et vous doutez avec moi que le Sénat, n'y
étant pas encore poussé par un mouvement irrésistible d'opinion publique,
vienne nous donner la main pour l'œuvre
de révision que nous proposons.

M. Langlois. Attendez le mouvement.

M. Alfred Naquet. J'entends l'honorable M. Langlois qui me dit : Attendez
le mouvement ! Mais je demanderai à l'honorable M. Langlois comment ce mouvement se manifestera si nous passons notre
temps à l'attendre. (Très bien ! très bien !
sur divers bancs à gauche.)

M. Langlois. Je demande la parole.

M. Alfred Naquet. Il me semble que
nous sommes tous des citoyens et, de
plus, des représentants du peuple, et que,
par conséquent, nous sommes les éléments de ce mouvement qui doit se produire et se manifester, et à la production,
à la manifestation duquel nous avons le
droit et le devoir de participer.

Je dis que le Sénat ne votera pas la révision ; j'ajoute que s'il la votait, je ne
consentirais à ce que cette révision eût
lieu qu'à la condition qu'il serait fait appel à une Constituante et que vous ne ré-
viseriez pas vous-mêmes ; car je ne considère pas que vous soyez investis du
mandat constituant...

M. Jules Ferry, *président du conseil.*
Eh bien alors !

M. Patissier. C'est une Convention
que vous demandez !

M. Alfred Naquet. Si vous voulez
bien m'écouter encore cinq minutes, —
vous savez que je n'ai pas l'habitude d'être
très long et je ne le suis que lorsqu'on
m'interrompt, — je répondrai à M. le président du conseil qui me dit : « Eh bien,
alors ? »

Je disais, messieurs, que je ne vous
considère pas comme investis du mandat
constituant. Vous l'êtes au point de vue de
la loi, vous ne l'êtes pas au point de vue
de la vérité des principes républicains.

Ce que nous avons reproché à l'Assemblée nationale de 1871, c'est d'avoir constitué son mandat et d'avoir mal constitué.
Nous ne voulons pas encourir le même
reproche et constituer quand nous n'avons
plus même le temps devant nous, car il
est certain que nous ne conserverions pas
la qualité légale de constituants quand
nous aurions déjà perdu la qualité de législateurs.

Je n'exagère rien en disant que nous
n'avons pas le mandat constituant. En dehors de celui qui parle à cette heure et qui
s'est prononcé sur ces graves sujets, quel
est celui d'entre vous qui en 1876 et en
1877, alors que le pays se trouvait en présence de questions vitales pour l'existence
de la République, soit allé dans les comices électoraux, dans les réunions publiques, et y ait discuté la question de
l'unité et de la dualité du pouvoir législatif, les questions de responsabilité ministérielle et présidentielle ? Je suis peut-
être le seul dans cette situation.

Plusieurs membres à gauche. Non,
vous n'êtes pas le seul !

M. Alfred Naquet. Peut-être quelques-uns l'ont-ils fait, mais vous confes-
serez avec moi qu'ils ne sont pas nombreux.

Donc, nous n'avons pas le pouvoir constituant. Et alors je dis : il faut que la
révision soit faite par une Chambre qui
aura ce pouvoir constituant ; or, comme
il est de l'essence de toutes les Constitutions réelles — et c'est un des griefs les
plus forts que j'aie contre la Constitution
actuelle, qu'il ne répond pas à ce caractère... (Interruptions.)

Messieurs, il est véritablement excessivement pénible de parler au milieu d'un
pareil bruit.

On prétend que nous avons une Constitution ; eh bien, au risque de prononcer
une de ces phrases qui sont quelquefois
mal comprises, et qu'on reproche ensuite
aux orateurs de qui elles émanent, je dirai, en prenant la précaution d'expliquer
mes paroles : Nous n'avons pas, à cette
heure, de Constitution ; nous avons des
lois d'organisation des pouvoirs publics,
mais ce sont des lois ordinaires, malgré
le nom de lois constitutionnelles qu'on
leur a donné. Et savez-vous pourquoi ?
Parce que le caractère des lois constitu-

[...]'est de ne pouvoir être modi-
fiées que par un double appel au suffrage
universel, appel qui sera fait, soit sous
forme de la nomination d'une Constituante,
soit parce que la question posée à une assemblée sera résolue par l'Assemblée saisie, soit par le moyen du *referendum*
ou du plébiscite, comme en Suisse, peu
importe. Mais une Constitution digne de
ce nom, un pacte constitutionnel ne peut
être modifié qu'avec la sanction, la ratifi-
cation par le suffrage universel. (Très
bien ! très bien ! à gauche.)

Si les lois ordinaires ont pour effet,
ainsi que l'a dit excellemment autrefois
l'honorable M. Louis Blanc, d'engager les
citoyens vis-à-vis de l'État, les lois constitutionnelles ont, au contraire, pour but
et pour effet d'engager l'État vis-à-vis des
citoyens et de garantir ces derniers contre
les entreprises du pouvoir.

Voilà quel est le but d'une Constitution
dans un État démocratique.

Est-ce là le caractère de la Constitution
qui nous régit à cette heure? Non, car si
l'on a imaginé, je ne sais pourquoi, — pour
donner une apparence de constitutionna-
lité aux lois qui organisent les pouvoirs
publics, — si on a imaginé la formalité du
congrès, vous m'accorderez bien que cette
formalité est illusoire; que s'il y avait —
par hypothèse, je sais que cela ne se produira jamais — s'il y avait dans cette enceinte une majorité pour rétablir la monarchie, et qu'il y eût également, pour
rétablir la monarchie, une majorité au
Sénat, la combinaison de ces deux minorités ferait une majorité dans le congrès.
D'où il résulte qu'au formalisme, à la procédure près, il serait aussi facile, si on
avait une majorité dans les deux Chambres, de supprimer le suffrage universel,
qui, d'ailleurs, a le tort immense, lui qui
est notre constitution suprême, de ne pas
être inscrit dans les lois constitutionnelles; il serait aussi facile de proclamer
la monarchie et d'engager ainsi l'avenir
du pays qu'il est facile de faire une loi
sur les successions ou sur le recrutement
militaire.

Si cela est vrai, pour que nous puissions
faire une constitution, qui en sera une
cette fois, qui contiendra tout ce qu'elle
doit contenir, entre autres choses : la consécration du principe du suffrage universel, et la consécration de toutes ces grandes libertés publiques, sur lesquelles le

fait tout à l'heure M. Clémenceau, n'a pas
le droit de porter la main et qui sont la
condition même de l'existence du suffrage
universel; pour que nous puissions faire,
dis-je, une constitution qui sera complète,
qui sera véritablement d'ordre constitutionnel, qui contiendra tout ce qu'elle doit
contenir, et rien que ce qu'elle doit contenir, et qui sera mise à l'abri de toutes les
surprises qu'une loi peut conjurer, il faut
que nous ayons le pouvoir constituant.
Comment l'avoir? C'est bien simple : en
posant la question au suffrage universel...
(Très bien ! très bien ! à gauche.) en faisant ce que disait tout à l'heure M. le
garde des sceaux, qui n'imaginait peut-
être pas tout le parti qu'on pouvait tirer
de son discours, en demandant au suffrage universel s'il veut la révision de la
Constitution ou s'il ne la veut pas, et, s'il
la veut, dans quel sens il désire que cette
révision soit faite. M. le garde des sceaux
disait : Chacun de vous posera la question
au suffrage universel, et quand la question sera posée, le suffrage universel répondra.

C'est ici que je m'élève contre la théorie
du gouvernement. Des questions de cette
gravité, de cette importance ne peuvent
pas être posées individuellement dans les
comices électoraux, par tel ou tel candidat particulier, ni même par telle ou telle
liste de candidats... (Réclamations sur
plusieurs bancs à gauche et au centre)...
elles doivent être posées au pays avec
toute la solennité et la majesté qu'elles
comportent; elles doivent émaner des
pouvoirs régulièrement constitués. C'est
pour cela que je viens vous proposer, non
pas de constituer demain, puisque nous
savons tous que nous n'avons pas les
moyens de le faire, mais de voter la résolution qui vous est soumise et de poser directement la question au suffrage universel qui la résoudra.

Si nous sommes battus aux élections
générales, nous nous inclinerons devant
la décision du suffrage universel; mais si
nous sommes victorieux, j'espère qu'à
votre tour vous vous inclinerez. Et lorsque le suffrage universel, ainsi consulté
officiellement, se sera prononcé, quand
au mois de septembre prochain il aura
envoyé une Chambre révisionniste, quand,
en 1882, les élections partielles auront envoyé au Sénat un contingent révisionniste, soyez sûrs que ce courant de l'opi-

tion publique s'impose... non pas seulement à ceux qui, parmi nous, ne seraient pas, les partisans de la révision, mais aussi à l'Assemblée qui siège au Luxembourg. (Très bien ! sur plusieurs bancs à gauche.)

Voilà ce que je voulais dire au gouvernement, en critiquant son intervention dans cette question qui, je ne saurais trop le redire, ne m'apparaît pas comme une question gouvernementale.

Maintenant, je vais peut-être me heurter à une autre objection. On pourrait argumenter contre nous de ce qu'il n'y a pas, que le gouvernement qui se prononce contre la révision de la Constitution ; de ce que des hommes qui, par l'éclat de leur talent, par les services rendus au pays, se sont élevés pour ainsi dire à la direction suprême du parti républicain ; de ce que, en un mot, ceux qui ont, non plus la responsabilité immédiate du gouvernement d'aujourd'hui, mais la responsabilité médiate du gouvernement de demain, se prononcent contre la révision, la considérant comme inopportune, comme intempestive.

Ici, messieurs, je vous demande la permission de m'expliquer nettement sur ce point. La dernière fois que j'ai eu l'honneur de parler à cette tribune, je parlais au nom de ce que j'appelais le programme commun. J'y parle, à cette heure, au nom de ce que j'appellerai le programme divergent.

Dans une libre démocratie, qui veut se développer, évoluer, le programme divergent est aussi nécessaire que le programme commun, à la condition qu'il soit placé là où il doit être, et que le programme divergent, c'est-à-dire le programme de demain, ne fasse pas obstacle à la mise en œuvre du programme commun, c'est-à-dire du programme d'aujourd'hui.

Qu'est-ce donc que le programme divergent ? C'est la préparation du lendemain, tandis que le programme commun, c'est l'application de ce qui est possible la veille. Le programme divergent, c'est le programme commun de demain, et il n'est pas bien loin le temps où la République était encore le programme divergent. (Très bien ! sur plusieurs bancs à gauche.)

Les deux programmes sont donc nécessaires, mais à une condition : c'est que chacun d'eux soit fait par ceux auxquels il incombe de le faire ; c'est que les fonctions,

les attributions... soient pas déplacées. Les directeurs d'un parti sont, en politique, ce que sont à la guerre les chefs d'armée. Il leur est permis, et ils nous en ont récemment donné l'exemple, de payer bravement de leur personne, lorsqu'ils croient, dans la sincérité de leur conscience, que l'avenir de leur pays est directement et immédiatement intéressé à cette intervention.

Mais toutes les fois qu'il n'y a pas une question d'utilité aussi complète et aussi immédiate, toutes les fois qu'il s'agit simplement de préparer l'avenir, alors cette tâche n'incombe plus aux chefs de partis ; elle incombe aux hommes indépendants qui se trouvent dans le Parlement, et qui sont sûrs de rencontrer les chefs de leur parti, le jour où, comme cela est arrivé pour l'amnistie, la question étant mûre, il ne restera plus qu'à faciliter l'exécution de la volonté du pays.

Les chefs de partis auront fait ce qu'ils doivent pour la révision si, assurant les résultats acquis et consolidant l'édifice républicain, ils nous donnent un terrain ferme sur lequel les pionniers de l'avenir pourront préparer la révision future, qui est peut-être plus proche qu'on ne le croit, et qui sera exécutée par eux, comme tant d'autres réformes qu'ils n'ont pas acceptées d'abord, qu'ils avaient raison alors de ne pas accepter, mais qu'ils ont cependant réalisées ensuite, quand l'heure a été venue.

Quelques membres au centre. Aux voix ! aux voix !

M. Alfred Naquet. Je n'en ai plus pour longtemps...

M. le président. Messieurs, vous savez bien qu'on ne peut pas dire : Aux voix lorsqu'un orateur, ayant obtenu la parole, n'a pas terminé son discours.

M. Alfred Naquet. Je ne veux pas faire ici la critique de la Constitution ; j'aurais trop beau jeu, et ce serait trop facile, puisque ceux-là mêmes qui viennent la défendre à cette tribune, n'invoquent que des raisons d'opportunité, et déclarent que la Constitution est mauvaise au point de vue républicain. D'ailleurs, cette critique a été faite tout à l'heure, excellemment, par mon ami M. Clémenceau, dans son discours très remarquable, auquel je ne reprocherai qu'une seule chose : c'est d'avoir peut-être — bien contre la volonté de son auteur, — en établissant une certaine identité entre l'immobilisme qui résulte dit scrutin d'arrondissement et l'immobilisme qui résulte de l'institution sénatoriale, d'avoir, dis-je, involontairement, plaidé la cause du scrutin d'arrondissement au Sénat. A cela près, je n'ai rien à reprendre dans ce discours, qui a fait la critique de la Constitution d'une façon si complète, qu'il ne me reste plus rien à dire à ce point de vue. Je ne le ferai donc pas après lui, mais je veux répondre à la seule objection sérieuse qui nous soit opposée : celle qui est tirée de l'opportunité.

On nous dit : Ne craignez-vous pas de laisser penser que la République est l'instabilité gouvernementale? Et M. le garde des sceaux plaidait tout à l'heure, pour ainsi dire, les circonstances atténuantes en faveur de la Constitution, en s'appuyant sur la jeunesse de l'accusée. Je crois, au contraire, que la stabilité gouvernementale est souverainement intéressée à ce que vous posiez la question de révision au peuple, et à ce que le peuple la résolve le plus tôt possible.

Vous le savez, je ne suis pas le contempteur systématique de cette Chambre.

M. Georges Perin. C'est vrai !

M. Alfred Naquet. J'ai eu l'honneur de le dire à cette tribune et de l'écrire plus d'une fois. Or, j'estime que dans l'ordre de l'enseignement primaire, dans l'ordre de la lutte contre les monarchies coalisées, dans l'ordre politique, vous avez fait de grandes et belles choses. Il ne vous a manqué qu'un peu plus d'énergie... (Sourires sur divers bancs à gauche et au centre) ; vous avez eu quelquefois des hésitations fâcheuses ; mais je ne crains pas d'affirmer que, malgré ces hésitations, vous êtes une des plus grandes assemblées que le pays ait eues.

A droite, ironiquement. — Flatteur !

M. Alfred Naquet. Non, je ne suis pas un flatteur. Je dis ma pensée sincèrement, voilà tout.

Oui, vous avez eu des hésitations ; — remarquez que je suis bien dans mon sujet. — et ces hésitations vous ont été inspirées par un sentiment absolument élevé des nécessités républicaines, par le même sentiment que celui qui vous fait vous opposer à celle heure à la révision de la Constitution. Vous vous êtes dit : Nous ne voulons pas de crise ministérielle; le ministère que nous avons ne serait peut-être pas tout à fait celui que nous voudrions avoir; peu

importe ? le meilleur ministère est celui qu'on a. Nous le soutiendrons, parce que nous voulons prouver à l'Europe et à la France que la République, c'est la stabilité.

Et alors vous avez créé l'instabilité !

Ah ! si au lendemain de l'avènement de M. Grévy à la présidence de la République, lorsqu'on vous offrait je ne sais quel ministère hybride, pris dans tous les centres de l'Assemblée, et qui ne répondait ni aux aspirations de la Chambre ni à celles du pays, si alors vous aviez eu le courage d'aborder bravement le problème, de voter contre ce ministère, M. le président de la République, qui a si bien le sentiment de ses devoirs constitutionnels, n'aurait pas pu ne pas répondre au vote de la Chambre, et aurait appelé à constituer un cabinet des hommes dont l'esprit aurait été véritablement conforme aux sentiments de la majorité. Ce cabinet-là, messieurs, aurait duré aussi longtemps que la législature, et vous auriez alors donné un véritable exemple de stabilité républicaine. Mais au lieu de cela, vous avez conservé des cabinets qui n'étaient pas viables, et cette crise à laquelle vous ne voulez pas donner naissance en un jour, vous l'avez provoquée à jet continu...

M. Georges Perin. C'est cela !

M. Alfred Naquet... vos ministères ont ressemblé véritablement au couteau de Janot, changeant un jour de lame et le lendemain de manche... (Sourires sur divers bancs) ; ces changements perpétuels de lames et de manches ont laissé toujours le même couteau, — je veux dire le même ministère, ou à peu de chose près. (Assentiment sur divers bancs à gauche). Voilà la stabilité gouvernementale que vous avez instituée ; en fait, c'est l'instabilité que vous avez organisée.

Messieurs, ce que je dis des ministères, je le dis également de la Constitution. Le ministère qui siège sur ces bancs est né pendant la période dont je parlais tout à l'heure ; aujourd'hui il représente à peu près la majorité de l'Assemblée, quoiqu'il ait le tort — et cela provient sans doute de l'institution des deux Chambres, sur laquelle, du reste, je ne veux pas insister — de se mettre trop souvent en opposition avec le sentiment de celle-ci.

Eh bien ! je lui dis, à ce ministère : si la Constitution est révisée, si nous avons un pacte constitutionnel qui réponde aux

sentiments du parti républicain, qui applique les principes et réalise le programme républicain et démocratique,
cette Constitution pourra bien être encore
attaquée par quelques irréconciliables de
la droite, dans cette Chambre ou dans le
pays, mais elle sera unanimement acceptée par le parti républicain.

A partir de ce jour, elle ne sera plus
mise en question, et vous aurez alors la
véritable stabilité gouvernementale et
constitutionnelle, celle qui se fonde sur la
conformité de l'organisme constitutionnel
et des principes généraux de la société,
celle qui repose sur l'assentiment général
de la nation.

Au contraire, si, sous prétexte de ne
pas modifier une Constitution trop jeune,
vous refusez la révision, elle vous sera
demandée soit à droite, soit dans les
rangs du parti républicain même, et vous
serez toujours à la merci, non pas d'une
coalition, car une coalition supposerait
une entente préalable entre les membres
des deux côtés de la Chambre, — et cela
ne saurait exister.

Plusieurs membres à droite. Oh ! vous
avez raison !

**M. de La Rochefoucauld, duc de
Bisaccia.** Vous êtes absolument dans le
vrai !

M. Alfred Naquet. ...mais vous serez
toujours à la merci d'une rencontre de
bulletins dans l'urne, c'est-à-dire à la
merci de la mise en question de la Constitution elle-même.

Donc, le meilleur moyen de nous mettre à l'abri de ce danger, si vous le considérez comme un danger, c'est de faire que
la stabilité de la Constitution soit garantie ; c'est de faire pour la Constitution, ce
que vous n'avez pas osé faire pour les
ministères ; c'est de voter la révision et de
poser la question au pays ! (Applaudissements sur divers bancs à gauche.)

Un dernier mot, messieurs, et j'ai terminé.

Je veux répéter, en finissant, ce que j'ai
dit en montant à la tribune : C'est que la
question posée est la question de la révision de la Constitution, mais non une
question ministérielle. Que le ministère
vienne dire qu'il se retirera, si nous votons contre lui, c'est un droit contre lequel
je ne m'élève pas...

— *A droite.* Oh ! soyez tranquille ! il ne le

ra pas !

M. Alfred Naquet. S'il le fait, il le
fera de par son autorité personnelle, mais
sans y être forcé par aucune motion de
blâme, et il encourra devant le pays la
responsabilité de ce mouvement de mauvaise humeur qui ne sera en rien justifié,
puisque, ce ministère, vous ne l'aurez pas
renversé. (Approbation sur plusieurs
bancs à gauche.)

Le petit Lyonnais du 30 juillet 1881(?)

LE DIVORCE

Le consentement mutuel

Dans la séance du mardi 8 février 1881, M.
Henri Brisson, en s'élevant contre le divorce,
prononça ces paroles :

« Ah ! je ne veux pas me faire plus absolu
que je ne suis. Supposons que le divorce existe
à l'heure où nous parlons, sauf *le consentement mutuel, — le divorce par consentement
mutuel a des dangers dont j'essaierai de vous
parler. —* Si la société française possédait le
divorce, si elle s'y était assise, si ses mœurs
s'étaient faites depuis soixante à soixante-
dix ans avec une législation ainsi établie, il est
infiniment probable que je n'en demanderais
pas l'abolition. »

Ainsi, aux yeux de M. Henri Brisson — et je
dois reconnaître qu'il n'est pas le seul de son
opinion, que j'ai entendu soutenir cette idée
par d'autres que par lui, — le danger n'est
pas, d'une manière absolue, dans l'institution
du divorce dont M. Brisson ne demanderait
pas l'abrogation s'il elle existait ; il est dans le
divorce par consentement mutuel : « *Le divorce par consentement mutuel a des dangers
dont j'essaierai de vous parler.* »

Vainement Treilhardt, et après lui la plupart des auteurs qui se sont occupés de cette
question, faisait-il ressortir les difficultés qui
s'attachaient à ce mode de divorce « vendu si
cher aux époux », que ceux-là seuls pourraient y recourir qui auraient, pour opérer la
rupture de leur union, des raisons capitales.

Vainement montrait-on l'obligation, pour
ceux qui voulaient divorcer par consentement
mutuel, de présenter l'acquiescement de leurs
ascendants directs ;

Vainement rappelait-on qu'ils ne pourraient
se remarier que trois ans après la dissolution
du premier mariage, et que la moitié de leur
fortune serait acquise à leurs enfants à partir
du jour de la première déclaration ;

Vainement M. Léon Renault, après Treilhardt, invoquait-il l'intérêt des enfants, mieux garantis dans leur honneur et même dans leurs affections familiales, par un divorce qui se dénoue simplement sans procès, que par un procès public, gros en souillures qui rejaillissent des coupables chez les innocents eux-mêmes.

M. Henri Brisson demeurait sourd aux paroles de M. Léon Renault comme à celle de Treilhardt, et persistait à voir une menace pour la famille là où nous voyions pour elle une garantie.

Comment trancher la question ? Comment démontrer à nos adversaires ce qu'il y a de chimérique dans leurs craintes ?

Par des chiffres, puisque le raisonnement était impuissant à les convaincre.

Je n'ai pas à discuter aujourd'hui si, lorsque les époux se haissent, il est plus salutaire, pour la société de maintenir par la force une union qui se brise quand même et qui aboutit à des alliances illégitimes, que de permettre à ces époux de se constituer une nouvelle famille légale.

Je veux me placer, pour un moment, au point de vue auquel se placent mes adversaires. Je veux admettre que toute séparation de corps, tout divorce prononcé, soit non seulement un mal absolu, mais même un mal relatif.

S'il en était ainsi, il est évident que les dangers que recèlerait en elle une cause de divorce, seraient proportionnels au nombre des ruptures de mariage qu'elle rendrait possibles.

Le code avait un chapitre relatif au divorce pour causes déterminées et un chapitre relatif au divorce par consentement mutuel.

Le moyen de résoudre la difficulté qui nous occupe est dès lors bien simple.

Dans les pays, comme la Belgique, où notre ancien code est en vigueur — il n'y avait pas de statistique générale en France sous le premier empire — voyons, sur un nombre déterminé de divorces, combien reconnaissent pour cause des motifs déterminés et combien ressortissent du consentement mutuel. Si le chiffre de ces derniers est infime, soit en nombres absolus, soit en nombres relatifs, il faudra bien reconnaître que le consentement mutuel n'est pas une facilité nouvelle de dissolution du mariage. Il faudra convenir que c'est bien plutôt une faculté laissée à des époux auxquels le divorce est indispensable, et qui aiment cependant profondément leurs enfants, d'épargner à ceux-ci, au prix de lourds sacrifices, les éclaboussures d'un procès. Il faudra cesser, en un mot, de faire du divorce par consentement mutuel un épouvantail, un spectre qu'on agite — souvent de bonne foi — aux yeux de qui ne connaît pas la question.

J'ai donc consulté les statistiques, et ce que la logique m'amenait à supposer, les chiffres que j'ai recueillis m'en ont fourni la preuve irrécusable.

Au cours de l'année judiciaire 1877-1878, il y a eu en Belgique 155 divorces admis, dont 149 pour causes déterminées et 6 par consentement mutuel.

L'année suivante (1878-1879), il y en a eu 159, dont 155 pour causes déterminées et 4 par consentement mutuel.

6 sur 155 et 4 sur 159, c'est, en moyenne, pour les deux années, sur 35 1/2 divorces, un seul *reconnaissant pour cause le consentement mutuel.*

Lorsqu'on examine les chiffres des diverses provinces, on arrive aux mêmes résultats.

Pendant les deux mêmes années les provinces d'Anvers, de Flandre orientale, de Liège, de Limbourg, de Luxembourg et de Namur n'ont pas donné un seul divorce par consentement mutuel, et pendant ce temps, celles de Liège, de Luxembourg et de Namur en ont donné respectivement pour causes déterminées, en 1877-78, 25, 7 et 9, et en 1878-79, 33, 2 et 2.

Le Brabant en a donné, en 1877-78, 4 contre 79 pour causes déterminées, et en 1878-79, 8 contre 76.

Le Hainaut, en 1877-78, en a donné 1 contre 11, et en 1878-79, 1 contre 15.

Dans les grandes villes, les proportions demeurent ce qu'elles sont dans les provinces et pour l'ensemble du royaume.

Voici les chiffres de Bruxelles, d'Anvers, de Gand et de Liège :

	Années 1877-1878	Années 1877-1878
	Divorces admis pour causes déterminées	Divorces admis par consentement mutuel
Bruxelles........	74	3
Anvers..........	8	»
Gand............	5	1
Liège...........	21	»

	Années 1878-1879	Années 1878-1879
	Divorces admis pour causes déterminées	Divorces admis par consentement mutuel
Bruxelles......	70	3
Anvers.........	10	»
Gand...........	10	»
Liège..........		»

Cette statistique est écrasante pour nos adversaires. Ils peuvent, s'ils le veulent, supprimer le titre relatif au consentement mutuel. Ils n'enlèveront aucune facilité de divorce aux époux ; ils enlèveront seulement aux enfants une sauvegarde que leur avait réservée le Code.

S'ils sont, comme ils l'affirment, exclusivement préoccupés de l'intérêt de la famille, il est impossible que cette considération ne les frappe pas.

Qu'ils attaquent le divorce dans son principe ! Qu'ils lui préfèrent la séparation de corps ! Qu'ils déclarent le concubinage supérieur à de nouvelles noces légitimes ! Soit ! Mais qu'ils cessent de se réfugier derrière une malheureuse équivoque sur laquelle, chiffres en mains, nous ne pouvons plus leur permettre de s'appuyer.

A. NAQUET,
Député de Vaucluse.

Petit Lyonnais ... ... 1881 (n° 3839)

LE DIVORCE

Le principal argument que l'on oppose au divorce, en dehors de l'objection catholique, est celui que l'on croit trouver dans l'intérêt des enfants. Il a bien peu de valeur, et j'ai eu plus d'une fois déjà l'occasion de le réfuter dans les colonnes du *Petit Lyonnais*. Mais comme il se reproduit sans cesse, il est bon d'y revenir et d'accumuler les preuves établissant qu'il porte à faux.

On nous dit que la faculté laissée aux parents de se remarier après leur séparation sera funeste aux enfants, parce qu'elle entraînera la présence auprès d'eux d'un beau-père ou d'une belle-mère ; que ceux-ci auront des enfants à eux auxquels ils témoigneront, dans tous les cas, des préférences douloureuses à ceux du premier lit ; que souvent même ils maltraiteront ces derniers, les feront souffrir.

Je n'ai pas eu de peine à démontrer que toutes ces critiques s'adressaient aussi bien et même mieux aux secondes noces des veufs qu'aux secondes noces des époux divorcés, et qu'il n'y a pas lieu de maintenir dans la loi, en continuant d'accorder aux uns la faculté qu'on refuse aux autres, la contradiction qui s'y étale.

J'ai eu depuis la curiosité de me rendre compte du nombre des époux qui deviennent veufs chaque année et qui sont encore en âge de convoler à de nouveaux liens. Il est clair, en effet, que si ce nombre dépassait dans une large mesure celui des époux séparés de corps, si le chiffre de ceux-ci était, par rapport au chiffre des autres, une goutte d'eau dans le fleuve, il serait évident aux yeux de tous qu'il y a puérilité à redouter pour la goutte d'eau ce qu'on ne redoute pas pour le fleuve, et personne ne pourrait plus nous objecter sérieusement la situation des enfants.

Nous savons déjà que la moyenne actuelle des séparations de corps est de 2,500 par an depuis quelques années. Si la séparation faisait place au divorce, ce serait donc 5,000 époux par an auxquels on cesserait d'interdire les secondes noces. Encore ce chiffre est-il un peu trop fort, le divorce ayant quelquefois lieu à un âge tel que les divorcés ne peuvent pas songer à se marier de nouveau. Mais ce cas est l'exception, et d'ailleurs je suis assez riche aujourd'hui pour faire quelques largeurs. J'admets donc sans hésiter que le divorce accorderait le droit de se remarier à 5,000 personnes chaque année.

À combien d'époux la dissolution du mariage par la mort de l'un des conjoints, confère-t-elle le même droit ?

Voici la statistique pour l'année 1876.

J'ai pris tous les mariages dissous par la mort dont le défunt avait un âge compris entre 15 et 50 ans. C'est à très peu de choses près l'âge dans les limites duquel les séparations se produisent, et les résultats sont, par conséquent, scientifiquement comparables.

J'aurais préféré cependant avoir l'âge du survivant, mais les statistiques ne l'enregistrent pas. Au fond, d'ailleurs, cela est à peu près indifférent. L'âge des époux est effectivement, en général, sensiblement le même, avec quelques années en moins pour les femmes, et l'on peut ne tenir aucun compte de cette différence, si l'on songe que la nuptialité de l'homme s'étend au delà de la nuptialité de la femme.

En 1876, il s'est dissous :

	Par la mort de l'homme entre 15 et 50 ans.	Par la mort de la femme entre 15 et 50 ans.
Dans les villes autres que la Seine........	14.435	14.319
Dans le département de la Seine...........	4.775	4.528
Dans les campagnes autres que celles du département de la Seine.........	25.256	54.646
Total....	44.466	73.493

Soit en tout : 117,959.

Ainsi, il y a eu, en 1876, cent dix-sept mille époux veufs, auxquels la loi a accordé la faculté de contracter un nouveau mariage sans s'inquiéter de savoir s'ils donneraient ou non une belle-mère à leurs enfants ; mais on a refusé le droit à cinq mille époux séparés par crainte du beau-père et de la belle-mère. Comme 5,000 est contenu 24 fois dans 117,959, on se trouve ainsi refuser à 1 ce que l'on permet à 24, et, là où la permission accordée à 24 ne produit aucun trouble social, on redoute le trouble social que déterminerait cette même permission concédée à un seul. Est-ce soutenable ? Cela résiste-t-il à un instant d'examen.

Et qu'on le remarque, je me place dans des circonstances où la comparaison m'est désavantageuse. Il ne faut pas oublier qu'il s'agit pour moi de prouver que les enfants ne constituent pas une objection sérieuse au rétablissement du divorce. Or, en réalité, les 5,000 époux séparés annuels n'ont pas tous des enfants. La moitié environ en sont privés.

Il est vrai d'ajouter que tous les veufs ne

sont pas non plus pères ou mères de famille, mais le nombre des veufs sans enfants est, proportionnellement au chiffre total des veufs, beaucoup plus faible que ne l'est, par rapport au chiffre total des séparés de corps, celui des séparés qui n'ont pas de famille.

Nul n'oserait soutenir en effet, bien qu'ici je ne puisse donner de chiffres, que la moitié des ménages en France serait sans enfants.

L'énorme quantité des séparés de corps qui n'ont pas d'enfants tient à ce que la famille est, bien plus que la loi, le lien qui retient les époux, qui empêche l'union de se rompre, et que, dès lors, quelque faible que soit le total des ménages stériles, le recrutement des séparations se fait, en proportion, beaucoup plus abondamment sur ce total là que sur la masse générale.

Si l'on admet — ce qui est officiellement exact — que la moitié des époux séparés soient sans enfants et que, au contraire, les quatre cinquièmes des veufs aient des enfants, ce qui est plutôt au-dessous qu'au-dessus de la vérité, la comparaison ne porte plus entre 5,000 et 117,959, elle porte entre 2,500 et 94,367, et le quotient de 94,367 par 2,500 n'est plus de 24, mais de 38. Ce n'est donc pas seulement à 24, c'est à 38 que l'on concède sans compter la faculté que l'on interdit à 1, par crainte de voir la société s'abimer. Et qu'on ne me dise pas que tous les veufs de 25 à 50 ans ne sont pas en âge de se remarier. Il faudrait alors exclure aussi de la comparaison les divorcés du même âge et ceux qui sont plus âgés encore, et le rapport ne varierait pas.

Veut-on que je fasse une concession de plus, que je ne prenne que les veufs dont l'époux défunt avait de 15 à 40 ans au moment de sa mort. Il y en a eu encore en 1876 67,852 répartis ainsi qu'il suit :

Campagnes autres que la Seine		Villes autres que Paris		Seine	
Hommes	Femmes	Hommes	Femmes	Hommes	Femmes
7,330	6,335	13,028	24,092	2,443	3,664

Tous ces veufs-là sont très certainement en âge de se remarier, et, d'après M. Bertillon, ils se marient 4 et 5 fois plus que les célibataires dont l'âge est le même que le leur.

En admettant, ainsi que nous l'avons fait tout à l'heure, comme très approximativement exact que les quatre cinquièmes d'entre eux — soit 53,880 — aient des enfants, on aurait encore, entre ceux à qui l'on refuse et ceux à qui l'on permet la faveur de se remarier, la proportion de 1 à 21.

J'espère que ces chiffres, absolument concluants, achèveront de porter la conviction dans les esprits, qu'on voudra bien ne plus redouter de cataclysme pour le jour où, étendant le bénéfice de la loi au petit nombre, nous ferons profiter celui-ci des avantages dont, dès aujourd'hui, le grand nombre profite.

S'il en était autrement, si nos adversaires persistaient à nous opposer l'intérêt des enfants, même après avoir pris connaissance de ces chiffres — et cela alors qu'ils ne demanderaient pas, ne même temps, la suppression des secondes noces des veufs — je serais obligé de croire que leur argument n'est qu'un prétexte, et je ne m'en occuperais plus.

A. NAQUET,
Député de Vaucluse.

Le Voltaire du 4 août 1881 (n° 1125)

LE
JOURNAL D'UNE BOURGEOISE

Sous ce titre, M. Edouard Lockroy a publié récemment chez Calmann-Lévy une série de lettres de sa bisaïeule, Mme Julien, dont le mari fut conventionnel pour le département de la Drôme. Ces lettres, adressées par Mme Julien, soit à son fils qui était à Londres pendant qu'elle était à Paris, soit à son mari qui était dans la Drôme, sont un élément de saine appréciation historique. La première, datée de Romans, est du 20 septembre 1785 ; la dernière, datée de Paris, est de mai 1793 ; elle est antérieure à la journée qui arracha les Girondins de la Convention.

Entre ces deux dates, il n'est pas d'événement révolutionnaire qui ne soit raconté par Mme Julien, et qui ne le soit avec un charme qu'on est loin de trouver dans ceux qui ont écrit solemment pour le grand public.

Mme Julien n'écrivait, elle, que pour sa famille. C'étaient ses sentiments tout intimes qu'elle couchait sur le papier, au moment même où elle les éprouvait, sans songer le moins du monde que ce qu'elle écrivait ainsi dût jamais recevoir les honneurs de l'impression. De là dans son récit un sentiment de vie qui manque dans les livres, dont l'auteur se préoccupe fatalement de l'effet qu'il produira. Mme Julien ne se préoccupe que de son amour pour sa famille, de son amour pour la France, de son amour pour les opprimés, de son enthousiasme pour cette Révolution qui affranchissait le monde. Aussi, il faut voir ses craintes toutes les fois que la situation s'assombrit, que les complots de la réaction menacent l'œuvre révolutionnaire, et il faut voir aussi ses enthousiasmes dès que, par une de ces immortelles journées qui ont sauvé la Révolution, le peuple de Paris déjoue les plans des conspirateurs !

⁓⁓⁓

Dans ce livre on peut juger, sur le vif, le mouvement d'opinion qui s'est produit dans notre pays, de 1789 à 1793, et on peut se rendre compte de ce qui l'a déterminé.

Les lettres de Mme Julien expriment — avec la supériorité d'une femme d'un grand talent et d'un grand cœur — ce qu'ont dû ressentir à cette époque tous les Français dévoués à l'ordre de choses nouveau.

En 1789, on était pour les Etats généraux, pour l'Assemblée nationale ; mais on n'était pas contre le roi et, sous la Législative même, en 1792, nous voyons encore Mme Julien repousser la République, parce que l'idée républicaine diviserait les amis de la liberté, parce qu'on doit se serrer autour de cette arche sainte, la Constitution de 1791.

Ce n'est que petit à petit que, suivant en cela le mouvement qui entraînait la France entière, elle se détache d'un monarque qui conspire contre son pays, et que, entraînée par les nécessités terribles de la lutte, elle en arrive, elle si profondément humaine, à comprendre toutes les terribles nécessités révolutionnaires et à proclamer que « le salut du peuple est la suprême loi. »

Le 10 août elle écrit à son mari.

« Le peuple a tout brisé dans le château. Il a foulé aux pieds toute la pompe des rois. Les richesses les plus précieuses ont volé par les fenêtres ; le feu a été mis aux quatre coins des casernes suisses, et on a juré de raser le château. Il y a eu des têtes coupées, des fureurs populaires, dont la cruauté fait plus d'horreur aux esprits irréfléchis que la scélératesse raffinée et civilisée des gens de cour, qui font périr des générations entières par le caprice d'une maîtresse ou le bon plaisir d'un intrigant.

« Le peuple français a vaincu dans Paris l'Autriche et la Prusse. Ce jour, que deux ou trois aristocrates, que j'ai vus dans leur cave, m'avaient dit être celui qui allait les faire voler aux Tuileries les en éloigne de dix mille lieues. Ils disent aussi que c'est le signal d'une guerre civile, et j'ai dans l'idée que nous en avons éteint aujourd'hui le flambeau... »

⁓⁓⁓

Le 3 septembre, elle est plus nette encore :

« Quand on veut la fin, il faut vouloir les moyens ; point d'humanité barbare, Le peuple est levé ; le peuple, terrible dans sa fureur, venge les crimes de trois ans des plus lâches trahisons. Oh ! mon ami, je me réfugie dans vos bras pour verser un torrent de larmes ; mais je vous crie avant tout : la France est sauvée ! »

Puis, elle raconte le départ de 40,000 volontaires qui se portent au devant de l'ennemi qui assiège Verdun, et elle ajoute :

« La fureur martiale, qui a saisi tous les Parisiens, est un prodige ; des pères de famille, des bourgeois, des troupes, des sans-culottes, tout part. Le peuple a dit : Nous laissons dans nos foyers nos femmes, nos enfants, au milieu de nos ennemis, purgeons-en la terre de la liberté. Mon ami, je jette ici, d'une main tremblante, un voile sur les crimes qu'on a forcé le peuple à commettre par tous ceux dont il est depuis trois ans la triste victime. Les noirs complots qui se découvrent de toutes parts, portent la

lumière la plus affreuse et la conviction
la plus certaine sur le sort qui attend et
menace les patriotes ; s'ils ne font pas
périr, ils périssent ! Atroce nécessité,
ouvrage funeste de nos ennemis ! Des
têtes coupées, des prêtres massacrés....
Je ne puis vous en faire le récit, quoiqu'éclairé par ma raison, qui me crie :
Les Prussiens et les rois en auraient
bien fait autant et mille fois davantage.
Si le peuple... Ah ! malheureux peuple,
qu'on se garde de le calomnier ! »

Et qu'on le remarque bien : la lettre
n'est point écrite par une de ces femmes
qui, abandonnant amitié et famille, ne
vivent plus que pour la politique, qu'elles poussent aux dernières exagérations.

Non ! madame Julien est une épouse,
une mère de famille modèle, et comme
malheureusement la nature nous en offre peu.

L'amour de l'humanité ne se sépare
pas dans son cœur de l'amour des siens,
et les angoisses de son patriotisme ne
diminuent en rien les tendresses de son
cœur maternel.

Dans les lettres de Mme Julien, la
mère et l'épouse se manifestent aussi
souvent que la Française ennemie de
l'ancien régime, et quelle mère ! quelle
épouse !

Il faut lire les conseils qu'elle donne à
son fils, conseils de travail, d'étude, d'abnégation, de vertu... et quand on les a
lus, on demeure tout pensif et l'on se dit,
avec une douleur poignante, qu'à l'époque où nous sommes, les mères ne parlent plus ce langage à leurs fils. Elle
était donc bien puissante l'influence que
la philosophie du dix-huitième siècle
avait exercée sur les âmes ! Et elle a
été bien déprimante l'action que le cléricalisme a exercée depuis sur les générations qui se sont succédé, pour y étein-
dre toutes les nobles aspirations que la
pensée philosophique y avait fait naître !

———

Le livre que M. Lockroy vient de pu-

blier n'est pas seulement une source où
pourront puiser les esprits désireux de
connaître cette grande époque, si difficile à comprendre lorsqu'on essaie de la
juger avec le calme de notre époque
présente ; il n'est pas seulement une
espèce de photographie vivante de l'état
des âmes au cours de ces terribles années ; c'est encore un tableau de genre.
C'est la description intime d'une famille
unie par l'amour réciproque des êtres
qui la composent, et par cet autre
amour qui vient fortifier et ennoblir le
premier de tout ce qui est beau, de tout
ce qui est généreux, de tout ce qui est
pur, de tout ce qui est juste.

La Révolution a été soutenue par de
grandes âmes, par des âmes généreuses
qui avaient la foi en l'avenir du genre
humain. Voilà pourquoi elle a réussi.
On ignorait alors le scepticisme qui s'est
saisi de notre génération actuelle, et qui
rapetisse les idées, glace les cœurs,
enraye les dévouements. Voilà pourquoi
l'on pensait et l'on faisait grand, et
pourquoi nos armées soulevaient, sur
leur passage, l'enthousiasme des peuples dont elles brisaient les fers !

Des livres comme le *Journal d'une
bourgeoise*, en nous faisant revivre
dans ces temps, chronologiquement si
rapprochés, — et moralement, hélas ! si
éloignés de nous, — en nous montrant ce
qu'était alors une famille de patriotes,
et comment le patriotisme et l'amour
familial se renforçaient l'un l'autre ; des
livres comme le journal d'une bourgeoise raniment, réconfortent et rendent pour un instant aux cœurs blasés
de notre époque calculatrice un peu de
ce feu qui, seul, fait les grandes choses,
les œuvres fécondes.

Pour ma part, j'ai éprouvé à cette
lecture une pure joie que je n'avais pas
ressentie depuis bien longtemps, et
cette joie a été telle qu'elle m'a inspiré
le désir de la manifester. Ceux-là le
comprendront qui, faisant ce que j'ai
fait, liront ce livre qui, par la simpli-

cité, par le naturel et l'élévation des idées, et par la lumière qu'il jette sur une des plus grandes époques qu'ait traversées le monde, mérite une place de choix dans la littérature française.

A. Naquet,

L'aptésien du 6 août 1881 (n° 27.)

(profession de foi de 1881

Aux électeurs républicains de l'arrondissement d'Apt

CITOYENS,

En février 1876 vous m'avez confié un mandat que vous m'avez confirmé de nouveau après le coup d'État du 16 mai 1877.

Ce mandat est expiré et je viens vous en demander le renouvellement, convaincu de l'avoir fidèlement, scrupuleusement rempli.

Je m'étais engagé à défendre le droit de réunion, le droit d'association, la liberté de la presse, et en attendant que la liberté d'association fût complète, à demander l'expulsion des jésuites.

Initiateur d'une loi sur la presse, j'ai eu le bonheur de voir cette loi aboutir. La Chambre, sous ce rapport, n'a pas été aussi loin que je aurais voulu, que je le lui ai demandé, mais enfin elle a fait disparaître tous les délits d'opinion vagues qui armaient les tribunaux d'un vrai pouvoir discrétionnaire, et l'on peut dire qu'à cette heure la presse est libre en France. Sous ce rapport j'ai donc non-seulement tenu ma promesse en m'efforçant d'affranchir cet organe de la pensée humaine, mais j'ai à-peu-près réussi.

Pour le droit de réunion, le succès est encore plus complet. Initiateur et rapporteur d'un projet de loi qui abroge la législation impériale de 1868, j'ai pu obtenir de la Chambre une législation nouvelle qui donne aux citoyens la faculté de se réunir où ils veulent, quand ils le veulent, et pour discuter ce qu'ils veulent. Les quelques formalités que la Chambre a maintenues sous pression du gouvernement, et que j'ai dû, en ma qualité de rapporteur, accepter et défendre à peine de compromettre la loi tout entière, ces quelques formalités n'atteignent en rien la liberté, et l'on peut dire qu'en tenant compte de la différence qui sépare une affirmation spéculative de l'application pratique, le droit de réunion est à cette heure absolu chez nous.

J'ai également réclamé le droit d'association mais sans l'obtenir. Du reste mon mandat sur ce point ne me permettait pas beaucoup d'insister, car il était contradictoire. Vous me demandiez l'expulsion des congrégations religieuses. Cette expulsion est un fait accompli, mais, ainsi que je vous l'avais fait remarquer en 1876, cette expulsion et le droit d'association sont deux choses contradictoires.

Il fallait opter entre les deux. J'ai opté pour l'expulsion des congrégations, parce qu'elle était mieux dans le courant et que j'étais plus sûr d'atteindre le but. mais je n'ai pas déserté la défense du droit d'association et dans la limite où la lutte engagée entre l'État et l'Église le permettra, je le soutiendrai dans l'avenir comme je l'ai soutenu dans le passé.

Je vous avais promis de voter l'instruction gratuite, laïque et obligatoire. J'ai tenu parole, la Chambre aussi, sauf sur un point, (l'article 7) où elle s'est égarée selon moi, mais sur lequel j'ai voté avec la minorité avancée, et, sans le Sénat, à cette heure cette réforme serait un fait accompli.

Par deux fois j'ai également voté, comme je vous l'avais promis, la séparation de l'Église et de l'État et, ce qui en découle comme conséquence, j'ai signé et voté l'amendement de Madier de Montjau qui demandait la suppression de notre ambassadeur près du pape.

J'ai défendu la révision de la constitution J'espère bien voter encore à la prochaine législative, si vous me faites l'honneur de me réélire, dans le sens de la suppression du Sénat, ou — si nous échouons sur ce point — de l'élargissement de sa base électorale et de la modification radicale de ses attributions.

J'ai fait en faveur du rétablissement du divorce la campagne que vous connaissez et dont le résultat est un triomphe prochain, et j'ai donné mes votes à tout ce qu'a proposé M. Camille Sée dans le sens de l'extension des droits civils de femmes:

Mon programme de 1876 affirmait encore la substitution de la nation armée aux armées permanentes et l'élection de la magistrature par le suffrage universel.

Sur le premier de ces points, j'ai fait ce que réclament les plus avancés, les plus intransigeants, en me ralliant à la loi Laisant, la suppression complète des armées permanentes ne peut être, en effet, qu'un idéal lointain, et non un programme de réalisation immédiate. Ce n'est pas devant les rois armés pour la défense du despotisme que la République peut désarmer.

Quant à la magistrature élective, je m'étais engagé à la voter. J'ai tenu parole, j'ai voté l'amendement Beauquier. Mais sur ce point je tiens à me dégager pour l'avenir. Une étude approfondie de ce qui se passe en Amérique m'a démontré que ce système présente de sérieux dangers, relativement à l'impartialité du juge, et, tout en reconnaissant toujours que la réforme de la magistrature doit être l'une des œuvres dominantes de la future chambre des députés, je demande à ne pas me prononcer dès aujourd'hui sur le principe de l'élection des juges, et à attendre, pour prendre un parti, les lumières qui se dégageront de la discussion. J'espère n'avoir pas de peine à démontrer dans les réunions les dangers que présente le système de l'élection directe des magistrats par les justiciables.

Enfin mon programme de 1876 renfermait encore deux points. L'abolition de la peine de mort et un remaniement de notre système d'impôt.

J'ai signé la proposition de M. Louis Blanc relativement à l'abolition de la peine de mort, et, quant à la transformation de notre système d'impôt, elle est dominée et primée par des mesures qui seules la rendront possible, telles que dégrèvements ou amortissement et conversion. J'ai été dans la commission du budget un chaud défenseur de l'amortissement et de la conversion, — de la conversion surtout qui rendra au pays chaque année 70,000,000 de francs, indûment payés cette heure aux porteurs de titres de rente.

Citoyens,

Vous le voyez, j'ai fait tout ce que je vous avais promis de faire et si, sur certains points, tels que l'élection Blanqui, points sur lesquels j'étais libre, puisque mon mandat n'avait pu les prévoir, j'ai, suivant en cela les préceptes de Ledru-Rollin et de Robespierre, mis au-dessus de tout le respect de la loi, ce n'est pas le patriotique arrondissement d'Apt qui m'en blâmera.

Ce système de respect de la loi, Citoyens, pour lequel je me suis également prononcé lors de l'élection Balluc, a eu d'ailleurs d'assez beaux résultats: ainsi que je l'avais prévu, il a fini par aboutir à cette grande mesure pour laquelle nous avons lutté ensemble, et qui est heureusement réalisée à cette heure:

L'AMNISTIE.

Citoyens,

Si vous me faites l'honneur de me choisir de nouveau pour votre représentant, je serai demain ce que j'étais hier. Sauf les points où nous avons gain de cause dès à présent, et qui dès lors n'ont plus lieu de nous préoccuper, et sauf la réserve faite plus haut sur l'élection des juges, mon programme de 1876 est mon programme d'aujourd'hui.

C'est la meilleure réponse que je puisse faire à ceux qui prétendent que j'ai varié.

Non, citoyens! je n'ai pas varié.

J'étais hier pour la République légale, pacifique, progressive, réformiste.

Pour la République légale, pacifique, progressive, réformiste, je suis aujourd'hui.

VIVE LA RÉPUBLIQUE!

Alfred NAQUET.

La petit Lyonnais du 8 août 1881 (n° 3546)

LE DIVORCE

Osez-vous bien, m'écrit-on, vous républicain, vous démocrate, réclamer le rétablissement du divorce? Ne voyez-vous pas que la loi du 20 septembre 1792 a été une erreur de la Révolution française? Abandonnez donc aux aristocrates ou aux bourgeois les soins de continuer la campagne que vous avez entreprise, mais, vous, laissez-la de côté.

Le divorce n'est pas nécessaire au peuple.

L'ouvrier des champs et des villes n'en a que faire.

C'est une loi aristocratique. Ce n'est point à vous, député radical, élu pour défendre les aspirations populaires, qu'il appartient de vous occuper de cette question d'un secondaire intérêt.

Voilà l'objection, vingt fois j'y ai répondu, vingt fois elle s'est reproduite ; je la réfuterai encore aujourd'hui.

Mon contradicteur commet deux erreurs graves, une erreur de principe et une erreur de fait.

L'erreur de principe consiste à croire que les députés d'opinion républicaine sont les représentants d'une classe spéciale de citoyens.

Nous nous considérons, non comme les mandataires d'une caste, mais bien comme les mandataires de l'ensemble du pays.

La Révolution de 1789 a fait disparaitre les classes et, loin de chercher à les reconstituer, nous n'avons qu'une tendance, en effacer chaque jour davantage les derniers vestiges.

La justice d'une mesure ne dépend pas plus d'ailleurs de la position sociale occupée par ceux qu'elle intéresse que du nombre des intéressés.

S'il était vrai que le divorce ne fût utile qu'aux personnes riches — je ne dis plus aux classes n'en reconnaissant pas, — ce ne serait pas une raison pour que les républicains n'en prissent pas la défense ; ils laissent aux défenseurs de l'ancien régime qui ne se sont jamais préoccupés des intérêts du peuple, le triste privilège d'établir des distinctions entre les citoyens. Eux n'en établissent pas. Un seul mobile les dirige : le sentiment de la justice, indépendamment de toute considération de classe ou d'individus.

Et en cela le peuple les approuve. Le peuple se passionne pour tout ce qui est juste et grand, même lorsque ce n'est pas lui qui doit profiter de la mesure libératrice qu'il réclame.

Lorsqu'il voit s'élever les noirs créneaux de la Bastille, il ne se demande pas si ce n'est pas exclusivement aux aristocrates que cette prison d'État est réservée. Mû par le grand souffle de la liberté, il se dit que cette forteresse sinistre personnifie le bon plaisir monarchique, et il la brise, bien qu'il n'ait jamais eu lui-même à en souffrir.

Le peuple nous approuverait donc de réclamer le divorce si même il était désintéressé dans cette réforme. Mais c'est ici qu'apparait la deuxième erreur de mon adversaire, l'erreur de fait : il y est infiniment plus intéressé que l'aristocratie.

L'aristocratie, à la rigueur, peut s'en passer ; lui ne le peut pas.

Les statistiques en fournissent une première preuve. Sur 2,500 séparations de corps annuellement prononcées par les tribunaux français, plus de 1,400 le sont à la requête d'ouvriers ou d'ouvrières et, à côté de ce chiffre, il faudrait placer, pour être complet — ce qui n'est malheureusement pas possible — l'immense quantité des séparations amiables beaucoup plus nombreuses que les séparations judiciaires chez les ouvriers.

Mais la preuve la plus frappante est fournie par les considérations tirées de l'intérêt des enfants.

J'ai eu l'occasion de montrer déjà la différence énorme qui, dans les cas de séparation de corps, existe entre la situation des enfants chez le riche et chez le pauvre.

Qu'il soit confié à la garde de l'homme ou de la femme, l'enfant dans les familles aisées aura toujours quelqu'un qui veillera sur lui, sa mère ou une femme à gages, présentant plus ou moins de garanties, mais préférable dans tous les cas au défaut absolu de surveillance.

Chez le pauvre la surveillance ne peut plus s'exercer.

La mère, privée du secours de son mari, doit passer son temps à l'atelier, tout comme le mari lui-même, et que ce soit elle ou lui qui ait obtenu du tribunal la garde des enfants, ceux-ci sont abandonnés à la maison. Personne pour leur donner des soins, personne pour leur éviter les mauvais enseignements du hasard et pour leur donner ceux que comporte une éducation honnête.

Ils deviendront ce qu'ils pourront, et le père et la mère n'en seront pas responsables : il faut bien les nourrir, et l'on n'a pas les moyens de payer l'aide d'une domestique.

Les ouvriers séparés le comprennent si bien qu'ils hésitent rarement à accomplir en fait ce que notre législation leur interdit d'accomplir en droit.

Le divorce n'existant pas, ils s'organisent en ménages libres et l'on ne saurait les en blâmer. Cela vaut mieux pour leurs enfants que l'isolement et l'abandon.

Mais ce qui vaudrait mieux encore, ce serait une situation légale, leur permettant de contracter une union nouvelle. Les intérêts matériels des enfants seraient sauvegardés et, avec eux, les intérêts de la moralité publique.

Il n'est donc pas vrai que le divorce ne doive profiter qu'aux riches. Il doit surtout profiter aux pauvres, et la loi dont je poursuis le rétablissement, loin d'être une loi aristocratique, est au contraire une loi essentiellement démocratique.

Je n'ai pour m'en convaincre qu'à relire les innombrables lettres que m'adressent des ouvriers des deux sexes pour m'encourager dans la tâche que j'ai entreprise.

Et, sans aller bien loin, je puis en citer une qui m'arrive à l'instant. Elle émane d'une femme du peuple. En voici quelques extraits :

« Vous vous étonnerez peut-être de recevoir

...couragement au bien que vous voulez faire d'une femme des Ardennes.

« Pour moi, les députés sont les délégués de toute la nation, et celui qui, comme vous, s'occupe de l'avenir du peuple, de ses intérêts les plus intimes et les plus chers, est le véritable délégué de la France.

« Permettez-moi de vous exposer les motifs qui m'engagent à vous écrire.

« Je suis une femme du peuple, comme tant d'autres sans famille. Je possède un bien qui peut me faire vivre en travaillant, et mon père, ancien militaire, est mort il y a vingt-six ans.

« Il y a aussi, malheureusement, dix-sept ans que je me suis mariée avec un Monsieur......

« Ce Monsieur m'a indignement trompée à tous égards et, après force coups et querelles, j'ai dû me séparer. Je n'ai obtenu que la séparation de biens.

« Aujourd'hui, après un grand nombre de plaidoiries, mon mari, qui a hypothéqué son bien quelques jours après notre mariage, me demande une pension alimentaire pour sa mère.

« Et le tribunal de Rethel, considérant que mon revenu peut s'élever à *quatre cents francs*, sur lesquels j'en dois deux cents à ma mère vieille et infirme, me condamne à payer à cette dame cent vingt francs par an.

« Que me reste-t-il ?

« Résolue que je suis à poursuivre jusqu'au bout de l'équité des juges français ce à quoi je crois avoir droit, je viens vous demander un avis. Si vous pensez que la loi du divorce soit bientôt votée et que je puisse m'abstenir de faire des démarches qui me deviendraient onéreuses, je m'abstiendrai.

« J'espère, monsieur le député, que vous serez assez obligeant pour me répondre.

« J'ajoute, ce que vous savez déjà, qu'une jeune femme plaidant contre son mari sans appui, sans fortune, est dans une situation bien défavorable pour réclamer le redressement de ses griefs... »

Certes, on n'accusera pas ma correspondante, quoiqu'elle écrive fort bien, d'appartenir à la classe aristocratique.

400 francs de rente, dont 200 dus sous forme de pension alimentaire à une vieille mère, ce n'est pas avec cette fortune là qu'on peut être considéré comme faisant partie des « classes élevées. »

Il s'agit ici d'une femme du peuple, comme elle le dit elle-même, et cependant elle désire ardemment le divorce.

Si mes contradicteurs insistent sur l'objection que je combats, et s'ils désirent un plus grand nombre de faits probants, je puis pendant de longs mois leur servir des lettres comme celle-ci, écrites soit par des hommes, soit par des femmes du peuple.

Cela les convaincra-t-il ? J'ai bien peur que non. Car ceux qui invoquent de pareils arguments me font l'effet d'hommes de parti-pris qui cherchent moins des raisons que des prétextes. Mais au moins cela leur ôtera-t-il tout crédit sur les personnes de bonne foi qui pourraient se laisser séduire par eux.

A. NAQUET,
Député de Vaucluse.

Le petit Lyonnais du 15 août ....

Les Dernières Élections

Les dernières élections ont le caractère que nous en attendions. Ce qui a manqué à la dernière Chambre, — et cela est naturel puisque la dernière Chambre n'était qu'une Assemblée de combat qui avait simplement reçu le mandat de renverser M. de Mac-Mahon et ses ministres, à l'élection de laquelle n'avait présidé aucune autre idée, et qui par suite n'avait aucun programme commun nettement défini ; ce qui a manqué à la dernière Chambre, c'est de l'unité, c'est de la cohésion, c'est une majorité gouvernementale.

Chaque groupe avait ses idées propres qu'il s'efforçait de faire triompher. Les majorités se faisaient et se défaisaient sur chaque question presque au hasard, et les ministres, qui ne pouvaient se soutenir par une politique suivie, se formaient et se maintenaient par des considérations personnelles, jusqu'au moment où, sous l'influence d'une division intérieure qui n'était pas moins grande dans le sein du cabinet que dans le sein de la Chambre, ils se défaisaient d'eux-même sans que personne les eût renversés.

Cette situation n'aurait pu se prolonger sans compromettre le régime parlementaire. Le pays l'a compris, et, malgré le système de consultation qui a prévalu, malgré le scrutin d'arrondissement, il semble avoir mis fin à cet état de choses.

Il vient de se faire un véritable mouvement de concentration.

D'abord les intransigeants, les utopistes, les révolutionnaires sans idées, les socialistes sans programmes, les hommes attardés (et ils se disent avancés !) qui ne connaissent en fait de discussion politique que l'injure, l'outrage et la calomnie, ont été battus par le suffrage universel. Que dis-je, battus ? C'est écrasés qu'il faut dire. Ils n'ont réuni dans nos grands centres que des minorités ridicules, et dans nos campagnes ils n'ont même pas osé affronter la lutte, le scrutin du 21 août les a tués.

Ils peuvent s'agiter encore automatiquement ; mais si tant est qu'ils aient jamais eu l'apparence de la vie et qu'ils aient pu faire illusion à quelqu'un, ils ne peuvent plus faire maintenant illusion à personne. Ils sont morts.

M. Clémenceau sans doute a fait des élections et fait passer plusieurs de ses amis. Mais d'abord M. Clémenceau appartient à l'extrême gauche parlementaire et non à l'intransigeance, et ce fait-là d'ailleurs est purement local, entièrement isolé.

Ce qu'il faut voir, c'est l'esprit général qui se dégage des élections. Or, cet esprit, le voici :

Sans rien abandonner de leurs légitimes revendications — et uniquement pour arriver au but plus sûrement et plus vite — les circonscriptions radicales se sont modérées dans la forme. Les circonscriptions modérées, au contraire, se sont accentuées, et il est résulté de ce double phénomène un mouvement bien prononcé de concentration, qui rendra possible demain, nous l'espérons, ce qui était impossible hier : la constitution d'une forte majorité gouvernementale capable de donner au pays à la fois la stabilité et le progrès qu'il attend du gouvernement de la République.

Un autre élément d'ailleurs concourt à ce résultat désiré :

Les hommes de la droite perdent un grand nombre de sièges et, s'il se forme à gauche une opposition avancée, du moins cette opposition qui visera les progrès de demain, ne risquera pas de renverser le cabinet par des coalitions non voulues avec la droite, et pourra ainsi exercer son rôle utile et nécessaire sans jamais exercer d'action nuisible.

La France a traversé, depuis 10 ans, une période agitée, une période de lutte. Cette période a été grande et glorieuse. Nous avons fondé la République et nous avons vaincu les conspirateurs sans appel à la force, par la seule majesté du droit, par la seule puissance de la volonté populaire. Nos révolutions avaient été glorieuses aussi, mais cette victoire pacifique en était le couronnement nécessaire. Elle a démontré que la France était décidément mûre pour les institutions démocratiques et républicaines.

Il reste à compléter l'expérience. Nous entrons aujourd'hui dans une période organique. Il faut que cette période soit aussi féconde que celle du combat ; il faut qu'elle nous apporte autant de réformes, de progrès, de bien-être que celle qui l'a précédée nous a donné de gloire.

C'est ce qu'a saisi le suffrage universel. C'est pourquoi, en apportant aussi peu de modifications que possible au personnel parlementaire, pour ne pas se priver des expériences acquises et ne pas perdre le fruit du travail accompli, il a retrempé ses élus dans son sein. Il leur a animés de son souffle et a métamorphosé ainsi une Chambre où la constitution d'une majorité était si difficile, en une autre Chambre où tout le fait espérer, pourra se constituer au contraire une solide majorité de gouvernement.

Le 21 août marque donc une étape de plus dans cette grande et belle évolution à laquelle il nous est donné d'assister depuis la chute de l'empire. Il enlève à nos adversaires leurs dernières espérances. Il fait de la République une réalité que rien ne peut désormais entamer ni détruire. Tous les amis de leur parti peuvent et doivent s'enorgueillir de ce nouveau triomphe qui en annonce d'autres, qui n'est que le prélude des triomphes futurs.

Challemel-Lacour disait un jour dans une improvisation superbe, sur la tombe de notre regretté collègue de l'Assemblée nationale, Brousse, que nul ne verrait jamais la terre promise, que le progrès était éternel, que chaque progrès réalisé n'était que l'échelon qui doit nous conduire à un progrès nouveau.

Si ces paroles sont vraies, et elles le sont, et les progrès divers que nous réalisons ne sont que les échelons successifs de cette échelle indéfinie « le progrès », l'élection du 21 août prépare des élections futures plus fécondes encore, de même qu'elle était comprise en germe dans celles qui l'ont précédée.

Accueillons-en donc le résultat avec une double joie, avec la joie de ce qu'elle nous donne et avec la joie de ce qu'elle nous promet.

A. NAQUET,
Député de Vaucluse.

L'Aplésien du 12 août 1881 (n° 30)

DISCOURS
de M. Alfred NAQUET

Notre honorable député s'est fait un devoir de venir parmi nous pour assister à l'inauguration de la statue de la République, sur la fontaine de la place de la Bouquerie.

Dans notre prochain numéro nous donnerons quelques détails sur cette petite fête ; aujourd'hui, nous publions seulement le discours prononcé à cette occasion par M. Naquet.

Messieurs,

Il y a huit jours à peine, vous affirmiez votre volonté inébranlable d'asseoir, de consolider la République et de la pousser dans la voie des réformes et du progrès. Aujourd'hui, vous exprimez encore le même sentiment sous une autre forme.

Dimanche dernier, c'était en accomplissant votre devoir de citoyens et en portant vos bulletins dans les urnes. En ce moment c'est en posant l'emblème de la République sur l'une de vos fontaines et en fêtant ainsi sous une forme allégorique le gouvernement que la France s'est librement donné.

Messieurs, je n'ai pas voulu que cette fête eût lieu sans moi. Je me suis dit que votre député, celui que vous venez pour la cinquième fois d'investir de votre confiance, y avait sa place : je suis accouru. J'ai tenu à profiter de cette occasion pour vous dire quelles pensées et quel enthosiasme soulève en moi la vue des magnifiques évènements qui se sont accomplis depuis dix ans et qui ont leur couronnement suprême dans les élections du 21 août.

Il y a dix ans et demi, messieurs, que, sous l'empire d'un sentiment de lassitude et de découragement, et pour avoir la paix avec l'étranger, la France nomma une assemblée nationale, cléricale et monarchiste, qui ne tarda pas à déchaîner la guerre civile dans notre pays et qui fit courir les plus redoutables périls à nos institutions démocratiques.

Après la guerre civile, une fois Paris vaincu et écrasé, une fois la garde nationale désarmée dans les départements, on aurait pu croire la réaction triomphante.

C'est à partir de ce moment, au contraire, que commença cette lutte pacifique qui s'est continuée pendant huit années consécutives sans un moment d'hésitation ni de faiblesse et qui est l'un des plus beaux titres de gloire du peuple Français, sinon le plus beau.

Dès le 30 avril, dans les élections municipales, dès le 2 juillet dans les élections complémentaires législatives, le peuple proteste contre le pouvoir que, sans mandat, se sont arrogé les représentants, de constituer et de rétablir la monarchie. Ces protestations, il les poursuit dans toutes les élections partielles qui ont eu lieu pendant cinq années consécutives. Vainement on renverse M. Thiers. Vainement on organise, suivant un mot de M. Baillie, *un gouvernement de combat*, vainement M. Numa Baragnon déclare qu'il *fera marcher la France*. La France marche, en effet, mais dans le sens opposé de celui dans lequel M. Baragnon et ses amis veulent la pousser. Elle marche vers la liberté, elle marche vers la République, et pas plus les de Broglie et les Buffet que le vieux soldat placé au pouvoir par les coalisés monarchiques n'ont la force, je ne dirai pas de l'arrêter, mais même d'entraver, de modérer son mouvement.

De guerre lasse, divisés, impuissants, ayant échoué dans toutes leurs tentatives de restauration, les coalisés se décident à constituer une république, mais une république avec un sénat élu par un suffrage excessivement restreint, avec un sénat renfermant des inamovibles, avec un sénat auquel ils donnent le droit de dissoudre la Chambre des représentants du suffrage universel. Ils espèrent pouvoir se mettre d'accord sur le terrain purement clérical et réactionnaire et conserver assez longtemps le pouvoir sous ce simulacre de république pour atteindre le moment où la mort du dernier représentant de la légitimité rendra la restauration des d'Orléans plus facile. — Vain espoir ! Rien n'y fait. Cette république monarchique, cette arme que nos ennemis croient avoir forgée contre nous, le peuple s'en empare. Il lutte avec ce qu'il a. Il se sert de cette constitution bâtarde comme il se serait servi de son pouvoir constituant si la constitution n'eut pas été votée, et, malgré les efforts de la candidature officielle qui s'affirme de nouveau comme aux plus mauvais jours de l'empire, il remporte au 20 février 1876 un de ces triomphes comme peu de nations en comptent dans leurs annales. C'est alors qu'on vit ce spectacle extraordinaire d'un ministre se présentant dans quatre circonscriptions et battu dans chacune d'elles, de même qu'il avait été battu par le corps électoral sénatorial dans son propre département, et par l'assemblée nationale qui avait refusé de l'élire sénateur inamovible.— Ce qui lui fit six défaites en moins de deux mois.

L'élection du 20 février n'enleva cependant pas tout espoir à nos ennemis. 15 mois plus tard ils revenaient à la charge et tentaient de prendre leur revanche par un coup audacieux. Le président de la République congédiait brutalement son ministère, le remplaçait par les mêmes hommes qui avaient fait le 24 mai, et, dépassant tout ce que l'on avait vu jusque-là en fait de candidature officielle, ne reculant ni devant la pression, ni devant la menace, ni devant la fraude, ni devant la violence, livrait du 16 mai au 14 octobre 1877, à la démocratie, un dernier et terrible combat.

La démocratie ne s'émut pas, forte de son droit, calme et digne, elle supporta patiemment toutes les vexations qu'on lui fit subir, sachant bien que cette nuit aurait un lendemain.

Elle en eut un, en effet, qui s'appela le 14 octobre. Ce jour là les bulletins de vote répondirent à toutes les provocations dont les populations étaient depuis six mois les victimes et, sauf quelques défaites partielles dûes au vol, à la fraude matérielle, les 363 députés qu'avait brutalement congédiés M. de Mac-Mahon furent réélus.

Cette journée du 14 octobre, je l'ai dit souvent, m'apparaît comme la plus belle de notre histoire.

Elle dépasse et nos grandes dates guerrières et nos grandes dates révolutionnaires : Nos dates guerrières, et nos dates révolutionnaires ont des similaires chez les autres peuples ; le 14 octobre n'en a pas ; il est unique dans le monde. Jamais on n'avait encore vu un peuple résister pendant 6 mois avec un calme dont rien ne pouvait le faire se départir — et cela jusque dans le dernier village, jusque dans le dernier hameau — aux vexations à la pression, à l'intimidation, aux menaces, et puis, le jour venu, faire entendre majestuousément sa voix et assurer la victoire par la simple expression de sa volonté souveraine, en dehors de toute lutte matérielle, de toute effusion de sang.

Par la journée du 14 octobre, la France, cette grande initiatrice, a gagné la cause du suffrage universel dans le monde et elle a ouvert une ère nouvelle qui ne se fermera plus, ère de la lutte pacifique substituée à la lutte violente, de la révolution par le vote substituée à la révolution par le fusil.

La réaction, cependant, ne s'inclina pas tout de suite. On essaya d'intimider la Chambre comme on avait essayé d'intimider le pays : on parla de dissolution nouvelle, de coup d'État. La Chambre fut digne de la confiance que le peuple avait mise en elle. Elle répondit à la dictature par le refus du budget ; elle constitua son comité des 18 et, pour le cas où un crime serait tenté contre la souveraineté nationale, elle organisa la résistance.

M. Gambetta avait déclaré que le maréchal serait obligé de se soumettre ou de se démettre. Cette parole fut doublement prophétique. M de Mac-Mahon se soumit d'abord et se démit ensuite; et, le Sénat ayant été renouvelé, le congrès réuni, appela M. Jules Grévy à la plus haute magistrature de l'État.

A partir de ce moment, et bien qu'elle n'eut reçu des électeurs aucun mandat précis en dehors de celui-ci : Vaincre la réaction et fonder la République, la Chambre entre résolûment dans la voie des réformes législatives. Loi sur l'état de siège, loi sur la liberté de réunion, loi sur la liberté de la presse, loi sur la liberté des cafés et des cabarets, loi sur la reconstitution des bureaux de bienfaisance, loi sur la reconstitution du conseil supérieur de l'instruction publique, sur la restitution à l'État du droit de conférer les grades, sur la création des écoles normales primaires, sur la fondation de l'enseignement secondaire des jeunes filles, sur la création d'une caisse nationale destinée a aider les communes dans la construction des maisons d'écoles, sur la gratuité de l'enseignement primaire ; extension donnée aux travaux publics ; rentrée du gouvernement à Paris ; amnistie ; dégrèvement s'élevant à près de 300 millions — loi sur la réforme de la magistrature, sur la laïcité et sur l'obligation de l'enseignement primaire, malheureusement arrêtés au passage par le Sénat... telle est en gros et en laissant de coté une foule de lois moins importantes, quoique très importantes encore dont l'énumération m'entrainerait trop loin — telle est l'œuvre de cette Chambre que des esprits chagrins disent avoir été stérile, et que je considère, moi, comme l'une des plus fécondes qu'ait eue la France depuis la Convention.

Enfin, son mandat épuisé, la Chambre s'est retirée et le peuple a été de nouveau appelé aux urnes, mais cette fois sans pression, sans gendarmes, sans candidature officielle, librement, ainsi qu'il convient dans une république.

Cette grande consultation populaire a donné le résultat que nous en attendions. Le pays s'est tenu également loin des utopies compromettantes, et d'un conservatisme qui conduirait à l'inaction. Il a montré qu'il sait discerner le possible de l'impossible, mais que tous les progrès possibles, il a la ferme intention de les réaliser.

L'élection du 21 août a été, de plus, un mouvement de concentration. Les modérés comprenant la volonté de la France d'aller en avant ont fait un pas, Les radicaux, de leur coté, comprenant que tout ne peut pas se faire en un jour, que le travail d'une législature est forcément limité, qu'il ne sert à rien de se tailler plus d'ouvrage qu'on ne peut en faire, qu'on peut sans rien abandonner de ses principes, restreindre ses revendications à ce qu'on a le temps et les moyens d'accomplir en 4 ans et avec la majorité dont on dispose, les radicaux, dis-je, se sont modérés dans la forme et l'assemblée qui va souvrir, renfermera, grâce à ce mouvement de concentration, une majorité gouvernementale, solide et progressive qui avait manqué jusqu'ici au gouvernement républicain.

A l'heure actuelle nous sommes sortis de la lutte, de la période critique pour entrer dans la période organique qui sera glorieuse, pacifique et féconde. Aussi, salué-je le 21 août comme un grand jour qui, s'il ne peut se comparer au 14 octobre, du moins prend rang à côté de lui et a sa place marquée dans l'histoire.

Et puisque dans cette élection du 21 août, vous avez bien voulu approuver ma conduite antérieure et me rendre le mandat dont votre confiance n'a cessé depuis dix ans de m'investir, permettez-moi, messieurs, de profiter de cette belle fête, pour vous remercier, pour remercier l'arrondissement tout entier de l'honneur suprême que vous venez encore de me faire.

Cet honneur m'impose de grands devoirs. Je n'y faillirai pas. Je ferai tous mes efforts pour demeurer digne de vous dans l'avenir comme j'ai fait mes efforts pour demeurer digne de vous dans le passé. Et, uni à mes collègues de la majorité gouvernementale réformiste, je marcherai d'accord en cela avec mes électeurs, dans la voie à la fois énergique et sage du progrès que la France nous a ouverte par le dernier scrutin.

Messieurs, une dernière fois merci et comptez sur moi pour la défense des institutions républicaines comme en toutes circonstances je compterai sur vous.

LE DIVORCE

Les fins de non recevoir s'accumulent sans qu'aucunes d'elles, pas plus que les arguments de fond, puisse porter atteinte à notre cause qui est celle de la liberté.

Est-ce que vraiment le divorce intéresse un assez grand nombre de citoyens pour que cette question vaille même la peine d'être examinée ? Est-il bien sage de proposer une loi qui ne peut profiter qu'à une minorité infime et qui agite dès lors inutilement le pays ? Voilà ce qu'on nous répète sans cesse.

Il faut que le préjugé soit complètement battu, complètement déraciné, que ceux-là qui en subissent encore les effets soient tout à fait à bout d'arguments pour qu'on se réfugie derrière des objections pareilles.

Le divorce intéresse trop peu de personnes, dites-vous ! Permettez ! Il intéresse simplement la société tout entière : C'est une loi de moralisation et tous les citoyens, qu'ils soient bien ou mal mariés, doivent désirer que la moralité se développe, que la corruption soit enrayée.

Il intéresse tous ceux qui se marient : le mariage est un grand aléa. Quelque espoir que l'on ait d'être heureux on ménage le jour où l'on s'engage dans ses liens, nul n'en a la certitude, et certainement l'indissolubilité formidable qui s'impose à nous, retient, au préjudice du pays, bien des personnes sur le seuil de la mairie.

Mais ne tenons même pas compte du bénéfice général qui doit résulter pour la société, et par conséquent pour chacun de nous, de l'abrogation de la loi de 1816.

Ne tenons même pas compte des avantages éventuels qui en résulteront pour tous les époux sans distinction. Sera-t-il vrai, du moins, dans ces conditions, que le nombre de ceux qui doivent profiter directement du divorce soit à ce point infime qu'il n'y ait pas lieu de s'en occuper.

Qu'on en juge :

La moyenne annuelle est actuellement de 2,500 séparations de corps par an, et cette moyenne tend chaque année à s'élever davantage.

C'est donc tous les ans 5,000 malheureux forçats du mariage qui demandent à être délivrés de leurs chaînes. Et je ne compte ici que les époux qui se séparent judiciairement. Je ne parle pas, n'en connaissant pas, ne pouvant pas en connaître le chiffre, de ceux, deux trois, quatre fois plus nombreux peut-être, qui se séparent sans s'adresser aux tribunaux, ou qui, séparés de fait, mais sans espoir de recouvrer jamais une indépendance réelle, se font une indépendance factice en couvrant leur conduite irrégulière par une cohabitation simulacre d'union et de concorde.

Si nous nous bornons aux chiffres que nous connaissons, aux 2,500 ménages dont les discordes se déroulent devant les tribunaux, nous arrivons, en additionnant les chiffres de plusieurs années consécutives, à un total de 50,000 ou 60,000 séparés de corps vivants à un moment donné.

Fait-on souvent des lois qui intéressent à un aussi haut degré un aussi grand nombre citoyens? C'est plus que contestable.

Les lois sur les pensions de retraite des officiers de terre et de mer, la loi sur les bouilleurs de crû, étaient-elles, chacune, désirées, voulues par plus de 60,000 personnes ? Il est au moins permis d'en douter.

Mais fût-il exact que la loi du divorce ne dût profiter qu'à un petit nombre d'individus, voir même à seul individu, ce ne serait point encore une raison de ne pas la faire si elle répond à un besoin de justice. Ce serait d'autant moins une raison de ne pas la faire qu'elle ne présenterait plus alors le moindre danger.

Car enfin, il serait bon de choisir entre les raisons qu'on invoque contre nous et de ne pas nous combattre par des arguments contradictoires.

Tantôt on nous dit que si le divorce était rétabli, tout le monde divorcerait, ce qui constituerait un danger social. Tantôt on affirme qu'il n'y a pas lieu de revenir au régime du Code civil parceque personne ou presque personne n'y est intéressé.

Il faut cependant opter entre ces deux opinions : Ou personne ne doit divorcer, — et, dans ce cas, n'ayant rien à redouter de la loi, vous n'avez aucun motif sérieux de vous y opposer, — ou un grand nombre de personnes divorceront : et, s'il en est ainsi, ne dites plus que le rétablissement de la loi de 1803 n'intéresse qu'une minorité sans importance.

Depuis quand d'ailleurs une question de justice se mesure-t-elle au nombre des personnes atteintes par l'injustice qu'il s'agit de faire cesser ?

Au XVIIIe siècle, il s'est produit une formidable agitation contre les traitements inhumains que l'on infligeait alors aux aliénés. Qui cela intéressait-il ? Quelques misérables privés de leur raison et qui ne pouvaient même pas comprendre les infamies dont ils étaient les victimes.

De nos jours encore, lorsqu'il s'agit de la peine de mort et, en général, de tout ce qui touche au régime pénitentiaire, les assemblées politiques ne discutent-elles pas avec passion les divers systèmes en présence, et le public ne s'associe-t-il pas à leurs discussions ? Et cependant, qui ces réformes intéressent-elles ? Quelques scélérats, le rebut de la société.

Et l'on ne voudrait pas que nous songions aux époux malheureux, dont le nombre réel excède de beaucoup 5,000 par an, qui comprennent leur situation, qui en souffrent, et qui, bien souvent, n'ont aucune faute à se reprocher. On ne voudrait pas que nous songions à eux au moins autant que le dix-huitième siècle songeait aux fous, au moins autant que la génération actuelle songe aux criminels qui peuplent nos prisons et nos bagnes ?

S'il était possible qu'une telle jurisprudence prévalût ; si l'on arrivait à subordonner les questions de justice au nombre de ceux qu'elles touchent, on ne ferait autre chose que rapetisser, amoindrir, rabaisser le sens moral du genre humain.

Ne nous arrêtons donc pas à ces raisonnements sans portée. Rétablissons le divorce, parce qu'il relèvera les mœurs publiques ; rétablissons-le parce que beaucoup de nos concitoyens aspirent à cette loi qui sera pour eux l'affranchissement et la délivrance ; rétablissons-le surtout parce que nous accomplirons ainsi une œuvre de justice, et que rien de ce qui est juste ne saurait nous être étranger.

A. NAQUET,

Député de Vaucluse.

Le petit Lyonnais du 29 août 1881 (n° 2552)

Nécessité d'un ministère homogène

L'empire, les 7 années de lutte pour l'existence qui ont suivi sa chute, les 3 années particulières, exceptionnelles, qui viennent de s'écouler, et que l'on peut considérer comme une période de transition, nous ont à ce point éloignés des vraies traditions du régime parlementaire que les conditions nécessaires de ce régime sont constamment méconnues, sinon par les hommes politiques, du moins par la masse des citoyens. C'est ainsi que j'entends répéter chaque jour que le ministère appelé à se constituer à la rentrée devra renfermer des éléments choisis dans tous les groupes de la majorité républicaine, y compris l'extrême

gauche. Je ne saurais trop m'élever contre cette manière de comprendre le jeu de nos institutions, et je verrais un danger immense pour elles, dans la généralisation d'un système qui a pu être partiellement appliqué depuis 1879 et avoir provisoirement une raison d'être, mais qui, passant de l'état d'exception à l'état de règle, fausserait le mécanisme constitutionnel.

La dernière Chambre n'avait, je l'ai dit bien souvent, aucun mandat précis, si ce n'est celui-ci : vaincre la réaction, fonder la République.

Dès le 30 janvier 1879 ce mandat était accompli ; et accompli plus tôt qu'on n'avait pu l'espérer ; il restait à l'Assemblée du 14 octobre près de trois années à vivre, sans qu'elle pût les employer à réaliser un programme nettement défini, puisqu'il ne s'en était dégagé aucun des élections.

Il fallut trouver alors un *modus vivendi* qui permît d'attendre la fin de la législature. On n'aurait pu échapper à cette nécessité que par une dissolution anticipée, et le suffrage universel, la République s'accommodent mal des dissolutions extraordinaires : un appel nouveau aux électeurs à un an de date du 14 octobre, n'aurait pas été compris du pays ; restait donc le *modus vivendi* à trouver.

A la rigueur, il eut été possible de se réunir, de se concerter, de faire entre députés ce que n'avaient pas fait les électeurs, d'arrêter un programme commun, de charger un ministère homogène de son exécution, et de constituer, pour soutenir le ministère, une majorité compacte.

Malheureusement, il y avait des questions brûlantes, comme l'amnistie, qui nous divisaient profondément, et qui rendaient très difficile la constitution de cette majorité.

D'autre part, pour avoir un cabinet homogène, il aurait fallu renverser d'abord les cabinets hybrides qui s'étaient formés sous la présidence de M. de Mac-Mahon. La Chambre n'en eut pas l'énergie. Elle ne comprit pas qu'elle assurerait bien mieux la stabilité ministérielle par un acte viril fait une fois pour toutes, que par cette série d'actes de demi-opposition qui ont eu pour résultat la crise ministérielle à jet continu. Elle ne le comprit pas, et le programme qu'élaborèrent un jour les bureaux des gauches fut abandonné.

Il fallait cependant former un cabinet qui, s'il ne dirigeait pas la Chambre, à tout le moins la suivrait, et expédierait les affaires.

C'est alors qu'on se résolut à cet expédient : prendre des ministres dans tous les groupes sauf dans l'extrême gauche, à qui l'on n'en jamais demandé et qui n'en aurait point donné.

La conséquence de ce système fut de transporter dans le conseil la même division qui existait dans les rangs de la majorité, d'enle-

au gouvernement toute possibilité d'initiative, de ne lui laisser qu'un rôle modérateur, et d'abandonner à l'initiative privée des députés tout ou presque tout le travail parlementaire. Cela est si vrai que presque toutes les réformes votées par la dernière Chambre émanaient de l'action personnelle de tels ou tels députés, et que là même où le gouvernement est intervenu par des projets de loi, il n'a fait le plus souvent que greffer ses projets sur des propositions de lois antérieures.

Demander que le prochain ministère soit pris dans tous les groupes, c'est demander la continuation de ce régime, c'est transporter du gouvernement aux seuls membres du Parlement l'initiative des lois. Je ne m'en plaindrais pas, — car c'est là mon régime de prédilection, — pourvu que le régime devint constitutionnel. Mais je ne saurais m'accommoder d'un état qui n'est ni le parlementarisme, ni le mode représentatif des Américains, et qui a les inconvénients des deux. Car le gouvernement, tel que nous l'avons eu depuis trois ans et tel qu'on voudrait le conserver, n'a pas été neutre comme en Amérique : s'il n'a rien dirigé, il a empêché beaucoup.

Qu'on laisse donc de côté cette idée de prendre des ministres dans tous les groupes et de créer ainsi des cabinets divisés et impuissants, idée née d'une situation qui n'existe plus aujourd'hui.

Ce qu'il nous faut à cette heure, c'est un programme commun, autour duquel se groupera une majorité compacte, et dont l'application sera dévolue à un cabinet capable de le défendre devant les deux assemblées dont le Parlement se compose.

Ce programme commun ne peut naître que d'une transaction. Il faudra, pour le rendre possible, que les plus modérés fassent un pas en avant, et que les plus avancés consentent à ajourner certaines revendications qui n'auraient en l'état aucune majorité dans la Chambre.

Cette transaction exclut toute idée de faire entrer dans le cabinet des membres du centre gauche et des hommes de l'extrême gauche. Les premiers se verraient forcés de défendre des idées auxquelles ils ne se résignent qu'à regret, et de la part des seconds l'ajournement légitime de leurs espérances prendrait la forme d'un abandon inexcusable.

On conçoit très bien qu'un député convaincu, je suppose, que la séparation de l'Eglise et de l'Etat n'a pas de majorité dans le Parlement, après l'y avoir cependant proposée et défendue, puisse voter contre sa propre proposition si la question de cabinet se pose. Il ne fait ainsi qu'une chose : il refuse de sacrifier l'existence du cabinet — c'est-à-dire la solution des questions que ce cabinet s'est chargé de résoudre — à une affirmation qu'il sait devoir demeurer platonique durant tout le cours de la législature.

Par sa proposition et par son discours, il a contribué à préparer l'avenir ; il consolide le présent par son vote.

Cette apparente contradiction se justifie donc par les lois mêmes du parlementarisme. Par contre, rien ne pourrait justifier un député qui viendrait, non plus faire une concession et ajourner la réalisation d'une de ses idées, mais défendre en principe à la tribune l'idée contraire. C'est à quoi seraient chaque jour obligés, de par la solidarité qui lie tous les membres d'un cabinet, les ministres pris dans l'extrême droite ou dans l'extrême gauche de la majorité. Un ministre d'extrême gauche compromettrait son groupe sans avoir le moyen de faire avancer d'un pas la majorité, et un ministre de droite compromettrait le sien sans pouvoir raisonnablement espérer de la faire reculer.

Oublions donc une période, qui est déjà aujourd'hui de l'histoire ancienne ; ne parlons plus de ministres pris dans tous les groupes. Parlons plutôt de la suppression des groupes, de la constitution d'une forte majorité de gouvernement et d'un ministère parfaitement homogène, pris dans le centre de cette majorité et prêt à poursuivre résolument la réalisation du programme qu'elle aura consenti.

A cette condition, et à cette condition seulement, nous serons dans la vérité du système parlementaire.

A. NAQUET,
Député de Vaucluse.

Le petit-Lyonnais du 5 7bre 1881 (n° 3574)

L'INSURRECTION ARABE

Enfantin écrivait autrefois et Proudhon répétait, vingt ans plus tard, que quand la société se trouve en présence d'un criminel, son premier devoir est de le frapper, son second devoir de faire un examen de conscience et de se demander ce qui a pu rendre le crime possible : N'y a-t-il pas des vices sociaux qui favorisent le développement du mal ? Les coupables que l'on punit, simples « témoins », suivant l'expression de Victor Hugo, de ces vices, ne sont-ils pas la démonstration vivante de la nécessité qui s'impose à nous de les extirper ? C'est ainsi qu'on en arrive à reconnaître l'influence désastreuse de l'ignorance sur le crime, et que l'on ouvre des écoles ; c'est ainsi que l'on reconnaît les effets plus désastreux encore de la misère, et que, par l'instruction, par l'extension des travaux publics, par les dégrèvements et par des lois nombreuses et diverses, répondant à un esprit de sagesse et d'équité, on s'efforce de prendre corps à corps le redoutable problème.

Le système d'Enfantin et de Proudhon est donc mis en œuvre en ce qui concerne le crime individuel ; ne serait-il pas temps de la mettre en œuvre en ce qui concerne le crime collectif ?

Une insurrection éclate sur un point donné. Le devoir le plus impérieux du gouvernement est de la comprimer, de la réduire. Mais il est bon de rechercher en même temps pourquoi cette insurrection s'est produite ; si elle n'a pas été favorisée au moins par des circonstances que le gouvernement aurait pu éviter. Si ces circonstances ont existé, il faut empêcher qu'elles ne se renouvellent, et c'est seulement ainsi que, rétablissant la paix dans le présent, on l'assure dans l'avenir. Faisons l'application de ces principes aux événements d'Afrique.

Les peuples heureux ne se révoltent pas, ou se révoltent rarement. Le patriotisme exalté peut seul alors déterminer chez eux des soulèvements, lorsqu'ils sont soumis à une domination extérieure, et chez les musulmans, l'idée de patrie a toujours été aussi faible que l'idée religieuse a été forte.

Comment les indigènes de l'Algérie seraient-ils poussés par l'esprit de nationalité, alors qu'ils n'ont jamais connu l'indépendance, alors que le souvenir ne les porte qu'à établir une comparaison entre deux dominations différentes ?

Il est vrai que les musulmans sont fanatiques et qu'ils ont le mépris et la haine du chrétien. Il est vrai que ce fanatisme est une cause permanente d'insoumission. Toutefois, cette cause est plutôt secondaire que principale. Lorsque ces populations souffrent, elles trouvent dans leurs croyances une force morale qui leur permet de prendre les armes. Elles ne les prendraient probablement pas, malgré ces croyances, si elles ne souffraient pas.

D'ailleurs, le fanatisme religieux entre dans cette grande cause générale du mal social, l'ignorance ; et il n'est pas suffisamment établi que, depuis cinquante ans, la France ait fait tout ce qu'elle pouvait faire, sinon pour l'extirper — on ne supprime pas en cinquante ans ce qui est le fruit d'une habitude héréditaire de plus de dix siècles — du moins pour l'atténuer et l'amoindrir.

Si nous nous posons ces questions, si nous faisons ce retour sur nous-mêmes, nous ne tarderons pas à reconnaître que de grandes réformes sont nécessaires en Algérie.

Lorsqu'on veut coloniser, d'ailleurs, il n'y a que deux voies que l'on puisse suivre : refouler et exterminer les indigènes, ou les assimiler, les annexer.

La première voie s'impose peut-être à des peuples prolifiques et colonisateurs comme les Anglais, lorsqu'ils se trouvent en présence de peuplades absolument sauvages, radicale-

ment incapables de se former aux nécessités de la civilisation. Elle serait odieuse vis-à-vis d'une race qui appartient, comme nous, au type supérieur de l'humanité, quoiqu'elle soit, au point de vue du progrès humain, en retard sur nous de six cents ans ; et, — voulût-on la suivre — cela serait impossible à un peuple aussi peu prolifique et aussi peu enclin à l'émigration que nous le sommes.

C'est donc à la seconde voie, à la voie de l'assimilation, qu'il est nécessaire de recourir. A-t-on fait, fait-on tout ce qui est humainement possible pour faciliter cette assimilation? En mon âme et conscience, je ne le crois pas. C'est pourquoi je demande qu'après qu'on aura écrasé l'insurrection actuelle, comme on a écrasé ses devancières, qu'on se décide enfin à prouver aux Arabes que si nous sommes forts, nous sommes également justes, et que même nous ne justifions chez nous l'emploi de la force que par la sagesse des institutions.

D'abord, il faudrait pousser les Arabes à envoyer leurs enfants dans les écoles françaises. Pour y arriver, il faut laïciser les écoles, tant au point de vue du personnel enseignant qu'au point de vue des programmes enseignés. Il le faut plus impérieusement encore en Algérie qu'en France. Aussi longtemps que nos écoles seront tenues par des sœurs ou par frères ; aussi longtemps que des christ y seront accolés aux murs ; aussi longtemps que l'on y enseignera le catéchisme ou tout autre chose analogue, les musulmans les déserteront et auront raison de les déserter.

Le jour, au contraire, où tout emblème religieux aura disparu de l'école, où aucun enseignement religieux n'y sera donné, où les Arabes verront que leurs idées y sont respectées, ils y enverront plus facilement leurs enfants, et au besoin, d'ailleurs, on pourra alors les y obliger.

Peut-être aussi y aurait-il lieu de pousser les indigènes à l'enseignement. On en trouve un grand nombre qui sont intelligents et dévoués, dont on ferait d'excellents instituteurs et qui inspireraient à leurs compatriotes plus de confiance qu'un instituteur français, quelque laïque qu'il soit.

Il faudrait les inciter aussi à se faire naturaliser français, par les avantages mêmes qui résulteraient pour eux de cette naturalisation ; leur donner alors de larges concessions de terrain, les associer ainsi, en les fixant au sol, à l'œuvre de la colonisation dont ils désigneraient les auxiliaires.

Les Kabyles qui sont fixés ne se révoltent pas ; amener les nomades à se fixer à leur tour, c'est faire disparaître les germes des révoltes futures. —

Il faut, en outre, démontrer aux indigènes que nous nous intéressons à leur situation matérielle.

Dans les grandes famines comme celles de

être celle qui, malheureusement, vient à redouter pour cette année, il est indispensable de leur venir en aide.

Je sais bien qu'on leur envoie des secours, mais les secours ont le double inconvénient d'être insuffisants, et souvent d'être mal distribués, de s'arrêter en route.

On arriverait à un résultat bien plus satisfaisant, et beaucoup plus simple, en les remplaçant par des exemptions d'impôts.

Ne faudrait-il pas aussi donner à l'élément arabe une représentation dans les assemblées françaises — cette représentation n'eut-elle qu'un caractère consultatif? Est-il juste, est-il équitable que les députés de l'Algérie ne représentent que 290,000 Européens et que 2,500,000 indigènes soient placés dans l'impossibilité de faire entendre leur voix, leurs plaintes, leurs doléances?

Ce sont là autant de questions que je me borne pour aujourd'hui à poser et sur lesquelles je me propose de revenir.

L'Algérie est révoltée, comprimons la révolte. Qu'aucun sacrifice ne nous coûte pour la défense de notre territoire africain, mais sachons, je le répète, allier la justice à la force, et quand celle-ci aura accompli son œuvre, que celle-là commence le sien.

C'est à cette condition, et à cette condition seulement, que notre colonie prospèrera.

A. NAQUET,
Député de Vaucluse.

Révoltaire du 7 7bre 1881 (n° 1150)

UNE

ATTITUDE NÉCESSAIRE

Les journaux commentent beaucoup en ce moment les éventualités diverses que les dernières élections ont fait naître. M. Gambetta va prendre le pouvoir, disent les uns; M. Ferry donnera sa démission et M. Grévy appellera *motu proprio* le chef de l'union républicaine.

M. Grévy, disent les autres, ne se décidera à confier la direction des affaires au président de la Chambre que si la Chambre l'y oblige par un vote formel. M. Jules Ferry se représentera purement et simplement devant le Parlement comme si les élections n'avaient pas eu lieu, et lui demandera un vote de confiance. C'est seulement si ce vote de confiance lui est refusé que le cabinet se démettra. Et l'on ajoute qu'il ne lui sera pas refusé.

D'aucuns vont même jusqu'à ajouter que M. Gambetta, peu désireux au fond de prendre le pouvoir, favoriserait sous main cette dernière combinaison.

Toutes ces informations sont nécessairement plus ou moins fantaisistes, personne ne pouvant, à moins d'être dans le secret des dieux, savoir exactement ce qui se passe dans le cerveau humain. Aussi ne nous attarderons-nous pas à disserter sur ce que pense M. Jules Grévy, sur ce que fera M. Jules Ferry et sur ce que désire ou ne désire pas M. Gambetta,—on le verra bien, le moment venu. Ce que nous voulons discuter, et discuter exclusivement aujourd'hui, c'est l'attitude qui convient aux nouveaux élus du suffrage universel.

Jusqu'ici nous avons vécu dans le provisoire, sans majorité, avec des ministères, véritables couteaux de Jeannot, dont on changeait aujourd'hui la lame et demain le manche sans oser jamais les renouveler en entier. Nous avons eu des cabinets dont les membres étaient pris dans toutes les fractions de la Chambre, qui n'avaient aucune homogénéité, et qui plaçaient quelquefois certains ministres engagés par la solidarité du conseil dans l'obligation de venir défendre à la tribune des idées qu'ils avaient combattues au milieu de leurs collègues. Cette situation exceptionnelle, due à toute une série d'évènements extraordinaires, a pu être supportée par le pays parce que le pays lui assignait un terme : les élections générales. Elle ne saurait se prolonger plus longtemps sans péril pour les institutions parlementaires. Et comme on n'est pas préparé à remplacer le parlementarisme par un autre système représentatif, ce péril menacerait la République elle-même.

Ce qu'il faut, à cette heure, c'est un gouvernement solide, durable, assuré de présider aux destinées du pays pendant toute la législature qui va s'ouvrir.

Je suis si convaincu de cette nécessité, que, si j'avais à choisir entre un état de choses comme celui d'où nous sortons, et un gouvernement digne de ce nom qui serait trop éloigné de moi pour que je pusse le soutenir de mon vote, qui me rejetterait dans l'opposition, mais dans une opposition disciplinée à l'égal de la majorité ministérielle, c'est pour la réalisation de cette seconde hypothèse que je me prononcerais.

Si M. Grévy se refusait à l'unique combinaison qui doit rendre possible la Constitution de cette majorité; si M. Jules Ferry favorisait sa résistance; si M. Gambetta lui-même — ce que je ne mentionne que pour n'omettre aucune hypothèse — se montrait peu soucieux de ses devoirs et, laissant aller à vau-l'eau la barque gouvernementale, se réfugiait pour quatre ans dans l'expectative et dans l'inaction, il resterait à la Chambre des députés, aux représentants du pays, à faire entendre la voix de la nation, et à exiger formellement des uns et des autres, ce que les uns et les autres hésiteraient à donner.

Or un ministère Ferry, d'où seraient naturellement exclus les ministres de l'Union républicaine — sans quoi nous retomberions dans le défaut d'homogénéité dont il faut à tout prix sortir, — n'aurait pas de majorité durable sur laquelle s'appuyer. Pour que trois cents personnes s'unissent inébranlablement autour d'un gouvernement, il faut qu'un programme commun ait été élaboré et consenti, et ce programme doit imposer des concessions aux modérés comme aux avancés. Il doit résulter d'une transaction et non d'un abandon par les uns de leurs principes au profit des principes des autres.

L'union républicaine et la partie constitutionnelle de l'extrême gauche ne pourraient pas, sans mentir à leurs promesses, sans violer leurs engagements, donner leur appui à un ministère de gauche seulement, et la gauche isolée serait un appui insuffisant pour le cabinet, lequel serait renversé au premier choc.

Seule, l'Union républicaine — moyenne entre l'extrême gauche et la gauche — est en situation de fournir un cabinet autour duquel puisse se grouper une majorité compacte.

Il est donc indispensable que ce cabinet se constitue et que, si le président de la République hésite, la Chambre n'hésite pas et l'impose.

Mais pour cela il lui faut renoncer aux errements de sa devancière et prendre résolûment une attitude énergique.

Les élus de 1877 n'ont jamais osé renverser un ministère, et leur amour pour la stabilité ministérielle a abouti à une instabilité permanente.

Il faut en finir avec cet amour mal entendu qui engendre l'effet opposé à celui qu'il entend produire. On n'aura la stabilité que si l'on constitue un ministère stable; et si le président de la République ne résout pas la question de lui-même; s'il renvoie les ministres actuels se représenter devant le Parlement, on ne pourra constituer un ministère stable qu'à la condition de renverser au préalable, sans hésitation et sans faiblesse celui qui ne l'est pas.

Laissons de côté les préoccupations sentimentales. M. Jules Ferry a rendu d'éminents services dans le département de l'instruction publique. Personne ne le conteste, et c'est avec plaisir que la plupart des républicains le verraient entrer dans la combinaison nouvelle et faire ainsi profiter encore la République de ses lumières et de son activité.

Mais quelle que soit cette activité, quels qu'aient été les services rendus par lui; s'il fait obstacle à la constitution d'une majorité gouvernementale, il doit disparaître, — et il y ferait obstacle en ne consentant pas à la formation d'un cabinet homogène nuancé Union républicaine ou même en ne favorisant pas cette formation.

Lui donner un vote de confiance, ce ne serait point donner naissance à une vraie majorité, — mais à une de ces majorités factices, comme nous en avons tant connu depuis onze ans, qui se créent au-

jourd'hui, se détruisent demain et se re-
forment le jour suivant pour se détruire
de nouveau à la première occasion.

Si la Chambre le comprend, elle fera
table rase du sentiment. Elle s'élèvera à
une plus grande hauteur. Elle se laissera
diriger par des considérations d'homme
d'Etat, et elle refusera à M. Jules Ferry
le vote de confiance que lui demandera
ce dernier.

Ce faisant, elle ne se montrera ni injuste, ni ingrate. Elle se bornera à constater que la gauche n'est pas en situation
de devenir le pivot d'une majorité solide et à affirmer qu'elle veut énergiquement la constitution de cette majorité.

De la part de la Chambre de 1877 la
sentimentalité et la faiblesse pouvaient
avoir leur excuse. Elles n'en auraient
plus de la part de la Chambre de 1881.

A. Naquet.

Le Courrier de Nice du 7 7bre 1881 (n° 64)

UNE LETTRE

DE

M. ALFRED NAQUET

Nice, le 5 septembre 1881.

Mon cher M. Mirande,

Vous me demandez ce que je pense des
faits que M. Paul Bert a si bien mis en
lumière dans sa remarquable conférence,
et quelles sont les conséquences qu'il faut,
selon moi, en déduire.

J'en pense ce que vous en pensez vous-
même, ce que vous en dites dans votre
excellent article, les *Ecoles gueuses*, qu'il
faut au plus vite laïciser et laïciser, véritablement l'instruction sur toute l'étendue
du territoire de la République.

Et par ce mot *laïciser*, je n'entends ni
borner mes réclamations à une modification du personnel, ni les borner à une
modification des programmes.

Changer le personnel est insuffisant, si
l'on ne change pas les programmes ; mais
transformer les programmes ne servirait
de rien si le personnel restait le même.

Sans doute, on ne gagnerait pas grand'
chose à ce que l'instruction fût donnée
par des hommes en redingote au lieu de
l'être par des hommes en soutane, si les
premiers continuaient d'enseigner ce
qu'enseignent actuellement les seconds.

Mais c'est en vain qu'on prétendrait
remanier les matières de l'enseignement,
si on laissait celui-ci entre les mains des
congréganistes, car ces derniers considéreraient comme un devoir sacré de déso-
béir aux ordres qu'ils auraient reçus ; et,
au besoin, — le catéchisme de Marotte
le démontre, — le mensonge vis-à-vis de
leurs supérieurs ne leur répugnerait pas,
s'il était nécessaire à leurs fins.

Donc, hâtons-nous d'exclure frères et
sœurs de nos écoles et remplaçons-les au
plus tôt par des laïques.

Allons plus loin. Recrutons avec le
plus grand soin le personnel de nos instituteurs et de nos institutrices. Tous les
jésuites ne portent pas l'uniforme de la
C⁰, et notre besogne serait maigre si
nous remplacions les jésuites de robe
longue par des jésuites de robe courte.
Il faut que ceux-là seuls soient admis à
enseigner, qui sont instruits et dévoués à
nos institutions.

Il faut aussi que la religion soit rélé-
guée là où est sa vraie place : à l'église,
au temple, à la synagogue, à la mosquée,
(car ce que je dis s'applique aussi bien à
l'Algérie qu'à la France) et au foyer de la

famille ; mais qu'elle soit mise hors de l'école. Il faut que, à l'école — destinée aux enfants de toutes les confessions, de toutes les croyances philosophiques ou religieuses — les élèves ne puissent en aucun cas être blessés par l'exhibition d'emblèmes ou par l'exposition de doctrines qui froissent leurs convictions. Il faut que la liberté de conscience y soit respectée, et que ces matières seules y soient enseignées. qui sont le patrimoine commun de tous les citoyens à quelque religion qu'ils appartiennent ou même s'ils n'appartiennent à aucune.

Ce n'est pas tout. Dans ces derniers temps, on s'est occupé de la laïcisation de l'enseignement primaire, et l'on n'a rien fait pour la laïcisation de l'enseignement secondaire. Nous avons pu lire à plusieurs reprises les protestations justement indignées d'élèves de Lycées qui se plaignaient d'être obligés de sacrifier à des doctrines que leur conscience repousse.

Il est temps que cet état de choses cesse.

L'école religieuse, l'école de secte ne peut être tolérée nulle part. Mais si elle devait l'être quelque part, ce serait plutôt encore dans l'enseignement primaire que dans le degré qui le suit.

L'enseignement primaire donne à l'homme les éléments au moyen desquels il se formera ; mais il laisse peu de traces dans son cœur. C'est surtout l'enseignement secondaire qui le façonne. C'est l'enseignement secondaire qui crée les couches sociales auxquelles appartiennent plus tard la direction des affaires publiques. C'est là qu'est le point principal à surveiller.

Le gouvernement le comprit lorsqu'il proposa aux Chambres le fameux article

7 et, plus tard, lorsqu'il appliqua les lois existantes aux corporations religieuses.

Mais à quoi bon expulser les jésuites, si on laisse des aumôniers dans les collèges et les lycées, si on oblige les libres-penseurs à aller à la messe et à confesse, si on soumet les protestants et les israélites eux-mêmes au maigre obligatoire du vendredi ?

Il est temps que cet état de choses cesse et que nos lycées, comme nos collèges, comme nos écoles primaires, deviennent des établissements purement laïques, débarrassés de tout esprit clérical et religieux.

Quant à la religion, quelle que puisse être l'opinion personnelle de chacun d'entre nous, ceux-là nous calomnient, vous le savez, qui nous accusent de la vouloir persécuter.

Nous sommes les défenseurs de la liberté, et la liberté de conscience est la plus sacrée de toutes. Béranger a écrit :

« Qu'on puisse aller même à la messe,
« Ainsi le veut la liberté. »

Cette pensée est la nôtre à tous. Que ceux qui veulent aller à la messe y aillent, mais qu'on ne transporte pas la messe chez chacun de nous. Qu'on ne permette pas aux cléricaux d'empoisonner moralement nos jeunes générations en leur inculquant la haine de tout ce que nous aimons, de tout ce pourquoi nos pères et nous, avons lutté, combattu, souffert depuis près d'un siècle.

Vous désiriez connaître ma pensée, la voilà.

Croyez-moi bien cordialement à vous,

A. NAQUET.

LE
GOUVERNEMENT PARLEMENTAIRE

Depuis 1870, on ne peut pas dire que la France ait joui du gouvernement parlementaire. Elle a eu des Assemblées de lutte, de combat, et si la dernière — celle qui est déjà remplacée sans être encore dissoute — a pu accomplir, après la victoire, une œuvre législative qui la place au niveau des Chambres les plus fécondes, elle ne s'en est pas moins ressentie toujours de ses origines. Elle s'est trouvée divisée en groupes et en sous-groupes qui rendaient impossible la constitution d'aucune majorité gouvernementale solide. De là, l'impossibilité de constituer un cabinet vraiment homogène et la nécessité de recourir à des ministères faits de pièces et de morceaux, que l'on ne soutenait que parce qu'on se sentait impuissant à leur en substituer un autre qui ne fût pas exactement le même, et qui, n'ayant jamais de cohésion, subissaient des modifications continuelles par suite d'un travail de dissociation intérieure. La majorité se formait sur une question, se défaisait sur une autre : chacun votait sans direction, suivant les seules inspirations de ses opinions personnelles, et nul n'obéissait à un programme concerté.

Cet état de choses ne nous déplairait pas si notre régime politique ressemblait à celui de l'Amérique, si le pouvoir exécutif et le pouvoir législatif étaient nettement séparés ; si les ministres étaient pris hors des Chambres, et si, simples exécuteurs des volontés de celle-ci, ils étaient privés de toute initiative et de toute action en matière législative.

Mais ce système, que — en ce qui nous concerne — nous préférerions de beaucoup, n'est pas le nôtre, et il est trop en dehors des idées, des traditions, des habitudes de la plupart de nos hommes d'État,

pour que nous puissions concevoir l'espérance de voir modifier sous peu par le Congrès notre Constitution dans ce sens.

Il est incontestable que nous conserverons longtemps encore le régime parlementaire proprement dit, toujours peut-être, si nous nous habituons à en remplir les conditions et si, dès lors, ce système devient susceptible de porter des fruits chez nous comme il en porte en Angleterre.

Dans tous les cas, qu'il doive ou non disparaître un jour, nous l'avons aujourd'hui ; il n'est pas prêt à faire place au régime américain. Il importe donc d'en déterminer les conditions et, à cette heure où la période de lutte est passée, il est bon que la nouvelle Chambre se plie à ces conditions et entre ainsi pleinement dans la période organique de la République française.

Si elle ne le faisait pas ; si elle persévérait dans l'émiettement en groupes et en sous-groupes qui ont pu être utiles dans les temps troublés, mais qui n'ont plus de raison d'être à l'heure présente ; s'il se passait chez nous ce qui se passe en Italie, il faudrait bien reconnaître que nous ne sommes pas aptes au parlementarisme anglais ; il faudrait bien nous rejeter sur le régime représentatif des Américains ; mais, en attendant que l'expérience ait prononcé sur ce point, comme il est toujours plus salutaire pour une nation de progresser en améliorant et en conservant ce qu'elle a, que de modifier sans cesse ses institutions de la base jusqu'au faîte, il faut s'efforcer de tirer du système qui a prévalu en France le progrès pacifique et la stabilité que notre pays attend de la République.

Le parlementarisme diffère du système américain en ceci, qu'en Amérique, le Parlement seul ayant l'initiative des lois, tout progrès, toute réforme est abandonnée à l'initiative privée. On procède, comme nous avons presque toujours procédé depuis 1876, avec cette différence toutefois que, n'étant pas aidé par le gouvernement, on n'est pas gêné par lui.

Dans notre système, au contraire, on vise à charger le gouvernement de l'initiative des lois fondamentales et à restreindre de plus en plus l'initiative parlementaire qui, à la longue, ne serait plus guère qu'un moyen pour les minorités d'exposer leur programme et d'y préparer le pays.

Ce qu'il faut dès lors, c'est un ministère solide, compacte, homogène, soutenu par une majorité également compacte, ayant un programme bien défini, assez vaste pour occuper toute la législature et assez restreint pour ne pas la dépasser, et, sauf évènements imprévus, appelé à durer autant que la législature elle-même.

Comment y arriver avec la diversité d'opinions qui existe dans le sein de tous les groupements humains, lorsqu'ils sont vraiment vivants?

C'est assez simple.

Suivant que l'on vise à constituer un gouvernement de droite ou un gouvernement de gauche — ce dont décide la composition de l'Assemblée, — on prend en allant de l'un des deux extrêmes vers le centre, assez de députés (300 par exemple) pour obtenir une forte majorité, et l'on recherche ensuite quelles sont les idées communes à tous les députés qui en font partie. Si les idées communes sont trop peu nombreuses pour former un programme, c'est qu'il n'est pas possible de constituer une majorité avec ce côté de l'Assemblée, et qu'on doit la constituer avec le côté opposé.

Si au contraire, on trouve que les 300 députés échelonnés, je suppose, de l'extrême gauche au centre ont assez d'idées communes pour s'entendre sur un programme qui puisse occuper toute la législature, il ne reste plus qu'à choisir un ministère qui réponde à ce programme commun, qu'il a pour mission d'appliquer en servant de guide à la majorité et en s'efforçant sans cesse d'éviter les défections des extrêmes dont cette majorité se compose.

Quant aux membres de la majorité qui vont plus loin que ne va le programme commun, rien ne les empêche — dans la limite que leur impose la discipline parlementaire — de saisir le Parlement, par leur initiative privée, des idées qui leur sont propres et qui forment un programme divergent. Ils préparent ainsi le pays qui pourra faire arriver à la législature suivante une nouvelle couche dont le programme commun ministériel sera le programme divergent d'aujourd'hui. En attendant, ils doivent, sous peine d'entraver tout travail et de rendre l'Assemblée stérile, se plier à la discipline et, sans rien abandonner de leurs principes, les incliner devant la nécessité de maintenir compacte la majorité gouvernementale.

Ces concessions sont d'ailleurs limitées par le droit que conserve tout député, si le cabinet exige trop de lui, de passer de la majorité ministérielle à l'opposition. Mais dans l'opposition, comme dans la majorité ministérielle, la cohésion et l'unité sont nécessaires. Le régime parlementaire est à ce prix.

L'application stricte de ce régime était chimérique avec la Chambre qui finit, quoique, au point de vue du personnel, la composition de la nouvelle Chambre soit à peu près identique à celle de l'ancienne; les députés nouvellement élus se sont retrempés dans le suffrage universel, et ce qui était impossible hier, ce que nous combattions hier comme chimérique, devient possible aujourd'hui.

Tout au moins, est-ce une expérience à tenter, et à faire sans arrière-pensée. Nous devons faire — et nous avons les plus grandes chances de réussir — « l'essai loyal » du parlementarisme. C'est à quoi, pour ma part, et malgré mes prédilections marquées pour le système représentatif tel que les Américains l'ont compris, tel que l'avaient compris nos Assemblées révolutionnaires, c'est à quoi, dis-je, pour ma part, malgré les préférences individuelles, je suis fermement résolu, et à quoi je ne saurais trop engager mes collègues à se résoudre.

A. Naquet.

Le petit Lyonnais du 12 7bre 1881 (n°3581)

ENCORE LA QUESTION ARABE

Je faisais ressortir, dans un précédent article sur l'Algérie, que, lorsqu'on veut coloniser un pays, deux méthodes seulement peuvent être mises en œuvre vis-à-vis des indigènes : celle qu'appliquent les Anglo-Saxons, — le refoulement ou l'extermination, — et celle qui consiste, au contraire, à assimiler les peuples conquis, comme l'ont fait les Espagnols au Chili, au Pérou, au Mexique.

En ce qui concerne notre colonie, je me prononçais pour le second système, celui de l'assimilation, au nom de la justice d'abord, au nom de notre intérêt bien entendu ensuite.

Les Anglais n'emploient pas partout le système du refoulement et de l'extermination. Ils n'y recourent que là où ils se sentent en état de se substituer à la population qu'ils dépossèdent du sol, mais ils se gardent bien de le faire dans l'Inde : ils savent que les Européens ne peuvent pas vivre et se développer sous ce climat, et que si, par hypothèse, ils parvenaient à supprimer les Hindous, ce n'est pas une colonie européenne qu'ils feraient de l'Inde, mais un désert.

Si, dans l'Amérique du Nord, ils refoulent les Peaux-Rouges, c'est que d'abord il s'agit là d'une race rebelle au travail, incapable de tout progrès ; c'est qu'ensuite les Anglais, parfaitement aptes à supporter le climat des Etats-Unis, peuvent s'y développer librement et remplacer ainsi une population sauvage par une population travailleuse, civilisée, active, productrice.

Pourrions-nous aisément faire en Algérie ce que les Anglais ou leurs descendants ont fait dans l'Amérique du Nord ?

Si l'on ne considère que les questions de sol et de climat, il faut certainement répondre par l'affirmative.

L'Algérie possède un sol fertile et le climat y est tout aussi supportable que celui de la Sicile ou de la basse Italie.

Mais il est un autre point dont il faut de toute nécessité tenir compte : les aptitudes spéciales de notre race.

Le Français n'a pas de tendance à émigrer et, sauf de rares, très rares exceptions, il est peu prolifique. Pourquoi répugne-t-il ainsi à l'émigration ? Est-ce parce qu'on vit mieux en France qu'on ne vit en Angleterre ? Est-ce parce que l'on est trop riche dans notre pays ? C'est possible, et l'exemple de quelques départements pauvres où l'émigration est plus en honneur tendrait à en fournir la preuve. Quoi qu'il en soit, quelle qu'en puisse être la cause, il est certain que nous émigrons peu.

Comme, d'autre part, nos familles sont peu nombreuses, nous nous heurtons à une double difficulté lorsque nous voulons coloniser : les hommes faits refusent d'aller habiter la colonie, et les quelques-uns, très clairsemés, qui s'y rendent, n'ont pas un nombre d'enfants suffisant pour que la population se développe sur place.

Nous sommes donc, en Afrique, de par notre organisation ethnologique, dans une situation qui ressemble quelque peu à celle que le climat fait aux Anglais dans l'Inde.

Les Anglais, toutefois, ont dans l'Inde un avantage que nous n'avons pas en Algérie. Comme c'est la température qui est l'obstacle, cet obstacle n'existe pas pour eux seuls. Il existe pour tous les autres peuples de l'Europe. Ils n'ont donc pas à redouter la concurrence européenne.

Il n'en est plus de même de nous. Si nous refoulons ou si nous détruisons les Arabes, comme nous n'occuperons pas nous-mêmes le sol, ou que nous l'occuperons trop lentement, le sol sera occupé par d'autres plus émigrants et plus politiques que nous. Ce seront des Italiens, ce seront des Espagnols.

Et qu'on note bien que cela n'a rien d'hypothétique. C'est la simple constatation des faits. L'élément étranger va chaque jour s'accroissant sur notre terre africaine, et Oran est presque une ville espagnole.

Certes ! les Anglais-Saxons aussi voient chaque année débarquer aux Etats-Unis une nuée d'Européens, Allemands ou Irlandais, qui fuyent leur patrie pour venir chercher une terre plus hospitalière. Cette invasion continue n'est même pas sans péril pour le peuple américain. Mais du moins les nouveaux venus disparaissent-ils dans une masse de 50,000,000 d'habitants, et même aux débuts, lorsque la population américaine n'avait pas encore pris le développement extraordinaire qui fait l'étonnement du monde, se trouvaient-ils en présence d'une race extrêmement féconde, qui, grâce à cette fécondité, était en mesure d'utiliser les effets salutaires de l'émigration, sans trop avoir à en redouter les effets nuisibles.

En Afrique, au contraire, si nous n'assimilons pas les Arabes, si nous n'en faisons pas des Français, si nous les acculons à des révoltes successives dans lesquelles ils finiront par être anéantis, ce n'est pas par des Français, c'est par des Italiens et par des Espagnols que le pays sera peuplé.

Nous serons débordés. Nous ne pourrons pas fusionner ces nouveaux venus avec nous, les naturaliser dans le sens véritable et scientifique du mot, et il arrivera un jour où la colonie riche, prospère, n'ayant plus besoin de la mère patrie, et n'ayant avec elle aucune attache de race, se séparera de la France et constituera une nationalité distincte.

Ce jour-là, — comme cela nous est arrivé bien des fois, — nos efforts seront perdus, nos sacrifices auront été faits pour d'autres, et peut-être, — probablement même, — arrivera-t-il de l'Afrique française ce qu'il est advenu des États-Unis, — les pires ennemis de l'Angleterre à cette heure ; peut-être la nation que nous aurons créée sera-t-elle l'ennemie de la patrie française.

Rien de tel n'est à craindre si nous assimilons, si nous naturalisons, si nous fusionnons avec nous l'élément arabe.

D'abord, inférieur à nous en civilisation, sinon au point de vue de la race, l'Arabe ne risque pas plus de nous absorber que les indigènes mexicains n'ont absorbé les Espagnols ; il ne présente aucun danger pour nous.

Et comme, d'autre part, il tiendra la place, qu'il empêchera le flot de l'invasion européenne et laissera ainsi à la France le temps de mettre en mouvement son action civilisatrice, c'est directement à elle et aux populations conquises que cette action bénéficiera.

Ainsi donc, tout est d'accord, l'équité, la justice, l'intérêt de la patrie pour que nous fassions effort en vue de nous attacher les Arabes et non en vue de les détruire.

Cet effort, s'il est sagement et intelligemment conduit, peut et doit aboutir.

Les populations indigènes de l'Afrique du nord sont encore dans un état de civilisation qui les rapproche de l'enfant. Ils respectent la force et aiment la justice. Faisons-leur sentir les effets de l'une et de l'autre ; nous aurons ainsi raison de leur résistance et d'une hostilité que les événements, inséparables des premiers temps de la conquête, ont peut-être quelquefois justifiées.

A. NAQUET,
Député de Vaucluse.)

Le voilai... [illegible]

LA REVISION

LE MODE D'ÉLECTION DU SÉNAT

Je ne suis pas, comme M. Gambetta, partisan d'un Sénat. Je crois que dans un pays unitaire et démocratique comme le nôtre, une seconde Chambre est un rouage toujours inutile, le plus souvent nuisible, et si je me retrouvais jamais au sein d'une Assemblée constituante, je consacrerais tout ce que j'aurais d'énergie et de forces à l'empêcher de dédoubler le pouvoir législatif.

Mais nous ne sommes pas en face d'une table rase, dans une Assemblée constituante, au lendemain d'une révolution où tout a sombré. Au milieu du calme dans lequel nous vivons enfin après tant d'efforts et de luttes, je ne crois pas — et dans mon âme et conscience je le dis — que le Sénat soit appelé à disparaître de sitôt.

Pour arriver à sa suppression, il faudrait ou qu'il y consentît lui-même ou qu'on le forçât à y consentir.

Son consentement, il suffit d'avoir quelquefois défendu la thèse de l'unité législative dans les salles des Pas-Perdus où se promènent ses membres, pour avoir dû renoncer à toute espérance de l'obtenir de bonne grâce.

Resterait le consentement forcé.

Sans doute si le pays avait une volonté ferme et inébranlable sur ce point, comme il l'avait au 16 Mai contre le pouvoir personnel ; si cette volonté était représentée dans la Chambre par une majorité décidée ; si cette majorité constituait un cabinet prêt à soutenir résolument sa pensée devant l'Assemblée du Luxembourg ; si elle n'hésitait pas à affronter au besoin une dissolution, et, après une nouvelle consultation du pays, à recourir aux moyens extrêmes qui nous valurent la victoire au lendemain du 14 octobre, sans doute alors le Sénat serait emporté.

Mais cette majorité n'existe ni dans la Chambre ni dans le pays, et, parmi ceux-là même qui désirent une Assemblée unique, s'il y a une idée réfléchie, un désir sincère, il n'y a cependant pas cette passion qui seule pourrait engendrer de tels événements.

Les adversaires des deux Chambres défendront certainement leur manière de voir dans la presse, dans les groupes extra-parlementaires et dans le Parlement, à propos des prochaines discussions constitutionnelles. Mais ils ne se font aucune illusion. Ils savent que cela n'aura d'autre but que de poser des jalons, de former les esprits, de préparer l'avenir. Quant à un résultat immédiat, je ne crois pas m'avancer beaucoup en affirmant que personne ne l'espère.

Reste donc, en nous plaçant sur un terrain pratique, le seul qui convienne à des hommes politiques dignes de ce nom, à examiner dans quel sens on pourrait modifier la loi sur les élections des sénateurs et sur celle qui fixe les attributions du Sénat.

C'est de la loi électorale sénatoriale que je veux m'occuper aujourd'hui.

Mon ami M. Ranc, qui est maintenant deux fois mon collègue — au *Voltaire* et à la Chambre —, M. Ranc a proposé il y a plus d'un an, d'établir la proportionnalité entre le chiffre des délégués de chaque commune et la population de celles-ci.

La plus petite agglomération communale aurait droit à un délégué; mais les communes plus peuplées en éliraient deux, trois, quatre, etc., suivant le nombre de leurs habitants.

Je ne partage pas le sentiment de M. Ranc à cet égard et j'estime même que si là devait se borner la révision, mieux vaudrait ne pas l'entreprendre. Il serait inutile de faire perdre le temps de deux Chambres et de réunir avec grand appareil le congrès pour un si mince résultat.

Le *Voltaire* est une tribune ouverte à quiconque étudie une question sans parti pris et en suivant la même méthode rationnelle. Je vais donc essayer, contradictoirement à mon collaborateur, d'y développer ma pensée.

Et d'abord il convient de remarquer que, avec le système de M. Ranc, on pourrait tout au plus diminuer un peu la disproportionnalité, sans pouvoir jamais établir une proportionnalité véritable.

Il existe des communes — j'en connais dans le département de Vaucluse — qui n'ont pas cent habitants: si vous leur donnez un délégué et que vous vouliez

vous en tenir à une proportionnalité stricte, il faudra donner à toutes les autres communes autant de fois un délégué qu'elles auront de fois cent habitants. D'après ces principes, et en chiffres ronds, Toulouse, Rouen et Lille en auraient 1,000, Bordeaux en aurait 2,500, Marseille en aurait 3,500, Lyon en aurait 4,000, Paris en aurait 18,000.

Voit-on d'ici un conseil municipal de 40 ou de 80 membres élisant 2,000, 2,500 3,500, 18,000 délégués ? Incontestablement il suffit d'aligner ces chiffres pour montrer que la chose n'est pas pratique : on ne peut pas raisonnablement demander à une assemblée de nommer plus de délégués qu'elle ne compte elle-même de membres.

Proposera-t-on de renoncer à la base communale et de faire des agglomérations de communes, de manière à n'accorder un délégué à une commune unique que quand elle atteint un chiffre maximum de population ?

Cela ne vaudrait guère mieux, on va le voir.

Paris renferme 1,800,000 habitants et son conseil municipal est composé de 80 membres. C'est donc au maximum 80 électeurs sénatoriaux que pourrait avoir Paris, soit 1 par 22,500 habitants.

Seules, les communes de 22,500 âmes et au-dessus auraient donc droit à un délégué, pour les communes au-dessous, il faudrait faire des agglomérations qui atteignissent ce chiffre.

Or, pour obtenir 22,500 habitants, on serait souvent obligé de prendre le tiers, la moitié, la totalité même d'un arrondissement et le nombre des délégués se trouverait alors prodigieusement restreint. Dans le département de Vaucluse, nous n'en aurions plus que 9 ou 10.

Mais alors l'élément cantonal, formé des conseillers d'arrondissement et des conseillers généraux, deviendrait prépondérant dans le collège, et là encore la proportionnalité ferait défaut. Tel canton, en effet, comme celui de Sainte-Marie dans les Bouches-du-Rhône, compte 250 électeurs, alors que tel canton de Marseille en compte 6,000, sans que la représentation de celui-ci soit supérieure à la représentation de celui-là.

Il serait donc indispensable de remanier la loi du 10 août 1871, d'abandonner la base cantonale et adopter — ainsi que je l'avais proposé en 1871 à l'Assemblée nationale — pour l'élection des conseillers généraux, le scrutin de liste par arrondissement.

Il faudrait aller jusque-là pour obtenir la proportionnalité rêvée sans sortir du système actuel.

Eh bien, je pose en principe que, la proportionnalité étant ainsi établie, on n'aurait rien fait — rien, du moins, qui valût la peine qu'on se serait donnée pour le faire.

Le vice de la loi actuelle est bien moins, en effet, dans le défaut de proportionnalité — qui perd de son importance à mesure que la France entière devient républicaine — que dans la base même du suffrage sénatorial.

En donnant aux conseils municipaux le droit d'élire des délégués, en conférant aux conseillers généraux et aux conseillers d'arrondissement les fonctions d'électeurs sénatoriaux, on a fait entrer la politique dans les conseils municipaux et dans les conseils généraux, et on l'y a fait entrer par le mauvais bout. Il faut qu'elle y entre; mais pas par ce côté-là.

Voici une petite commune. Elle renferme quelques hommes éclairés, républicains sincères, bons administrateurs, capables de bien gérer les affaires municipales. En dehors d'eux, on ne trouve personne qui soit en situation d'administrer. Mais ils sont plus modérés que la majorité de leurs concitoyens. Ils sont, par exemple, pour le maintien du Concordat, alors que leurs concitoyens sont contre.

Si les conseils municipaux n'avaient pas d'attributions politiques, ce désaccord importerait peu et on les nommerait.

Malheureusement à cette heure — et demain si l'on révisait la Constitution suivant la voie tracée par M. Ranc — on se dit et on se dira que si on les nomme, c'est tout comme si l'on votait pour un sénateur ennemi de la séparation de l'Église et de l'État.

Et l'on se trouve dans cette cruelle alternative : ou voter contre ses convictions politiques et défaire ainsi par avance l'œuvre que l'on fera plus tard en élisant des députés, ou confier à des incapables la gestion des affaires communales.

Les deux solutions sont détestables. Comme l'élection sénatoriale est loin, ce sont d'ailleurs les considérations d'intérêt communal qui prévalent d'ordinaire. On se trouve ainsi, dans la grande, très grande majorité des communes de France, en présence d'hommes qui sont investis du droit de faire des sénateurs sans avoir véritablement reçu de mandat à cet égard, et qui sur ce point ne représentent pas le pays. Ce n'est plus là du suffrage à deux degrés, c'est du suffrage restreint, c'est la Constitution d'une aristocratie.

A tous les points de vue, il importe donc, si l'on veut opérer une revision constitutionnelle sérieuse, de retirer aux conseillers municipaux, aux conseillers généraux, aux conseillers d'arrondissement et aux députés les fonctions que leur a conférées la loi de 1875.

Veut-on faire nommer les sénateurs par le suffrage universel direct, ainsi que l'Assemblée nationale l'avait accepté d'abord, sans qu'un seul républicain fît défection, sur la proposition de M. Pascal Duprat? J'en suis.

Mais si même on ne veut pas aller jusque-là, si même on veut une élection à deux degrés, que ce soit au moins une élection à deux degrés véritables, que le principe du suffrage universel ne soit pas faussé.

Organisons alors, comme en Amérique pour l'élection du président, comme sous la Constitution française de l'an III

pour l'élection des députés, des assemblées primaires d'un nombre égal de citoyens qui devront, quinze jours avant
l'élection sénatoriale définitive, désigner
chacune un électeur *ad hoc*.

À cette condition et à cette condition
seulement, nous pourrons espérer que
l'esprit du Sénat ne diffère pas essentiellement de l'esprit de la Chambre des députés.

Faire moins, c'est ne rien faire, et
comme il est inutile d'ébranler les institutions et de faire dire au pays que la
forme du gouvernement est instable,
lorsqu'on n'a pas pour cela d'excellentes
raisons, je répète — et ceci résume ma
pensée — que, à faire aussi peu, il vaudrait infiniment mieux ne rien faire du
tout.

A. Naquet.

Le Voltaire du 24 Septembre 1881 (n° 1172)

ATTRIBUTIONS DU SÉNAT

J'ai discuté, il y a quelques jours le
mode d'élection des sénateurs. Je veux
examiner aujourd'hui ce que devraient
être les attributions du Sénat pour que
ce grand corps devint moins nuisible
qu'il ne l'est, pour qu'il fût le moins possible en opposition avec l'esprit démocratique de notre forme de gouvernement.

Quel est le point de vue auquel se placent les partisans républicains des deux
Chambres? Ont-ils pour but de faire
échec à la souveraineté nationale? Cher-
chent-ils un rouage qui leur permette
d'annuler le suffrage universel et d'empêcher que la volonté du pays ne soit
respectée? Nullement! Ce but a bien pu
être celui des monarchistes qui ont coo-
péré à la Constitution de 1875; mais aucun républicain n'est dirigé par des
mobiles pareils. Aux yeux de quiconque veut sincèrement la République, la
souveraineté réside dans l'universalité
des citoyens français, et tout ce qui
pourrait y faire obstacle est attentatoire
aux droits de la nation.

Mais on craint la dictature d'une assemblée unique toute puissante, les entraînements, les décisions hâtives, peu
réfléchies, et l'on veut un corps politique
qui les empêche de se produire.

D'après cette conception, le Sénat n'a
pas pour fonction de s'opposer à la volonté de la Chambre, qui représente directement le pays. Sa fonction est autre.
Il est destiné à revoir les projets qu'a pu
adopter la Chambre, à les discuter, à les
amender, à en appeler de la Chambre
mal informée à la Chambre mieux informée, à améliorer en tous cas ces projets
par une étude nouvelle faite par des
hommes nouveaux et procédant d'un
esprit différent. Mais il est évident que
la mesure est dépassée si le Sénat a la
faculté d'opposer un *velo* absolu aux décisions de la Chambre des députés et s'il
est armé du droit de dissoudre cette dernière.

Pour qu'il puisse produire ses effets
utiles et qu'il ne puisse pas produire
d'effets nuisibles — autres que la lenteur
et la perte de temps inséparables de cette
institution — il est nécessaire que ses attributions soient nettement définies et
bien différentes de celles qui lui sont
dévolues aujourd'hui.

On a proposé de donner le dernier mot
à la Chambre en matière de finances.
C'est quelque chose, c'est beaucoup même, mais ce n'est point assez.

Certes le dernier mot laissé à la Chambre en matière de finances est indispensable. La loi de finances est une loi caduque, qui doit être promulguée à nouveau chaque année, et dont on ne peut
pas se passer. Il est évident qu'il est extrêmement dangereux d'exposer périodi-
quement le pays sur ce point à des con-
flits dont la loi constitutionnelle ne
prévoit pas la solution et qui, cependant,

doivent être résolus.

Les mêmes dangers ne se présentent pas, il est vrai, avec une loi ordinaire. Ici il n'y a pas de date fixe avant laquelle la promulgation soit nécessaire. Une réforme qui n'est pas réalisée cette année le sera l'année suivante ou plus tard, et dans tous les cas le pays peut attendre.

Mais si le danger est moindre, il existe cependant.

Il ne saurait être sans péril de refuser pendant des années à la nation les réformes en faveur desquelles elle se prononce énergiquement, et dont quelques-unes, pour être moins urgentes que les lois de finances, n'en présentent pas moins une urgence réelle, comme la question de la magistrature nous en fournit un exemple actuel.

Qu'on évite les surprises, les coups de tête, qu'après un premier ou même après un second vote des députés on appelle ceux-ci à délibérer une seconde et même une troisième fois, soit ! Mais à une condition, c'est que, quand ils auront manifesté encore leur volonté inébranlable, cette volonté devienne la loi du pays.

Ainsi, en bonne règle, le Sénat ne devrait avoir en matière législative qu'un droit de *veto* suspensif. L'initiative des lois, qui en fait une seconde édition de la Chambre des députés, devrait lui être retirée, et lorsque la Chambre maintiendrait sa rédaction une première et, à l'extrême rigueur, une seconde fois, malgré son opposition, cette rédaction devrait avoir force de loi.

Là est la vérité démocratique si l'on tient à conserver deux assemblées législatives.

Toutefois, sachant combien les réformes les plus justes ont de peine à triompher, et toujours disposé à accepter les transactions qui ne sont pas une duperie, je concevrais que lorsqu'il ne s'agit pas de finances, on s'arrêtât à un moyen terme qui, une fois la loi électorale sénatoriale refaite, ne présenterait plus de grands inconvénients. Ce moyen terme, au surplus, ne serait pas nouveau et n'aurait pas de quoi effaroucher nos conservateurs. Je l'emprunte d'une constitution monarchique. L'article 76 de la constitution norwégienne porte que « quand l'odelsthing (l'une des deux Chambres) aura présenté deux fois au lagthing (l'autre Chambre), un projet de loi, et que celui-ci l'aura renvoyé pour la seconde fois en le rejetant, tout le storthing (le Congrès) s'assemblera, et les deux tiers de ses voix décideront alors du sort du projet. »

En en exceptant l'obligation pour le Congrès de prendre ses décisions à la majorité des 2/3 des voix, cette disposition pourrait fort bien être inscrite dans la législation française.

En matière de finances, la Chambre des députés jugerait en dernier ressort, et en matière ordinaire, lorsqu'après deux délibérations séparées dans chacune des deux Assemblées dont le Parlement se compose, l'accord n'aurait pu s'établir, le Congrès se réunirait de droit et trancherait la question à la majorité absolue.

Il serait, en outre, de tous points indispensable de supprimer le droit de dissolution inscrit dans nos lois par les constituants de 1875.

Le droit de dissolution est rationnel dans une monarchie. Il y a là deux souverains, le roi et le peuple. On conçoit que quand un conflit éclate entre les représentants du peuple et le roi, celui-ci ne cède qu'après une nouvelle consultation du corps électoral. Il ne peut concevoir de doute sur sa propre volonté ; mais comme le peuple agit par des mandataires, il peut à la rigueur supposer que ceux-ci ont cessé d'être d'accord avec leurs mandants, et il consulte les mandants par une élection nouvelle.

Dans une République, il n'y a pas d'autre souverain que le peuple représenté par ses députés. Le président de la République n'a ou ne doit avoir d'autre fonction que de faire exécuter les lois ; il doit être subordonné au pouvoir législatif ; le Sénat n'est ou ne doit être qu'un corps de contrôle, et c'est lui donner une part de souveraineté égale à celle des représentants du suffrage universel que l'investir du droit de briser le mandat que ces derniers tiennent des électeurs. Ce droit l'érige, en effet, à l'état d'arbitre entre les électeurs et les élus.

Le gouvernement républicain s'accommode mal de ces systèmes compliqués, issus des traditions monarchiques, fruits des efforts qu'ont faits sans cesse les monarques, pour conserver une partie très réelle, très effective de la souveraineté qu'ils semblaient abdiquer entre les mains du peuple. Ici, la souveraineté est une et le droit de dissolution qui la suppose double ne peut subsister.

Il n'est pas besoin d'ajouter que simple frein destiné à diminuer la vitesse du mouvement politique qu'il régulariserait sans l'entraver, le Sénat ne doit pas pouvoir renverser les ministres. Et comme le droit d'interpellation est dérisoire s'il n'a pas pour conséquence, pour sanction, la mise en minorité et le renversement du ministère, le droit d'interpellation doit être exclusivement réservé à la Chambre des députés.

Le Sénat conserverait, par contre, ses attributions judiciaires, en cas de mise en accusation du président de la République et de ses ministres; et il n'y aurait aucun inconvénient — sans que j'y visse cependant de sérieux avantages — à ce qu'il eût à ratifier, comme en Amérique, les choix faits par le gouvernement des hauts fonctionnaires qui représentent la France à l'étranger.

En laissant de côté cette dernière disposition, à laquelle je ne m'opposerais pas, mais à laquelle je n'attacherais qu'une importance médiocre, la réforme des attributions du Sénat pourrait donc être ainsi résumée :

Le Sénat n'aurait plus d'initiative en matière législative. Les lois émanées du gouvernement devraient toutes être présentées d'abord à la Chambre des députés.

Il n'aurait plus le droit d'interpeller les ministres.

En matière financière, il aurait la faculté de revoir et d'amender une seule fois les lois que lui aurait renvoyées la Chambre. Mais la rédaction adoptée par celle-ci, après le retour du projet, aurait force de loi et devrait être promulguée dans les délais ordinaires.

En toute autre matière, et en cas d'un désaccord persistant entre les deux Chambres, après deux délibérations séparées dans chacune d'elles, le Congrès se réunirait de droit et trancherait le litige à la majorité absolue des membres présents.

Le Sénat conserverait les attributions judiciaires que lui confère la loi constitutionnelle du 25 février 1875.

En aucun cas la Chambre des députés ne pourrait être dissoute avant l'époque légale, à moins que ce ne fût par une loi votée en la forme ordinaire.

Aucune élection générale ne pourrait être décrétée plus de trente jours avant l'expiration de la législature, à moins qu'une loi de dissolution en eût décidé autrement.

Même dans ces conditions, l'existence d'une seconde Chambre présenterait des inconvénients sérieux, dus surtout à la lenteur du travail législatif. Mais enfin la volonté du pays ne risquerait plus de rencontrer d'obstacle invincible et les principes directeurs de toute démocratie seraient respectés.

A. Naquet.

Le Voltaire du 24 octobre 1881 (n° 4207)

L'ANGLETERRE

J'arrive d'Angleterre et, quoique ce pays soit à nos portes et que l'on ait écrit à profusion sur ses mœurs et ses institutions, je défie un Français qui traverse pour la première fois la Manche, d'aller à Londres et de n'en pas revenir étonné. En ce qui me concerne, je mentirais si je me refusais à confesser que, malgré tout ce que j'ai pu lire et malgré la préparation qui en résultait pour moi, mon voyage m'a inspiré de sérieuses réflexions.

Quand on étudie les deux grands peuples que le Pas-de-Calais sépare, on reconnaît sans doute chez chacun d'eux des supériorités et des infériorités. La France, par exemple, est supérieure par son esprit démocratique, par le nombre de ses propriétaires, c'est-à-dire des hommes attachés à la conservation de la société, par sa puissante unité nationale. Mais, à côté de ces supériorités dont nous avons le droit d'être fiers, nous avons bien des infériorités à reconnaître : le vrai patriotisme d'ailleurs ne consiste pas à affirmer que l'on est supérieur en tout; il consiste, au contraire, à rechercher par où l'étranger nous prime. C'est le seul moyen, en imitant ce qui nous paraît bon ailleurs, de faire cesser nos désavantages et de conserver nos avantages.

Eh bien! disons-le nettement : ce qui nous infériorise à l'Angleterre, c'est la tendance communiste qui fait le fond du caractère français, à laquelle l'auteur de cet article lui-même a obéi et obéira encore bien souvent, et qui est peut-être, actuellement du moins, une nécessité en France vu le peu de développement qu'y possède l'esprit d'initiative. En Angleterre, malgré un certain mouvement, je ne dirai pas dans le sens de la centralisation, mais dans le sens de la coordination des services, mouvement utile, car chez nos voisins l'absorption de toutes choses par l'Etat n'est pas à craindre; en Angleterre, dis-je, tout ou presque tout est laissé à l'initiative individuelle, même ce qui paraît être le plus du ressort du gouvernement.

Ainsi, croirait-on que le compte rendu des séances du Parlement est l'œuvre d'une industrie privée que le gouvernement se borne à subventionner — il encourage par des subventions les œuvres utiles, — mais dans laquelle il n'intervient pas autrement, de telle sorte qu'il n'y a rien d'officiel, si l'on s'en tient à l'acception rigoureuse du mot, dans le compte rendu, qui cependant fait foi dans les discussions parlementaires?

Et l'instruction publique! C'est là surtout que se manifeste l'opposition entre notre système et celui qui prévaut chez nos voisins.

En matière d'enseignement primaire, par exemple, nous avons décrété la gratuité absolue, qui va être suivie de l'obligation, et nous avons établi une uniformité parfaite.

Bien plus, en décrétant la gratuité, forcés par des nécessités budgétaires, nous avions laissé aux communes certaines charges. Mais en présentant le budget de 1882, le gouvernement a trouvé un disponible de seize millions; aussitôt nous nous sommes hâtés d'alléger les communes de ces charges que nous leur avions laissées et qui désormais incomberont exclusivement à l'Etat.

En Angleterre, rien de semblable.

A côté des écoles libres, créées par des fondations, il y a les écoles communales. Etablies, surveillées, dirigées dans chaque commune par un conseil spécial, *board of schools*, pour l'élection duquel les femmes votent — tout comme elles votent pour élire les conseillers municipaux — et qui a les attributions les plus étendues, ces écoles communales puisent leurs moyens d'existence à trois sources différentes : la dotation municipale, la rétribution scolaire et la subvention nationale. Seulement, et c'est là ce qui établit nettement la différence entre le système anglais et le système français antérieur à l'établissement de la gratuité, la subvention nationale n'a rien de fixe et n'intervient que comme encouragement et comme récompense.

L'Etat se borne à exiger pour toute école qui se fonde certaines conditions spéciales. Puis il nomme des inspecteurs. Chaque année ces inspecteurs lui font des rapports, et quand une école prospère, pour l'encourager à persévérer dans cette bonne voie, sur la proposition des inspecteurs, le gouvernement accorde des subventions à l'école elle-même et à l'instituteur qui la dirige. Ces subventions pourront être retirées l'année suivante si l'école baisse, et une amende légère pourra même être imposée à l'instituteur. Il en résulte que le traitement du professeur s'élève ou s'abaisse, soit par le fait de cette subvention, soit par le fait de la rétribution scolaire, dont le produit croît et décroît avec le nombre des élèves. L'instituteur, dès lors, en dehors de l'incitation morale que doit avoir tout honnête homme à l'accomplissement de son devoir, est encore excité à faire de son mieux par l'intérêt personnel. Il n'en est plus de même chez nous, où les instituteurs ont un traitement absolument fixe.

Et, chose étrange et de nature à renverser toutes les notions sur lesquelles nous sommes habitués à vivre, les Anglais ont rendu l'instruction primaire obligatoire sans la rendre gratuite.

Ils ont considéré le devoir qu'ont les parents de faire instruire leurs enfants comme semblable à celui qui s'impose à eux de les nourrir, et ils en ont fait pour la famille une obligation légale sans pour cela se croire forcés de faire assumer par l'État les charges pécuniaires qui résultent de l'instruction. Tout au plus aidera-t-on les indigents à payer la rétribution scolaire comme on les aide à vivre quand ils n'en ont pas les moyens. Ceci n'est plus de la gratuité, c'est une des faces de l'Assistance publique.

En outre, et ceci est manifeste dans l'enseignement secondaire et dans l'enseignement supérieur, les Anglais ne séparent pas l'instruction de l'éducation. Les deux marchent de front. Dans les établissements d'enseignement, on ne se borne pas à meubler l'intelligence des élèves, on s'efforce encore de développer les qualités propres à faire des citoyens. Certes, je ne voudrais pas prétendre que ce système, en tous points, vaille

mieux que le nôtre. Il n'y a pas de ministère de l'instruction publique dans le Royaume-Uni, et les lois qui régissent l'Angleterre ne sont pas les mêmes que celles qui régissent l'Écosse et l'Irlande. C'est un vice auquel on tend à cette heure à remédier. Mais même imparfait comme il l'est, le système qui prévaut en toutes choses, de l'autre côté du détroit, a sur le nôtre un avantage incontestable. La nation anglaise se rapproche de l'organisme vivant, la nation française se rapproche du mécanisme fonctionnant.

Supprimez, dans le mécanisme, l'ouvrier qui dirige la machine, c'est-à-dire, dans l'espèce, l'État, — et la machine s'arrête. L'organisme, au contraire, fonctionnera plus ou moins bien, suivant qu'il sera soumis à un régime plus ou moins parfait; mais, en aucun cas, il ne cessera de fonctionner.

Supposez en France un gouvernement rétrograde qui veuille enrayer l'instruction, rien ne lui sera plus facile. En Angleterre, un gouvernement rétrograde pourra ne pas l'encourager, ne pas pousser à son développement, mais l'enrayer lui sera impossible. Elle se suffit à elle-même. Et il en est ainsi pour tout.

S'ensuit-il qu'il faille renoncer en France à toutes les idées sur lesquelles nous avons vécu? Nullement! chaque peuple fait ce qu'il lui est possible de faire. Il est résulté des dictatures qui se sont succédé chez nous et de l'incapacité de notre aristocratie que l'initiative individuelle ne s'est pas développée dans notre pays. En France, si l'État ne fait pas, personne ne fait, ou si quelqu'un agit, ce sont les cléricaux qui s'efforcent de faire rebrousser chemin à l'espèce humaine. Il faut donc bien que l'État agisse, mais cette nécessité d'intervenir partout, qui s'impose à la société française, ne doit pas être envisagée comme un bien. C'est tout au plus un moindre mal. Tous nos efforts doivent tendre, par conséquent, à fortifier l'action individuelle et, par une bonne éducation, à infuser aux Français un sang nouveau, à leur donner un esprit d'initiative qu'ils n'ont pas. Ce n'est pas chose facile. Il y a souvent pour le gouvernement des obligations contradictoires, puisqu'il est forcé de faire ce qu'ailleurs font les individus, et que c'est un mauvais moyen de développer l'énergie privée des citoyens, que de se substituer à eux et de faire leur besogne. Mais plus la difficulté est grande, plus elle doit s'imposer à l'attention des véritables hommes d'Etat.

Il y a un autre fait qui m'a frappé en Angleterre. Comme en Amérique, le gouvernement représentatif y fonctionne depuis longtemps sans donner lieu aux tiraillements, aux difficultés de tout genre qu'il rencontre en France, en Espagne et en Italie. Je m'expliquais depuis longtemps le fonctionnement régulier des institutions américaines qui diffèrent si essentiellement des nôtres ; mais en ce qui concerne la Grande Bretagne, je n'avais pas l'explication. Je l'ai à cette heure. Le parlementarisme anglais pas plus que le parlementarisme américain ne ressemble au nôtre. Nous avons établi chez nous un système mixte prenant quelque chose aux Américains, et quelque chose aux Anglais. C'est ce système mixte qui présente les inconvénients dont nous souffrons. Au moment où la question de la revision est à l'ordre du jour, il est bon d'examiner en quoi consistent les régimes politiques des deux grandes nations libres de race anglo-saxonne. Dans l'impossibilité où nous sommes de donner à la République démocratique une Constitution analogue à celle de l'Angleterre, ce qui serait une rétrogradation, il y a lieu de voir s'il ne serait pas urgent d'emprunter au moins à la Constitution des Etats-Unis les conditions qui font sa force. C'est ce que je me propose de faire prochainement.

A. Naquet.

Le petit Lyonnais, du 24 oct. 1881 (n° 362.)

TOUS OPPORTUNISTES

Depuis longtemps l'*opportunisme* est une espèce de bête de l'Apocalypse qui sert de thème à toutes les attaques, sincères ou non, dont on essaie d'accabler les meilleurs républicains.

Les intransigeants se réunissent au Vaux-Hall ; ils traitent les ministres de scélérats, ils mettent les députés en demeure de les décréter d'accusation ; ils essaient de jouer les jacobins, et M. Digeon fait décider par le club que le droit d'insurrection est rouvert.

Ce sont là de bien grandes phrases. Le droit d'insurrection est toujours ouvert à la condition qu'on réussira, et aux risques et périls de ceux qui en usent. Non qu'il ne soit criminel d'en user sous une République, sous un gouvernement issu du suffrage universel ; mais comme, en cas de succès, les criminels deviennent les plus forts, qu'il est bien évident qu'ils ne se punissent pas eux-mêmes quand ils ont triomphé, que l'insurgé d'hier devient le gouvernement légal de demain — à preuve les deux Bonaparte — lorsqu'il a vaincu, que d'autre part, il n'y a pas à espérer qu'un gouvernement — ne reposât-il pas comme le nôtre sur la volonté nationale — reconnaisse jamais le droit d'une minorité à prendre les armes contre lui, il n'y a rien à proclamer. Si ces messieurs croient que leur devoir est de prendre les armes, qu'ils les prennent donc ! Qu'ils laissent là les phrases, les discours, bons tout au plus à amuser les badauds, et qu'ils les remplacent par les fusils ! On verra bien si le vrai peuple est derrière eux, ainsi qu'ils le prétendent.

Mais non ! prendre un fusil fait médiocrement leur affaire, parce qu'ils savent bien qu'ils ne sont dans le pays qu'une minorité imperceptible, et que la nation se lèverait tout entière contre le groupe minuscule qui, sous prétexte de combattre la dictature de ses représentants, chercherait à lui imposer sa dictature à lui. Aussi se gardent-ils de passer de la théorie à la pratique et se bornent-ils à des manifestes qui nous amuseraient s'ils n'avaient pas pour effet de diminuer la France à l'étranger, exploités qu'ils sont par nos ennemis.

M. Digeon fait voter par le club du Vaux-Hall que le droit qu'a le peuple de s'insurger est rouvert, mais il ajoute aussitôt : « sauf à choisir le moment propice. »

C'est là que j'arrête M. Dijeon et ses amis et que je leur dis : « Tous opportunistes ! »

« Sauf à choisir le moment propice » est en effet la meilleure définition qu'on puisse donner

l'opportunisme. Allons M. Digeon méliez-vous ; faites amende honorable, vous
n'êtes qu'un vil réactionnaire comme nous.
Attendre le moment propice ! Fi donc ! Est-
ce que les principes attendent ? Quand un
principe est reconnu, il faut le mettre en pratique incontinent sans regarder aux difficultés :
mieux vaut être écrasé avec le principe que
d'endormir le peuple et d'atermoyer.

C'est du moins ce qu'on nous oppose sans
cesse lorsque nous demandons à ne pas nous
lancer à la légère, à ne nous engager qu'après mûr examen de la question que nous voulons résoudre ; lorsque nous préférons attendre à échouer.

Quand, par exemple, en 1878, des républicains non suspects, qui avaient sans cesse
lutté en faveur de l'amnistie, qui étaient allés,
comme l'auteur du présent article, jusqu'à
compromettre pour cette cause leur réélection, demandaient à attendre le renouvellement du Sénat pour renouveler leur proposition ; lorsqu'ils se refusaient à mettre en péril l'amnistie en la proposant de nouveau
avant l'heure favorable ; lorsqu'ils déclaraient
vouloir l'amnistie pour elle-même et non pour
s'en faire un marchepied, les Digeon de l'époque les accablaient de sarcasmes et d'injures.
On allait jusqu'à dire qu'ils avaient déserté
leur drapeau et l'on ajoutait : « Est-ce que les
proscrits qui meurent à Nouméa peuvent attendre ? »

Vainement répondions-nous qu'il ne s'agissait pas de savoir si les proscrits pouvaient
attendre, mais si nous étions en mesure de les
rappeler, c'est-à-dire de faire voter l'amnistie
par le Parlement.

Il s'agissait bien de cela ! On ne nous faisait même pas l'honneur de nous discuter. Le
principe parlait ; nous devions lui obéir sans
nous préoccuper du résultat. La politique des
résultats, l'opportunisme, nous disait-on, c'est
la politique de l'atermoiement calculé, la politique du *statu quo*, voire même la politique
de la réaction.

Et lorsque le peuple se réunit « dans ses comices » au Vaux-Hall pour décréter l'insurrection, il fait purement et simplement ce que
nous faisions il y a trois ans à propos de l'amnistie : il atermoie, il ajourne, il attend « le
moment propice. »

Déjà, dans une élection encore récente du
neuvième arrondissement de Paris, on avait
entendu un candidat faire une distinction subtile entre l'opportunisme et la théorie qui veut
que l'on attende le moment opportun pour
agir.

Aimable plaisanterie que tout cela ! L'opportunisme est la loi qui s'impose à tout être intelligent ; les fous seuls peuvent la contester,
et les fous, on les enferme. Encore les demi-
fous lui rendent-ils hommage, à preuve la
réunion du Vaux-Hall.

L'opportunisme ne serait condamnable que
s'il servait de prétexte, que si ceux qui l'invoquent étaient de mauvaise foi, que si l'on
écartait comme inopportunes des réformes
opportunes. Mais alors ce ne serait plus la
théorie qu'il faudrait attaquer, ce serait les
hommes qui en feraient un mauvais usage.
Qu'on nous démontre donc à nous, qui avons
été les défenseurs sans relâche de toutes les
réformes, qui avons préparé, mûri, rendu opportunes celles qui ne l'étaient pas quand
nous avons commencé à les soutenir et à les
défendre, qu'on nous démontre que nous sommes les défenseurs du passé et les amis de la
réaction si l'on peut ; mais qu'on cesse d'égarer les ignorants par des mots creux, sans
quoi nous aurons toujours le moyen de renvoyer nos adversaires à leurs affirmations, à
leurs discours, et de leur dire, en leur présentant leurs propres phrases : « Opportunistes, vous l'êtes tous ! »

A. NAQUET,
Député de Vaucluse.

Le Voltaire du 27 octobre 1881 (n° 1210)

LE RÉGIME REPRÉSENTATIF

EN AMÉRIQUE

EN ANGLETERRE ET EN FRANCE

Le système parlementaire tel qu'il est
appliqué dans le Royaume-Uni de Grande
Bretagne et d'Irlande ; le régime représentatif qui prévaut aux Etats-Unis, diffèrent essentiellement l'un et l'autre de
celui qui est pratiqué chez nous. En
Amérique il y a séparation complète,
absolue, entre le pouvoir législatif et le
pouvoir exécutif. Le Congrès fait des
lois ; le président de la République administre et gouverne. Il n'y a pas de
conseil des ministres, pas de responsabilité ministérielle. Les ministres ne sont
que de simples secrétaires d'Etat qui
n'ont à rendre compte de leurs actes
qu'au président de la Confédération. Ils
ne peuvent être membres ni de l'une ni
de l'autre Chambre et ils n'y ont pas accès. Le pouvoir exécutif n'a pas l'initia-

tive des lois. Il peut, il est vrai, arrêter par son veto les lois votées par les deux Chambres ; mais si les deux Chambres votent de nouveau à la majorité des 2/3 les dispositions frappées du veto, celles-ci deviennent obligatoires et le gouvernement est tenu de les exécuter.

De même que le pouvoir exécutif est privé du droit de s'immiscer dans la législation, de même le pouvoir législatif est privé du droit de s'immiscer dans l'administration. Les députés ne peuvent pas interpeller. Tout au plus le Congrès est-il admis à adresser au président des observations et des conseils par voie de message délibéré dans les bureaux.

Cette organisation donnerait au président de la République un pouvoir considérable ; mais ce pouvoir est limité par la brièveté du mandat d'une part, et de l'autre par la faculté qu'a la Chambre des représentants de le mettre en accusation s'il n'exécute pas les lois votées par le Congrès. On sait que cette faculté n'est pas illusoire : Tout le monde se rappelle encore qu'après la mort de Lincoln le président Johnson fut mis en accusation et n'échappa à une condamnation que grâce à une majorité de deux voix dans le Sénat.

Il est aisé de comprendre qu'un pareil système soit d'une application facile.

Ce qui est difficile chez nous, c'est de constituer une majorité assez solide, assez ferme pour faire vivre un cabinet au moins aussi longtemps que dure la législature par laquelle il a été porté au pouvoir. Une telle majorité ne peut résulter que d'une transaction entre des opinions nécessairement diverses. Elle entraîne, de la part de la plus grande partie de ses membres, l'ajournement de certaines espérances ou l'acquiescement à des idées qu'ils ne partagent pas ; et, en France surtout, nous nous plions difficilement à ces obligations, étant donné le caractère absolu de notre esprit.

Avec le régime américain, au contraire, l'existence du pouvoir exécutif n'étant plus liée à celle d'une majorité stable, celle-ci devient inutile. La majorité se fait et se défait sur chaque projet soumis aux Chambres par l'initiative de leurs membres, et cela sans que le gouvernement soit intéressé à la solution.

Ajoutons à cet avantage que les ministres étant indépendants des députés n'obéissent plus à des sollicitations sans nombre dont le moindre inconvénient est d'entraver l'administration et d'exercer une influence funeste sur la législation. Suivant que c'est le ministère qui est fort ou le député qui est à craindre, c'est le député qui fait des concessions au ministre pour en obtenir des faveurs ou le ministre qui fait des concessions au député pour conserver son portefeuille. Rien de cela aux Etats-Unis où les deux pouvoirs sont nettement séparés, n'ont aucune action l'un sur l'autre, et se meuvent chacun librement dans la voie qui lui est tracée par la Constitution, sans que l'un d'eux ait jamais à redouter les empiètements de l'autre.

En Angleterre, c'est autre chose et ici encore on comprend la régularité du fonctionnement de l'organisme constitutionnel.

N'en déplaise à nos voisins, leur régime pourrait être défini : *la dictature d'un cabinet tempérée par le contrôle de deux Chambres et par une liberté individuelle aussi large que possible.*

A proprement parler, l'initiative parlementaire n'existe pas en Angleterre. Non que les députés n'aient théoriquement le droit d'introduire des bills ; mais cette introduction des bills privés est plutôt un moyen de poser des questions qu'une méthode pour les résoudre.

Dans la première séance de l'année, chaque député désireux d'introduire un bill en demande l'autorisation à la Chambre qui la lui accorde généralement. Mais le bill n'est point ensuite renvoyé à une commission qui l'examine et le rapporte ; la Chambre ne peut pas en fixer la discussion au jour qui lui plaît ; elle n'est pas maîtresse de son ordre du jour. Le mercredi seul appartient à la discussion des propositions émanées de l'initiative parlementaire et, dans la séance même où les différents bills sont introduits, on tire au sort le mercredi qui sera dévolu à chacun d'eux. Le projet n'a donc qu'un jour dans l'année où il puisse venir en discussion.

Si l'on songe maintenant que ce jour est pris en grande partie par les questions que l'on adresse aux ministres ; si l'on songe en outre que chaque membre des Communes est désireux de discuter la question à laquelle il a attaché son nom et n'est guère disposé à céder son mercredi à l'un de ses collègues ; si l'on songe enfin qu'il est bien peu de lois qui puissent être votées dans l'espace de temps si court que le règlement accorde à chaque député, on conçoit que les bills privés ne puissent jamais ou presque jamais passer à l'état d'actes, c'est-à-dire de lois exécutoires. Pour que le contraire arrive, il faut que le ministère cède au député initiateur d'un bill, l'un des deux jours par semaine qui appartiennent au gouvernement, et le projet devient alors, à proprement parler, un projet gouvernemental. Le gouvernement, d'ailleurs, dans les deux jours qui lui appartiennent, est libre de faire discuter le projet dont il croit la discussion la plus urgente ; la Chambre n'a pas le droit de s'y opposer.

Quand les Anglais désirent une réforme, c'est par une méthode différente de la nôtre qu'ils opèrent. Ils agitent le pays par la presse et par les réunions publiques ; ils créent un mouvement d'opinion. Puis ils proposent au Parlement de voter une motion par laquelle le ministère est invité à déposer un projet de loi conforme à l'opinion qui prévaut dans la nation. Généralement alors le ministère, après quelque résistance, se décide à suivre l'opinion et va dans le sens où le Parlement lui demande d'aller.

S'il ne le fait pas, s'il heurte l'opinion publique, le Parlement le renverse, soit à la suite d'une interpellation, soit en rejetant l'une des lois proposées par lui.

Il résulte de ce système que la volonté de la nation est toujours respectée ; mais que, aussi longtemps que le gouvernement est en conformité d'idées avec elle, il n'est pas gêné dans son fonctionnement. Il a les coudées franches ; il gouverne et il peut compter sur la durée.

Si l'on faisait chez nous le dénombrement des ministères qui ont été renversés et de la manière dont ils l'ont été, on s'apercevrait, non sans étonnement, que bien rarement ils sont tombés à la suite d'une interpellation et devant un vote sciemment hostile du Parlement. Le plus souvent ils tombent sur la discussion d'un projet d'initiative parlementaire et même sur une question de priorité et d'ordre du jour. Le lendemain on ne sait pas qui est le plus étonné, des ministres qui ont été précipités du pouvoir ou de ceux dont le vote les en a précipités. On s'évertue alors à opérer des replâtrages qui, lorsqu'ils n'aboutissent pas, laissent une crise ouverte, et qui, lorsqu'ils aboutissent, donnent au pays un gouvernement diminué et ouvrent, si je puis ainsi m'exprimer, une crise future et prochaine.

Dès lors, plus de durée, plus d'unité dans le gouvernement. Il n'est pas facile, en effet, d'exiger d'un député qu'après avoir déposé et souvent rapporté au nom d'une commission une proposition de loi, il vote contre sa propre proposition, contre sa conscience parce qu'un premier ministre aura posé la question de cabinet. En Angleterre cela n'est pas à craindre, d'où la stabilité gouvernementale, si désirable et en même temps si difficile à implanter chez nous.

Et nous n'avons cependant pas, comme en Amérique, les avantages de l'initiative privée dont nous avons les inconvénients. Fascinés par le mirage du pouvoir qui leur paraît rendre plus facile l'application de leurs idées, les hommes considérables du Parlement recherchent des portefeuil-

les. Au lieu de s'attacher à introduire et
à défendre chacun une réforme utile, ils
constituent des groupes irréconciliables
destinés à emporter d'assaut les ministères, ce qui rend les majorités d'une
constitution plus difficile encore, ce qui
rend la stabilité gouvernementale presque impossible à obtenir.

Sans ajouter que pendant le court espace de temps qu'ils sont aux affaires,
cette situation paralyse les ministres.
Lorsqu'ils y arrivent, ils y sont portés
par une coalition. Ils craignent de la
rompre s'ils agissent, et après être demeurés inactifs en tant que députés en
vue de conquérir le pouvoir, ils demeurent inactifs en tant que ministres de
crainte de le perdre. Et cela sans qu'on
puisse les taxer d'intérêt personnel. Non!
leur calcul est plus haut ; ils obéissent à
un désir plus noble : celui de mettre en
pratique leurs principes. Mais ils sont les
victimes d'un système plus fort que leur
volonté et qui les annihile à leur insu.

Et alors plus de plan général de réformes, plus de suite dans les relations
extérieures où la continuité est de rigueur, plus d'unité dans la législation.

Désireux d'utiliser ce que nous avons,
plutôt que de tout bouleverser sans cesse,
nous voulons encore espérer qu'il sera
possible à la nouvelle Chambre, et malgré les imperfections du système, de
constituer une majorité compacte de
gouvernement.

Si nos espérances étaient encore déçues, il ne faudrait pas persister plus
longtemps à vivre sous un régime dès
lors néfaste. Il faudrait en venir à l'un
des deux modes constitutionnels en faveur desquels l'expérience a déjà prononcé ; et, comme il ne serait pas possible dans notre libre démocratie de
diminuer les attributions du Parlement
et d'adopter le régime anglais, c'est au
régime américain qu'il faudrait recourir.
Rien n'empêcherait d'ailleurs d'y apporter certaines modifications pour ne pas
donner au chef du pouvoir exécutif une
puissance plus redoutable en France

qu'aux Etats-Unis. Mais espérons encore
que nous n'en serons pas réduits à cette
extrémité et que le patriotisme de la
Chambre nous permettra, pendant un
temps au moins, de vivre même avec
notre régime imparfait.

A. Naquet.

Le petit Lyonnais du 28 octobre 1881 (n° 362)

LES DEUX MEETINGS

Tous opportunistes ! disais-je en commen-
çant et en terminant mon dernier article, et
j'accusais M. Digeon lui-même d'opportunisme
déclaré.

Je ne me doutais pas que les intransigeants
se hâteraient, autant qu'ils l'ont fait, de me
donner raison.

Depuis la réunion du Vaux-Hall deux nouveaux meetings ont été tenus : l'un au cirque
Fernando, l'autre à la salle Graffard, à Belle-
ville.

Certes ! Les personnes réunies au cirque
Fernando n'avaient aucune tendresse pour
M. Gambetta et pour ceux que l'on est convenu d'appeler « des opportunistes ». Leur
but était de démontrer que l'expédition de
Tunisie avait été motivée par des spéculations
honteuses dans lesquelles auraient trempé et
le président de la Chambre et le président de
la République. On n'avait pas craint, pour
donner plus de force à ces accusations, d'appeler au meeting un ancien bonapartiste, un
ancien ministre plénipotentiaire de France
qui, peu respectueux du secret professionnel,
venait révéler ce qu'il était censé avoir appris
dans l'exercice de ses fonctions.

A cette réunion assistaient M. Yves Guyot,
M. Tony Révillon, l'ex-adversaire de M. Gambetta, M. Humbert, le rédacteur de l'Intransigeant, le même qui, tenant en main le drapeau de la Commune, posait sa candidature
avant-hier à Orange contre M. Gent, et hier
dans le quatorzième arrondissement de Paris
contre M. Germain Casse.

Il semblait donc de prime abord que le meeting du cirque Fernando dût répondre aux
aspirations et aux rancunes des plus exigeants
et des plus violents. M. Digeon, le farouche
M. Digeon lui-même y était, prêt à reproduire, avec moins de succès il est vrai qu'au
Tivoli Vaux-Hall, sa proposition tendant à
déclarer ouvert le droit d'insurrection.

Eh bien ! Le meeting du cirque Fernando

pas eu le don de satisfaire les socialistes de la salle Graffard. M. Tony Révillon a été vertement blâmé pour n'être point venu à la salle Graffard et pour s'être associé aux bourgeois du boulevard Rochechouard, M. Digeon a été traité de bourgeois lui-même (on se demande à quoi son droit d'insurrection lui a servi, puisque cela même n'a pu le sacrer radical), et M. Humbert a eu cet honneur suprême qui nous fait lui pardonner bien des choses d'être appelé *renégat*. Qu'a-t-il renié? J'l'ignore. Mais il est allé au cirque Fernando ne pouvait être que pour y renier quelque chose, et le voilà marqué au front et confondu comme un simple Gambetta, comme un simple Floquet, comme un simple Lockroy, comme un simple Naquet, dans la tourbe des opportunistes

Et qu'on ne s'émeuve pas! qu'on ne perde pas patience! Les orateurs de la salle Graffard, les Paulard, les Jeoffrin, les Chatelin, les Nottermann, les Allemane auront leur tour, et je ne répondrais pas que Mlle Louise Michel, elle-même, ne soit un jour traitée de réactionnaire. Peut-être même ce jour est-il plus proche que ne le supposent ceux qui nous lisent et que nous ne le supposons nous-mêmes.

Nous ne cacherons pas à nos lecteurs que tout cela nous remplit d'une joie très réelle parce que cela nous confirme dans nos idées, que quand un homme de bonne foi a adopté la ligne de conduite que, dans son âme et conscience, il croit le meilleure, rien ne peut lui être plus agréable que de voir les faits prouver qu'il avait vu juste.

Pour atteindre un but politique, je ne connais que deux moyens, et l'on aura beau chercher, on n'en trouvera pas d'autre. Ou il faut s'évertuer à convaincre les hommes au pouvoir ou ceux qui sont en voie d'y arriver, que telle réforme est urgente, que telle idée est digne de passer dans la pratique, mettant en œuvre l'opinion au besoin, créant, s'il le faut, un courant pour forcer la main au gouvernement.

Ou il faut constituer une opposition solide, chercher à lui créer des adhérents nombreux au sein du corps électoral, et faire ses efforts pour conquérir le ministère.

Le second moyen ne nous déplairait pas, et nous sommes de ceux qui, les premiers, ont cherché à l'employer. Mais pour conquérir le pouvoir, il faut être une force, et pour être une force, il faut avoir avec soi un parti — c'est-à-dire un groupe compacte de volontés unies dans un but commun, et résolues à ne pas se séparer tant que ce but commun n'est pas atteint.

Si l'on n'a pas de parti, si l'on est réduit à ne présenter que des personnalités isolées les unes des autres, sans lien, sans cohésion entre elles, et par conséquent sans force, le pouvoir devient un simple mirage, et mieux vaut

alors se tourner vers les partis qui existent en s'efforçant de les convaincre et de les pousser.

On obtiendra peut-être moins qu'avec une opposition disciplinée, si elle était possible; mais on obtiendra certainement plus qu'avec une opposition désordonnée, bonne tout au plus à attaquer, mais n'ayant ni points de ralliement, ni programme, ni but, ni principes.

On attaque M. Gambetta, on attaque le président de la République, on attaque la Chambre. Je veux bien que certaines de ces attaques aient quelque chose de fondé. Tout en rendant justice à la Chambre défunte, j'ai reconnu maintes fois qu'elle a commis bien des fautes; tout en affirmant que M. Gambetta est le seul homme politique capable de constituer aujourd'hui un gouvernement, je diffère d'idée sur bien des points avec lui, et je dirai volontiers de lui ce que M. de Bismark disait un jour, prétend-on, du roi de Prusse : « Si j'avais créé le chef de mon parti, je l'eusse peut-être fait autrement. Mais je suis bien forcé de le prendre tel qu'il est. »

Je reconnais donc volontiers que ni M. Gambetta, ni M. Grévy, ni la Chambre ne représentent la perfection idéale que je rêverais. Mais la question n'est pas là. Aussi longtemps que l'humanité n'en sera pas venue à cette période édénique qui lui permettra de vivre sans lois dans une anarchie absolue, il nous faudra un gouvernement, et un gouvernement ne peut être constitué que par un parti.

Si l'on admet, d'autre part, qu'en politique on ne peut raisonnablement attaquer et démolir que ce que l'on peut remplacer, nous avons le droit de demander à M. Clémenceau, à M. Rochefort, à M. Humbert, à M. Tony Révillon, aux chefs de cette coalition hybride d'un jour, qui est aussitôt détruite que formée, où est leur parti, où sont leurs partisans, leurs amis, quel est leur programme commun, autour de quelle idée ils sont groupés et sur quoi ils feront porter leur opposition.

Ils ne nous le diront pas, parce qu'ils ne sont qu'un simple amas de personnalités hostiles au régime actuel et aux hommes qui gouvernent, mais de personnalités incohérentes; parce qu'ils ne sont point un parti, parce qu'ils peuvent accuser sans pouvoir remplacer, parce que si leurs accusations pouvaient porter, c'est seulement aux modérés et aux réactionnaires qu'elles profiteraient, les modérés et les réactionnaires seuls étant outillés pour prendre la succession de ceux qui nous gouvernent à cette heure ou qui nous gouverneront demain.

Et comme le peuple a assez de bon sens pour le comprendre; comme il suffirait d'ailleurs de quelques réunions comme celles de la rue Graffard pour l'éclairer, les soi-disant

Le voltaire du 30 octobre 1881 (n° 1213)

L'ANGLETERRE

ET LES BEAUX-ARTS

L'Angleterre ne passe généralement
pas pour un pays d'artistes, quoiqu'elle
ait des peintres du plus grand mérite.
Cela ne l'empêche pas d'avoir des musées
de premier ordre.

L'un de ces musées, le *South-Kensington
Museum*, m'a particulièrement intéressé.
Je ne puis en donner une idée qu'en disant que c'est notre Musée de Cluny
élevé à la dixième puissance. Et toujours, là comme dans l'instruction publique, quoique le gouvernement donne
de grosses, de très grosses subventions,
qui dépassent de beaucoup ce que nous
dépensons pour les beaux-arts en France,
c'est l'initiative privée qui est à la base
de l'institution.

Ce qui m'a surtout frappé au *South-
Kensington-Museum*, et ce qui frappait
énormément mon ami Lockroy, autrement compétent que moi en ces matières, c'est le caractère essentiellement
pratique et utilitaire de cet établissement.

Victor Hugo a écrit, il y a longtemps,
que le beau ne perd rien à être mis au
service du vrai ou de l'utile. Les Anglais
ont fait passer cette doctrine dans les
faits.

Ici, nos musées sont affaire de luxe.
Ils ne servent point au public. Tout au
plus servent-ils aux conservateurs qui
en font presque leur propriété particulière, leur chose, et qui, soit par routine,
soit de peur d'être dépossédés, s'agitent
avec colère toutes les fois qu'on veut y
introduire l'esprit de réforme, et faire

bénéficier le pays de tous les éléments
d'étude, de travail, et par conséquent de
richesses qui y sont accumulés.

En Angleterre, au contraire, les musées sont faits pour le public. Ils sont
créés, entretenus, gérés en vue de développer l'industrie nationale, et l'industrie
nationale y puise une force qui lui donne
un grand essor.

Qui se sert en France du musée de
Cluny ? qui va étudier les admirables
collections qui s'y trouvent ? Quelques
amateurs, quelques savants. Mais il ne
vient point à l'idée des industriels d'aller
y chercher des inspirations et des modèles et supposez que cette idée vienne à
quelques-uns, cela est tout à fait excep-
tionnel, le pays ne faisant aucun effort
pour la généraliser.

En Angleterre, le développement de
l'industrie est le but vers lequel tout
converge. Le *South Kensington Museum*
a été fondé pour cela et cela ne lui enlève
rien de sa grandeur et de sa beauté : bien
que de fondation récente, il est déjà très
supérieur au musée de Cluny.

En 1855, lors de notre première exposition de Paris, les Anglais furent absolument écrasés dans les industries de
luxe où la France occupait et, il faut le
reconnaître, occupe encore, grâce à son
goût exquis, le premier rang.

Nos voisins constatèrent le fait et loin
de s'endormir, ils se promirent de travailler, de nous égaler et peut-être un
jour de nous battre.

Nous, nous nous disions simplement
que les facultés qui engendrent les industries de luxe sont propres à notre
race et que nous n'avions pas besoin de
travailler pour conserver notre supré-
matie. Trente années ne se sont pas encore écoulées et, déjà, si elle ne nous a
pas complétement atteints, l'industrie
anglaise rivalise avec la nôtre. Encore un
peu de travail là-bas, encore un peu d'a-
pathie chez nous et nous ne tarderons
pas à être dépassés.

Je me rappelle aussi un temps rapproché de nous où nous nous considérions
comme les premiers soldats du monde,
où nous n'admettions pas qu'une armée
pût lutter avec la nôtre, où il nous paraissait inutile de maintenir par le travail et l'étude la haute situation militaire
que les hommes de génie et les soldats

héroïques de la première République et du premier empire nous avaient conquise. Nous avons eu en 1870 de cruelles désillusions, et il serait bien à désirer que nous ne nous préparions pas, sur le champ de bataille de l'industrie, des déboires pareils à ceux que nous avons éprouvés il y a dix ans sur les champs de bataille proprement dits.

Le *South Kensington Museum* est l'instrument de travail que les Anglais ont créé pour perfectionner leurs arts industriels. Nous, nous n'avons pas à fonder. Nous n'avons qu'à prendre le musée de Cluny, qui existe, à le développer encore et à l'utiliser en le faisant servir à l'élévation du goût chez nos artistes, chez nos fabricants, chez nos ouvriers. Nous n'avons même pas à rechercher le moyen qui nous permettra d'atteindre ce but. Nous avons devant nos yeux un modèle. Il nous suffit de greffer sur Cluny un organisme analogue à celui dont l'Angleterre nous donne l'exemple et dont le *South Kensington Museum* est le centre.

Le *South Kensington Museum*, en effet, n'est pas une simple collection, c'est un grand laboratoire de travail, d'études artistiques.

A ce musée est adaptée une école qui compte actuellement plus de 700 élèves. Pour une partie des élèves, la moitié environ, cette école est une école ordinaire, pour l'autre moitié c'est une *training school*, une école normale créant des professeurs.

Ces professeurs sont déversés dans des écoles analogues, dont chaque grand centre industriel est muni.

En même temps on commence à créer dans chacun de ces centres des musées qui seront à leurs écoles ce que le *South Kensington Museum* est à l'école de Londres.

Comme, d'ailleurs, les chefs d'œuvre ne se multiplient pas à l'infini et qu'il est impossible de constituer cent musées comme le *South Kensington*, on envoie aux collections de province des moulages aussi exacts que possible de tout ce qui peut être moulé, et ces moulages sont absolument suffisants en tant qu'instruments de travail.

De plus, tout ne pouvant pas être moulé, on fait voyager les collections,

de manière qu'aucune partie du pays ne soit privée des richesses artistiques que possède la nation.

Il faudrait entendre nos conservateurs si on leur proposait d'envoyer, seulement pour un temps les objets qui forment nos collections à Lyon ou à Marseille. En Angleterre cela se fait journellement sans que la collection en souffre, et l'industrie nationale en profite considérablement.

Au *South Kensington* et aux écoles qui en dépendent, on étudie la peinture, la sculpture, l'architecture; mais ces études sont toujours dirigées vers la production industrielle. Ce qu'on cherche c'est à donner aux producteurs des modèles, du beau et l'instruction suffisante pour les utiliser. Les résultats acquis sont déjà immenses. Nous n'échapperions pas à une déroute finale si nous ne nous mettions bien vite en état de défense à notre tour.

Certes, nous avons plus de goût que n'importe quel peuple dans l'ameublement, dans la toilette, dans tout ce qu'on est convenu d'appeler l'article de Paris. A travail égal nous n'avons personne à craindre; mais encore faut-il travailler, dans notre époque les facultés natives ne suffisent plus; elles échouent si elles ne sont pas cultivées, si le travail ne leur vient pas en aide.

Malheureusement nous avons été jusqu'ici poètes plus qu'hommes pratiques. Cela a fait peut-être notre grandeur. Mais dans ce siècle essentiellement positif et scientifique, ce qui a fait jadis notre force pourrait faire notre faiblesse, ce qui nous a rendus grands pourrait bien nous abaisser.

Et puisque nous n'avons pas l'esprit d'initiative qui anime les Anglo-Saxons, qu'au moins l'Etat sache, dans le domaine de l'art comme partout ailleurs, réaliser les réformes et les progrès que l'intérêt du pays réclame.

Les Anglais n'ont pas de ministre des beaux-arts et ils ont le *South Kensington Museum* et les écoles qui en dépendent.

Nous, nous avons un ministère des beaux-arts, qui va même, dit-on, être érigé à l'état de ministère distinct. Qu'au moins il se justifie par de grandes réformes, et qu'il songe enfin à envisager ses rapports naturels avec l'industrie fran-

Le petit Lyonnais du 1er 9bre 1881 (n° 8631)

PREMIÈRE ESCARMOUCHE

Hier, dans la première séance du Parlement, quelques intransigeants nous ont donné un avant-goût du procédé obstructionniste qu'ils entendent employer.

Les usages veulent qu'au début d'une législature nouvelle on élise un président provisoire avant d'élire un président définitif. Cet usage se légitime par la situation qui est faite à une Chambre non encore constituée.

Quand une Chambre est constituée et qu'une session ordinaire commence, le président d'âge procède à l'élection du bureau définitif et immédiatement après que le bureau est formé on peut vaquer aux travaux parlementaires. Ce ne serait pas possible avant, parce que la Chambre ne peut délibérer que sous l'autorité d'un président de son choix et qu'un doyen d'âge ne saurait présider à ses délibérations.

Quand la législature est nouvelle, le doyen d'âge ne peut pas plus présider aux travaux de l'Assemblée que dans le cas précédent. Ici encore pour que les travaux commencent il est indispensable que la Chambre forme un bureau élu.

Seulement, au moment où elle l'élit, elle n'existe pas encore elle-même, puisque les pouvoirs de ses membres ne sont pas vérifiés. Tant que, par la vérification des pouvoirs de la moitié plus un de ses membres, elle n'est pas définitivement constituée, tout ce qu'elle fait a un caractère provisoire. L'élection d'un bureau provisoire s'impose donc à une première réunion de législature, comme l'élection d'un bureau définitif s'impose à tout autre début de session. Vouloir proroger la présidence d'âge jusqu'à l'élection du bureau, n'est pas plus raisonnable qu'il ne le serait de vouloir la prolonger jusqu'à la fin de la session elle-même.

Non que la Chambre ne puisse vouloir confier le mandat de diriger ses débats provisoirement ou même définitivement à l'homme que le hasard de la naissance a appelé pendant une journée à l'honneur de la présidence mais si elle le veut, elle a un moyen bien simple d'exprimer sa volonté. C'est de l'élire. En aucun cas, la raison l'indique à défaut de règlement, cette élection ne peut être évitée.

Aussi n'avons-nous pas compris que l'honorable M. Louis Blanc, qui est toujours si circonspect, si sagace, si incapable de ne pas suivre les inspirations du bon sens, ait cédé à l'opinion qui avait prévalu à l'extrême gauche, et soit venu, contrairement à tous les précédents, saisir la Chambre d'une proposition tendant à confirmer le bureau d'âge par une résolution ordinaire, jusqu'au moment où le bureau définitif pourrait être élu.

Les membres de l'extrême gauche ont vu dans cette proposition une manœuvre pour commencer l'attaque contre M. Gambetta. Quant à M. Louis Blanc, qui est plus ample, plus large dans ses actes, qui discute les principes, mais qui ne se livre pas à de petites quineries mesquines, il est certain qu'il n'a pas vu le piège et qu'il n'a eu pour but que d'éviter une perte de temps à ses collègues. C'est regrettable, car nous n'aurions pas voulu voir son grand nom associé à cette petite œuvre de haine.

Quoi qu'il en soit, la proposition étant déposée, nous blâmons sincèrement M. Guichard de ne pas avoir accordé la parole à l'orateur de l'extrême gauche pour la développer, et de ne pas avoir appelé la Chambre à se prononcer. Les autres n'auraient obtenu qu'un chiffre de voix infime, et les bulletins bleus auraient été en plus grand nombre encore que ne l'ont été les suffrages attribués à M. Gambetta.

Beaucoup de membres de l'extrême gauche, en effet, se sont abstenus devant l'attitude de M. Guichard, qui voulaient voter pour M. Gambetta, et qui certainement se seraient séparés de leurs collègues sur la proposition de M. Louis Blanc.

D'ailleurs le règlement d'une Chambre ne saurait lui survivre. Nous n'avions pas déclaré provisoirement applicable celui qui a fonctionné de 1876 à aujourd'hui, nous n'avions donc pas de règlement du tout. Dès qu'il n'y a pas de règlement, les pouvoirs de la Chambre sont absolus et M. Louis Blanc n'excédait pas son droit en demandant la parole pour une motion d'ordre.

M. Guichard a donc commis une faute, ceci est incontestable.

Mais il est également certain que s'il avait le droit de donner la parole à M. Louis Blanc et que la politique dût lui faire prendre cette décision, il avait également le droit de ne pas lui accorder la parole pourvu que la Chambre l'appuyât, et l'appui de la Chambre n'était pas douteux.

C'était impolitique mais ce n'était point illégal.

Le règlement est fait pour protéger les minorités; lorsqu'il n'y en a plus, les minorités ne peuvent plus s'appuyer sur rien pour se défendre : ce sont en effet les pouvoirs de la Chambre — c'est-à-dire la majorité — et non eux de tels ou tels membres qui sont abso-

M. Guichard n'agissait pas sagement en faisant comme il l'a fait. Il faisait même sans vouloir le jeu de ses adversaires, mais à coup sûr il n'excédait pas ses pouvoirs.

L'extrême gauche, M. Clémenceau, M. Laisant, M. Douville-Maillefeu, au contraire, excédaient nettement les leurs en s'agitant sur leurs bancs, en faisant du tumulte, et M. de Douville a dépassé dans ce cas toutes les plus extrêmes limites lorsque, repoussant violemment l'huissier qui en barrait l'escalier, il est précipité à la tribune, dont il a pris possession malgré l'autorité du président.

L'agitation a cependant fini par se calmer ; mais on annonce qu'elle va recommencer aujourd'hui. Les intransigeants demanderaient l'invalidation du bureau provisoire élu hier sous le prétexte qu'avant cette élection, la Chambre ne s'est pas prononcée sur la proposition qu'ils lui avaient soumise.

Il est évident que dans ces faits comme dans leur attitude agressive d'hier, nous trouvons la pensée d'une résolution prise d'employer vis-à-vis de la majorité et du gouvernement qui va naître la méthode d'attaque qui, avant la dissolution, était l'apanage de M. Baudry-d'Asson et de ses amis.

Eh bien ! qu'ils fassent ! Nous ne nous en plaindrons pas. L'attitude violente et injuste de la droite n'a fait que de bien à la République. L'attitude violente et injuste des intransigeants tuera l'intransigeance.

La violence ne sert jamais qu'à masquer le vide des idées. On insulte lorsqu'on n'a rien de bon à dire. Insultez donc ! ce sera le meilleur moyen d'éclairer le pays. Entre ceux qui lui proposeront des réformes sérieuses et ceux qui se borneront à outrager les personnes en qui il a confiance, il saura bien choisir.

A. NAQUET,
Député de Vaucluse.

Le Voltaire du 3 9bre 1881 (n° 1217)

SOMMES-NOUS GAMBETTISTES

Être gambettiste, c'est, à cette heure, aux yeux de certaines feuilles, de certains orateurs de réunions publiques, le crime le plus irrémissible dont on puisse accuser un homme politique ou un journal. On ne lui demandera pas quelles sont ses idées, quels sont ses principes, où il veut aller, quelle pensée dominante dirige ses actions. Non ! Fût-on aussi communiste que Babœuf, aussi sociétaire que Fourier, aussi ennemi déclaré de la propriété que Proudhon, si l'on n'est pas en même temps l'adversaire systématique de M. Gambetta, si l'on ose croire que M. Gambetta représente une force et qu'on ne veuille pas tout faire pour l'annihiler, on est, malgré qu'on en ait, un réactionnaire déclaré digne du mépris des purs.

Eh bien, ce mépris ne nous effraye point et ne nous empêchera pas d'appuyer la politique de M. Gambetta aussi longtemps que nous croirons ce dernier capable de servir la cause pour laquelle nous avons toujours lutté avec quelque indépendance.

Mais, avant tout, établissons une distinction. Être gambettiste, cela peut avoir deux significations bien différentes.

On peut être gambettiste à la manière dont on est Comtiste, Fouriériste, ou Proudhonnien, c'est-à-dire accepter, sinon toutes, du moins la plupart des opinions de cet homme d'État, modeler entièrement ou à peu près sa pensée sur la sienne.

Telle n'est pas notre façon de concevoir le gambettisme. Nous pensons par nous-mêmes et nous nous permettons bien souvent de différer d'opinion avec le président provisoire de la Chambre des députés.

Mais le parlementarisme a fait naître une seconde manière de se classer à côté d'un chef de parti.

Nous l'avons répété à satiété, — mais point encore assez puisqu'on ne nous comprend pas ou qu'on feint de ne pas nous comprendre, — le régime constitutionnel sous lequel nous vivons implique la formation d'une majorité confiant à un cabinet homogène le mandat de la diriger dans l'œuvre législative et d'administrer le pays selon ses vues.

Évidemment, si l'on pouvait trouver trois cents députés pensant absolument de même sur tous les points, dénués de toute ambition personnelle, et chargeant le plus capable d'entre eux de présider le conseil des ministres, on aurait réalisé l'idéal parlementaire.

Il suffit toutefois de prononcer le mot idéal pour avoir dit du même coup que c'est là un point limite vers lequel on tend éternellement, sans pouvoir y atteindre jamais.

En fait, les hommes se rapprochent par de grandes lignes qui servent à catégoriser les groupes fondamentaux ; mais ils se différencient par leur manière de voir sur les points secondaires. Quelquefois même, un but commun peut réunir des personnes qui se distinguent par certaines idées fondamentales.

Citons un exemple.

Sous l'Assemblée nationale, quiconque ne voulait ni pouvoir héréditaire ni pouvoir irresponsable était républicain, et tous les républicains combattaient ensemble les aspirations monarchiques de la majorité, malgré les divergences de vues considérables qui séparaient les diverses fractions de la minorité républicaine.

Cette diversité d'opinions serait, en effet, la pierre d'achoppement du parlementarisme s'il n'existait aucun moyen d'en dégager une unité. Le ministère homogène et la majorité seraient des mythes.

Mais le moyen existe, et il est même d'une application facile, pourvu qu'on y mette un peu de bonne volonté et que les personnalités n'obscurcissent pas les principes.

J'ai, je suppose, vingt idées qui me sont chères, vingt projets auxquels je tiens également. Si j'étais le maître absolu, si j'exerçais une dictature idéale, je les appliquerais tous les vingt.

Mais je n'exerce aucune dictature ni absolue ni relative. Mes idées ne peuvent arriver à l'état de loi que si elles groupent autour d'elle, la moitié plus un des députés — je ne parle pas des sénateurs parce que j'estime que le Sénat est toujours forcé, quand le gouvernement le veut avec énergie, de céder aux manifestations formelles de l'opinion publique.

Si, dès lors, j'acquiers la conviction profonde que la moitié de mes projets sont en opposition avec le sentiment de la majorité de la Chambre, je n'ai aucun mérite et aucun embarras à cesser d'en poursuivre la réalisation immédiate. Je puis encore, je dois même faire effort pour éclairer le pays et l'amener à me donner une majorité dans une législature prochaine ; mais je fais une manifestation platonique, je demeure dans le domaine métaphysique si, me retirant sur un Mont Aventin parlementaire, je refuse de combiner mes efforts avec ceux de mes collègues parce que, voulant une partie de ce que je veux, ils ne veulent pas tout ce que je veux.

La sagesse politique consiste, au contraire, à combiner mes efforts avec les leurs pour réaliser sans retard ce qu'ils veulent comme moi, sauf à réserver le reste.

Or, combiner mes efforts avec les leurs pour réaliser sans retard ce qu'ils veulent comme moi, cela s'appelle, en science politique, constituer une majorité parlementaire profondément résolue à soutenir — aussi longtemps qu'il ne s'en écarte pas — l'homme qu'elle aura chargé de traduire en actes législatifs le programme commun.

Si M. Gambetta est à cette heure l'homme que nous choisissons pour faire les réformes sur lesquelles nous serons parvenus à nous mettre d'accord, on peut donc se dire gambettiste, quoique différant, sur bien des points, de manière de voir avec lui.

C'est en la comprenant ainsi que nous acceptons volontiers l'épithète de *gambettistes*. Nous sommes gambettistes en ce sens que, de tous les hommes capables de constituer une majorité, nous estimons que M. Gambetta est le plus rapproché de nous. Nous croyons que le programme commun qu'il peut accepter et que, nous l'espérons, il acceptera, est celui qui renferme le plus grand nombre des idées qui nous sont chères. C'est pour cela que nous considérons comme on ne peut plus désirable la constitution d'un ministère nuance Union républicaine franche, sous sa présidence.

Nous ne saurions trop, je n'oserais pas dire blâmer, mais plaindre ceux qui aveuglés par la haine, et bien que n'ayant pas de personnel et ne pouvant compter sur aucune majorité gouvernementale, battent d'avance en brèche un tel cabinet, sauf, s'ils réussissaient, à amener la constitution d'une majorité dont le programme commun serait bien moins en harmonie avec leurs idées.

M. Gambetta est une force. Il le doit à son incontestable talent d'orateur, à ses mérites d'homme d'Etat, et aux circonstances exceptionnelles qui lui ont valu une véritable légende. Grâce à cette légende, grâce à l'empire qu'il exerce sur les masses, il est accepté de la moyenne de l'opinion, et il rallie autour de lui une majorité qu'aucun autre homme aussi avancé que lui ne rallierait à la Chambre et au Sénat. Je dis que c'est là une bonne fortune dont il faut profiter, et c'est pour cela que nous voulons, nous aussi, le cabinet Gambetta jusqu'au jour où l'ensemble des idées qui nous sont communes étant traduites en lois, les résultats acquis étant fixés, nous pourrons sans rien compromettre nous séparer de lui sur les points qui nous divisent.

Une seule chose modifierait notre sentiment à cet égard, un changement d'attitude de M. Gambetta.

Si le chef de la majorité cherchait son point d'appui au centre au lieu de le chercher à gauche; s'il devenait conservateur plus que réformateur; si, dans la vote de la révision et de la réforme de la magistrature, il se refusait aux modifications profondes en dehors desquelles mieux vaudrait pas de réformes du tout; alors nous préférerions faire partie d'une minorité réformiste qu'appuyer un pouvoir hostile à nos idées; alors nous cesserions d'être gambettistes, la République n'ayant plus rien à gagner à ce que nous

le fussions; alors nous n'attendrions pas les sommations des intransigeants pour défendre, contre l'homme que nous soutenons aujourd'hui, nos aspirations, nos traditions et nos principes.

Mais nous n'en sommes heureusement pas là. Tout nous fait espérer que M. Gambetta veut prendre le pouvoir et gouverner avec son parti.

S'il en est ainsi, notre rôle est tout tracé : nous devons lui donner notre concours résolu. Plus il y aura de voix d'extrême gauche dans sa majorité, plus celle-ci sera réformatrice. Moins il y en aura et plus elle sera conservatrice, parce qu'il sera obligé de remplacer par des hommes du centre les membres de l'extrême gauche qui feront défection.

Combattre M. Gambetta systématiquement lorsqu'on est radical, c'est faire exclusivement à cette heure le jeu des modérés et c'est parce que nous ne voulons pas jouer ce jeu-là que, sous la réserve que nous avons faite, et en donnant à ce mot le sens que nous avons indiqué, nous n'hésitons pas à nous dire gambettistes.

Et maintenant, que la salle Graffard nous excommunie si elle veut. Ses excommunications ne nous émeuvent guère plus que celles du Vatican. Nous n'en ferons pas moins notre œuvre, certains d'être plus libéraux, plus républicains, plus socialistes même que ceux qui crient si fort et qui jusqu'ici n'ont su trouver pour tout programme et pour toute idée directrice que la haine d'un homme.

A. Naquet.

Le radical (dépt) du 30 octobre 1881 (n° 37)

M. NAQUET & SES ÉLECTEURS

Sous ce titre, le *Comtal* insère un article malveillant sur le voyage de notre honorable député en Angleterre.

M. Naquet nous adresse à ce sujet une lettre que nous publions ci-après et qui prouve une fois de plus que la malveillance s'attache bien souvent aux opérations les plus sages des personnages qui y sont en butte.

Le *Mercure Aptésien* à également reproduit *textuellement* l'article du *Comtat*. — Il doit beaucoup regretter de n'en avoir pas eu la primeur !

Paris, le 23 Octobre 1881.

Mon cher Rédacteur

L'article du *Comtat* que vous m'envoyez peut paraître curieux à ceux qui ne me connaissent pas; mais il ne m'a pas ému, pas plus qu'il ne vous a ému vous-même, pas plus qu'il n'a ému aucun de mes amis. Ce que j'ai dit à la Société nationale Française de Londres n'est en effet que la répétition de ce que je n'ai cessé de dire dans tous l'arrondissement d'Apt en toute occasion.

Oui ! il est parfaitement vrai que les habitudes contractées sous l'empire transforment un député en un espèce de commissionnaire des électeurs et qu'on fait plus souvent appel aux représentants du pays en faveur des intérêts privés qu'en faveur des intérêts généraux ou locaux dont il a la charge.

Oui ! il est vrai que les demandes incessantes que nous recevons, la nécessité qui s'impose a nous de répondre, de faire des démarches dans les ministères et de quémander des faveurs du Gouvernement, nuit à notre indépendance et nous place constamment en face d'obligations contradictoires : comment, par exemple, donner satisfaction à la fois à ceux qui exigent de nous des votes d'opposition et à ceux qui font appel à notre influence, alors que ce sont souvent les mêmes qui ont ces exigences opposées? On n'obtient rien des gens que l'on combat. Combattre un ministre et lui demander des faveurs, sont choses qui s'excluent, et c'est cependant là ce que l'on exige de nous.

Oui ! il est vrai que pour quiconque n'a pas le moyen de se procurer un secrétaire, le flot des sollicitations personnelles rend impossible le travail parlementaire, que l'on n'a même plus le temps de lire les rapports qui nous sont distribués et d'assister aux séances.

Quant à moi j'ai pris le parti coûteux d'avoir un secrétaire. Ce secrétaire écrit les lettres que je signe, il fait les démarches pour lesquelles mon action directe n'est pas indispensable, il me laisse ainsi le moyen de remplir mon devoir de député.

Depuis que j'ai pris ce parti j'obtiens beaucoup plus qu'avant pour mes compatriotes. Jusques là, en effet, ne voulant pas me réduire au rôle d'inutile à la Chambre, je manquais de temps et ne pouvais faire tout ce que mon secrétaire fait aujourd'hui. Tout le monde a donc gagné au parti que j'ai pris... tout le monde, excepté moi, dont cette détermination a écorné l'indemnité.

Enfin, il est des demandes qui reviennent toujours les mêmes : celles par exemple qui sont relatives aux bureaux de tabacs ; celles où l'on me prie de donner des indications sur ce que doivent faire les victimes du 2 décembre désireuses de participer à la pension qu'une loi leur accorde, celles qui m'arrivent d'un arrondissement qui m'est étranger et dont je n'ai pas le droit de m'occuper. La réponse ici étant forcément toujours identique, je l'ai en effet autographiée pour épargner un peu le temps de mon secrétaire. Où est le mal ?

Tout cela, je l'ai dit à Apt et je le répéterai en toute occasion, car en agissant ainsi que je le fais je crois accomplir scrupuleusement mon devoir. Mes électeurs savent d'ailleurs que, quelle que soit mon opinion sur l'intervention des députés dans les affaires personnelles, rien de ce qu'on me confie n'est laissé de côté; si on en doutait il me suffirait de publier la liste de tout ce que j'obtiens pour fermer la bouche à mes détracteurs.

Voilà, M. le rédacteur, une réponse aux quelques lignes malveillantes du *Comtat* ; insérez-les dans le *Radical* si vous le jugez

utile et considérez-moi toujours comme
votre tout dévoué.

A. NAQUET.

Le petit Lyonnais du 7 9bre 1881 (n° 3637.) —

TACTIQUE HABILE

La Chambre des députés constituait son bureau. On en était aux élections des vice-présidents. Plusieurs candidats étaient en présence : MM. Devès, Philippoteaux, Spuller, Lepère, Floquet, Georges Périn. Les membres avancés de l'union républicaine avaient proposé de voter pour le candidat de l'extrême-gauche, M. Georges Périn, pourvu que, de leur côté, les membres de l'extrême-gauche votassent pour M. Floquet.

On est allé aux voix.

Au premier tour de scrutin, MM. Devès et Philippoteaux ont passé. MM. Spuller et Lepère venaient ensuite. M. Floquet et M. Périn n'arrivaient qu'en troisième lieu.

Un ballottage a eu lieu, dans lequel M. Spuller et M. Lepère ont été élus.

Jusqu'ici rien que de très naturel. M. Lepère et M. Spuller sont des républicains dévoués et sûrs. Ce sont des personnalités sympathiques, et, puisqu'on ne pouvait voter pour six candidats, alors qu'il n'y avait que quatre places, il fallait bien que quelqu'un fût évincé.

Il n'y aurait donc rien à redire contre cette élection si nous n'étions pas à la veille de la reconstitution du ministère, si les votes personnels ne pouvaient paraître des indications données par la Chambre au président de la République et à M. Gambetta, et si surtout l'extrême-gauche avait voté pour M. Floquet, comme les membres de l'union républicaine votaient pour M. Georges Périn.

En a-t-il été ainsi ? Il serait difficile, le scrutin étant secret, de donner la preuve absolue du contraire. Mais il faut bien le dire, ce fait que, sur 66 bulletins portant le nom de M. Périn, le nom de M. Floquet ne figurait pas, laisse supposer qu'un grand nombre de membres de l'extrême gauche se sont refusés de mettre ce nom dans l'urne. Telle était du moins l'opinion générale à la Chambre.

Cette tactique s'explique-t-elle ? se justifie-t-elle ?

Elle s'explique peut-être, car la haine personnelle explique tout.

Dès l'instant où l'on n'a d'autre objectif que de battre en brèche un homme ; dès l'instant où, pendant trois ans, on n'a appelé cet homme au pouvoir que dans le but de le démolir ensuite plus facilement ; dès l'instant où l'on tient à pouvoir démontrer qu'on avait raison de l'accuser de modérantisme à outrance, il est logique de l'acculer à une situation telle qu'il ne puisse être que modéré et qu'il soit forcé de donner raison aux accusations formulées contre lui et sous lesquelles on espère qu'il croulera.

Donc, la tactique s'explique.

Se justifie-t-elle ? C'est une autre chose.

Les intransigeants n'exercent heureusement pas une bien grande influence sur l'opinion publique, mais ils n'en exerceraient plus aucune s'ils convenaient qu'ils n'ont aucun principe, aucun programme, aucune idée de gouvernement, et qu'ils ne poursuivent que la satisfaction d'une haine.

Or, c'est là ce qui ressort de leur vote du 3 novembre. S'ils avaient une politique, avaient un programme, s'ils obéissaient à des principes, s'ils poursuivaient la réalisation d'une idée, leur conduite serait tout autre.

M. Gambetta est à la veille de prendre le pouvoir, ce n'est un secret pour personne. Seulement on se demande, et probablement il se demande lui-même, avec qui il le prendra. Cela dépendra évidemment des différents votes qu'émettra la Chambre d'ici à la constitution du nouveau cabinet, et des indications qui pourront s'en dégager.

Si ces votes montrent la possibilité de constituer une majorité solide d'union républicaine franche, c'est un ministère homogène de cette nuance que constituera M. Gambetta, et l'on entrera alors largement dans la voie des réformes.

Si, au contraire, les votes de la Chambre semblent démontrer l'impossibilité de constituer une majorité aussi réformatrice, ou tout au moins laissent entrevoir qu'il y aurait de grandes difficultés à le tenter, M. Gambetta peut être entraîné à faire des concessions à gauche et à constituer un cabinet qui, ainsi que cela n'a cessé de se produire depuis trois ans, ne serait qu'un replâtrage.

Etant donnée cette situation, quelle doit être la tactique de quiconque est modéré et redoute les reformes? S'employer de tout son pouvoir à écarter le ministère union républicaine française.

Quelle doit être la tactique de quiconque est radical ? S'employer de tout son pouvoir à amener la constitution de ce cabinet.

Et cela est vrai aussi bien des ultra-radicaux que de ceux qui ne s'élèvent pas au-dessus des conceptions de l'union républicaine. Ceux-là n'auront pas sans doute, comme ceux-ci, une satisfaction absolue, puisque le gouvernement ne sera pas favorable à toutes leurs idées, mais ils devront éprouver, s'ils sont de bonne foi, une satisfaction relative.

Entre ne voir appliquer aucune de ses idées ou n'en voir appliquer qu'une partie, il n'est pas possible qu'on hésite ; on doit désirer en voir appliquer au moins une partie.

L'extrême gauche devait donc honnêtement faire tous ses efforts pour faire élire M. Floquet vice-président.

Faire élire M. Floquet vice-président, c'était indiquer clairement que la majorité progressiste était faite ; c'était assurer la constitution d'un ministère homogène ; c'était favoriser certaines solutions qui tiennent à cœur tous les républicains avancés: la révision de la Constitution et une réforme sérieuse de la magistrature.

Sans doute l'extrême gauche désire plus que cela. — Elle désire, et nous désirons avec elle, la séparation de l'Église et de l'État ; elle désire une large décentralisation ; — mais si elle désire plus que cela, elle désire aussi cela, et à défaut du plus, tout homme sensé accepte le moins qu'on lui propose, quand le moins est encore une solution complète par elle-même et ne compromet pas le plus.

Le ministère Gambetta constitué, la Constitution révisée, la magistrature réformée, M. Clémenceau et ses amis, auxquels il nous serait arrivé souvent de nous joindre, auraient pu réclamer autre chose. Peut-être le ministère union républicaine eut-il accordé ce qu'ils auraient demandé à son patriotisme. S'il s'y était refusé, il eût été temps alors de le combattre, de le renverser et de lui constituer une couche nouvelle d'hommes politiques préparés à faire parcourir une étape de plus à notre pays.

C'eût été là de la politique loyale, honnête, telle que pour notre part nous la comprenons et la pratiquons.

Mais, avant même les réformes, agir de façon à rendre difficile un ministère réformiste, s'évertuer à rendre nécessaire un cabinet modéré, et cela lorsqu'on est soi-même parmi les avancés ; préférer l'absence de toute réforme à l'accomplissement de la moitié du programme pour lequel on combat ; avoir prétendu depuis six ans qu'on s'efforçait de renverser des ministères rétrogrades pour amener la formation d'un ministère radical, et, quand celui-ci est à la veille de s'installer, employer toute l'énergie dont on est capable pour en empêcher la formation et pour revenir au cabinet rétrograde contre lequel on s'est tant élevé: voilà ce qu'aucun homme politique digne de ce nom n'admettra.

Une telle tactique ne se comprendrait que de la part de qui ferait de l'opposition anti-constitutionnelle, que de qui voudrait pousser à l'insurrection, et, pour arriver à ses fins, chercherait à susciter des embarras à un gouvernement répudié dans son principe et dont il n'aurait rien à attendre, ne voulant rien en accepter. Cela se comprenait des républicains sous l'empire, cela se comprend des monarchistes sous la République. Mais de la part de républicains qui ne perdent pas une occasion — et il faut les en louer — de repousser l'appel à la violence, sous la République cela ne se conçoit plus.

Ou tout au moins cela prouve que s'ils ne sont pas intransigeants avec la forme du gouvernement, ils sont intransigeants vis-à-vis d'un homme ; qu'entre ne rien obtenir ou obtenir quelque chose avec le concours de cet homme, ils préfèrent ne rien obtenir ; que leurs rancunes tiennent plus de place dans leurs cœurs que l'intérêt du pays ; qu'ils n'ont qu'un sentiment, qu'un but: amoindrir et détruire M. Gambetta.

Il n'était pas mauvais de faire ressortir cette conséquence du vote du jeudi 3 novembre. Le peuple qui aime les hommes de principe et qui a horreur des querelles personnelles à la satisfaction desquelles on voudrait le faire servir, le peuple en retirera un salutaire enseignement.

A. NAQUET,
Député de Vaucluse.

[...] que [...] analyse des statis-
tiques qui y sont plus favorable qu'[...] travaux. Le votuer du 13 juin 1880 [...] [...]
[...] agust à [...]. Lyon s'est montré sage en élisant
Bailluc contre Blanqui — mais maintenant en ne faisant pas l'amnistie, le
gouvernement manquerait à son devoir — Le [...] du 20 juin 1880 [...]
[...] agast le Diable — L'objection catholique II — Le petit journal
du 21 juin 1880 [...]

Le pays [...] renfermant une lettre de M. Naquet à Cassagnac et une
réponse Courtois de Cassagnac qui trouve le moyen, en donnant à M.
Cassagnac une marque d'estime, trouve le moyen de lui faire donner
une [...] par Naquet — Le pays du 24 juin 1880 [...]

Le Divorce, article de M. Naquet. L'objection catholique III — Le
petit Répunais du 25 juin 1880 [...]

M. Naquet [...] Thiers et l'amnistie [...] article, dans lequel sont relatées
une opinion de Jourde de la commune et une visite de Naquet à Thiers d'où
il résulte que Thiers serait pour l'amnistie. — Le Voltaire du 3 juillet 1880 [...]

[...] agast le côté du droit — Le Sénat avait restreint l'amnistie en votant l'a-
mendement Bozérian, il paraît vouloir se rallier à l'amendement Labiche qui,
laissant au gouv. la responsabilité des grâces, conférait à celles-ci les effets de
l'amnistie. Le gouv. s'engageant à gracier tout le monde, il faut l'accepter à la
chambre pour aboutir. — Le Voltaire du [...] juillet 1880 [...]

A. Naquet — Le Divorce. — Toujours l'objection Catholique.
quelques cas probants. — Le petit Lyonnais du 5 juillet 1880 ....

A. Naquet — L'amnistie au Sénat. — Nouvel article en faveur
d'une *transaction*. D'ores et déjà Ceux qui rentrent d'au-,
l'amendement *Bozérian* sont amnistiés. — La chambre ne peut
les rejeter dans la Géhenne — La transaction ne se peut d'ailleurs
se faire qu'en rendant l'amnistie générale. — Le Voltaire du 7 juillet 1880 ....

A. Naquet. — Nécrographie. — *Broca* le siège de la parole — et l'a-
phasie. — Le Voltaire du 13 juillet 1880 ....

A. Naquet. — Les dégrèvements. — Mieux valait ne pas dégrever et encore
ti-, aux jours mauvais on n'avait qu'à Cesser l'amortissement. refrappons de
impôt indispons. D'ailleurs le dégrèvement est une force. — Le petit Lyonnais du 17 juillet 1880 ....

A. Naquet — Le Divorce — nouveau refus de suite à l'ordre du jour.
n'est-ce pas une preuve d'hostilité de la chambre. — Le Voltaire du 19 juillet 1880 ....

A. Naquet — L'amortissement. — économiquement le dégrèvement lui est
supérieur. Politiquement c'est l'inverse. — Le petit Lyonnais du 19 juillet 1880 ....

A. Naquet — Le Divorce — L'objection morale I — Le petit
Lyonnais du 26 juillet 1880 ....

A. Naquet. La République à l'étranger. Sympathie des *Belges* pour
la France Républicaine manifestée à ma Conférence de Mons. Le Voltaire du 30 juillet 1880 ....

A. Naquet. Le Divorce. — L'objection morale II. — Le petit lyonnais du 5 août 1880 . . . . .

A. Naquet. La Situation des Étrangers. — Pourquoi, en attendant les États unis d'Europe que sans doute le XX.me siècle réalisera, ne pas multiplier les Conventions internationales, et n'en pas faire une Sur la Compétence des tribunaux. Affaire Simandinis. — Le Voltaire du . . . août 1880 . . . .

A. Naquet. Le Divorce. — L'objection morale III. — Le petit Lyonnais du neuf août 1880 . . . .

A. Naquet. — Ce que la chambre a fait. — Énumération de tout ce qu'a fait la chambre de 1877 à 1881 à laquelle on doit la réalisation du programme politique du parti républicain. — Le Voltaire du 17 août 1880 . . . .

A. Naquet. — Le Divorce. — Intérêt de la femme I. Le petit lyonnais du 17 août 1880 . . .

A. Naquet. L'Angle Visuel en politique. — Alors que partout à l'étranger on se montre Sympathique à la République française, Sr Gouvet voit partout l'hostilité. Il nie le sens des élections. C'est l'angle visuel. — Le Suffrage universel peut errer, mais il sait ce qu'il veut. — Le Voltaire du 24 août 1880 . . . .

A. Naquet, le Divorce. — L'intérêt de la femme II. — Le petit Lyonnais du 23 août 1880 . . .

A. Naquet, lettre d'un Conservateur à . . . ami. — Conservateur désabusé qui écrit à son ami que le conservatisme est fini et que le mieux serait de se rallier à la République. — Le Voltaire du 27 août 1880 . . . .

A. Naquet. — Le Divorce. — L'Intérêt de la femme III. — Le petit Lyonnais du 30 août 1880 . .

A. Naquet. — Pas d'hésitation ! D'après les décrets du 29 mars on chasse les jésuites, mais pour les autres on sursoit et l'on promet presque de ne pas appliquer. Rien n'est plus absurde car il ne faut jamais menacer sans frapper. Le Voltaire du mardi 31 août 1880 . . . .

A. Naquet. Le Divorce. — Toujours l'intérêt de la femme. — Le Petit Lyonnais au 5 7bre 1880 ----

A. Naquet — Le Divorce. — L'intérêt des enfants I. — Le petit Lyonnais du 13 9bre 1880 ----

A. Naquet. — Le Certificat d'études — Il est défendable, non au point de vue de la défense anticléricale, mais au point de vue de la Collation des Grades la capacité ne pouvant être suffisamment reconnue par un examen. — Naquet votait à ce point de vue le Certificat d'études exigé à l'examen. mais il n'y à la rien de semblable au stage scolaire. De Waldeck Rousseau, qu'il a combattre dans les « Coulisses du parlement » dans temps futurs. — Le Voltaire. du lundi treize. Septembre 1880 ----

A. Naquet, Le Divorce. — L'intérêt des enfants II. — Le petit Lyonnais du 20 7bre 1880.

A. Naquet, Le Divorce. — État de la question — Le progrès réalisé est tel qu'apas avoir vilipendé l'auteur de la proposition au début, le publie par ses lettres le vilipende aujourd'hui parce que les lenteurs de la procédure parlementaire ne lui permettent pas d'aller aussi vite qu'il le voudrait. Le Voltaire. du jeudi, vingt-trois Septembre 1880 ----

A. Naquet. Le Divorce. — L'intérêt des enfants III. — Le petit Lyonnais du 27 7bre 1880 ----

A. Naquet, Le Divorce — L'intérêt des enfants IV — Le petit Lyonnais du 4 octobre 1880. ----

A. Naquet. — Les deux amnisties — Réponse à Félix Pyat qui, confondant l'amnistie républicaine avec l'amnistie impériale de 1859, incite les exilés de la Commune à refuser celle-là comme les autres refusèrent celle-ci — Le Voltaire du 5 octobre 1880 ----

A. Naquet. le Divorce — l'intérêt des enfants V. — Le petit Lyonnais du 11 octobre 1880 ----

A. Naquet.. Le Catholicisme est-il une force ! Napoléon l'a cru et M. Thiers aussi. en réalité les nations Catholiques sont en état d'infériorité sur les protestants — et puis au lieu de préparer la fédération Européenne doit-on rouvrir les causes de Conflit ? on ne se hait pas plus de paris à Berlin que jadis de Venise à Gênes. — Le Voltaire .. octobre 1880 ....

A. Naquet. Le Divorce — Le Divorce n'existe.. en Lorraine ... on y Divorce moins qu'on ne se sépare de Corps chez nous. — Le petit Lyonnais 1er première novembre 1880 ....
Cet article renferme aussi des Considérations sur l'intérêt des enfants VI ....

A. Naquet. Le Divorce — un dernier mot sur l'intérêt des enfants. — Les veufs étant 24 fois plus nombreux que les Divorcés et pouvant se remarier, la société
24 fois
juge sans péril pour les enfants, ce qu'elle envisage Comme périlleux la 25ème fois, ce qui est absurde. — Le petit Lyonnais du vingt novembre 1880 ....

A. Naquet. Le Devoir de la chambre. — La chambre a voté Contre Ferry parce qu'elle entendait mener à bien la réforme de la magistrature, et non pour le renverser — celui-ci doit donc reprendre le pouvoir. — Le Voltaire du 12 novembre 1880 ....

Discours prononcé à la chambre le 12 9bre 1880 en réponse à été nouveau pour ramener au pouvoir le Cabinet Ferry tombé la veille — après ce grand succès le Voltaire disait : «
s. Laurier
faira du 13 novembre 1880 ....

A. Naquet. fin de la Crise — La Droite est Désappointée et la dure leçon infligée à Beaudry d'asson était nécessaire, il n'a été expulsé manu militari. — même n° du Voltaire que le précédent ....

A. Naquet Explication. — accusé par olivier Pain d'avoir été mis à la porte par Rochefort après avoir mendié son retour — et accusé par Pelletan d'être devenu modéré après avoir été radical alors que Cela pouvait tout Compromettre, ...

Cahier, page

M. Naquet répond à *l'Intransigeant* et à *la Justice* dans un article très-net où il raconte tout, justifie tout et montre l'unité de sa conduite.— Le Voltaire du 11 novembre 1880 . . . .

Alfred Naquet, le Divorce.— L'Intérêt Social — La loi n'a pas d'effet sur le nombre des désunions, et la société est intéressée à ce que les désunions de fait aboutissent à de nouvelles unions légales, et non à des Concubinages.— Le petit Lyonnais du 11 9bre 1880 . . . .

Alfred Naquet. nouvelle explication.— L'Intransigeant confirme en fait les allégations de Naquet.— La justice le met au défi de prouver la conformité de sa conduite présente et de sa conduite passée. Il le fait; puis avoir montré que grâce à son initiative et à celle de bien d'autres, d'importants réformes ont été accomplies, il invite M. Clémenceau à l'imiter en proposant des réformes au lieu de ne viser jamais que les renversements de ministères.— Le Voltaire du 18 9bre 1880 . . . .

Alfred Naquet.— Le Divorce — on objecte qu'une réforme doit être réclamée par l'opinion publique avant d'être votée et que le Divorce ne l'est pas. Réponse topique à cette objection . . . . Le petit Lyonnais du 22 novembre mil-huit-cent-quatre-Vingt . . . .

A. Naquet.— La magistrature insurgée.— quelques jugements utiles à citer pendant que la loi suspensive de l'inamovibilité est devant le sénat.— Le Voltaire du 24 9bre 1880

Lettre de M. Laplacette invitant M. Naquet à venir défendre dans une réunion du Commerce les idées réformistes mais non antisémitiques qu'il a défendues en soutenant le Cabinet.— acceptation de M. Naquet.— même No du Voltaire . . . .

A. Naquet.— Le Divorce.— cas où par suite de différence de nationalité, un époux demeure marié alors que son conjoint ne l'est plus.— Le petit Lyonnais du Vingt-neuf novembre 1880 . . . .

A. Naquet – La Réduction légale de heures de travail – proposition de M. Martin Nadaud – Elle est bonne. La liberté ne suffit pas – les patrons avec les meil‑leures volonté sont enrayés par la Concurrence. – La grève est douloureuse. – La loi doit intervenir. – Le Voltaire du 4 décembre 1880 . . . .

A. Naquet – Le Divorce – Le vote de jeudi dernier. – Le dernier refus opposé par la chambre à la mise à l'ordre du jour du divorce est inadmissible. – Le petit Lyonnais du 6 Xbre 1880 . . .

A. Naquet – Gilbert Gay – Éloge funèbre du député de S. Yoise – Le Voltaire du 7 Xbre 1880 . . . .

A. Naquet – Le Divorce – une lettre touchante prouvant que comme il a été dit l'intérêt des enfants exige le Divorce. – Le petit Lyonnais du 13 Xbre 1880 . . . .

A. Naquet – une lettre de M. J. Allemane. – M. Allemane à propos de la Demande d'amnistie de 1889 avait été indignement traité et demandait des représailles, – l'am‑nistie doit les empêcher. En outre il accusait Naquet d'être en passe de devenir ministre. au moment de son élection au Ve Contre marx Régis en 1901, il aurait regretté la lettre si, Millerand régnante, on la lui avait publiée. – Le Voltaire du 11 Xbre 1880 . . . .

A. Naquet – Le mot d'ordre – Lepelletier en réplique à la réponse de A. Naquet à Allemane accuse Naquet de vouloir un portefeuille au prix des plus lâches abaissements. C'est un simple procès de tendance que dans les faits rien ne justi‑fie. – Le Voltaire du 20 décembre 1880 . . . .

A. Naquet – Lettre à M. La Ville, annonçant la publication pro‑chaine de l'Indépendant – Le Voltaire du 24 Xbre 1880 . . . .

A. Naquet – Le Divorce – à propos du procès de Mme de Tilly victorieuse de son mari infidèle. Le divorce ferait disparaître les abominations. – Le petit Lyonnais du lundi vingt‑sept décembre 1880 . . . .

A. Naquet — Les candidatures ouvrières — article dirigé contre les distinctions
de classe et tous ensemble — tendre à lutte de classes. — Le petit Lyonnais du 3 janvier 1881 . . . . . .

A. Naquet — Second article sur les candidatures ouvrières — ou ouvrier ayant répondu que nous sommes loin de l'époque actuelle 1901 — qu'il ne s'agit pas de lutte de classe mais,
d'avoir quelques représentants au parlement. M. Naquet accepte mais il tient à ce, désormais, une
fois députés les ouvriers seront réunis, il est difficile d'agir sur les moindres précises, on ne peut
améliorer le sort de l'ouvrier que par de grandes mesures telles que budget à commune,
coopération, rachat des chemins de fer mesures que l'on peut qualifier de socialistes
Le petit Lyonnais du 31 janvier 1881 n° 3357 II

A. Naquet — Le Divorce — amendements divers — peine correctionnelle, cause de divorce,
absence pendant 5 ans — faculté aux divorcés, de se réunir à nouveau, article 310 applicable au
demandeur comme au défendeur, telles sont avec quelques modifications, de procédure les modifications au Code introduit par la c... M. Guichot y joint un amendement propre que la
commission repousse — tendant à placer l'adultère de l'homme et de la femme sur le
même plan. — Le petit Lyonnais du 7 février 1881 (n° 3364 II

Alfred Naquet Discours en faveur du divorce prononcé à la Chambre des
députés dans la séance du mardi 7 février 1881 — arguments ordinaires ; mais, en réponse
à Louis Legrand, répudiation en tant que idée pratique des docteurs poursuivant
spécialités ... de religion propriété famille sur le libre amour. — Le journal officiel
du 8 février et l'indépendant du 9 février 1881 . . . 79 II

A. Naquet — Le Divorce — L'auteur examine la situation faite à la loi du
divorce par le rejet de la proposition — Ce n'est que le prélude d'une victoire
prochaine — le petit Lyonnais du 14 février 1881 (n° 3371) III

27. Naquet. — Les divers chiffres de M. Bertillon constatant une nuptialité plus grande chez les veufs que chez les divorcés — prouve que ce n'est pas dans l'appat d'un nouveau mariage qu'il faut chercher les causes du divorce. — [illegible] [illegible] [illegible], [illegible] Novembre 1881, n° 3278 ....

A. Naquet. — Lettre à Ricciardi expliquant que l'apparent échec subi à la chambre n'est qu'un retard insignifiant. — L'Italie du 19 février 1881 ....

Réfugiés Naquet. Victor Hugo en la personne de B[illegible] [illegible] [illegible] [illegible]

A. Naquet. — Le Divorce — « Donnez sonnez toujours aurons de la peur » [illegible] [illegible] [illegible] ait à s'opposer au procès pour toujours [illegible] [illegible] séparée — Le p[illegible] Lyonnais du 4 [illegible] 1881, n° 427 ...

A. Naquet. — La liberté de conscience dans les [illegible] manifestations des curés contre les aumôniers et circulaire du ministre pour arrêter les manifestations cléricales. Critique du ministre qui ne veut pas laisser les cléricaux. Ferry doit leur compte de l'opinion. — Le petit Lyonnais du 11 avril 1881/3401 ...

A. Naquet. — La question tunisienne. Lanessan à Lyon comme L'aigle à la chambre a appelé à la [illegible] publique en flétrissant les prétendus agiotages de l'expédition de Tunis et l'étranglant [illegible] le po[illegible] Naquet lui [illegible] aux [illegible]! Le petit Lyonnais du 11 avril 1881, n° 3454 ...

A. Naquet. — Les événements de Russie — La mort d'Alexandre II n'a pas au moins ému les [illegible] politiques en France et en Italie. C'est un [illegible] politiques et le système est engendré par le despotisme. — Le petit Lyonnais du 23 avril 1881 (n° 3441) .... [illegible]

A. Naquet. — Retour [illegible] un député [illegible] [illegible]. Cette lettre écrite en italien (ou français?) était adressée à Diligenti — défense de l'expédition de Tunisie — rappel des services rendus par la France à l'Italie, appel à la concorde [illegible] [illegible] [illegible] [illegible] [illegible] [illegible]

Il popolo romano del 25 aprile 1881 — [illegible] an[illegible] [illegible] numero 116 ....

[…] Naquet […] — La même lettre que celle publiée [...] } …..

[…] dans ce [...] — [...] 1881 …..

[…] Naquet […] Divorce — Lettre appréciant le projet [...] qui est mau‑
[...] cependant il vaut mieux que le discours fait par Cazot [...] divorce — [...]
10 avril 1881 — L'operajo italiano [...] 1881 …..

A. Naquet […] scrutin de liste est établi par
la Chambre. Il n'y a rien à en redouter quant aux résultats — Le petit Lyonnais du 2 mai 1881
n° 3473 [...] …..

A. Naquet […] sur la révision de la constitution prononcé à la Chambre [...]
[...] le 31 mai 1881. — pas plus qu'il y a six mois lorsqu'il soutenait Ferry Naquet n'est
ministériel ou antiministériel. — c'est pour des principes, et obéit à son mandat. Critique
sérieuse du parlementarisme — le Cabinet sort de son rôle en posant la question de confiance à
propos de la Constitution — nous n'avons pas de Constitution — programmes commun et di‑
vergent — au vue de la stabilité la Chambre a créé l'instabilité — si le cabinet pose la question
de confiance il en assumera la responsabilité — Journal officiel du 1er juin 1881 et
l'indépendant du 2 juin 1881 — n° 142 …..

A. Naquet. le Divorce — Le consentement mutuel, le petit Lyonnais du 30 juillet
1881 — n° 3537 …..

A. Naquet. le Divorce — Veufs et divorcés le nombre des uns et des autres. Et
la question complétée ici par la statistique a été déjà traitée dans le petit Lyonnais du
8 9bre 1880. à propos de l'intérêt des enfants — L'article est collé à la page 62 du 1er
Cahier de ce même volume — le premier août 1881, le petit Lyonnais. n° 3539 …..

Alfred Naquet — Le jour va venir. Bourgeois — Lettres curieuses publiées par l'Intransigeant de sa grand'mère Mme Julien, femme du Conventionnel Julien, sur la Révolution Française, — à Versailles en août 1881 (n° 11) . . . .

Naquet Programme de révision de 1881 — C'est le même que celui de 1875 et 1877 et 1878 sauf ce qui concerne l'élection des magistrats dont il a cessé d'être le partisan — L'Exposition du 2 août 1881 — Numéro 27 . . . .

Alfred Naquet à Bizerte — Le divorce n'est pas connu d'aucun code, surtout pour le disqualifier, aux codes aristocratiques. Le petit Lyonnais du 8 août 1881 n° 3542 . . . .

Naquet les élections d'hier. Les élections du 21 août 1881 marquent une étape et fournit une majorité — déclaration faite à l'enterrement de Brousse, que nul ne verrait la terre promise — L'élection du 21 août n'est pas le point d'arrivée — il n'en existe pas — elle prépare les élections futures — Le petit Lyonnais du 25 août 1881 (n° 3563) . . . .

Naquet discours prononcé à Apt en 1881 à l'inauguration d'une Statue de la République — Historique de la République depuis 1871 — Les élections d'août 1881 ont été un mouvement de concentration, modérés et radicaux faisant un pas l'un vers l'autre — L'Exposition du 27 août 1881 — n° 30 . . . .

A. Naquet — Nécessité d'un ministère homogène — Il nous faut un programme commun et un cabinet pour l'appliquer — C'était un appel à Gambetta. — Le petit Lyonnais du 5 septembre 1881 — numéro 3574 . . . .

A. Naquet — L'insurrection arabe — La société doit réprimer les insurrections, mais doit les empêcher de naître en empêchant les causes. De grandes réformes s'imposent en Algérie. Il faut apprendre l'indigène dans nos écoles, ce qui sera facile lorsqu'elles seront complètement laïcisées. Le petit Lyonnais du 5 7bre 1881 — n° 3574 . . . .

et Naquet — Une attitude nécessaire — un ministère homogène est nécessaire et seul
M. Gambetta peut le constituer. Si M. Grévy s'y refusait, si M. Thierry lui prêtait la main,
si même peu soucieux du pouvoir M. Gambetta se dérobait, il devrait de la chambre serait, par une attitude énergique, de les faire rentrer dans le devoir. — il peut épanouir du 4 Septembre
1881 — numéro 1166 ....

et Naquet — il à M. Mirès — rédacteur en chef du Courrier de nice pour affir-
mer la nécessité d'une laïcisation vraie et rapide des écoles. — Le courrier de nice du 7 7bre 1881 n° 6...

et Naquet Le gouvernement parlementaire — La forme américaine serait préférable mais nous ne l'avons pas, notre forme exige une majorité fixe, sous peine d'instabilité et d'impuissance. Elle ne peut naître que d'une concentration sur un programme commun minimum. — Le Voltaire du dix Septembre. 1881 (n° 1163) .... 11..

et Naquet — Encore la question arabe — Si nous n'assimilons pas les arabes nous
serons débordés en algérie par les italiens et les espagnols. — Le petit journal du 12 7bre 1881 n° 3581 ... 11 66

A. Naquet. — La révision — Le mode d'élection du Sénat. — Si l'on conserve le sénat
et qu'on ne veuille pas lui donner pour base le Suffrage universel direct, il est cependant
indispensable aussi bien dans l'intérêt des communes que dans celui de la représentation nationale d'en retirer l'élection aux municipalités, et de la confier à des é-
lecteurs de premier degré nommés ad hoc — réfutation de Banc. — le Voltaire du 10 7bre 1881 n° 1173.....

A. Naquet — Les attributions du Sénat — il faudrait lui retirer l'initiative des
lois, lui confier le droit de ratifier ou non les nominations des hauts fonctionnaires, réduire son véto à un effet suspensif ou tout au moins faire trancher comme en Norvège a-
près deux délibérations, la question litigieuse par le congrès. — Le Voltaire du 24 septembre. 1881 — n° 1177 ....

Alfred Naquet — L'Angleterre — parallèle entre les institutions an-
glaises et les nôtres en toute matière — différence du parlementarisme anglais et du
nôtre; ne pouvant imiter les deux imitateurs d'Amérique. Le Voltaire du 24 octobre 1881 – n° 1207 .... 7?

Alfred Naquet. Tous opportunistes. — Au Vaux Hall M. Degeon a fait voter le
droit à l'insurrection en ajoutant «quand le moment sera propice» Cette phrase fait de
M. Degeon un opportuniste. quand M. Naquet ajournait l'amnistie au renouvellement du té-
... il raisonnait de même, [illegible biffé] Le petit Lyonnais du 24 ?? 1881 – n° 3623 75

A. Naquet — Le Régime opportuniste en Amérique en Angleterre en France   C'est
le commencement de la campagne révisionniste qui pour ce reproche a abouti au Bou-
langisme. — Le Voltaire du 2? octobre 1881 — numéro 1210 76

A. Naquet — les deux meetings — le meeting de la salle Graffard [illegible] l'auditoire à coup de
Cirque fernand y [illegible], Alfred Naquet [illegible] Degeon [illegible] — Comme
à [illegible], Gambetta, Lockroy, Floquet, Lockroy. — Geoffrin et Allemane (C'est fait au moment où est écrite cette table – 20 avril 1901) auront leur tour. — Tous opportunistes - le petit
Lyonnais du 24 octobre 1881 — numéro 3627 79

A. Naquet — à l'Angleterre et les beaux arts — Etude du musée de South-Ken-
Sington. — Le Voltaire du ?? octobre mil huit cent quatre-vingt-un 81

A. Naquet — première escarmouche — Louis Blanc au nom de l'extrême Gauche
faisant une motion contre le bureau provisoire en vue de porter un premier coup à
Gambetta. — Guichard président ayant le tort de lui refuser la parole; Clémenceau, La-
russau le tort plus grand encore de se trémousser sur leurs bancs et Douville-Maillefeu
escaladant la tribune malgré le président. — Le petit Lyonnais du 1er 9bre 1881 – n° 3631 .....

M. Naquet. — Sommes-nous Gambettistes ? — Il y a deux manières d'être Gambettiste.
L'une consiste à être son disciple, à accepter ses idées. L'autre consiste à considérer
M. Gambetta comme le plus capable de faire aboutir les réformes, act... notablement... suscep-
tibles, d'être réalisées par la chambre. C'est de cette manière que nous le sommes. — Le...
faire du 3 novembre 1881 — numéro 1217 ....

Alfred Naquet [?] des électeurs. — à propos d'un mot dit à la société nationale française de Londres le comte ? avait attaqué Naquet. Celui-ci répond qu'en effet l'
habitude de convertir les députés en commissionnaires met au travail parlementaire —
Pour lui, il a pris un secrétaire et autographié certaines réponses, toujours les mêmes, —
ce qui permet de mieux travailler à la chambre et de mieux faire aboutir les affaires privées dont on le charge. — Le Radical d'Appt du 30 octobre 1881 — n° 39 ....

M. Naquet. — Tactique habile. L'extrême gauche dans la constitution des
[de la chambre]
sous-bureaux a émis des votes, de nature à orienter la chambre dans un sens modéré, afin que M. Gambetta dirigé par cette indication soit forcé de constituer
un cabinet modéré ce qui permettrait de le renverser comme modéré. Il aurait été fait
un accord entre l'union Républicaine et l'extrême gauche portant Périn et Floquet
à la vice présidence. L'extrême gauche a rayé le nom de Floquet. — Le petit Lyonnais du 7 novembre 1881 — n° 3637 ....